Pronti... Via!

Daniela Melis

UNIVERSITY OF GEORGIA

Pronti... Via!

Beginning Italian

YALE UNIVERSITY PRESS   NEW HAVEN AND LONDON

Publisher: Mary Jane Peluso
Manuscript Editor: Risa Sodi
Production Editor: Ann-Marie Imbornoni
Editorial Assistant: Brie Kluytenaar
Marketing Manager: Timothy Shea
Illustrator: Alex Murawski
Photo Researcher: Daniela Melis
Preliminary Audio Program Coordinator & Producer:
    Michele Estes
Audio Program Producer: Bobby Mitchell
Multimedia Prototype Designers: Elena Adell and
    Diego del Pozo
Set in The Serif type by G & S Book Services
Printed in the United States of America.

The paper in this book meets the guidelines for permanence
and durability of the Committee on Production Guidelines for
Book Longevity of the Council on Library Resources.

10 9 8 7 6 5 4 3 2 1

Library of Congress Cataloging-in-Publication Data
Melis, Daniela, 1963–
    Pronti... Via!: beginning Italian / Daniela Melis.
        p. cm.
    Includes bibliographical references and index.
    ISBN 0-300-10842-7 (student) —
ISBN 0-300-11132-0 (instructor)
        1. Italian language—Textbooks for foreign speakers—
English.   I. Title.   II. Series.
PC1129.E5M45 2005
458.2′421—dc22
                                        2005040106

A catalogue record for this book is available from the British
Library.

INDICE

6. A TAVOLA!

9. NOI E IL NOSTRO CORPO

IN CLASSE

10. COSA CI RISERVA IL FUTURO?

IN CLASSE

11. LA VITA ALL'UNIVERSITÀ: RESPONSABILITÀ E TEMPO LIBERO

To the Instructor

Introduction

Why a new beginning Italian textbook when so many already exist? Because we have recently been favored with a renewal of interest in Italian language learning: official reports reveal that enrollment in Italian is growing in U.S. institutions of higher education and that it is increasing at a faster rate than enrollments in the most commonly taught foreign languages—Spanish, French, and German.[1] We believe that it is time to offer a viable alternative to the first-year textbooks available today. Although marketed and presented as proficiency-based and task-oriented, it seems that many of these programs ultimately favor a grammar-based approach to language learning, which implies that the foreign language is codified into frozen rules of morphology and syntax to be explained and temporarily memorized. The focus of such instruction is the manipulation of formal features, not the production of communication skills. *Pronti... Via!* has been written in an attempt to allow language instructors to de-emphasize the drill-oriented memorization approach that is still often used in teaching Italian. We guarantee that teachers will have the opportunity to spend truly comfortable hours of foreign language instruction and that more and more students—regardless of their career and personal aspirations—will experience the kind of satisfaction that they need in order to make a more mature commitment to language learning. The *Pronti... Via!* beginning Italian textbook is intended for all colleges and institutions that offer Italian in their foreign language curricula. It can be used as a manual in two-semester or in three-quarter year courses. As it is a first-year language textbook, no prerequisites are required for courses taught with it.

2005 was designated as the "Year of Languages" in the United States. Although we do not know whether U.S. Senate Resolution 28 will in fact contribute to curtailing the reported love affair with monolingualism, we tend to share professor and scholar Mary Louise Pratt's sentiment about foreign language learning in that:

> Today's dramatic circumstances offer a broader opening for a new public idea about language, language learning, multilingualism, and citizenship. If scholars and teachers of language are able to seize this opening, they will make themselves heard as advocates . . . for the importance of knowing languages and of knowing the world through languages. . . . Language education is far too big an issue to be contained by national security concerns alone. (3)

Thus, *Pronti... Via!* represents one of the many ways to speak up and "make the case for language learning as an aspect of educated citizenship" (3). From a strictly academic standpoint, we are deeply convinced that in the field of Italian studies we need a viable way to fully attain the most important goals of elementary language classes: to lead more and more students toward the possibility of cultivating language study, and to help beginners become the knowledgeable and skilled intermediates who will populate our upper-level courses, where we use both a cultural/travel and a literary orientation.

---

1. Elizabeth B. Welles, in her report presenting the figures compiled by the MLA (Modern Language Association) in September 2003, shows that the number of students studying Italian at both the undergraduate and the graduate levels rose from 49,287 in 1998 to 63,866 in 2002. Comparatively, Italian language studies rose 29.6 percent, whereas Spanish language enrollment rose 13.7 percent, French rose 1.5 percent and German 2.3 percent.

In the following sections, we will introduce you to *Pronti... Via!*'s program first by elucidating its pedagogical paradigm and applications, and then by presenting the practical advantages it offers to instructors and students alike. The "How to use this textbook" section in the "To the student" message illustrates *Pronti... Via!*'s format and features.

Pronti... Via! and the Natural Approach: Pedagogy and Applications

Inspired by what is known as the "communicative" philosophy, and aimed at helping students achieve proficiency in all language skills (listening, reading, speaking, writing), *Pronti... Via!* relies on an eclectic methodology that is neither prescriptive nor restrictive in nature, but that fundamentally centers on Tracy D. Terrell's Natural Approach to language instruction. This in turn follows from Stephen Krashen's theoretical model of second-language acquisition. In their 1983 book *The Natural Approach: Language Acquisition in the Classroom*, the two researchers outlined five overlapping hypotheses supported by field-tested scientific studies with young and adult learners, with subjects both acquiring English as a second language (speaking different first languages) and acquiring other foreign languages. Even though there is no ultimate truth about second language acquisition, the five hypotheses presented by Krashen and Terrel are still today virtually unblemished by counterexamples. I have taught Romance languages in a wide array of geographical and academic settings for fifteen years and have corroborated the premise outlined in Terrell and Krashen's seminal book: the Natural Approach is relatively simple to use and can easily be modified to deal with different types of students, regardless of their cognitive styles and academic preparation or orientation. Interestingly, the two scholars themselves concede that "[t]he Natural Approach need not be adopted in whole" (1), although it should be enormously encouraging that instructors who have initiated it even in part within their programs report dramatic improvement in their students' linguistic abilities and attitudes toward language study in general.

The first of Krashen and Terrel's five outlined hypotheses is the acquisition-learning hypothesis, which holds that the ability to "pick up" a language implicitly—like that of children who are not aware of the rules they are acquiring but only of the fact that they are communicating—is still with us as adults and should be taken into consideration as we initiate our students into the foreign language experience.

> [A]dults have two distinct ways of developing competence in second languages. The first way is via language **acquisition,** that is, by using language for real communication. Language acquisition is the "natural" way to develop linguistic ability, and is a subconscious process; ... The second way to develop competence in a second language is by language **learning.** Language learning is "knowing about" language, or "formal knowledge" of a language. While acquisition is subconscious, learning is conscious. (26)

Pronti... Via!'s pedagogical matrix suggests that in order to produce a fruitful and enjoyable learning experience for first-year students we need to encourage "acquisition"—not "learning"—in the classroom. In order to do that, we need to (re)create the most natural communicative situations possible and guide students as they enjoy manipulation of meaning from day one. Of course, we are not advocating the exclusion of formal grammar study; we are simply placing grammar *at the service* of communication and, ultimately, of proficiency. As will be described in detail later, *Pronti... Via!* makes this possible in a very practical way: the grammar explanations are visibly separated from the content-based activities so as to not interrupt—either visually or practically—the seamless sequence of communicative moments that constitute the majority of our lessons. Indeed, they are designed to give students, beforehand, the tools they need to carry out classroom activities and, at the same time, to teach them to be proactive in autonomously taking up their grammar study. We have created thorough and specialized grammar sections that are at the same time simple and clear. These sections provide learners with a better understanding of English first, and then of Italian grammar, in a way that cannot ordinarily be done during class time.

We are deeply interested in grammar, and so is the

average college student in language courses. However, the key for a successful language program is first acquisition via comprehensible input, then grammar. If grammar were truly the most important aspect of developing linguistic competence, we wouldn't have generation after generation of students who complete their language careers with poor language abilities. *Pronti... Via!*'s lessons do not emphasize explanations of rules or the correction of errors, but focus instead on a natural sequence of content-based activities that are truly communicative[2] and have been placed within meaningful contexts that engage students' attention *as* they learn about the mechanics of the language.

The second hypothesis outlined by the two Californian scholars—the natural order hypothesis—states that "grammatical structures are acquired (not necessarily learned) in a predictable order" (28), even though not every new speaker will acquire grammatical structures in the exact same order. Most important, this hypothesis also allows the possibility that "structures may be acquired in groups, several at about the same time" (28). As most of us have experienced in class—especially those of us who have also had the opportunity to compare and contrast second language acquisition in the classroom with the first language acquisition of children in the natural setting of daily life—adults who focus on communication in content-based activities show a natural order of acquisition of grammatical structures; they also—exactly like children who are learning how to speak—are capable of acquiring more than one structure at the same time.

Assuredly, it would be counterintuitive to hypothesize the contrary, given the fact that the students in our first-year language classes are technologically savvy young people who simultaneously attend similar or higher level courses in subjects such as organic chemistry, physics, international law, political science, history, Latin, (comparative) literature, and so on. For this reason, we cannot possibly assume that they are devel-

opmentally unready for a maturity of commitment to Foreign Language 101. An example will corroborate this idea. During the three-year period in which *Pronti... Via!* was pilot-tested at the University of Georgia, over 500 students studied all the verb conjugations at once in the middle of chapter 2—that is, in the second or third week of their first semester of Italian—and not a single eyebrow was raised. The theme of the chapter—titled *Chi siamo? (Who are we?)*—flows from a very solid activity arrangement that intertwines context, content, and language by focusing on the same topics of conversation that most students on campuses engage in even in their native language at the beginning of a term: their names and ages; their cities and/or countries of origin; their majors and their minors (or their preliminary thoughts, in some cases); the other classes that they are taking and their current schedules; and last but not least, college life outside class time. In other words, the activities in chapter 2 lead students to focus on meaning and true communication as they develop their initial sense of belonging to the classroom community, and it is for this reason that students successfully put their formidable memory and studying skills to use.

By relying both on the learners' natural tendency to acquire grammatical structures in a predictable order and on their innate ability to acquire more than one structure at the same time, *Pronti... Via!* combines enough grammar to facilitate learning in those students who are more grammar oriented, but not too much to stifle those who are eager to jump in and begin manipulating meaning from week one. Its eleven chapters are interspersed with different levels of discourse that take the students easily into each situation. At the same time, they teach and encourage the discipline that respect for another language and culture requires. Without fail, meaningful language interaction and high expectations in terms of intellectual commitment will bring about a noticeable rise in students' involvement in the lessons. Obviously, this result cannot possi-

---

2. "Truly communicative" implies that a conversation takes place to exchange information or transfer knowledge from one speaker to the other. For example, a simple exercise on colors is not "truly" communicative if the speakers are asking each other questions such as *Di che colore è il libro di italiano?; Di che colore sono le banane?; Di che colore è la bandiera degli Stati Uniti?* or *Di che colore sono i miei capelli?*. Truly communicative questions would be *Di che colore è la tua maglietta preferita?; Di che colore è il sofà a casa tua?;* or *Di che colore sono gli occhi di tua madre?*

bly be equated with impeccable accuracy of speech. This takes us to the Natural Approach's third hypothesis.

The monitor hypothesis states that conscious learning, especially at the beginning level, can only be used as a monitor. That usually implies that our students—as speakers or writers—can edit their utterances only *after* they have been generated. In particular, as Krashen and Terrell explain, "[t]he hypothesis says that when we produce utterances in a second language, the utterance is 'initiated' by the acquired system, and our conscious learning only comes into play later" (30). Research has revealed that monitor use is very limited, since it can only be successfully implemented if three binding conditions are met:

1. The performer has to have enough time. In rapid conversation, taking time to think about rules, such as the subjunctive or subject-verb agreement, may disrupt communication.
2. The performer has to be thinking about correctness, or be focused on form. Even when we have time, we may not be concerned with whether we have inflected the form correctly! We may be more concerned with *what* we are saying and not *how* we are saying it.
3. The performer has to know the rule. This is a formidable requirement. Linguists readily admit that they have only been able to describe a subset, a fragment, of the grammar of even well-studied languages such as English. We can assume that even the best students fail to learn everything presented to them. (30–31)

As it turns out, monitoring aimed at producing grammatically correct utterances is very difficult to implement in communicative contexts. For this reason, *Pronti... Via!*'s eclectic approach provides a unique opportunity to oscillate logically between monitored situations involving formal knowledge of grammar—through carefully contextualized drills and exercises—and acquisition-oriented activities and readings. Specifically, in written homework we ask our students to carry out grammar exercises and pay close attention to correct application of grammar rules, whereas we spend the majority of classroom time on the use of those rules in truly communicative activities involving both directed and spontaneous speech. This dual dynamic fosters a progressive increase in both the learners' capability to understand their new linguistic universe and their motivation to "stay tuned" to a language experience that is organic and holistic for students and instructors alike.

Our strong commitment to the creation of a practical possibility to de-emphasize the conscious learning of grammar and replace it with activities that stress the importance of true communication is based on the convincing arguments that the Natural Approach theory presents through Krashen and Terrell's fourth hypothesis—the input hypothesis. The input hypothesis states that we acquire language in only one way, and that is when we understand messages and obtain input that we comprehend. This is a crucial hypothesis that not only reports that we acquire language through comprehensible input, but also asserts that the input has to go slightly beyond our current level of linguistic competence and, finally, that "speaking ability is not taught directly, but rather *emerges* after the acquirer has built up competence through comprehending input" (32).

Research in applied linguistics and in child language acquisition has amply shown that language classes that bring about comprehensible input produce consistently better results than traditional classes. What students produce will depend on what they can understand from our input. But how can we fill up first-year language lessons in our classrooms with comprehensible input? The answer is complex and deserves our attention. First and foremost, we choose a context that students are able to grasp and with which they will possibly feel familiar. Virtually all professional literature insists on the positive role of background knowledge in second language acquisition. In *Teaching Language in Context*—a book that collects an impressive amount of theoretical and empirical data on the topic—Alice Omaggio Hadley observes that familiarity "plays a crucial role as learners begin to develop their second language skills. . . . For material to be meaningful, it must be clearly relatable to existing knowledge that the learner already possesses" (131). In order to activate the students' extra-linguistic knowledge, we add visual aids, repetition, and whatever means we have to make ourselves understood: hand gestures, facial expressions, drawings on the blackboard, objects brought into class, other students in the class. What is ultimately desirable, in sum, is to employ meaning to help acquire language. During aural, oral, and reading activities in *Pronti... Via!*, students' attention focuses on the exchange of ideas and the collection of information, with the result that students experience enjoyment that derives from the comprehension of seemingly difficult listening and reading passages. As a matter of fact, the input hypothesis—which is of crucial importance to foreign language pedagogy—also states that:

> [I]n order for acquirers to progress to the next stages in the acquisition of the target language, they need to understand input language that includes a structure that is part of the next stage. . . . To state the hypothesis a bit more formally, an acquirer can "move" from a stage i (where i is the acquirer's level of competence) to a stage $i + 1$ (where $i + 1$ is the stage immediately following i along some natural order) by understanding language containing $i + 1$. . . . A corollary of the input hypothesis is the idea that input need not be finely tuned. . . . [A]ll the teacher needs to do is make sure the students **understand** what is being said or what they are reading. (32–33)

A couple of detailed examples—the first related to aural and the second to written comprehensible input—will illustrate both the theory and practice of Krashen and Terrel's fourth hypothesis. These examples are based on segments from the second chapter of *Pronti... Via!*, reflecting the competence level of students who are in their third or fourth week of class (with 4 or 5 contact hours weekly).

The first is a listening comprehension activity that presents the days of the week as a preliminary step toward students' own presentation of their complete schedule of classes. Considering that the etymology of the days of the week derives from seven of the most important bodies in the solar system, the days are presented via the transparency illustrating the sun and the main planets in its orbit.

In order to implicitly reinforce the idea that there is

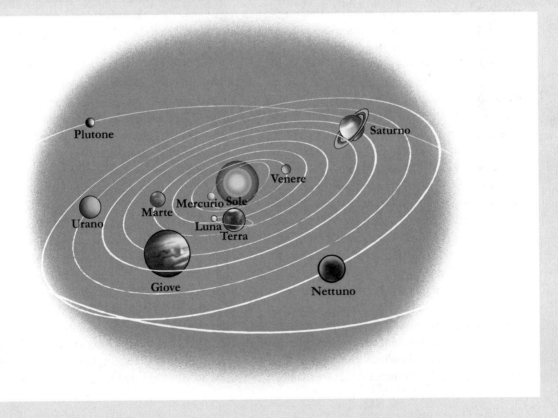

a link between the Italian words and the names of the celestial bodies, an empty calendar week diagram is quickly sketched on the board and filled in with the names of the days of the week—as connections with each planet are made. The aural comprehensible input that the students receive during this short presentation could consist of the following:

> **I nomi dei giorni della settimana derivano dai nomi dei corpi celesti del sistema solare** (write: *corpi celesti* and repeat, pointing to each celestial body)—i **nomi dei giorni della settimana derivano dai nomi dei corpi celesti: il Sole, la Luna, e cinque pianeti: Saturno, Giove, Marte, Venere e Mercurio. I babilonesi** (write: *babilonesi*) **furono i primi ad associare i giorni della settimana** (point at empty calendar diagram), **con i sette corpi celesti** (point at solar system on the transparency). **La terminologia —cioè il nome di ogni giorno della settimana— fu poi ereditata dagli antichi romani** (write: *antichi romani*—presentation moves on). **Il primo giorno della settimana di un calendario italiano è associato con la Luna** (point at the Moon on the transparency)—**in latino si diceva** *Lunae dies* (write *Lunae dies* and indicate both words as you repeat): **il giorno della Luna —lunedì** (write *lunedì* in the first column of the diagram and continue). **Poi c'è il** *giorno di Marte* (indicate Mars in the solar system and write *martedì*)—**Marte: martedì... Mercoledì significa il** *giorno di Mercurio* (indicate Mercury, write *mercoledì* and keep on). **Dopo mercoledì c'è giovedì, cioè il** *giorno di Giove,* **e il quinto giorno è associato con Venere, il pianeta Venere. Il sesto giorno della settimana dei calendari italiani è sabato, e la parola** *sabato* **deriva... da quale pianeta?** (Students may say *Saturno* or *Saturn,* to which the answer will be: **Esatto! Saturno.**) **Però la parola Saturno corrisponde all'inglese** *Saturday,* **e non all'italiano** *sabato...* **Il motivo è che gli antichi romani sostituirono il nome pagano** *Saturni dies: il giorno di Saturno* (point at Saturn on the solar system) **con il termine ebraico** (write *ebraico*) *shabbat,* **che significa** *riposo* (repeat **riposo** and make hand gesture; presen-

tation continues and winds up). **E la parola** *domenica* **da che cosa deriva?... Inizialmente da** *il giorno del Sole* (write *Sunday*), **un'espressione che poi fu sostituita con** *Dominus dies* (write *Dominus dies,* indicate both words as you repeat **il giorno del Signore** and write *Lord* underneath *Signore*) **dall'imperatore Costantino, l'imperatore romano** (write *Costantino = imperatore romano*) **convertito al cristianesimo nel 313 dopo Cristo... È chiaro?** *Dominus dies...* **il giorno del Signore... si trasforma in** *domenica:* **il settimo giorno del calendario italiano. Dunque, ripetiamo: lunedì, martedì, mercoledì, giovedì, venerdì, sabato e domenica.**

This presentation (approximately two-hundred-and-fifty words long) will only last a few minutes, but will attain several important results through the use of meaningful aural comprehensible input. It will be relevant to students (who may or may not be aware of the etymology of those seven words); it will make reference to an important cultural distinction (Italian calendars versus U.S. calendars); and, most importantly, it will cultivate students' enthusiasm toward their own listening skills which, in turn, will raise the overall motivation and self-confidence of each learner.

Our second example is a reading passage in chapter 2 that aims at situating the target language in its basic geographical context. The passage, titled *L'Italia,* is a four-paragraph text that instructors are encouraged to present as a listening activity with the aid of a map of Italy before they let students proceed with the reading themselves. I use a 53 × 38 inch map that I ask one student to hang up so that everybody can take a close look as the written passage is presented. Again, during the presentation, it is important to speak slowly and clearly and to use enough repetition to help students "fragment" the speech into comprehensible bits. The text—as with the rest of the pedagogically prepared reading passages in *Pronti... Via!*—consists of a slightly simplified code that ensures comprehensible input at all times but in no way employs simplified content or nonauthentic discourse. When students read the text aloud, it will be evident from their intonation that they feel knowledgeable about the acquired geographical information, even though they may not perfectly pronounce the words *Svizzera, Austria, Francia,* and *Slovenia,* or several of them may stumble on *Mar Ionio, capoluogo,* or *Marche* and read *Arizona, Tunisia,* and *Mediterraneo* with an intact English pronunciation. But sure enough, even those students who can count on preexisting geographical knowledge will experience the satisfaction of having understood all the relevant information in the target language and will again feel empowered by the evidence of their successful manipulation of meaning during the third or fourth week of class.

The issues of students' motivation and self-confidence lead us to the fifth and last hypothesis, which focuses on the study of the emotional variables that are related to second language achievement. The affective filter hypothesis indicates that motivated and self-confident learners do better in second language acquisition.

> Performers with optimal attitudes have a lower affective filter. A low filter means that the performer is more "open" to the input, and that the "input" strikes deeper.... Thus, having the right attitudes may do two things for second language acquirers: it will encourage them to try to get more input, to interact with speakers of the target language with confidence, and also to be more receptive to the input they get. (38)

Pronti... Via! effectively promotes low anxiety levels in the classroom because it implements an approach that consistently restricts explanations of rules and correction of errors to situations in which monitoring is scheduled and does not interrupt the natural instructor-student bond or student-student conversation. Instead, the lessons engage learners in a natural sequence of truly communicative activities that converge on the students' microcosm as much as possible. Without compromising the fundamental and instructional goals of the academic setting, this approach keeps learners off the defensive.

As we conclude our discussion of the pedagogical foundation of *Pronti... Via!,* we cannot omit the impact of the numerous ideas that reverberate from academic institutions to the American Council on the Teaching of Foreign Language and back. So far, we have shown how *Pronti... Via!* strives toward the goal of proficiency through an eclectic, effective, and dynamic approach, taking into consideration the solid body of practical experience and research evidence available to inform good language teaching practices. As the ACTFL Standards for Foreign Language Learning task force summarized, these good practices can be succinctly encompassed in ten words: "Knowing how, when, and why to say what to whom":

> All the linguistic and social knowledge required for effective human-to-human interaction is encompassed in [these] ten words. Formerly, most teaching in foreign language classrooms concentrated on the **how** (grammar) to say **what** (vocabulary). While these components of language are indeed crucial, the current organizing principle for foreign language study is communication, which also highlights the **why,** the **whom,** and the **when.** So, while grammar and vocabulary are essential tools for communication, it is the acquisition of the ability to communicate in meaningful and appropriate ways with users of other languages that is the ultimate goal of today's foreign language classroom. (3)

Pronti... Via!'s pedagogical approach also encompasses the five goal areas identified by the ACTFL task force—the celebrated five C's of foreign language education: Communication, Cultures, Connections, Comparisons, and Communities. These goals reflect an expanded view of language instruction and an overall interdisciplinary approach that provides students and instructors with the stimulating opportunity to expand the confines of language classes and create bridges between the knowledge of the target language and culture and the knowledge of the other subjects that constitute our students' programs of study.

Activities that sustain the program's interdisciplinary focus are scattered throughout the main textbook and its ancillary material. The following list is not exhaustive but provides a fairly complete range of examples. Besides the sections that refer to astronomy and local geography, we have placed one that originates from the reading *Una fotografia alla società italiana* and, through the use of a colored planisphere, aims at familiarizing students with current waves of migration toward Italy. Similarly, we have expanded the usual weather conversations into a review of *Le regioni climatiche della Terra* through a reading passage that relies on knowledge of world geographic and climatic areas as well as of the delimitations created by the five most important parallels imagined on the surface of the Earth. Also related to the traditional introductory topic of weather, the activity titled *Conversioni* engages students in the conversion of temperatures from Fahrenheit to Celsius and vice versa with the practical use of mathematical formulas. Later, the reading passage *Casa dolce casa!* leads students to consider the Italian concept of domestic space from a historical as well as an architectural point of view. The theme of food serves as a starting point first to revisit the nutritional guidelines outlined by the U.S. Department of Agriculture and Health and Human Services in the food pyramid and later, in the passage titled *La dieta mediterranea*, to shed some light on the scientific work carried out in the 1950s by scientist Ancel Keys.

Where the thematic focus is students' educational experience before college, we have included a meta-thematic passage that centers on the life and work of Maria Montessori, making explicit references to her pedagogical stance. The chapter on travel and vacation incorporates numerous references to world geography, activities involving knowledge of Italian topographic features, and a historically detailed reading activity titled *Un grande viaggiatore italiano: Marco Polo (Venezia 1254–1324).*[3] Several activities that are aimed at acquiring vocabulary of the human body rely on the students' knowledge of anatomy and musculature. Subsequently, within the context of the future and its possibilities, students carry out an activity that is inspired by a clinical psychology projective technique aimed at delving patients' perceptions of their own personality. Finally, toward the end of the program, when the thematic focus circles back to college life and to out-side-of-class activities, students are encouraged to share their choices as moviegoers, after which the topic of Italian cinema is introduced, and the *Sacco and Vanzetti* motion picture is accurately contextualized within its pertinent historical time frame. At this point, a review of college life aims for a deeper and more articulate emphasis on its responsibilities and possibilities. By making use of and further developing their skills in geography, health, history, science, and so on, learners will clearly perceive that their beginning Italian language class can and in fact does play a role in shaping their future as college graduates. In order to reach these objectives, the target language is successfully engaged as both an end and a means.

Summary: *Pronti... Via!*'s Language Teaching Philosophy

The following is an outline of the main characteristics of *Pronti... Via!*'s pedagogical approach. We subsequently will concentrate on the practical advantages that this approach has to offer to instructors and students.

1. The thematic focus starts from the personal to arrive at the general.
2. All classroom activities are clearly contextualized to conform as much as possible to the theme of the unit of study.
3. Instruction is meaningful to students.
4. Instruction is interactive and responds to learners' different styles and needs.
5. Beginning-level students are encouraged to study the grammar sections on their own but grammar exercises will be used judiciously in the classroom. Students will be provided with abundant opportunities to experience the language organically—our alternative to learning isolated grammar points through memorization and drilling.
6. Students are concerned with the message, not with form, and this approach will bring down their affective filter.

---

3. This reading activity is located at the end of chapter 8, in the *Quaderno degli esercizi* (Workbook).

7. The primary objective of class time is to practice useful vocabulary in meaningful, communicative contexts.

8. Class time is filled with aural and written comprehensible input so that both teachers and learners are able to enjoy the natural and gradual emergence of accurate speech.

Practical Advantages for Directors and Instructors

Based on the assumption that language programs benefit from a proficiency-oriented first-year textbook, *Pronti... Via!* relies on a sound pedagogical framework whose methods and structure will generate all the enthusiasm needed for learning Italian as a foreign language. From a practical standpoint, the program minimizes lesson planning by supplying a logical sequencing of chapters, activities, readings, and exercises. Activities are designed to engage students in real communication and, most importantly, are juxtaposed to unfold in a build-up sequence that simply makes sense. *Pronti... Via!* instructors have a major advantage of being liberated from the nitty-gritty of daily lesson planning and from the wresting of meaningful content from a set of disjointed, disconnected sentences or exercises.

We are confident that directors of sizeable Italian language programs who require that their instructors be trained in foreign language pedagogy will be attracted our state-of-the-art approach to language teaching. At the same time, we trust that instructors in smaller programs or in mixed foreign languages / Romance languages departments, where foreign language pedagogy is not always available, will find *Pronti... Via!* an asset and an aid. *Pronti... Via!* is a user-friendly book that is easily adaptable to many teaching philosophies. It also takes into account the usual limitations imposed by time, space, and the often-excessive number of students in beginning language classes. The seamless sequence of content-based activities helps first of all to eliminate the artificiality that too often wearies even the most eager language learner; second, it creates a classroom environment in which opportunities to acquire the target language through comprehensible input are maximized; and, third, it contributes to the growing excitement about foreign language

learning that is currently sweeping U.S. colleges and universities.

The design is aimed at making *Pronti... Via!* easy to consult. A photograph and the chapter title open each unit, but no reference is made immediately to the morphological aspects introduced in the chapter, since the program is not organized around grammar goals. Rather, each unit is based on a sequence of thematically contextualized activities that allow students to converse and to manipulate comprehensible input. Grammar explanations and corresponding exercises—which are intended as homework assignments—are placed in stand-apart, green-tinted sections, which students learn to refer to as *Le pagine verdi*. Similarly, the vocabulary sections at the end of each chapter are semantically grouped and visually distinguished by a yellow tint; students refer to them as *Le pagine gialle*. Instructors may choose to review grammar exercises in class or encourage self-correction. Regardless of your preference in this matter, the regular (white) sections of *Pronti... Via!* naturally orient classroom meetings toward purposeful activities and allow our students to practice their comprehension skills and produce Italian in an authentic way.

There is one main purpose to the guidance offered in the Annotated Instructor's Edition of *Pronti... Via!,* and that is to maximize opportunities to become familiar with the strategies of the Natural Approach, offering suggestions on how to take artificiality out of the Italian language classroom. The annotations save instructors time while they get acquainted with the program. Subsequently, as is often the case when we familiarize ourselves with a new textbook, notes can be phased out, expanded, or modified according to each instructor's needs. Also, because the program actively fosters replacing daily grammar lessons with content-based activities, instructors will enjoy the possibility of incorporating source material in line with their own intellectual and cultural preferences and the academic directions of each group.

The principles of the Natural Approach are suitable to language acquirers of all ages. Obviously, the acquisition process can be faster for those students who live in locations where they obtain large quantities of input from native speakers. That is rarely the case with Italian in the United States, except for a number of urban areas. We, as instructors of beginning-level students have a responsibility to create a speech environment that—although sheltered within specific vocabulary needs—creates a plausible version of real-world communicative situations. As a matter of fact, "while the real world"—to use Terrell and Krashen's words—"can provide excellent input for intermediates or advanced acquirers, it also can be difficult to deal with, especially for beginners, and much time is lost hearing input which is too far above the students' current level" (180). *Pronti... Via!* readily leads instructors to create a classroom environment in which a logical sequencing of build-up activities carefully fulfills the early acquisition needs of our first-year students. The immediate advantage of this approach is to allow us to escape the narrow boundaries that teaching a language as a system of rules and formulas inevitably imposes, thus enabling us to employ a meaningful and rewarding holistic approach. Gradually, our students—who, regardless of their learning styles, will perceive the logic behind the tasks that they are asked to accomplish in class—will grow into the better-prepared and more linguistically competent learners that we expect will populate our intermediate and advanced-level courses.

Practical Advantages for Students

At the college level, students who take first-year Italian classes are non-majors and potential majors; some of them are very motivated students of modern languages and literatures, others are animated by career goals and those goals' relation to Italian language and culture. Others still are stimulated by their Italian ethnocultural heritage or by a desire to travel to Italy. Last, but not least, are those students who fit two or more of the above-mentioned categories. The best prepared and most motivated students find *any* textbook effective and interesting. However, the majority of students—many of whom are taking language courses as a requirement—continue to leave our departments thinking that foreign languages are not their cup of tea.

The whole-language strategy implemented with the Natural Approach can have a very positive impact on students' enthusiasm. It relies on the satisfaction that learners promptly experience when they realize that

they are soon capable of effectively manipulating meaning in truly communicative and low-anxiety situations that have purpose and use for them. In turn, this satisfaction successfully results in learners who are not inhibited and will 'take chances' in using their knowledge to converse with teachers and other students. By dealing with language as a holistic phenomenon taking place in a meaningful and relevant context from the very first lessons, *Pronti... Via!* encourages students' deep engagement with the target language—a key factor in the language acquisition process. The topical-situational focus of each chapter presents learners with numerous opportunities to make connections that are relevant to their daily lives, both inside and outside of academia. *Pronti... Via!*'s cross-referential approach helps students develop linguistic communication and learning strategies, improve critical thinking, effectively use the appropriate elements of the new language system and culture, and, ultimately, deepen their understanding of the world around them.

In order to stimulate students' interest before they even open their textbook, we recommend that an introduction to the language acquisition theory that supports our program be presented, in the primary language, at the beginning of the course cycle. There are two reasons for this: first of all, because the philosophy underlying our approach is different from traditional approaches, and sometimes students still "expect a diet of drill and grammar" (Krashen and Terrell 74); second, because helping students understand how language is acquired leads them to develop the sort of tolerance for ambiguity that will help them strive toward higher levels on their own.

Indeed, research has shown that students who are encouraged to acquire a second language in meaningful, creative, and spontaneous ways, albeit relying on a basic practice of particular grammar forms, outperform students in classes taught with traditional methods. As second language education scholars Patsy M. Lightbown and Nina Spada report in *How Languages Are Learned* (published in 1999 by Oxford University Press), beginner and intermediate-level second language learners engaging in communicative activities in addition to their regular, required grammar study made greater improvements in reading comprehension and conversation competence measures than did learners focusing primarily on accuracy and form. However, they add, "Somewhat unexpectedly, the area of greatest improvement for [groups] getting 'real world' communicative practice was in grammatical accuracy" (121). In a further effort to interpret available research on second language acquisition in the classroom, the two Canadian scholars conclude that "these studies offer support for the hypothesis that meaning-based instruction is advantageous, *not* that form-based instruction is not" (122).

Once again, we have developed *Pronti... Via!* in an honest attempt not only to nurture the sense of enthusiasm and gratification on the part of first-year Italian language teachers but also to empower students with confidence in their language learning abilities. The core of *Pronti... Via!*'s program is acquisition through comprehensible input that is logical and enjoyable, and that eliminates first-year frustrations because students are required to think about grammar only when it does not interfere with the basic purpose of language: true communication.

Pronti... Via!'s Ancillary Material

Pronti... Via! has ancillary materials both for instructors and students.

FOR THE INSTRUCTOR:

- The **Instructor's Edition** provides an introduction to the language teaching philosophy of the textbook and on-page annotations that include suggestions for carrying out activities, presenting narration series, recycling vocabulary, and incorporating follow-up activities. The Instructor's Edition also provides teachers with answers to all fixed-response activities. It will be evident—both to instructors who have a background in foreign language pedagogy and to those who do not—that the logical sequencing of chapters, exercises, readings and activities will minimize lesson planning.
- The electronic **Test Bank** tests students on the five language skills: listening, reading, writing, speaking, and cultural awareness. *Pronti... Via!*'s Test Bank also provides suggestions as to how to recycle

tests by following an essential procedure: given the fact that exams will reflect the same pedagogical approach as the exercises and activities presented in the student text, it will be possible to direct students to write on their own papers and not on the test sheets. Thus, instructors can number the test sheets and collect them at the end of each test. This means that test sheets will not circulate among students. The advantage of this procedure is twofold: from the academic standpoint, it benefits individual instructors and language program directors, who do not have to create entirely new tests each term; from the administrative standpoint, it contributes to reducing paper and energy waste, and easing budgetary concerns.

- The online **Laboratory Audio Program** consists of eleven twenty-to-forty-minute lessons, one for each chapter.
- The online **Tapescript** contains the texts of all recorded material.
- The set of online **Overhead Transparencies** displays much of the art of the student text, color maps, and other items.

FOR THE STUDENT:

- The **Student's Edition** of *Pronti... Via!*
- The ***Quaderno degli esercizi*** (Workbook), for additional practice with vocabulary and structures through a variety of reading, writing, and listening exercises. Answers to the Workbook exercises are also available online.
- The online **Audio Program,** to carry out the activities in the *In laboratorio!* online manual.

Works Cited

American Council on the Teaching of Foreign Languages (ACTFL). *Standards for Foreign Language Learning: Preparing for the 21st Century.* 1996. http://www.actfl.org/files/public/execsumm.pdf: 1–8

Krashen, Stephen. *Foreign Language Education: The Easy Way.* Culver City, CA: Language Education Associates, 1997.

Krashen, Stephen, and Tracy D. Terrell. *The Natural Approach: Language Acquisition in the Classroom.* Oxford and San Francisco: Pergamon/Alemany Press, 1993.

Lightbown, Patsy M., and Nina Spada. *How Languages Are Learned*. Second Edition. Oxford: Oxford University Press, 1999.

Omaggio Hadley, Alice. *Teaching Language in Context*. Boston: Heinle and Heinle, 1993.

Pratt, Mary Louise. "Building a New Public Idea about Language." *ADFL Summer Seminar West*. California State University, Long Beach, 20–22 June 2002. http://silverdialogues.fas.nyu.edu/docs/CP/306/pratt.pdf: 1–13

Welles, Elizabeth B. "Foreign Language Enrollments in United States Institutions of Higher Education, Fall 2002." *ADFL Bulletin* 35.2–3 (Winter–Spring 2004): 7–26.

To the Student

Welcome to Your Italian Language Course

Pronti... Via! is a program designed to develop your ability to understand Italian and provide you with the skills to express yourself, both in speech and in writing, at the beginning and advanced-beginning level. Learning a foreign language is an extraordinary adventure that will not only improve your chances for success in school and in your career but will also give you the opportunity to learn about different ways of being and thinking: it will truly make a difference in how you see the world and in how the world sees you. Regardless of whether or not you have studied a foreign language before, remember that, in order to learn a new language, you need an open mind, discipline, and a desire to learn.

This program is supported by a CD-ROM and online material. This means that you will be able to carry out activities, do and check your homework, and study or review some of the lessons through your computer. Your instructor will provide you with the details you need in order to make the most of these features.

Studying a Foreign Language in College

Language acquisition is one of the most impressive aspects of human development. The bases for the acquisition of a foreign language are listening and reading. This is why, in your college classroom setting, you will have lots of opportunities to listen and to read, so that you will gradually enable yourself to produce fluent and correct speech and writing. Although you will have the chance to speak Italian from the very first day of class, you will immediately realize that you can understand far more than you can say. This is a natural occurrence in all stages of foreign language learning. Moreover, while you may feel that you learn slowly at first, little by little things will become clearer until, suddenly, your knowledge of Italian will expand very rapidly in all your language skills: listening, reading, speaking, and writing. In addition, you will gradually acquire new notions about Italian culture, which will enhance your overall foreign language experience.

The Methodology

Pronti... Via! is based on a methodology known as the Natural Approach as well as on the second-language acquisition theory developed by Stephen Krashen and Tracy Terrell—two experts in the field of linguistics and specialists in language acquisition pedagogy. As they explain, there are two ways of developing ability in another language: one is called **language acquisition** (the subconscious process colloquially known as "picking up" a language), and the other is called **language learning** (the conscious process of studying and memorizing rules). While language acquisition gives us the ability to understand a foreign language when we hear it, as well as fluency and much of our accuracy in speaking, language learning helps us edit our speech and writing to the highest standards of correctness.

In class, listening, speaking, reading, and writing activities will be used to enhance your grasp of vocabulary and to provide you with opportunities to express yourself in Italian. You will be encouraged to focus on the goal of reaching communicative competence while striving toward grammatical accuracy. You may want to keep in mind that it is almost impossible to acquire near-native competence in one to two years. However, you can expect to be able to communicate clearly in the classroom and with native Italian speakers—albeit with some mistakes. Overall, the more you are able to understand what you read or hear, the more you will be assured that foreign language acquisition is taking place.

How to Use This Textbook

It is crucial to understand from the outset how this program differs from texts you may have used or courses you may have taken in the past. The philosophy of *Pronti... Via!* aims to offer an expanded view of language instruction, while developing critical thinking. This objective will be reached through the following means: first, **communication** among your classmates, your instructor, and you; second, **cultural and linguistic awareness** —not only of the target language and culture but also of your own; and third, **connections** and **comparisons** between and among various academic disciplines.

   Pronti... Via! has been written with one main objective in mind: to be user-friendly. It is, as you will realize, three books in one: an activity book (white pages), a grammar handbook (green pages, or *Le pagine verdi*) and a mini-dictionary (the yellow pages, or *Le pagine gialle*). This color code will allow you to locate all the information you need, when you need it.

Classroom Activities

Classroom time will be devoted to carrying out as many activities as possible from the white-page sections of each chapter. Most of the *attività* included in the white pages of your textbook are preceded by the symbol 🖉 🐕. This symbol indicates that in order to complete the tasks according to the instructions, you will have to interact in Italian, either with a classmate, with the rest of the class, or with your instructor.

Grammar: *Le pagine verdi*

"The green pages" have been created to be your starting point for every self-study session. They will provide you with straightforward explanations of the grammatical terms and concepts that you encounter in *Pronti... Via!* Your greatest responsibility in this course will be to read the assigned pages carefully to make sure you understand both the explanations and the examples. One of the innovative features of the grammar sections in this textbook is the use of extended, contextualized bilingual examples, supported by illustrations whenever possible. Taking time to work on the examples in each grammar section is crucial not only to understand the grammatical concepts better but also to strengthen your reading skills. A recommended strategy is for you to read the Italian version of the example first, making a conscious effort not to glance at the English equivalent. Then you can self-test your reading skills by comparing what you have gathered from the sentences and paragraphs and what the translation says. The exercises that follow the examples will help you process each new grammar point and enable you to proceed constructively with classroom interaction and workbook practice.

Vocabulary: *Le pagine gialle*

"The yellow pages" contain each chapter's vocabulary. The *pagine gialle* have been designed to give you an exact idea of the thematic focus of each chapter. You will doubtless develop your own technique for familiarizing yourself with each word. Here are some pointers that may help you: Work on the *pagine gialle* daily. Read aloud each word in the assigned segments, making sure you pronounce each letter correctly (according to the phonetic rules that you study and practice in class). As you articulate each word or phrase, you will be able to glance at the English equivalent provided. Do not be overwhelmed by the number of words contained in each *pagine gialle* section: you will learn gradually how to manipulate the vocabulary because you will hear the same vocabulary words in context during classroom activities; moreover, you will re-encounter them while completing the workbook exercises. As a result, you will increase your ability to use Italian words to formulate your own thoughts, both orally and in writing.

Exercises: *Quaderno degli esercizi*

The *Quaderno degli esercizi* (Workbook) provides additional practice with vocabulary and structures through a variety of reading, writing, and listening exercises. Answers to the workbook exercises are available online. Your instructor will explain how to work on your *Quaderno degli esercizi* in order to fulfill the requirements of your Italian course.

Laboratory Manual

Your instructor will provide you with specific information about how to use the audio program of *Pronti... Via!*

Bibliography

American Council on the Teaching of Foreign Languages
(ACTFL). *Standards for Foreign Language Learning in the
21st Century,* 1999. http://www.actfl.org/

Krashen, Stephen. *Foreign Language Education: The Easy Way.*
Culver City, CA: Language Education Associates, 1997.

Krashen, Stephen, and Tracy D. Terrell. *The Natural Approach:
Language Acquisition in the Classroom.* Oxford and San
Francisco: Pergamon/Alemany Press: 1993.

Lightbown, Patsy M., and Nina Spada. *How Languages Are
Learned.* Second Edition. Oxford: Oxford University Press,
1999.

Marks, Elaine. "Loving Words: Nightmares and Pleasures of a
Glossophile; or, the Advocacy of Semiotic Bliss." *MIFLC* 7
(October 1997–98): 11–19.

Modern Language Association. "Knowing Other Languages
Brings Opportunities." *Association of Departments of Foreign Languages.* http://www.mla.org/

Acknowledgments

I am indebted to a great number of people who have guided me toward the completion of this book.

First, I want to express my gratitude to my publisher, Mary Jane Peluso. She readily responded to my initial proposal, believing in this project as much as I did. Ever since, she has shown me her strong support in a multitude of ways, always with promptness and flexibility, and for that I am most appreciative. I also value all the help and encouragement of the Yale University Press staff members with whom I have had the pleasure to work, especially: the assistants to the publisher Gretchen Rings and Brie Kluytenaar, production editor Annie Imbornoni, and marketing manager Tim Shea. I am particularly indebted to my manuscript editor at Yale University, Risa Sodi. Without her editorial skills, dedication, and encouragement, this project could not have been accomplished.

I will be forever grateful to my colleague and friend, Donna Binkowski. She is the person who—fifteen years ago—initiated me into the study of foreign language pedagogy. I thank her for opening her knowledge to me, and for her brilliant help and invaluable advice throughout the years.

At the University of Georgia, I would like to thank my advisor and friend Carmen Tesser for all her gracious support. She has been a constant source of inspiration for me, and has taught me that our passion for literature and languages can, in fact, coexist. I am also profoundly grateful to Noel Fallows, my department head, who helped me in every way possible, and continues to do so. I wish to express my gratitude to Tom Peterson who, since my arrival at the University of Georgia, has always encouraged me to discuss matters of pedagogy, both practical and theoretical, to work with new ideas, and to blend them in the Italian curriculum at the beginning level. My gratitude goes also to Concettina Pizzuti, our Italian program coordinator,

for facilitating the pilot testing stage of the program and for showing confidence in my work. I want to specially thank my colleague and workbook co-author Barbara Cooper. She is the ideal fellow teacher, in that she is unselfish, trusting, and has an open mind. Barbara has collaborated in this project with timely contributions and countless suggestions, and has shared with me the most delicate mission of all: classroom testing and honest after-action reports. Thanks also to Alex Murawski, *Pronti... Via!*'s illustrator, who has given faces and shapes to all the book's characters. They went from my head, to the written word, to his desk, and there they came to life. They are part of the language acquisition strategy, and I hope users will like their realism as much as we do. My best friends Elena Adell and Diego del Pozo brought their insight and interdisciplinary expertise to assist me in planning the multimedia portion of this textbook. I feel that this work has contributed to the peculiar dimension of our relationship: we all work from the same standpoint, but each of us looks up to the others. I want to thank our computer support staff at the Department of Romance Languages here at UGA: Michael Casuccio, Jerry Daniel, and John Boroski. Michael and Jerry solved many last-minute problems and I will never be able to thank them sufficiently. John was also kind enough to give me several beautiful photographs from his two trips to Italy. My heartfelt thanks also go to Julia Barnes, who has helped me tremendously in the Language Resource Center.

I want to offer my sincere gratitude to my students at the University of Georgia, who have been and continue to be my number one motivation. They always comment positively on my energy and dedication, but I do not think they imagine how much of that is brought about through my daily contact with their eyes. My students have been very responsive, providing me with solicited and unsolicited feedback throughout all the creative steps of this project: at the beginning, when they would only receive a few extra handouts to complement the official textbook; later, when the number of handouts required a three-ring folder; and in the last phase, when the manuscript was divided in two separate sections. I hope they realize how absolutely invaluable their help has been to the writing of this book.

I also want to thank my friends Annalisa Cleveland, Betina Kaplan, and Leo Cotlar, as well as all my family in Italy for having contributed to the project with constant encouragement, patience, and good cheer. I am truly and deeply indebted to so many family members—from my two-year-old niece, Elisabetta, to my ninety-six-year-old grandmother, Giustina—that I will not even attempt to acknowledge them all. I certainly hope that they feel my gratitude.

Lastly, I want to thank José B. Álvarez, my husband, *el hombre de las ideas*. He was the first person who suggested that all the material that I started to create on a daily basis for the sole purpose of delivering "seamless lesson plans" should be formally organized into a textbook proposal. Naturally, over five years ago, he did not imagine (and neither did I) what kind of commitment this would be, but he has been there the whole time.

With imaginable and unimaginable love, I thank my six-year-old daughter, Irene, who is growing up remarkably proficient in three different languages and cultures. She has been teaching me the best lessons about life, in general, and about time management, in particular. Plus, although she does not know it yet, she keeps on providing me with some of the most valuable hints about language acquisition and the Natural Approach. I dedicate this book to her.

I would like to take this opportunity to thank the following reviewers:

Risa Sodi, Yale University

Carmen Chaves Tesser, University of Georgia

Vincenzo Binetti, University of Michigan

Elizabeth Mazzocco, University of Massachusetts

Clare Godt, University of Pittsburgh

Max Creech, Jr., Duke University

Cinzia Donatelli Noble, Brigham Young University

Thomas Simpson, Northwestern University

Stefania Amodeo, University of Maryland–College Park

David Ward, Wellesley College

Christopher Kleinhenz, University of Wisconsin–Madison

Camilla Presti Russell, University of Maryland–College Park

K. E. Baettig, Cornell University

Benvenuti!

A. L'alfabeto italiano

Ci sono ventuno (21) lettere nell'alfabeto italiano: sedici (16) consonanti e cinque (5) vocali.

A	a (as in *father,* but short and crisp)	**a**more
		Anna
		aria
B	bi (as in *boat*)	**b**anca
		bravo
C	ci (as **ch** in **ch***in* before *e* or *i*)	**C**ecilia
		cilindro
		circo
	(as **k** in **k***ey* elsewhere)	brus**ch**etta
		Calcutta
		Chianti
		chitarra
		costa
		creazione
		cubo
		curva
		or**ch**estra
D	di (as in *day*)	**d**inosauro
		documento
E	e (as in *café,* but short and crisp)	**E**gitto
		Elena
F	effe (as in *fast*)	**f**antasia
		Ferrari
G	gi (as in *gesture* or in *g**in* before *e* or *i*)	**ge**ologia
		gigante
		giornale
		giraffa
		giustizia
	(as in *g**ate* elsewhere)	**g**alleria
		ghigliottina
		gondola
		governo
		grammatica
		Gucci
		guerriglia
		guida
		spa**gh**etti

H	acca (always silent)	hotel
I	i (as in *me,* but short and crisp)	Italia
		italiano
L	elle (as in *learn*)	lasagne
		Laura
M	emme (as in *map*)	magnifico
		magnolia[1]
N	enne (as in *number*)	no
		numero
O	o (as in *cone,* but short and crisp)	oasi
		ombrello
P	pi (as in *park,* but without a puff of air)	papà
		passaporto
Q	cu (as in *key*)	qualità
		quarto
R	erre (as *butter* or *ladder*)	radio
		rosa
S	esse (as in *sad*)	sarcasmo
		sorbetto
T	ti (as in *tap,* but without a puff of air*)*	taxi
		tigre
U	u (as in *pool,* but short and crisp)	università
		uno
V	vu (as in *vacation*)	vampiro
		violino
Z	zeta (as in *pretzel*)	zebra
		zero

Le seguenti (*following*) cinque (5) lettere non fanno parte dell'alfabeto italiano. Sono lettere straniere (*foreign*).

J	i lunga	jet
K	kappa	koala
W	doppia vu	Washington
X	ics	extra
Y	i greca *or* ipsilon	yogurt

1. Note also that the group **gn** corresponds to the same sound as the group *ny* in the English word *canyon.*

Attività 1. Ascolti e scriva.

Listen as your instructor spells out some words for you and write each word letter by letter. Look at the example first.

Esempio:

> *You hear:* **emme – i – elle – a – enne – o**
> *You write:* M - I - L - A - N - O

B. Presentazioni (*Introductions*)[2]

Professoressa Corvetti:

> Buongiorno, ragazzi, benvenuti alla lezione di italiano. Mi chiamo Francesca Corvetti. Francesca: effe – erre – a – enne – ci – e – esse – ci – a. E Lei, come si chiama?

Kevin:

> Mi chiamo Kevin: cappa – e – vu – i – enne.

Amanda:

> Io mi chiamo Amanda: a – emme – a – enne – di – a. E tu, come ti chiami?

Daniel:

> Mi chiamo Daniel: di – a – enne – i – e – elle.

2. You can use the following expression to introduce yourself to others: **Mi chiamo...**
To find out a peer's name, you can ask: **Come ti chiami?**
To find out your professor's name, you can ask: **Lei come si chiama?**

Prof.ssa Corvetti:

Buongiorno, ragazzi, io sono Francesca Corvetti. Ripeto: Francesca è il mio nome; Corvetti è il mio cognome: ci – o – erre – vu – e – ti – ti – i.

Attività 2. Mi chiamo...

Find out the first and last names of three classmates and write their names letter by letter. Follow the example.

Studente A:

Ciao, io mi chiamo Phil Taylor. E tu, come ti chiami?

Studente B:

Io mi chiamo Angela Williams: A – ENNE – GI – E – ELLE – A ...
DOPPIA VU – I – ELLE – ELLE – I – A – EMME – ESSE.

Nome e cognome	Nome (lettera per lettera)	Cognome (lettera per lettera)
Angela Williams	A – ENNE – GI – E – ELLE – A	DOPPIA VU – I – ELLE – ELLE – I – A – EMME – ESSE.
1.		
2.		
3.		

c. I saluti (*Greetings*)

1. Anna e il professore di matematica

A: Buongiorno, professore, come sta?
P: Buongiorno, Anna! Bene, grazie! E Lei?
A: Benissimo, grazie. ArrivederLa!
P: ArrivederLa!

2. Il signor Cecchetti e Paola

Paola: Buona sera, signor Cecchetti!
Sig. C: Ciao, Paola! Come va?
Paola: Bene, grazie, e Lei?
Sig. C: Non c'è male.

3. Chiara e Luciano (due amici)

L: Ciao, Chiara!
C: Ciao, Luciano! Come stai?
L: Bene, grazie, e tu, come va?
C: Bene, grazie!

4. Tommaso e la mamma

T: Buona notte, mamma!
M: Buona notte, Tommaso!

5. Marito e moglie (*husband and wife*)

Marito: Ciao, buon viaggio!
Moglie: Grazie. Ciao, a presto!

6. La signora Bezzi e Luca

L: ArrivederLa, signora Bezzi!
Sig. ra B.: Arrivederci, Luca!

Attività 3. Dialoghi.

Role-play the following dialogues with a classmate.

1. **La professoressa Anna Graziano saluta Marco Lorusso**

Professoressa Graziano:	Buongiorno, Marco! Come va?[3]
Marco Lorusso:	Bene, grazie, e Lei?
Professoressa Graziano:	Bene, bene.

2. **Il professor Ernesto Basile saluta Elena Cecchetti**

Elena Cecchetti:	Buongiorno, professor Basile, come sta?
Professor Basile:	Benissimo! E Lei, Elena?
Elena Cecchetti:	Bene, grazie. ArrivederLa![4]

3. **Marco Lorusso saluta la sua amica (*friend—female*) Chiara Bonomo**

Marco Lorusso:	Ciao, Chiara! Come stai?
Chiara Bonomo:	Ciao, Marco! Io bene, e tu?
Marco Lorusso:	Bene, bene. Ci vediamo![5]
Chiara Bonomo:	Sì! Ciao!

4. **La signora (*Ms.*) Cecchetti saluta il suo vicino (*her neighbor*), il signor Gemma**

Signora Cecchetti:	Buonasera, signor Gemma! Come sta?
Signor Gemma:	Non c'è male, grazie. E Lei?
Signora Cecchetti:	Tutto bene, per fortuna!

5. **Luca Gemma saluta il suo amico (*friend—male*) Giorgio Bonelli**

Luca Gemma:	Giorgio! Ciao, come va?
Giorgio Bonelli:	Benissimo, e tu?
Luca Gemma:	Bene, grazie! Ciao, ci vediamo!
Giorgio Bonelli:	D'accordo, ciao!

3. The expression **Come va?** means *How is it going*, and can be used both in familiar and in polite conversations, when talking to one person or to more than one.

4. The expression **ArrivederLa!** is appropriate when saying good-bye to people older than you, or when there is some degree of formality or social distance.

5. The English equivalent of the expression **Ci vediamo!** is *See you!*

Attività 4. Intervista.

*Interview three classmates and find out their first and last names, where
they are from, and how they are doing today. Write the information to use
in the next activity, when you will report your findings. Follow the example.*

Esempio: **Studente A:**   Come ti chiami?

Studente B: Mi chiamo Andrew Bultman.

Studente A: Di dove sei?

Studente B: Sono di Seattle,[6] Stati Uniti.

Studente A: Come stai oggi?

Studente B: Sto bene, grazie!

	1	2	3
Come ti chiami?	*(nome e cognome)*	*(nome e cognome)*	*(nome e cognome)*
Di dove sei?			
Come stai oggi?			

Attività 5. Risultati dell'intervista.

*Introduce the classmates you interviewed to the rest of the class. Follow the
examples.*

Esempi:

Vi presento Andrew Bultman. È di Seattle, Stati Uniti. Oggi sta bene.

Vi presento Laura Marroquín. È di Santiago, Cile. Oggi sta benissimo.

---

6. When stating your city of origin, always remember to use the preposition **di.**

Le pagine verdi : Capitolo 1

A. Subject Pronouns

A pronoun is a word used in place of one or more nouns.

Peter studies music. **He** plays the piano for five hours every afternoon.

Instead of repeating the noun *Peter* in the second sentence, it is natural to use the pronoun *he*. *He* is a subject pronoun: it refers to the person who performs the action of playing. In grammatical terms, we would say that *he* is the subject of the sentence (the person who performs the main action). Here are the Italian subject pronouns that can serve as the subject of a sentence:

io	*I*		noi	*we*
tu	*you (informal)*		voi	*you (more than one person—inf.)*
Lei	*you (polite—see section B)*		Loro	*you (more than one person—pol.)*
lei	*she*		loro	*they*
lui	*he*			

The pronoun *it* does not exist in Italian. When referring to a thing or to an idea, the third person he/she verb forms without a subject pronoun will suffice: **Fa caldo oggi** (*It is hot today*).

B. Addressing Others: Informal and Polite *You* (tu/Lei)

In English, *you* is the only pronoun used to address a person directly, whether or not the speaker is talking to his or her best friend or to the president of the university. *You* is also used to address one person or more than one. (For example: *Mary, where are you going?* or *Mary and John, where are you going?*). In this section, you will learn mainly about the pronoun *you* as it is used to address only one person.

Italian, like many other languages, has two pronouns that mean *you* in the singular: **tu** and **Lei**. The informal pronoun **tu** is reserved for friends, family members, peers, children, and other people you know well. You should use the polite pronoun **Lei** when talking to people you don't know well or when talking to people who are older than you. In other words, the use of **Lei** communicates respect and/or lack of acquaintanceship. As a speaker of Italian, even as a beginner, knowing when to use **tu** or **Lei** is a very important accomplishment in the language-learning process: it testifies to your sociolinguistic competence or, to put it in simpler terms, to your social skills.

In the activities and exercises, you will be addressed with the **Lei** form. You should use **Lei** with your professor (unless asked to do otherwise) and **tu** with your classmates. Some instructors address their students with **tu,** while others use **Lei.**

Please read the following examples carefully.

1. Sono italiana. E **tu,** di dove sei? — *I'm Italian. And you (inf.), where are you from?*

2. Sono il professore di italiano. E **Lei,** è una studentessa? — *I'm the Italian professor. And you (pol.), are you a student?*

3. Barbara: Come stai, Anna?   *How are you? (inf.)*
   Anna: Benissimo! E **tu?**   *Great! And you? (inf.)*

4. Barbara: Come sta, signor Smith?   *How are you (pol.), Mr. Smith?*
   Signor Smith: Bene, grazie. E **Lei?**   *Fine, thank you. And you (pol.)?*

As you have probably noticed, the verb forms used with **tu** and **Lei** are different. You'll start learning verbs and verb forms very soon. For now, you can start practicing pronouns.

Esercizio 1. Pronomi.

If you were an Italian speaker, which subject pronoun would you use to speak...

1. to your sister? _____
2. to your brother? _____
3. about your sister? _____
4. about your brother? _____
5. to one of your classmates? _____
6. to a couple of classmates? _____
7. about a couple of classmates? _____
8. to the secretary at the Registrar's Office? _____

9. to a nurse at the Health Center? _____
10. to your advisor? _____
11. to your pet? _____
12. to a high-school classmate? _____
13. to a waiter at a fine restaurant? _____
14. to a flight attendant on an airplane? _____
15. to your Italian professor? _____

Esercizio 2. Pronomi.

Replace each subject with the appropriate subject pronoun. Imagine you are talking about the following subjects.

Esempio: Uno studente = *lui*
                 Una studentessa = *lei*

1. Maurizio = _____
2. Giuliana = _____
3. la professoressa Corvetti = _____
4. il dottor Amati = _____
5. il professor Pagano = _____
6. Tu, tu e tu = _____

7. Annalisa ed io = _____
8. Luciano e Filippo = _____
9. Lucia, Carla e Chiara = _____
10. Voi ed io = _____
11. Tu, Antonio e Carla = _____

Esercizio 3. Pronomi.

Replace each subject with the appropriate subject pronoun. Imagine you are talking to the following subjects.

Esempio: Uno studente o una studentessa = *tu*

1. Maurizio = _____
2. Giuliana = _____
3. la professoressa Corvetti = _____
4. il dottor Amati = _____
5. il professor Pagano = _____

6. Tu, tu e tu = _____
7. Annalisa e Carla = _____
8. Luciano e Filippo = _____
9. Lucia, Carla e Chiara = _____
10. Tu, Antonio e Carla = _____

c. Expressing *to Be* in Italian: The Verbs *essere* and *stare*

You'll acquire a lot of knowledge about verbs in general in chapter 2. At the moment, you should concentrate on the Italian equivalents of the English verb *to be*.

The verb *to be* is used in English in a variety of ways: to identify ourselves (*I am John Smith*), to describe personality traits or physical characteristics (*I am generous, My sister is tall*), to express physical sensations or feelings (*I am hungry, I am happy*), and so on. In all these cases, the verb *to be* is equivalent to the Italian verb **essere,** conjugated here:

ESSERE (*TO BE*)			
io sono	*I am*	noi siamo	*we are*
tu sei	*you (inf.) are*	voi siete	*you (pl., inf.) are*
Lei è	*you (pol.) are*	Loro sono	*you (pl., pol.) are*
lei è	*she is*	loro sono	*they are*
lui è	*he is*	sono	*they (things or concepts) are*
è	*it is*		

Remember that Italian verb endings indicate the subject. Therefore—in most contexts—the subject or the subject pronoun can be omitted. The pronoun *it* and its plural form *they* do not exist in Italian, but are indicated by the verb form. Now read the following examples.

1. Io sono John. **Sono** sportivo e generoso. — *I am John. I am sports-minded and generous.*
2. Lei è Angela. **È** estroversa e sportiva. — *She is Angela. She is extroverted and sports-minded.*
3. Io e Marco **siamo** ottimisti. — *Marco and I are optimistic.*
4. Laura e Giovanna **sono** creative. — *Laura and Giovanna are creative.*
5. Lui è Bryant. **È** timido e calmo. — *He is Bryant. He is shy and calm.*
6. Riccardo ha una macchina nuova. **È** una Ferrari! — *Riccardo has a new car. It's a Ferrari!*
7. Antonella ha due gatti. **Sono** siamesi. — *Antonella has two cats. They are Siamese.*

Esercizio 4. Il verbo *essere.*

Here are four words that can be used to describe someone's personality. Choose two to describe yourself. Choose the form that ends in **–o** if you are a male and the form that ends in **–a** if you are a female. Follow the examples.

sportivo / sportiva   generoso / generosa   estroverso / estroversa   timido / timida

Esempi: *Mi chiamo John. Sono sportivo e generoso.*

Mi chiamo Rebecca. Sono estroversa e sportiva.

Esercizio 5. Il verbo *essere.*

Fill in the blanks with the correct form of the verb **essere.**

1. Maurizio _____ generoso.

2. Barbara _____ creativa.

3. Stefania e Maria _____ intelligenti.

4. Carlo e Marco _____ impulsivi.

5. Io e Nicola _____ ottimisti.

6. Tu e Cristina _____ idealisti.

7. Tu _____ tranquillo, ma (*but*) Giovanni _____ ansioso.

8. Io e Giorgio _____ impulsivi, ma tu e Caterina _____ riflessive.

D. Stating One's City of Origin

The verb **essere** is also used in Italian to state one's city of origin. To use **essere** in this context, note that the word **dove** means *where* and that the word **di** means *from.* Here are some examples.

Alex:	Io sono di Seattle.	I am from Seattle.
	E tu, George, di dove **sei?**	And you, George, where are you from?
George:	Io **sono** di Filadelfia, in Pennsylvania.	I am from Philadelphia, Pennsylvania.
Kristi:	Monica, di dove **sei?**	Monica, where are you from?
Monica:	**Sono** di San Juan, Portorico.	I'm from San Juan, Puerto Rico.
Kristi:	E voi, Isabelle e Jean-Paul? Di dove **siete?**	And you, Isabelle and Jean-Paul? Where are you from?
I. e JP.:	**Siamo** di Lione, in Francia.	We're from Lyons, France.
Bryant:	Ana María, di dove **sono** tuo padre e tua madre?	Ana María, where are your father and mother from?
AM:	**Sono** di Cuernavaca, in Messico.	They are from Cuernavaca, Mexico.

Notice that when the word **dove** is used with the third person of the verb **essere,** the final **–e** is dropped and the two words contract into one: **dov'è.**

Alex:	George, di **dov'è** Marianna?	George, where is Marianna from?
George:	È di Palermo. È italiana!	She is from Palermo. She's Italian!

Esercizio 6. Il verbo *essere.* 🖊

Fill in the blanks with the correct form of the verb **essere.**

1. —Alex, di dove _____ tu?

   —_____ di Milano.

2. —E Antonella? Di dov'_____?

   —Antonella _____ di Roma.

3. —Di dove _____ Giorgio e Barbara?

   —Giorgio e Barbara _____ di Palermo.

4. —Di dov'_____ il dottor Rajiv Nair?

   —Il dottor Nair _____ di Nuova Delhi.

5. —E voi? Di dove _____?

   —Io e Andrés _____ di Rio de Janeiro.

6. —Di dove _____ il signore e la signora Von Karajan?

   —Il signore e la signora Von Karajan _____ di Vienna.

7. —Scusi, professore, Lei di dov'_____?

   —_____ di San Francisco, Stati Uniti.

8. E Lei, professoressa, di dov'_____?

   —_____ di Roma.

E. Discussing Physical Well-being and Health: The Verb *stare*

When the verb *to be* is used to discuss physical well-being and health, it corresponds to the Italian verb **stare. Stare** is conjugated here.

STARE (*TO BE*)			
io sto	*I am*	noi stiamo	*we are*
tu stai	*you are (inf.)*	voi state	*you (pl., inf.) are*
Lei sta	*you (pol.) are*	Loro stanno	*you (pl., pol.) are*
lei sta	*she is*	loro stanno	*they are*
lui sta	*he is*		

Now study the following examples.

—Come **stai?**
—**Sto** bene, e tu?

How are you? (inf.)
I am fine, and you?

—Professor Basile, come **sta?**
—**Sto** benissimo, grazie!

Professor Basile, how are you?
I am very well, thank you!

—Professoressa Corvetti! Come **sta?**
—Benone, grazie, e Lei?

Professor Corvetti! How are you?
Terrific, thank you, and you?

Esercizio 7. Il verbo *stare.* ✏️

Complete the short conversations with the correct form of the verb **stare.**

1. **Elena e Luca**

    Elena: Ciao, Luca, come _____?
    Luca: Benissimo, grazie, e tu?
    Elena: Abbastanza bene, grazie.

2. **Anna, Antonella e Lucia**

    Anna: Ciao Antonella! Ciao, Lucia! Come _____?

    Antonella e Lucia: Noi _____ bene, e tu, Anna?

    Anna: _____ male. Ho un esame di biologia alle 9,30!

3. **Marco e la professoressa Graziano**

    Marco: Buongiorno, professoressa Graziano! Come _____?
    Prof.ssa Graziano: Bene, grazie, e Lei?

F. Comparing the Uses of *essere* and *stare:* More about Personal Descriptions

When used in personal descriptions, the verb **essere** is normally followed by an adjective; **stare** is followed by an adverb, except when giving a command. Please remember that an adjective is a word that describes or modifies a noun. An adverb is a word that modifies a verb or an adjective. For example, in the sentence *It is a fine day and I feel* fine, the first *fine* is an adjective that modifies the word *day,* and the second is an adverb that modifies the verb *to feel.*

Read the following examples carefully and notice their use with adjectives and/or with adverbs:

ESSERE

Sono alto e robusto	*I am tall and heavy-set.*
Mio padre **è** generoso.	*My father is generous.*
Oggi **sono** un po' nervosa, ma normalmente **sono** calma.	*I am a little nervous today, but normally I am calm.*

STARE

—Come **stai**?	*—How are you?*
—**Sto** benissimo, grazie!	*—I am very well, thank you!*
—**Sta' zitto,** per favore. Non riesco a concentrarmi!	*—Be quiet, please. I cannot concentrate!*
—**Sta' calmo** e ripeti tutto dall'inizio.	*—Calm down, and repeat everything from the beginning.*

G. The Verbs *essere* and *stare* to Locate People and Objects

You will learn the subtleties of the verbs **essere** and **stare** as you perfect your knowledge of the Italian language. In the meantime, remember that both **essere** and **stare** can be used to locate people and objects, but that **stare** may suggest the meaning of *to stay* rather than *to be.* Study the following examples so that you will not be caught off guard when you encounter these two verbs in this context.

—Dove **sono** le chiavi della macchina?

—**Sono** sul tavolo.

—Where are the car keys?

—They're on the table.

(UNA CONVERSAZIONE TELEFONICA FRA ROBERTA E
ALESSANDRA, LA SUA COMPAGNA DI STANZA)

Roberta: Ciao Alessandra, come **stai?**

Alessandra: Bene, e tu?

Roberta: Benissimo, grazie. Ma dove **sei?**

Alessandra: **Sono** in macchina, perché?

Roberta: Puoi fermarti a comprare il latte?

Alessandra: Sì, certo. Solo il latte?

Roberta: Sì, solo il latte, grazie.

*(A PHONE CONVERSATION BETWEEN ROBERTA AND
ALESSANDRA, HER ROOMMATE)*

Roberta: Hello Alessandra, how are you?

Alessandra: I'm fine, and you?

Roberta: Great, thanks. But where are you?

Alessandra: I'm in the car, why?

Roberta: Can you stop to buy milk?

Alessandra: Yes, of course. Just milk?

Roberta: Yes, just milk, thank you.

—Roberto, perché Giovanna **non è** con te?

—Perché oggi Giovanna **sta** all'università fino
  alle 3,00.

—Roberto, why isn't Giovanna with you?

*—Because Giovanna is at school today
  until 3:00.*

Oggi non vado a lezione. **Sto** a casa perché ho la febbre.

*I'm not going to class today. I'm staying home because I
have a fever.*

H. Naming: The Verb *chiamarsi*

The most common way to ask someone's name and to tell one's own name is to use the verb **chiamarsi.** You'll learn
the conjugation of this verb later on. For now, it's worth memorizing four of its forms.

CHIAMARSI *(TO BE CALLED)*	
(io) mi chiamo	*my name is*
(tu) ti chiami	*your name is*
(lui/lei/Lei) si chiama	*his/her/your name is*
(loro) si chiamano	*their name is*

Come **ti chiami?**

Mi chiamo Elena Cecchetti.

What is your name? (literally, How are you called?)

My name is Elena Cecchetti. (lit., I'm called...)

To ask a third person's name, use the following form of **chiamarsi.**

Come **si chiama** l'amico di Elena?

Si chiama Mauro.

*What is Elena's friend's name? (lit., How is Elena's
    friend called?)*

His name is Mauro. (lit., He is called...)

Finally, to ask several persons' names, use the following form.

Come **si chiamano** il padre e la madre di Elena?

Si chiamano Alberto e Rosanna.

*What are Elena's father's and mother's names?
    (lit., How are Elena's father and mother called?)*

*Their names are Alberto and Rosanna.
    (lit., They are called...)*

Le pagine gialle : Capitolo 1

Learning a language does not specifically involve memorization, but sometimes, especially at the beginning, you will find it useful to *memorize* certain phrases or expressions. You will feel confident about the foreign language you are learning, and you will not be "speechless" in basic social situations. Here are a few useful expressions.

I saluti (*Greetings and good-byes*)

Benvenuti!	*Welcome! (to more than one person)*
Buongiorno.	*Good morning!*
Buona sera.	*Good afternoon/evening.*
Buona notte.	*Good night. (to wish a good night of sleep, or to take leave before retiring)*
ArrivederLa.	*Good-bye. (Until I see you again.) (pol.)*
Arrivederci.	*Good-bye/See you. (Until we see each other again.)*
	(to more than one person, pol. or inf.; or to one person, inf.)
Ci vediamo!	*See you! (inf.)*
Ciao!	*Hi!/Bye! (inf. only)*
Buon viaggio.	*(Have a) good trip.*
A presto.	*(See you) soon. (pol. or inf.)*
A domani!	*(See you) tomorrow!*
Buona giornata!	*Have a good day!*
Buona domenica!	*Have a good Sunday!*
Buon fine settimana!/ Buon weekend!	*Have a good weekend!*

Domande (*Questions*)

Come sta?	*How are you? (pol.)*
Come stai?	*How are you? (inf.)*
Come va?	*How is it going? (pol. or inf.)*
Tutto bene?	*(Is) everything all right?*

Risposte (*Answers*)

Bene!	*Fine!*
Benissimo!	*Great!*
Benone!	*Terrific!*
Non c'è male.	*Not bad.*
Oggi non sto bene.	*I'm not well today.*
Grazie.	*Thank you.*
Sì.	*Yes.*
D'accordo!	*Agreed!/All right!*
Va bene.	*Okay.*

Presentazioni (*Introductions*)

io	*I*
Lei	*You (pol.)*
lei	*she*
lui	*he*

Mi chiamo...	*My name is...*
Come ti chiami?	*What is your name? (inf.)*
Lei come si chiama?	*What is your name? (pol.)*
Si chiama...	*His/Her name is...*
E tu...?	*And you...? (inf.)*
E Lei...?	*And you...? (pol.)*
Ti presento...	*Let me introduce you to... (inf.)*
Le presento...	*Let me introduce you to... (pol.)*
Vi presento...	*Let me introduce you to... (when introducing someone to more than one person)*

nome / di battesimo[1]	*first name*
cognome	*last name*

In aula, all'università (*In the classroom, at the university*)

la lezione (f.)	*the class / lesson*
la lezione di italiano	*the Italian class*
il professore (m.)[2]	*the professor (m.)*
la professoressa (f.)	*the professor (f.)*
lo studente (m.)	*the student (m.)*
la studentessa (f.)	*the student (f.)*
il compagno di classe (m.)	*the classmate (m.)*
la compagna di classe (f.)	*the classmate (f.)*
Ho una domanda.	*I have a question.*
Come si dice *good morning* in italiano?	*How do you say good morning in Italian?*
Come si dice **a domani** in inglese?	*How do you say a domani in English?*
Può ripetere, per favore?	*Could you repeat, please? (pol.)*
Più lentamente, per favore.	*More slowly, please.*
Non capisco.	*I don't understand.*
Come si scrive?	*How is it spelled? (lit., How is it written?)*
Come si pronuncia?	*How is it pronounced?*
Non lo so.	*I don't know.*
Preferisco non rispondere.	*I prefer not to answer.*

---

1. The Catholic underpinning of Italian culture is sometimes reflected in the language. In Italian, regardless of one's religious beliefs or practice, the expression **nome di battesimo** is sometimes used—especially in formal situations—to refer to one's first name, even if one has not been baptized.

2. Italians often address people by their titles, both in speech and in writing. To greet your Italian instructor, for example, you would use **Buongiorno, professore!** (or **Buongiorno, professor Castaldi!**—masculine titles preceding the surname drop the final -e) and **Buongiorno, professoressa!** (or **Buongiorno, professoressa Corvetti!**). If you were to talk to a doctor, you would say **Buongiorno, dottore/dottoressa, come sta?** or **Buongiorno, dottor/dottoressa Russo, come sta?**

Chi siamo?

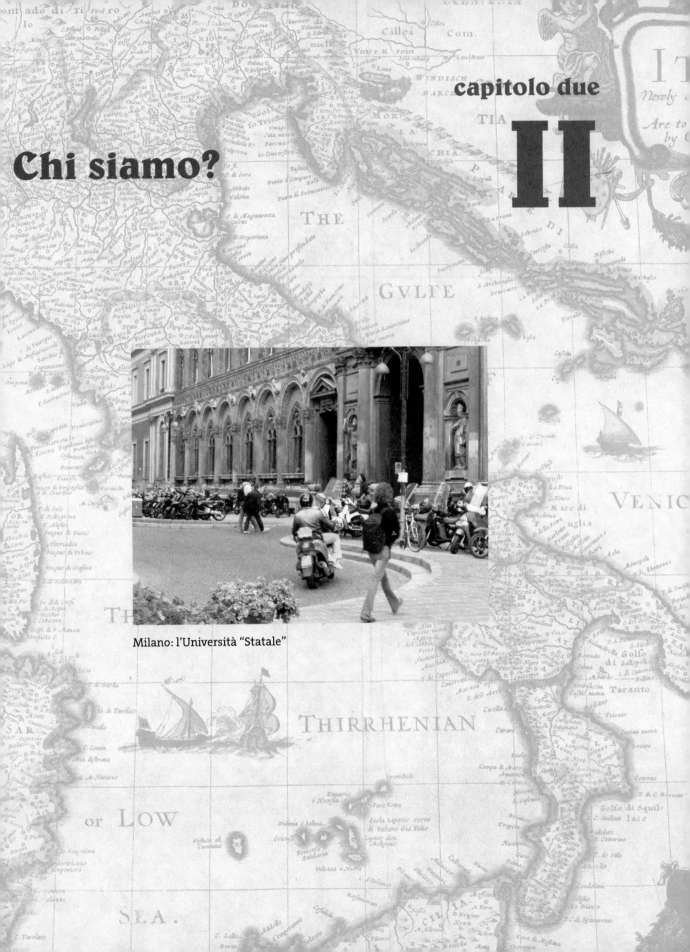

Milano: l'Università "Statale"

A. Mi presento...

Buongiorno! Mi chiamo Marco Lorusso e sono italiano. Ho ventun anni e studio antropologia all'Università[1] di Roma. Oltre a studiare, insegno (*I teach*) inglese in una scuola media, per quattordici ore alla settimana.

Salve! Mi chiamo Chiara Bonomo. Anch'io sono italiana, e ho ventidue anni. Studio ingegneria all'Università di Bologna. Tre giorni alla settimana, dalle cinque alle nove, lavoro (*I work*) in una palestra[2] (*gym*): insegno ginnastica artistica.

Attività 1. Mi chiamo...

Prepare a brief presentation. Follow the example.

Mi chiamo *Elena Cecchetti* e sono *italiana*, di *Roma*. Ho *diciannove* anni e studio *medicina*[3] all'università di *Milano*.[4]

---

1. **All'** is made up of the simple preposition **a** + the article **l'**. For a diagram of all the combinations of prepositions with definite articles, please consult appendix B.

2. A less-known English equivalent of this word is **palaestra,** a noun of Greek origin that means *gymnasium.*

3. Please refer to the **Pagine gialle** for a list of academic subjects.

4. Generally speaking, universities in Italy are identified by the name of the city where they are located. Italians use the preposition **di** after the word **università** and before the name of the city. To identify U.S. state universities in Italian, forms of the preposition **del,** are used. You'll learn the grammatical details of this construction later. In the meantime, consult the **Pagine gialle** section at the end of this chapter for some university names.

Attività 2. Intervista.

Ask a classmate the following questions and write the answers. You will introduce your interviewee to the rest of the class later.

1. Come ti chiami?   4. Quanti anni hai?
2. Di che nazionalità sei? 5. Cosa studi?
3. Di dove sei?   6. Dove?

Attività 3. Vi presento...

Now introduce your interviewee to the rest of the class. You may organize your information as follows.

Ciao a tutti!⁵ Vi presento _____ .
                                   (nome)
È _____ , di _____ .
        (nazionalità)   (città di origine)
Ha _____ anni
                   (numero)
e studia _____
                        (materia)
all'università _____ .
                    (nome dell'università)

B. Che ora è? / Che ore sono?

1. Chiara e un passante

Chiara: Scusi, che ore sono?
Un passante: Sono le otto.
Chiara: Grazie!
Il passante: Prego.

2. Marco e Barbara

Marco: Barbara, che ore sono?
Barbara: È l'una e mezza.
Marco: Andiamo a mangiare (*eat*)?
Barbara: Certo! Ho fame!

5. **Ciao a tutti!** means *Hi everybody!*

3. Roberto e Maria

Roberto: Maria, che ore sono?

Maria: Sono le quattro e venticinque.

Roberto: Sul serio??? È tardi! La lezione di biologia comincia alle quattro e mezza!

4. Giorgio e Silvia

Giorgio: Silvia, che ora è?

Silvia: È quasi mezzanotte.

Giorgio: Buonanotte!

Silvia: Buonanotte!

Attività 4. Che ora è?

Look at the clocks, listen to your instructor, and state the time on the corresponding clock. Then ask a classmate similar questions.

Esempio: Domanda: Che ora è / Che ore sono sull'orologio numero 1?

Risposta: Sono le nove in punto.

1

2

3

4

5

6

7

8

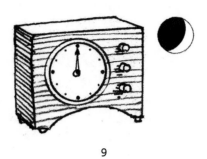

9

10

11

12

13

14

15

c. L'orario delle lezioni

Attività 5. L'orario di Elena.

Listen carefully while your instructor explains Elena's schedule. Then indicate the adjective that describes it best.

	lunedì	martedì	mercoledì	giovedì	venerdì
08,00–08,50	biologia		biologia		biologia
09,00–09,50		chimica		chimica	
10,00–10,50	psicologia		psicologia		psicologia
11,00–11,50					
12,00–12,50	anatomia	anatomia	anatomia	anatomia	
01,00–01,50		matematica		matematica	

- Complicato? (*Complicated*)
- Fattibile? (*Feasible*)
- Leggero? (*Light*)
- Pesante? (*Heavy*)

Attività 6. Il mio orario delle lezioni.

*Make a chart similar to the one in **Attitivà 5** and write your own class schedule. Then, present it to a classmate.*[6]

D. Finalmente è venerdì!

Salve! Mi chiamo **Giovanna Righi,** ho ventitré anni e sono italiana. Sono di Modena, ma vivo al sud perché studio veterinaria all'università di Bari. Ho un orario abbastanza impegnativo (*demanding*), e studio molto dal lunedì al venerdì, ma durante il fine settimana mi riposo e mi diverto (*I have fun*) con la mia famiglia e con i miei amici. Spesso vado al cinema con il mio ragazzo, Roberto, e gioco a tennis con Teresa, una mia cara (*dear*) amica.

6. To talk about actions that regularly take place on specific days of the week, use the day of the week plus its corresponding definite article. *On Mondays* = **il lunedì,** *on Tuesdays* = **il martedì,** and so on.

Ciao! Io mi chiamo **Luca Gemma,** e anch'io sono italiano. Ho ventidue anni e sono di Amalfi, ma vivo a Napoli perché studio legge all'Università. Questo semestre seguo cinque corsi, tutti di pomeriggio, e quindi (*therefore*) di solito studio la mattina. A Napoli abito in un appartamento con altri due studenti e il fine settimana ritorno a casa, ad Amalfi. Il sabato mattina di solito dormo fino a tardi, e il sabato sera esco con gli amici. Anche la domenica mattina dormo fino a tardi, e poi pranzo a casa. Mia madre (*mother*) cucina benissimo!

Io sono **Antonella Piras,** e sono italiana, di Cagliari. Ho ventiquattro anni, e studio architettura a Roma. Roma mi piace molto, ma torno in Sardegna circa una volta al mese. Non ho lezione il venerdì, quindi di solito (*usually*) parto il giovedì sera e rientro a Roma la domenica sera. Durante il fine settimana, se sono a Roma, esco con le mie amiche il sabato sera —andiamo al cinema, o a  mangiare la pizza— , e la domenica mattina vado a pattinare a Villa Borghese.[7] Invece, se (*if*) sono a Cagliari, vado al mare.

Roma, Villa Borghese.

7. Villa Borghese is a big park in Rome. See photo.

Attività 7. Finalmente è venerdì!

Read the questions carefully, then answer with complete sentences.

GIOVANNA

1. Quanti anni ha Giovanna?
2. Cosa studia?
3. Com'è il suo orario?
4. Con chi va al cinema il sabato sera?
5. Con chi gioca a tennis la domenica?

LUCA

6. Quanti anni ha Luca?
7. Cosa studia?
8. Dove vive?
9. Con chi vive?
10. Cosa fa il sabato sera?
11. Cosa fa la domenica mattina?
12. Perché pranza a casa la domenica?

ANTONELLA

13. Di dov'è Antonella?
14. Cosa studia, e dove?
15. Quando va in Sardegna, quando parte?
16. Quando rientra a Roma?
17. Quando è a Roma, dove va la domenica mattina?
18. Quando è a Cagliari, invece, dove va?

Attività 8. Intervista.

Now ask one of your classmates the same types of questions. Before you start, formulate your questions with the indicated verbs, using the following sequence of topics. Imagine this is an interview that will be published in a magazine, so write your classmate's answers exactly as he or she formulates them.

1. nome e cognome (chiamarsi)
2. età (*age*) (avere)
3. città di origine (essere)
4. carriera universitaria (studiare)
5. orario (essere)
6. sabato sera (fare)
7. domenica sera (fare)

Attività 9. Narrazione: il fine settimana tipico.
Cosa fa Giovanna durante il fine settimana?

1

2

3

4

5

6

7

8

9

10

11

12

Attività 10. Il nostro (*Our*) fine settimana tipico.

Talk to a classmate about your weekend. What do you usually do? And what does he or she usually do? Make sure you incorporate the phrase **di solito** *in your questions and answers.*

Esempio: —Cosa fai di solito il sabato mattina?
                —Il sabato mattina —di solito— vado a fare spese.

QUANDO?	ATTIVITÀ POSSIBILI
1. Il venerdì sera...	Andare a ballare
2. Il sabato mattina...	Andare a correre
3. Il sabato pomeriggio...	Andare a fare spese
4. Il sabato sera...	Andare a mangiare fuori (*out*)
5. La domenica mattina...	Andare a teatro
6. La domenica pomeriggio...	Andare a un concerto
7. La domenica sera...	Andare a una festa
	Andare al cinema
	Andare al parco
	Andare allo stadio
	Andare in centro
	Andare in chiesa, alla sinagoga, alla moschea ecc.
	Andare in palestra
	Andare in piscina
	Andare in un locale (*club*)
	Ascoltare musica
	Dormire fino alle...
	Guardare la televisione
	Lavare i panni (*to do laundry*)
	Lavare la macchina
	Lavorare
	Leggere un buon libro
	Pulire la casa
	Studiare
	Tornare a casa
	Uscire con gli amici
	Vedere una partita

Attività 11. Conversazione: che fai questo (*this*) fine settimana?

Talk about your plans for this coming weekend. Follow the example.

Esempio: —Che fai sabato mattina?
           —Dormo fino alle dieci, poi vado in palestra.

Attività 12. Avere freddo, caldo, fame, sete.

Read the following statements and write the subjects' mental or physical state. Follow the example.

Esempio: Angela è nel Minnesota, e la temperatura è di 15 gradi Fahrenheit.

Angela ha freddo.

1. Maurizio beve una bottiglia intera di acqua minerale.

2. È agosto, sono al mare in Florida, ed è mezzogiorno.

3. Alessandro e Paolo non mangiano da sei ore.

4. È mezzanotte, e Giovanna sbadiglia (*yawns*).

5. Io e Angela corriamo, perché la lezione comincia alle tre e adesso (*right now*) sono le tre meno due minuti.

6. Giulia dice che la popolazione degli Stati Uniti è di 289.000.000 abitanti, e Susanna dice che è di 400.000.000 abitanti.

7. Tommasino è al parco e un cane molto grande corre verso di (*toward*) lui.

→ **Lettura** ←
(Reading)

L'Italia

L'Italia è una penisola a forma di stivale situata nell'Europa meridionale. Il territorio italiano occupa un'area approssimativamente uguale a quella dell'Arizona. L'Italia confina a nord con la Svizzera e l'Austria, a nord-ovest con la Francia, e a nord-est con la Slovenia. Tutt'intorno (*all around*) c'è il Mar Mediterraneo. Il Mar Mediterraneo è il mare che bagna vari paesi del sud Europa, ma vicino alle coste italiane cambia nome. Sulla costa ovest dell'Italia si chiama Mar Tirreno, a nord-ovest si chiama Mar Ligure, sulla costa est si chiama Mare Adriatico, e a sud si chiama Mar Ionio.

Politicamente, l'Italia è divisa in 20 **regioni.** Ogni regione d'Italia ha un **capoluogo.** Il capoluogo è la città più importante della regione. Per esempio, Milano è il capoluogo della Lombardia, Firenze è il capoluogo della Toscana, Venezia è il capoluogo del Veneto ecc. Roma è il capoluogo del Lazio e anche (*also*) la capitale d'Italia. Ogni (*each*) regione d'Italia è suddivisa in entità amministrative e geografiche chiamate **province.** Ogni provincia prende il nome dalla città più importante della zona. Per esempio, Roma, oltre ad essere la capitale d'Italia e il capoluogo del Lazio, è anche il capoluogo della provincia di Roma. Il Lazio ha altre quattro province, che sono Frosinone, Latina, Rieti e Viterbo.

Geograficamente, l'Italia è divisa in quattro parti: il Nord, il Centro, il Sud e le isole. Le regioni del nord sono otto: la Valle d'Aosta, il Piemonte, la Lombardia, il Trentino—Alto Adige, il Veneto, il Friuli—Venezia Giulia, la Liguria e l'Emilia Romagna. Le regioni del Centro sono sei: la Toscana, le Marche, l'Umbria, il Lazio, l'Abruzzo e il Molise. Le regioni del Sud sono quattro: la Campania, la Puglia, la Basilicata e la Calabria. Infine, ci sono due isole: la Sicilia e la Sardegna.

Inclusi nel territorio della penisola, ci sono due piccoli stati indipendenti: lo Stato Vaticano —situato all'interno della città di Roma— e la Repubblica di San Marino —situata fra l'Emilia Romagna e le Marche.

L'Italia politica

Attività 13. Dove si trova? ✏️

Where is it located? Read the short descriptions, identify the sites on a detailed map of Italy, and write in which region and province they are located.[8]

Esempio: Le dune di sabbia sono la caratteristica più importante della spiaggia di **Sabaudia.** All'estremità della spiaggia, c'è la silhouette del monte Circeo, che fa pensare ad una donna che dorme... forse è la maga Circe, fiera amante di Ulisse. **Sabaudia** si trova nel _Lazio_, in provincia di _Latina_.

1. Alberobello   È un paesino del sud d'Italia, famoso per i "trulli", che sono case molto particolari, in pietra, di forma rotonda e con il tetto (*roof*) conico. Il centro urbano di Alberobello, unico al mondo, è patrimonio mondiale dell'UNESCO.[9] Alberobello si trova in _____, in provincia di _____.

2. Amalfi   La piccola città di Amalfi, sul golfo di Salerno, dà il nome alla costa tirrenica, che in questa zona si chiama "costiera amalfitana". La costiera amalfitana, con la sua suggestiva conformazione naturale, è patrimonio mondiale dell'UNESCO. Amalfi si trova in _____, in provincia di _____.

3. Assisi   È un paese dell'Italia centrale, situato nella valle di Spoleto. È famoso perché è il paese nativo di San Francesco. Si trova in _____, in provincia di _____. Assisi, la Basilica di San Francesco (architettura gotica), e altri luoghi francescani sono patrimonio mondiale dell' UNESCO.

4. Cortina d'Ampezzo   È un paese del nord d'Italia, nelle Alpi orientali, famoso per le sue stazioni sciistiche. Molte persone lo considerano "la perla delle Dolomiti". Si trova nel _____, in provincia di _____.

5. Cortona   È un paese dell'Italia centrale, situato su una delle colline (*hills*) che circondano la Val di Chiana, la terra degli Etruschi. Si trova in _____, in provincia di _____.

---

8. To look at pictures of these and other special places in Italy, go online.

9. The main objective of the United Nations Educational, Scientific and Cultural Organization (UNESCO) is to contribute to peace and security in the world by promoting collaboration among nations through education, science, culture, and communication. UNESCO has declared 40 sites in Italy World Heritage.

6. La Maddalena   È una piccola isola che dà il nome a un bellissimo arcipelago con spiagge bellissime e mare cristallino. L'arcipelago de La Maddalena è un parco geomarino che comprende 180 chilometri di coste. Fa parte della zona militare della NATO. Si trova in _____, in provincia di _____.

7. Maratea   Una piccola città sul Mar Tirreno, famosa per le sue pittoresche stradine (*streets*) e per le sue spettacolari viste sul mare. Si trova sul golfo di Policastro (fra Campania e Calabria) in _____, in provincia di _____.

8. Ravenna   È una piccola città sul Mare Adriatico, antica capitale del regno dell'imperatore bizantino Giustiniano. È famosa per le numerose chiese che conservano meravigliosi mosaici bizantini. I mosaici rappresentano la fusione dell'arte orientale con l'iconografia cristiana, e sono patrimonio mondiale dell'UNESCO. Ravenna si trova in _____, nella provincia omonima.

9. San Remo   Una piccola città sul Mar Ligure, nel golfo di Genova, famosa per i fiori e per il festival annuale della canzone popolare italiana. Si trova sulla riviera dei fiori, in _____, in provincia di _____.

10. Taormina   Una piccola città piena di luce, colore e mare. Il suo monumento più importante è il Teatro Greco, e il suo paesaggio è dominato dal maestoso vulcano Etna. Si trova in _____, in provincia di _____.

I trulli di Alberobello (Bari)

I mosaici di Sant'Apollinare (Ravenna)

Il promontorio del Circeo (Latina)

Le pagine verdi : Capitolo 2

A. Nouns

Masculine or feminine? Unlike in English, all nouns in Italian have gender, that is, they are masculine or feminine. Sometimes, biological gender determines grammatical gender (**sorella**, *sister*, is a feminine noun; **fratello**, *brother*, is a masculine noun). In many cases, however, nouns do not refer to male or female beings, and therefore their grammatical gender must be memorized.

You will learn how to recognize the gender of some nouns by their endings. Usually, nouns ending in **-a** are feminine and nouns ending in **-o** are masculine.

il gatto	*the cat (masculine noun)*
la zebra	*the zebra (feminine noun)*
l'ippopotamo	*the hippopotamus (masculine noun)*
l'isola	*the island (feminine noun)*

When nouns end in **-e** grammatical gender is not easily identifiable. However, the article placed in front of the noun can indicate the gender (see sections B and C).

lo stivale	*the boot (masculine noun)*
lo scorpione	*the scorpion (masculine noun)*
la solitudine	*the solitude (feminine noun)*
la lezione	*the class/lesson (feminine noun)*

The gender of nouns beginning with a vowel and ending with **-e** will have to be memorized.

l'amore	*the love (masculine noun)*
l'oboe	*the oboe (masculine noun)*
l'arte	*the art (feminine noun)*
l'automobile	*the automobile (feminine noun)*

Esercizio 1. Maschile (M) o femminile (F)?

Indicate whether the nouns are masculine or feminine.

Esempi: la giraffa   F
              il coccodrillo   M

1. la città	6. il triciclo	11. il dinosauro	16. l'orologio
2. il circo	7. la motocicletta	12. il passaporto	17. la calcolatrice
3. la chitarra	8. l'aereo	13. la televisione	18. il giornale
4. il treno	9. la curva	14. il televisore	19. il quaderno
5. la bicicletta	10. lo stereo	15. la lezione	20. il dizionario

B. Indefinite Articles

An indefinite article is a word placed in front of a noun to indicate unspecified—indefinite—persons, places, or things.

In English there are two indefinite articles (*a* and *an*), used depending on the beginning letter of the nouns they refer to. In Italian, the indefinite article has three different forms: **un, uno, una.**

1. **Un** precedes a masculine singular noun.
     un dizionario (*a dictionary*)
     un amico (*a friend*)
     un professore (*a professor*)

2. **Uno** precedes a masculine singular noun that begins with a **z**-, an **s** + *consonant,* **ps**-, or **gn**-.
     uno zaino (*a backpack*)
     uno studente (*a student*)
     uno gnomo (*a gnome*)
     uno psichiatra (*a psychiatrist*)

3. **Una** precedes a feminine singular noun. The **-a** is replaced by an apostrophe (**un'**) when the feminine noun begins with a vowel.
     una studentessa (*a student*)
     un'automobile (*an automobile*)
     un'amica (*a friend*)

As in English, in Italian the indefinite article is used only with singular nouns. With plural nouns, it is replaced by the expression *some:* **di, dei, delle, alcuni.**

Esercizio 2. Gli articoli.

Fill in the correct forms of the indefinite article.

1.	aula	12.	penisola
2.	vulcano	13.	isola
3.	macchina (*car*)	14.	zebra
4.	automobile (f.)	15.	zero
5.	studentessa	16.	sorbetto
6.	caffellatte (f.)	17.	amica
7.	circo	18.	taxi (m.)
8.	amico	19.	quarto
9.	psicologo	20.	lezione (f.)
10.	scaffale (m.) (*bookcase*)	21.	professore
11.	orchestra	22.	studente

Esercizio 3. Cosa c'è[1] in aula?

What is there in the classroom? Identify all the numbered objects in the classroom. Consult the **Pagine gialle** *if necessary.*

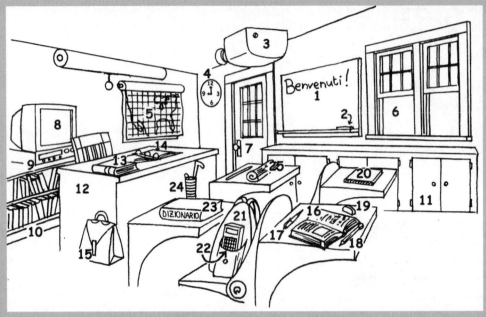

In aula c'è...	Sulla (*on the*) e vicino alla (*close to the*) cattedra del(la) professore(ssa) c'è...	Sul banco c'è...
1. una *lavagna*	13. un *libro di italiano*	16. un *libro di italiano*
2. un _____	14. un _____	17. una _____
3. un _____	15. una _____	18. una _____
4. un _____		19. una _____
5. una _____		20. un _____
6. una _____		21. uno _____
7. una _____		22. una _____
8. un _____		23. un _____
9. un _____		24. una _____
10. uno _____		25. un _____
11. un _____		
12. una _____		

1. The expression **c'è** (plural: **ci sono**) is the equivalent of the English phrase *there is* (plural: *there are*). As **Esercizio 3** shows, the expression **c'è** is used to describe a scene.

c. Definite Articles

As in English, Italian has definite articles. They are used before nouns that refer to something in particular. As in the case of indefinite articles, the definite articles have different forms, because they have to "agree" with the nouns they modify. You should memorize the following six forms, all of which mean *the*.

SINGULAR	PLURAL
il	i
lo	gli
la	le

Il and **i** precede masculine nouns.

il treno (*the train*)   **i** treni (*the trains*)
il libro (*the book*)   **i** libri (*the books*)

Lo and **gli** precede masculine nouns that begin with a **z-**, an **s + consonant**, a **ps-**, or a **gn-** and masculine nouns that begin with a vowel. In the case of a masculine singular noun beginning with a vowel, the vowel **-o** is dropped from **lo** and is replaced by an apostrophe (**l'**).

lo zaino (*the backpack*)   **gli** zaini (*the backpacks*)
lo studente (*the student*)   **gli** studenti (*the students*)

lo gnomo (*the gnome*)   **gli** gnomi (*the gnomes*)
lo psicologo (*the psychologist*)   **gli** psicologi (*the psychologists*)

l'amico (*the male friend*)   **gli** amici (*the male friends*)
l'aereo (*the airplane*)   **gli** aerei (*the airplanes*)

La and **le** precede feminine nouns. In the case of a feminine singular noun beginning with a vowel, the vowel **-a** is dropped from **la** and is replaced by an apostrophe (**l'**).

la studentessa (*the female student*)   **le** studentesse (*the female students*)
l'automobile (*the automobile*)   **le** automobili (*the automobiles*)
l'amica (*the female friend*)   **le** amiche (*the female friends*)
la psichiatra (*the female psychiatrist*)   **le** psichiatri (*the female psychiatrists*)

Esercizio 4.

Now name the objects in the classroom with the corresponding definite article.

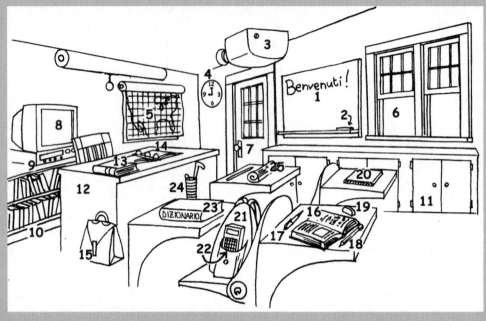

In aula c'è...	**Sulla** (*on the*) **e vicino alla** (*close to the*) **cattedra del(la) professore(ssa) c'è...**	**Sul banco c'è...**
1. *la lavagna*	13. *il libro di italiano*	16. *il libro di italiano*
2. _____	14. _____	17. _____
3. _____	15. _____	18. _____
4. _____		19. _____
5. _____		20. _____
6. _____		21. _____
7. _____		22. _____
8. _____		23. _____
9. _____		24. _____
10. _____		25. _____
11. _____		
12. _____		

D. Singular or Plural?

As in English, in Italian nouns are designated as singular or plural. In both languages, the plural of words is indicated by spelling changes which, of course, are reflected in the pronunciation. You will need to remember three basic rules in order to form the plural of Italian nouns.

1. Singular nouns ending in **-o** or **-e** change to **i**
    treno (*train*) → *treni* (*trains*)
    lezione (*lesson*) → lezion**i** (*lessons*)

2. Singular nouns ending in **-a** change to **-e**
    rosa (*rose*) → ros**e** (*roses*)

3. Singular nouns ending in **-i**, or in a vowel with an accent mark (**à, è, ì, ò, ù**)
    or
    Singular nouns ending in a consonant (usually foreign words)   } do not change
    or
    Singular nouns that are truncated words

    tesi (*thesis*) → **tesi** (*theses*)   **film** (*film*) → **film** (*films*)
    città (*city*) → **città** (*cities*)   **foto** (*photo*) → **foto** (*photos*)

Again, these are the basic rules. You will learn about the exceptions later on.

Esercizio 5. Singolare o plurale?

Fill in the singular or plural nouns (and articles) that are missing.

SINGOLARE		PLURALE
1. la città	→	*le citta*
2. *la finestra*	→	le finestre
3. la cattedra	→	*le cattedre*
4. la valigetta	→	*le valigette*
5. il giornale	→	*i giornali*
6. *la amicha*	→	le amiche (*female friends*)
7. l'amico (*male friend*)	→	*gli amice*
8. il computer	→	*i computer*
9. *il vulcano*	→	i vulcani
10. *la penisola*	→	le penisole
11. l'isola	→	*le isole*
12. *la aula*	→	le aule (*classrooms*)
13. l'ospedale	→	*gli ospedali*
14. lo studente	→	*i studente*

E. Numbers from One to One Hundred

Here is some advice on how to learn numbers:

Memorize the numbers from 1 to 20 first.
To form numbers from 21 to 99, just combine the numbers 1–9 with 20, 30, 40, 50, and so on.

However:

Note that there is a doubling of consonants in **diciassette** and **diciannove**.
Remember to drop the final vowel in the numbers 20, 30, 40, 50, and so on when you add **-uno** and **-otto.**
Note that the number 3 (**tre**) takes an acute accent mark (**-é**) when combined with 20, 30, 40, 50, and so on.

1–20	21–40	41–60	61–80	81–100
uno (1)	**ventuno (21)**	**quarantuno (41)**	**sessantuno** (61)	**ottantuno** (81)
due (2)	ventidue (22)	quarantadue (42)	...	...
tre (3)	ventitré (23)	quarantatré (43)	sessantatré (63)	ottantatré (83)
quattro (4)	ventiquattro (24)	quarantaquattro (44)	...	...
cinque (5)	venticinque (25)	quarantacinque (45)	...	...
sei (6)	ventisei (26)	quarantasei (46)	...	...
sette (7)	ventisette (27)	quarantasette (47)	...	...
otto (8)	**ventotto (28)**	**quarantotto (48)**	**sessantotto** (68)	**ottantotto** (88)
nove (9)	ventinove (29)	quarantanove (49)	...	...
dieci (10)	trenta (30)	cinquanta (50)	settanta (70)	novanta (90)
undici (11)	**trentuno (31)**	**cinquantuno (51)**	**settantuno** (71)	**novantuno** (91)
dodici (12)	trentadue (32)	cinquantadue (52)	...	...
tredici (13)	trentatré (33)	cinquantatré (53)	settantatré (73)	novantatré
quattordici (14)	trentaquattro (34)	cinquantaquattro (54)	...	...
quindici (15)	trentacinque (35)	cinquantacinque (55)	...	...
sedici (16)	trentasei (36)	cinquantasei (56)	...	...
diciassette (17)	trentasette (37)	cinquantasette (57)	...	...
diciotto (18)	**trentotto (38)**	**cinquantotto (58)**	**settantotto** (78)	**novantotto** (98)
diciannove (19)	trentanove (39)	cinquantanove (59)	...	...
venti (20)	quaranta (40)	sessanta (60)	ottanta (80)	**cento** (100)

Esercizio 6. Quanto costa?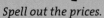

Spell out the prices.

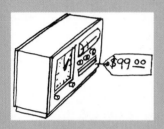

1. Il quaderno costa _____ (4) dollari.

2. Il libro di italiano costa _____ (80) dollari.

3. Il dizionario bilingue costa _____ (27) dollari.

4. L'orologio costa _____ (99) dollari.

5. Lo zaino costa _____ (34) dollari.

6. La calcolatrice costa _____ (12) dollari.

Esercizio 7. Quanto fa?

Solve the equations.

Esempio: otto + quattordici = *ventidue*

1. otto + quindici =
2. quattro + tre + sette =
3. undici + sei =
4. quaranta + undici =

5. dodici + tredici =
6. diciassette + quattordici =
7. quarantotto + dodici =
8. settantotto + ventidue =

F. Telling Time: Hours and Minutes

The phrases **Che ora è?** or **Che ore sono**? are used in standard Italian to ask what time it is. The answer usually begins with: **È...** (when the time phrase that follows is singular) or **Sono...** (when the time phrase that follows is plural).

—Che ora è?	—*What time is it?*	—Che ore sono?	—*What time is it?*
—**È** l'una.	—*It's one o'clock.*	—**Sono** le due e un quarto.	—*It's two fifteen*

Use **e** to express minutes after the hour.

—Che ore sono?   —*What time is it?*
—È l'una **e** venti.   —*It's one twenty.*

Use **meno** to express minutes before the hour.

—Che ora è?   —*What time is it?*
—Sono le dieci **meno** venti.   —*It's twenty to ten. (lit., It's ten minus twenty.)*

Use **un quarto** for fifteen minutes.

—Che ore sono?   —*What time is it?*
—Sono le nove e **un quarto.**   —*It's nine fifteen. (lit., It's nine and one quarter.)*

—Che ore sono?   —*What time is it?*
—Sono le nove meno **un quarto.**   —*It's fifteen to nine. (lit., It's nine minus one quarter.)*

Use **e mezza** for thirty minutes.

—Che ora è?   —*What time is it?*
—Sono le undici **e mezza.**[2]   —*It's eleven thirty. (lit., It's eleven and a half.)*

The following expressions indicate 12:00 noon and 12:00 midnight.

—Che ore sono?   —*What time is it?*
—**È mezzogiorno.**   —*It's twelve PM*

—Che ore sono?   —*What time is it?*
—**È mezzanotte.**   —*It's twelve AM*

Use the phrase **in punto** if you want to express *o'clock* or *on the dot.*

—Che ore sono?   —*What time is it?*
—È mezzogiorno **in punto.**   —*It's twelve o'clock.*

—Che ore sono?   —*What time is it?*
—Sono le quattro e mezza **in punto.**   —*It's four thirty on the dot.*

Use **a, all'**, or **alle**[3] to express when (at what time) an event occurs.

—**A** che ora è la lezione di biologia?   —*(At) what time is the biology class?*
—**All'**una.   —*At one o'clock.*

—**A** che ora è la lezione di storia dell'arte?   —*(At) what time is the art history class?*
—**Alle** otto.   —*At eight o'clock.*

A mezzogiorno!

Antonella, a che ora ci vediamo?

2. In formal contexts, the phrase **e trenta** is used instead of **e mezza.**
3. **All'** is the contracted form of **a** (*at*) + **l'** and **alle** is the contracted form of **a** (*at*) + **le.**

Use the phrases **di mattina, di pomeriggio, di sera,** and **di notte** if there is a possibility of confusion between morning, afternoon, evening, or night.

—Il lunedì ho un orario molto pesante. La mia prima lezione comincia alle otto **di mattina** e l'ultima alle otto **di sera!**

—On Mondays, I have a very heavy schedule. My first class starts at eight in the morning and my last one at eight in the evening!

—Gabriella, a che ora prendi il treno domani?

—Gabriella, (at) what time are you taking the train tomorrow?

—Alle cinque.

—At five.

—**Di mattina**???

—In the morning???

—No, **di pomeriggio,** per fortuna.

—No, in the afternoon, fortunately.

Lastly, remember that Italians often refer to the 24-hour clock, especially in formal situations or for official schedules. When using the 24-hour clock, only use **e trenta** to express thirty minutes.

—A che ora comincia il concerto?

—(At) what time does the concert start?

—Alle **diciassette e trenta.**

—At seventeen thirty. (5:30 PM)

—A che ora parte il treno per Roma?

—At what time does the train for Rome leave?

—Alle **diciannove.**

—At nineteen hours. (7:00 PM)

Esercizio 8. Che ore sono?

Esempio: 2,20   *Sono le due e venti.*

12,40   *È l'una meno venti.*

1. 4,20
2. 1,15
3. 3,30
4. 12,30 PM
5. 12,50

6. 5,00
7. 6,35
8. 7,07
9. 8,25
10. 9,45

Esercizio 9. Che ore sono?

Esempio: 1,30 PM   *Sono le tredici e trenta.*

2,00 PM   *Sono le quattordici.*

1. 4,00 PM
2. 1,30 PM
3. 5,30 PM
4. 3,00 PM
5. 7,50 PM

6. 2,00 PM
7. 6,30 PM
8. 8,00 PM
9. 9,45 PM
10. 10,12 PM

G. Verbs

A verb is a word that indicates a physical or mental activity or a condition. Here are some examples.

to run, to talk, to write (physical activities)
to think, to hope, to dream (mental activities)
to be, to have (conditions)

The verb is one of the most important words in a sentence because it allows you to express a complete thought. In Italian, verbs are identified the same way they are in English. Here are a few technical terms that are used to talk about verbs. Please familiarize yourself with them.

Infinitive	The dictionary form of a verb is called an infinitive (**parlare,** *to speak*). In Italian, the infinitive does not reflect who is performing a particular action; therefore, in most instances, the verb must be conjugated.
Conjugation	Conjugating a verb means changing its form to express who performs the action, or to indicate the time of the action (tenses or moods).
Regular and irregular verbs	Regular verbs follow a regular pattern. It is only necessary to memorize one example and then apply that pattern to other regular verbs. Irregular verbs are verbs that do not follow regular patterns. Therefore, they must be memorized individually.
Tense	The grammatical term that means *time*. It refers to the time of the action, aspects of the present, past or future.
Mood	*Mood* refers to the speaker's attitude toward what he or she is saying. For example, the **indicative** mood is used to indicate facts. The **imperative** mood is used to give commands. The **subjunctive** mood is used to express a subjective idea about something. The **conditional** mood is used to express the possibility of a certain situation. You will learn more details about verb moods in due time.
Auxiliary verbs	Auxiliary verbs are used to help other verbs form a specific tense. For example, in the sentence *I have eaten three times today,* the verb *to have* helps the verb *to eat* create the meaning of past action. In Italian, there are two auxiliary verbs: **avere** (*to have*) and **essere** (*to be*).
Transitive verbs	A verb is called transitive if the action it expresses transits, that is, moves, from the subject to the object. For example, in the sentence *Susan eats an apple every day,* the action goes **from** Susan—who is the subject, that is, the person performing the action—**to** the apple—which is the object of the verb *to eat.* If, given a certain verb, you can ask the question *what?*, it means that the verb has a direct object and, in turn, is a transitive verb. In the example *Susan eats . . . (what?) . . . an apple,* the verb *to eat* is a transitive verb.
Intransitive verbs	A verb is called intransitive if it cannot answer the simple question *what?*, that is, if it cannot take a direct object. For example, in the sentence *Susan goes to the movies every Saturday,* the verb *to go* is an intransitive verb because it cannot answer the direct question *what?*
Di-transitive verbs	Some verbs are di-transitive because, in order to clarify their meaning, we have to answer two questions, generally *what?* and *to whom?* For example, in order to complete the concept of the verb *to give,* you need to answer the question **what** *do you give?* (direct object) and **to whom** *do you give it?* (indirect object).

H. Italian Regular Verbs

In Italian, regular verbs are divided into three categories or conjugations, depending on their ending in the infinitive form. The three categories are commonly called:

Verbs in **-are**   Verbs in **-ere**   Verbs in **-ire**

Each verb tense has six different forms that correspond to the six sets of subject pronouns. Regular verbs follow regular patterns so you will need to memorize only one paradigm per category and then apply it to other verbs in the same category. Here are paradigms of regular **-are, -ere,** and **-ire** verbs in the present tense. Read each conjugation aloud starting with the pronoun (io parlo, tu parli, Lei/lui/lei parla, and so on).

	PARLARE (*TO SPEAK*)	**SCRIVERE** (*TO WRITE*)	**DORMIRE** (*TO SLEEP*)
io	parl**o**	scriv**o**	dorm**o**
tu	parl**i**	scriv**i**	dorm**i**
Lei/lui/lei	parl**a**	scriv**e**	dorm**e**
noi	parl**iamo**	scriv**iamo**	dorm**iamo**
voi	parl**ate**	scriv**ete**	dorm**ite**
Loro/loro	parl**ano**	scriv**ono**	dorm**ono**

To conjugate regular verbs, take the infinitive and separate the **-are, -ere,** or **-ire** ending. What you have left is called the *stem*. Then, depending on who is performing the action, add the appropriate *ending*. Remember that Italian verb endings already indicate the subject (who or what). Therefore—in most contexts—in Italian the subject or subject pronoun may be omitted; subject pronouns are generally used only for clarification and to add emphasis.

Note also that the polite *you* (**Lei**) and the *he* (**lui**) and *she* (**lei**) forms share the same ending. Likewise, the plural form of the polite *you* (**Loro**) shares the same ending with the *they* (**loro**) form.

Esercizio 10.

Scriva —su un foglio— frasi complete con la forma corretta del verbo **parlare**.[4]

Esempio: Il professor Cellini / italiano e francese.

   *Il professor Cellini **parla** italiano e francese.*

1. Chiara Basso / italiano e cinese.
2. Riccardo Bozzoli / italiano e arabo.
3. Tu e Vito Lorusso / italiano e inglese.
4. Alessandro e Anna Fasano / italiano e giapponese.
5. Viviana Riccardi / italiano e spagnolo.
6. Barbara e Roberto Ferrante / italiano e russo.
7. Io / ...
8. Marco Mattei e io / francese.
9. Tu e Luisa / italiano e cinese.
10. Io e Francesco / inglese con accento britannico.

4. Learning verb conjugations will increase your comprehension skills dramatically. From this point on, you will be able to handle all directions in Italian.

   Congratulations on a job well done. Keep up the good work!

Esercizio 11. ✏️

Scriva —su un foglio— frasi complete con la forma corretta del verbo **scrivere**.

Esempio: Maria / una lettera

   Maria **scrive** *una lettera alla sua (her) amica Gloria.*

1. Tu / una poesia (*poem*) in italiano.
2. Elena / una composizione per la professoressa Smith.
3. Tu e Bruno / un articolo per il *New York Times*.
4. Io e Alessandro / la lista della spesa (*shopping*).
5. Viviana e Barbara / un messaggio elettronico a Giovanna.
6. Io / ...

Esercizio 12. ✏️

Scriva —su un foglio— frasi complete con la forma corretta del verbo **dormire**.

Esempio: La domenica (*on Sundays*) / Chiara / fino alle (*until*)[5] undici

   La domenica Chiara **dorme** *fino alle undici.*

1. Elena / dieci
2. Bruno e Viviana / nove e mezza
3. Tu e Alessandro / otto
4. Io e Viviana / undici e mezza
5. Barbara / mezzogiorno
6. Antonio / una
7. Io / ...

I. The Verb *seguire*

The verb **seguire** is a regular verb, and can be of great use for the activities in this chapter. Its basic meaning is *to follow*. It is also used to mean *to take* (*a course in college*). Here is its complete conjugation:

SEGUIRE (*TO FOLLOW*)	
io	seg**uo**
tu	seg**ui**
Lei/lui/lei	seg**ue**
noi	seg**uiamo**
voi	seg**uite**
Loro/loro	seg**uono**

5. Please note: **fino alle** due (2:00), 3,00, 4,00, 5,00, 6,00, 7,00, 8,00, 9,00, 10,00, 11,00;
                    fino all' una (1:00);
                    fino a mezzogiorno (12:00 PM), mezzanotte (12:00 AM).

Esercizio 13. Quali corsi segui (*are you taking*)[6] questo semestre?

Esempio: Elena: psicologia / chimica / anatomia e matematica
Questo semestre Elena segue psicologia, chimica, anatomia e matematica.

1.   Chiara: astronomia, matematica e spagnolo

2.   Bruno e Viviana: letteratura inglese, psicologia e italiano

3.   tu e Alessandro: pittura, fotografia e storia dell'arte

4.   io e Antonella: teoria della musica, canto e teatro

5.   tu: educazione fisica, informatica e pedagogia

6.   noi: storia, filosofia e greco antico

7.   loro: diritto internazionale, microeconomia e statistica

8.   voi: microbiologia, chimica e botanica

Esercizio 14. E tu? Quali corsi segui?
Completi le frasi secondo (according to) il Suo orario personale. Segua l'esempio.

Esempio: *Il lunedì seguo italiano, storia dell'arte e fotografia.*

1.   lunedì   2.   martedì   3.   mercoledì
4.   giovedì   5.   venerdì

J. Italian Irregular Verbs

Since irregular verbs do not follow a regular pattern, you need to memorize them one by one. Here are the conjugations of the four irregular verbs that you will encounter in chapter 2.

ANDARE	FARE[7]	USCIRE	PULIRE
(*TO GO*)	(*TO DO, TO MAKE*)	(*TO GO OUT*)	(*TO CLEAN*)
vado	faccio	esco	pulisco
vai	fai	esci	pulisci
va	fa	esce	pulisce
andiamo	facciamo	usciamo	puliamo
andate	fate	uscite	pulite
vanno	fanno	escono	puliscono

6. Please note that, unlike English, Italian does not use the present progressive construction to state general truths or habitual actions (*This semester I am taking* four classes). Instead, the present tense is used: **Questo semestre *seguo* quattro corsi.** You will learn more about the present progressive construction in the following chapters.

7. **Fare** is a contracted infinitive derived from the Latin *facĕre*.

Esercizio 15. Il fine settimana.

Completi le frasi con la forma corretta dei verbi tra parentesi.

Esempio: Paolo: Anna, cosa fai di solito la domenica mattina?

Anna: La domenica mattina di solito *vado* (andare) a correre.

1. Anna: Maurizio, perché non usciamo sabato sera?

   Maurizio: Perfetto! Dove _____ (andare)?

2. Maurizio: Anna, Laura, cosa _____ (fare) venerdì sera?

   Anna e Laura: Noi _____ (andare) al cinema a vedere un film italiano.

3. Lucia la domenica mattina dorme fino alle dieci e poi _____ (pulire) la casa. Io, invece,

   _____ (pulire) la casa il sabato pomeriggio.

4. Il sabato sera, Giovanna _____ (andare) spesso (*often*) al cinema con il suo ragazzo. Luca,

   invece, il sabato sera _____ (uscire) con gli amici.

5. La domenica mattina Antonella e le sue amiche _____ (andare) sempre al mare.

6. Anna: Maurizio, _____ (uscire) sabato sera?

   Maurizio: Certo! _____ (andare) in discoteca.

7. —Laura, cosa _____ (fare) venerdì sera?

   —Niente (*nothing*) di speciale! _____ (fare) la spesa [8] al supermercato e guardo la TV.

8. Elena la domenica mattina dorme fino alle dieci e poi _____ (andare) a correre. Io, invece, la

   domenica mattina non _____ (uscire) mai (*never*).

9. Il venerdì sera, Maurizio e Anna _____ (andare) spesso (*often*) a mangiare una pizza.

10. Anna: Io _____ (andare) in palestra tutte le sere. E tu, Carlotta? Quando

    _____ (andare) in palestra?

    Carlotta: Io non _____ (andare) in palestra, preferisco andare in piscina (*pool*).

---

8. The phrase **fare la spesa** means *to buy groceries.*

Esercizio 16. Il fine settimana di Roberto.

Cosa fa Roberto durante il fine settimana? A che ora? Completi le frasi.

mangiano conviviana

fa colazione

pulisce la casa

guarda la TV

nuota in piscina

vanno a ballare

dorme fino

pranzano con gli amici

va al mare con amici

lavora al computer

va in biblioteca

va a dormire

1. Il venerdì sera, alle nove, (Roberto) va a mangiare una pizza con Giovanna.
2. Il sabato mattina, alle
3. Poi, alle
4. Il sabato pomeriggio, alle
5. Più tardi, alle
6. Il sabato sera, alle
7. La domenica mattina, alle
8. Più tardi, alle
9. Poi, a
10. La domenica pomeriggio, alle
11. Poi, alle
12. Infine, alle

ᴋ. Negative Sentences

To form a negative sentence in Italian, just place the word **non** in front of the conjugated verb, as in the following example: **Elena non studia architettura, studia medicina.** (*Helen doesn't study architecture, she studies medicine.*)

Esercizio 17. È falso!

Corregga le seguenti affermazioni (statements).

Esempio: L'Italia è un'isola. (penisola)
   È falso! L'Italia non è un'isola. È una penisola.

1.   La capitale d'Italia è Milano. (Roma)

2.   La capitale degli Stati Uniti è New York. (Washington)

3.   Nicole Kidman è inglese. (australiana)

4.   La filosofia è una scienza fisica. (scienza sociale)

5.   La biologia è una scienza fisica. (scienza sociale)

6.   La matematica studia le reazioni chimiche. (i numeri)

7.   Gli studenti italiani vanno a scuola dal lunedì al venerdì. (dal lunedì al sabato)

ʟ. Expressing Possession and Age: The Verb *avere*

The verb **avere** is classified as an irregular verb because of the changes in its stem.

AVERE (*TO HAVE*)		
io	**ho**	*I have*
tu	**hai**	*you have*
Lei/lui/lei	**ha**	*you (pol.) / he / she has*
noi	**abbiamo**	*we have*
voi	**avete**	*you have*
Loro/loro	**hanno**	*you (pl., pol.) / they have*

As in English, the verb **avere** is used mainly to express possession.

Ho un orologio svizzero. Ti piace?   *I have a Swiss watch. Do you like it?*
Hai una penna?   *Do you have a pen?*
Maria **ha** un orario molto complicato questo   *Maria has a very complicated schedule this*
   semestre!   *semester!*

Unlike in English, however, the verb **avere** is used in Italian to express age. In Italian we *have* —instead of we *are* — a certain age. Read the examples carefully.

—Quanti anni **hai?**	—*How old are you?*
—**Ho** diciannove anni. E tu?	—*I'm nineteen. And you?*
—Io **ho** ventidue anni.	—*I'm twenty-two.*

The numbers 20, 21, 30, 31, 40, 41, 50, 51, and so on drop the final vowel to express age using the word **anni.** Please read the following examples.

Ho **vent'anni.**	*I'm twenty years old.*
Mio fratello ha **trent'anni.**	*My brother is thirty years old.*
Mio padre ha **sessant'anni.**	*My father is sixty years old.*
Mia madre ha **cinquantun anni.**	*My mother is fifty-one years old.*
Mia nonna ha **ottantun anni.**	*My grandmother is eighty-one years old.*
Mio nonno ha **settantun anni.**	*My grandfather is seventy-one years old.*

Esercizio 18.

Completi le frasi con la forma corretta del verbo **avere.**

Esempio: Chiara *ha* una bicicletta italiana.

1. Il professor Santini _____ una penna *Aurora*.

2. Chiara _____ una motocicletta.

3. Elena e io _____ due dizionari.

4. Bruno e Alessandro _____ un cane (*dog*) San Bernardo.

5. Luciano, invece, _____ un Rottweiler.

6. Tu e Viviana _____ un gatto siamese.

7. Tu _____ cinque carte di credito.

Esercizio 19. Quanti anni hanno?

Esempio: Marco Gherardi / 21
       Marco Gherardi ha ventun anni.

1. Carla De Bernardis / 20

2. Elena Cecchetti / 19

3. Bruno Basile / 18

4. Alessandro Traversa / 24

5. Viviana e Stefano Staibano / 22

6. Barbara e Amalia Ferrante / 23

7. Tommaso Accettura / 31

8. Rossella Durante / 41

9. Mauro Dossena / 50

10. Io /

M. Expressing Physical and Mental States Using the Verb *avere*

The verb **avere** is also used in several idiomatic expressions. Combined with the words **caldo, fame, freddo, fretta, paura, ragione, sete, sonno,** and **torto,** the verb **avere** acquires the following meanings.

avere caldo	=	*to be hot*
avere fame	=	*to be hungry*
avere freddo	=	*to be cold*
avere fretta	=	*to be in a hurry*
avere paura	=	*to be afraid, scared*
avere ragione/torto	=	*to be right / wrong*
avere sete	=	*to be thirsty*
avere sonno	=	*to be sleepy*

Il signor Lorusso ha caldo.

Luca ha fame.

Il signor Cecchetti ha freddo.

Antonella ha fretta.

Tommasino ha paura.

Mario ha ragione. Gianni ha torto.

Giovanna ha sete.

Roberto ha sonno.

Esercizio 20. Stati fisici e mentali.

Completi le frasi.

- avere fame *scared*
- avere paura
- avere caldo

- avere sete *thirsty*
- avere ragione
- avere freddo

- avere fretta
- avere torto
- avere sonno

1. È il 3 gennaio (*January*), e Isabella e Luigi sono nel Minnesota: hanno ____freddo____.

2. Marcello dice (*says*) che il Madagascar è una penisola. Angela dice che è un'isola. Ovviamente, Angela ha ____ragione____, e Marcello ha ____torto____.

3. Giuseppe e Arianna corrono perché hanno ____fretta____: la lezione di storia comincia fra cinque minuti!

4. È già (*already*) mezzanotte! Non hai ____sonno____, Tommasino?

5. Sono nella sauna: sto bene, ma ho ____caldo____.

6. Giorgio, Chiara e Alessandra sono in un ristorante.

   Giorgio: Prendo (*I'm taking*) un piatto di lasagne con gli spinaci: ho ____fame____!

   Chiara e Alessandra: Lasagne anche per noi, ma innanzitutto (*first of all*) una bottiglia di acqua minerale. Abbiamo ____sete____!

7. Antonella e Patrizia sono al cinema. Il film sui vampiri è interessante, ma Antonella ha ____paura____ e vuole (*wants to*) uscire, e Patrizia ha ____sonno____, e dorme.

Le pagine gialle : Capitolo 2

I numeri da zero (0) a cento (100) (*Numbers from 0 to 100*)

1–20	21–40	41–60	61–80	81–100
uno (1)	**ventuno** (21)	**quarantuno** (41)	**sessantuno** (61)	**ottantuno** (81)
due (2)	ventidue (22)	quarantadue (42)	...	...
tre (3)	ventitré (23)	quarantatré (43)	sessantatré (63)	ottantatré (83)
quattro (4)	ventiquattro (24)	quarantaquattro (44)	...	...
cinque (5)	venticinque (25)	quarantacinque (45)	...	...
sei (6)	ventisei (26)	quarantasei (46)	...	...
sette (7)	ventisette (27)	quarantasette (47)	...	...
otto (8)	**ventotto** (28)	**quarantotto** (48)	**sessantotto** (68)	**ottantotto** (88)
nove (9)	ventinove (29)	quarantanove (49)	...	...
dieci (10)	trenta (30)	cinquanta (50)	settanta (70)	novanta (90)
undici (11)	**trentuno** (31)	**cinquantuno** (51)	**settantuno** (71)	**novantuno** (91)
dodici (12)	trentadue (32)	cinquantadue (52)	...	...
tredici (13)	trentatré (33)	cinquantatré (53)	settantatré (73)	novantatré
quattordici (14)	trentaquattro (34)	cinquantaquattro (54)	...	...
quindici (15)	trentacinque (35)	cinquantacinque (55)	...	...
sedici (16)	trentasei (36)	cinquantasei (56)	...	...
diciassette (17)	trentasette (37)	cinquantasette (57)	...	...
diciotto (18)	**trentotto** (38)	**cinquantotto** (58)	**settantotto** (78)	**novantotto** (98)
dicia**nn**ove (19)	trentanove (39)	cinquantanove (59)	...	...
venti (20)	quaranta (40)	sessanta (60)	ottanta (80)	**cento** (100)

Alcune università degli Stati Uniti (*Some United States universities*)

L'università **del** Colorado
Connecticut
Delaware
Kansas
Kentucky
Maine
Maryland
Massachussetts
Michigan
Minnesota
Mississippi
Missouri
Montana
Nebraska
Nevada

L'università **del** New Hampshire
New Jersey
New Mexico
Nord Dakota
Rhode Island
Sud Dakota
Tennessee
Texas
Vermont
Wisconsin
Wyoming

L'università	**dello**	Stato di New York	L'università	**delle**	Hawaii
		Stato di Washington			
		Utah	L'università	**della**	California
					Carolina del Nord
L'università	**dell'**	Alabama			Carolina del Sud
		Alaska			Florida
		Arizona			Georgia
		Arkansas			Louisiana
		Idaho			Pennsylvania
		Illinois			Virginia
		Indiana			West Virginia
		Iowa			
		Ohio			
		Oklahoma			
		Oregon			

Cosa c'è in aula? (*What is there in the classroom?*)

lo zaino (m.)	*the backpack*	il quaderno (m.)	*the notebook*
il libro (m.)	*the book*	il proiettore (m.)	*the overhead projector*
lo scaffale (m.)	*the bookshelf*	la penna (f.)	*the pen*
la valigetta (f.)	*the briefcase*	la matita (f.)	*the pencil*
l'armadietto (m.)	*the cabinet*	la bibita (f.)	*the soft drink*
la calcolatrice (f.)	*the calculator*	il banco (m.)	*the student's desk*
il dizionario (m.)	*the dictionary*	il raccoglitore (m.)	*the three-ring binder*
la porta (f.)	*the door*	il televisore (m.)	*the TV set*
la gomma (f.)	*the eraser*	il videoregistratore (m.)	*the VCR*
la cattedra (f.)	*the instructor's desk*	l'orologio (m.)	*the watch, clock*
la carta geografica (f.)	*the map*	la lavagna (f.)	*the white board (or blackboard)*
il pennarello (m.)	*the marker*		
il giornale (m.)	*the newspaper*	la finestra (f.)	*the window*

I giorni della settimana[1] (*The days of the week*)

(il) lunedì[2]	*Monday*
(il) martedì	*Tuesday*
(il) mercoledì	*Wednesday*
(il) giovedì	*Thursday*
(il) venerdì	*Friday*
(il) sabato	*Saturday*
(la) domenica[3]	*Sunday*

1. The first day of the week, in Italian calendars, is Monday. Sunday is the seventh day.

2. Note that in Italian the days of the week are not capitalized as they are in English, except when they are the first word of a sentence.

3. To talk about actions that regularly take place on a specific day of the week, use the day of the week plus its corresponding definite article. *On Mondays* = **il lunedì**, *on Tuesdays* = **il martedì,** and so on.

Le facoltà e le materie (*College degrees and subjects*)

l'antropologia	*anthropology*	l'architettura d'interni	*interior design*
l'architettura	*architecture*	il diritto internazionale	*international law*
la storia dell'arte	*art history*		
l'astronomia	*astronomy*	il giornalismo	*journalism*
la biologia	*biology*	l'architettura del paesaggio	*landscape architecture*
la chimica	*chemistry*		
la puericultura	*child development*	la giurisprudenza[4]	*law/jurisprudence*
le scienze della comunicazione	*communication*	la letteratura	*literature*
		la matematica	*mathematics*
le letterature comparate	*comparative literature*	la medicina	*medicine*
		la microbiologia	*microbiology*
l'informatica	*computer science*	la musica	*music*
la danza (classica/ moderna)	*dance (ballet/modern)*	la teoria della musica	*music theory*
		la mitologia	*mythology*
l'arte drammatica	*drama*	la pittura	*painting*
l'economia	*economics*	la pedagogia	*pedagogy (education)*
l'economia e commercio	*economics, business, marketing*	la farmacia	*pharmacy*
		la filosofia	*philosophy*
l'ingegneria	*engineering*	la fotografia	*photography*
le scienze dell'alimentazione	*food sciences*	l'educazione fisica	*physical education*
		la fisica	*physics*
le lingue straniere	*foreign languages*	le scienze politiche	*political science*
arabo	*Arabic*	la psicologia	*psychology*
cinese	*Chinese*	le relazioni pubbliche	*public relations*
francese	*French*	la religione	*religion*
tedesco	*German*	la scultura	*sculpture*
ebraico	*Hebrew*	la sociologia	*sociology*
italiano	*Italian*	la statistica	*statistics*
portoghese	*Portuguese*	la veterinaria	*veterinary medicine/science*
russo	*Russian*	il canto	*voice*
spagnolo	*Spanish*		
la geografia	*geography*		
la storia	*history*		

L'orario delle lezioni (*The class schedule*)

complicato	*complicated*
fattibile	*feasible*
pesante	*heavy*
leggero	*light*

4. Many students use the word **legge** instead of **giurisprudenza**.

Domande (*Questions*)

Quanto... ?	*How much ... ?*
Come... ?	*How ... ?*
Che... ? Cosa... ? Che cosa... ? [5]	*What ... ?*
Quando... ?	*When ... ?*
Dove... ?	*Where ... ?*
Quale... ?	*Which ... ?*
Chi... ?	*Who ... ?*
Di chi... ?	*Whose ... ?*
Perché... ? / Perché...	*Why ... ? / Because ...*
Con chi... ?	*With whom ... ?*

Durante il giorno (*Throughout the day*)

la mattina	*(in) the morning*
il pomeriggio	*(in) the afternoon*
la sera	*(in) the evening*

Attività del tempo libero (*Leisure-time activities*)

pulire la casa	*to clean the house*	dipingere	*to paint*
disegnare	*to draw*	giocare a pallacanestro	*to play basketball*
andare a mangiare fuori	*to eat out*	suonare la chitarra	*to play the guitar*
andare a ballare	*to go dancing*	giocare a calcio	*to play soccer*
andare in centro	*to go downtown*	giocare a tennis	*to play tennis*
andare a correre	*to go jogging/running*	suonare il violino	*to play the violin*
uscire con gli amici	*to go out with friends*	giocare a pallavolo	*to play volleyball*
andare a fare spese	*to go shopping*	giocare con il (mio) cane	*to play with the (my) dog*
andare al mare	*to go to the beach*	leggere un buon libro	*to read a good book*
andare in chiesa, in sinagoga, alla moschea	*to go to church, synagogue, the mosque*	leggere il giornale	*to read the newspaper*
andare in palestra	*to go to the gym*	pattinare	*to skate*
andare al cinema	*to go to the movies (movie theater)*	dormire fino alle...	*to sleep until...*
		studiare	*to study*
andare al parco	*to go to the park*	fare fotografie	*to take photographs*
andare a una festa	*to go to a party*	lavare la macchina	*to wash the car*
andare allo stadio	*to go to the stadium*	guardare la televisione	*to watch television*
andare in piscina	*to go to the swimming pool*		
ascoltare la musica	*to listen to music*		

Con che frequenza? (*How often?*)

sempre	*always*
tutti i giorni	*every day*
di solito	*usually*
spesso	*often*
qualche volta	*sometimes*
raramente	*hardly ever, rarely*
mai	*never*

5. These three forms are interchangeable in Italian.

Altri verbi utili (*Other useful verbs*)

essere	*to be*
chiamarsi	*to be called*
trovarsi	*to be located*
cominciare, iniziare	*to begin, to start*
confinare	*to border (on)*
cambiare	*to change*
scegliere	*to choose*
tornare	*to come back, to return*
completare	*to complete*
creare	*to create*
seguire	*to follow; to take (a course)*
rientrare	*to get back, to return*
avere	*to have*
vivere	*to live*
abitare	*to live, to dwell*
partire	*to leave, to depart*
osservare	*to observe*
studiare	*to study*
insegnare	*to teach*
bagnare	*to wet*
lavorare	*to work*

Il verbo avere: sommario (*The verb* **avere**: *a summary*)

avere paura	*to be afraid/scared*
avere freddo	*to be cold*
avere caldo	*to be hot*
avere fame	*to be hungry*
avere fretta	*to be in a hurry*
avere ragione	*to be right*
avere sonno	*to be sleepy*
avere sete	*to be thirsty*
avere torto	*to be wrong*
avere... anni	*to be . . . years old*

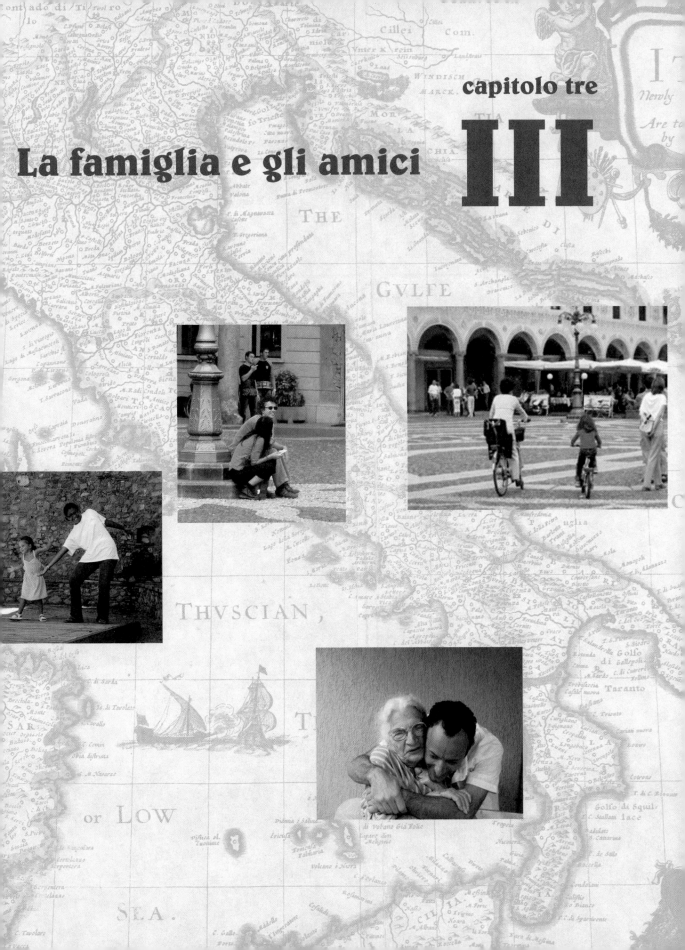

III

La famiglia e gli amici

A. L'albero genealogico di Elena Cecchetti

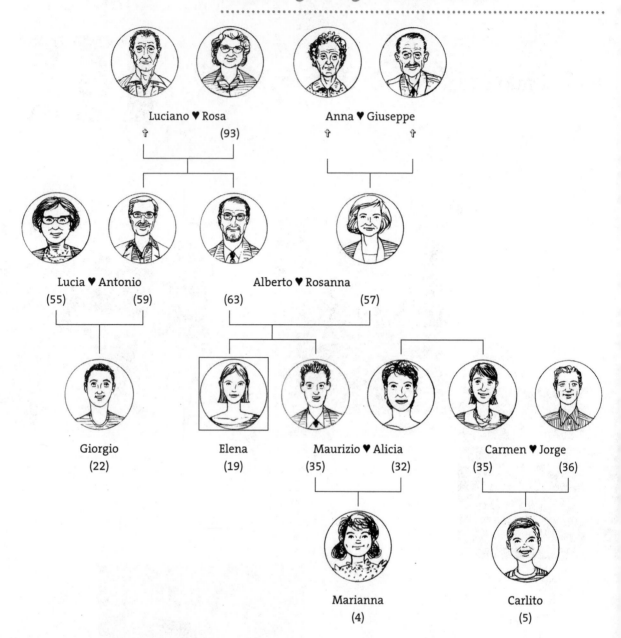

Attività 1. La famiglia Cecchetti. Vero o falso? 🖉

Esempi: Elena è la sorella di Maurizio.   *Vero.*
Maurizio è il cugino di Elena.   *Falso. Maurizio è il fratello di Elena.*

1. Alberto è il padre di Elena.

2. I genitori di Elena si chiamano Luciano e Rosa.

3. Antonio è lo zio di Elena.

4. Alicia è la cognata di Elena.

5. Carmen è la cugina di Alicia.

6. Marianna e Carlito sono cugini.

7. Elena è la sorella di Alberto.

8. Giuseppe è il marito di Anna.

9. Anna è la nonna di Elena e Maurizio.

10. Elena è la nipote di Marianna.

11. Lucia è la zia di Elena.

12. Elena è la cugina di Giorgio.

13. Anna è la suocera di Alberto.

14. Luciano è il suocero di Rosanna.

15. Alberto è il nonno di Marianna.

16. Maurizio è il nipote di Anna e Giuseppe.

17. Anna e Giuseppe sono i nonni di Elena e Maurizio.

18. Jorge è lo zio di Carlito.

19. Carmen è la sorella di Alicia.

20. Elena è la nipote di Rosa.

Attività 2. Chi è... ?

Completi le frasi.

Esempio: Chi è Antonio? Antonio è *il fratello di* Alberto.

1. Chi è Rosanna? Rosanna è _____ Elena.

2. Chi è Carlito? Carlito è _____ Jorge e Carmen.

3. Chi è Elena? Elena è _____ Alberto e Rosanna, è
   _____ Antonio, e _____
   Marianna.

4. Chi è Alicia? Alicia è _____ Maurizio.

5. Chi è Antonio? Antonio è _____ Rosanna.

6. Chi è Giorgio? Giorgio è _____ Elena.

7. Chi è Lucia? Lucia è _____ Alberto.

8. Chi è Lucia? Lucia è _____ Elena.

9. Chi sono Lucia e Antonio? Lucia e Antonio sono _____
   Giorgio.

10. Chi è Jorge? Jorge è _____ Carmen.

11. Chi è Giuseppe? Giuseppe è _____ Rosanna.

12. Chi è Marianna? Marianna è _____ Carlito.

13. Chi sono Anna e Giuseppe? Anna e Giuseppe sono _____
    Elena.

Attività 3. Il mio albero genealogico.

Disegni (draw) il Suo albero genealogico —vero o inventato— seguendo il modello di quello di Elena Cecchetti.

Attività 4. Ecco il mio albero genealogico.

Presenti il Suo albero genealogico a un(a) compagno/a.

Attività 5. Intervista. Otto (8) domande per te.

1. Come si chiama tuo padre?
2. Come si chiama tua madre?
3. Quanti anni hanno i tuoi genitori?
4. Hai fratelli e sorelle? Come si chiamano?
5. Quanti anni hanno?
6. Dove vivono?
7. Chi è per te la persona più importante della tua famiglia?
8. Vedi (*do you see*) spesso _____?
   (la persona più importante)

B. Come sei fisicamente?

Attività 6. Una fotografia della mia famiglia.

Porti una foto della Sua famiglia a lezione (to class) e descriva a un(a)
*Suo/a compagno/a l'aspetto fisico dei Suoi parenti. Consulti le **Pagine***
***gialle** di questo capitolo!*

Attività 7. I miei parenti.

Descriva l'aspetto fisico di tre membri della Sua famiglia.

Esempio: Mio zio Matteo è basso, robusto, ha i capelli neri ed è di
carnagione scura.
Mia cugina Paola è alta, magra, ha i capelli rossi ed è
di carnagione chiara.
Mia madre è bassa, magra, ha i capelli neri ed è di
carnagione olivastra.

c. Che tipo sei?

Simpatico/a
nice

Antipatico/a
unpleasant

Ottimista

Pessimista

Tranquillo/a

Ansioso/a
Anxicias

Impulsivo/a

Riflessivo/a
thoughtful

Estroverso/a

Timido/a

Generoso/a

Egoista

Attività 8. Che tipi sono?

*Descriva la personalità di tre membri della Sua famiglia. Consulti le **Pagine gialle** di questo capitolo per il vocabolario. Poi, descriva gli stessi parenti (relatives) a un compagno/a.*

Esempio: Mio zio Matteo, il marito della sorella di mia madre, è generoso, timido e ottimista.
Mia cugina Paola, la figlia del fratello di mio padre, è estroversa, simpatica e tranquilla.
Mia madre è ansiosa, pessimista e generosa.

Attività 9. Intervista. Che tipo sei?

	Io sono...	_____ è... (nome del(la) compagno/a di classe)
1. Energico/a o pigro/a?		
2. Impulsivo/a o riflessivo/a?		
3. Ottimista o pessimista?		
4. Riservato/a o loquace?		
5. Sportivo/a o sedentario/a?		
6. Timido/a o estroverso/a?		
7. Tranquillo/a o ansioso/a?		
8. Allegro/a o serio/a?		
9. Creativo/a o non creativo/a?		
10. Generoso/a o egoista?		

D. Quand'è [1] il tuo compleanno?
(*When is your birthday?*)

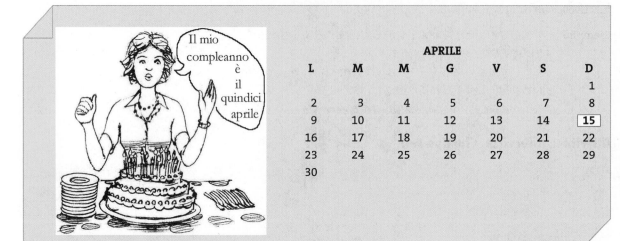

Il compleanno di Maurizio è
il 27 giugno.

Il compleanno di Alicia è il
1° ottobre.

Il compleanno di
Carmen è il 14
gennaio.

1. **Quand'è** is the contracted form of **quando** (*when*) + **è** (*is*). As you will continue to see, in Italian there are many cases in which two words—one that ends in a vowel and another that begins with a vowel—contract and become one. Notice that an apostrophe replaces the vowel that is elided (omitted).

Attività 10. Date importanti.

Scriva quali sono le cinque (5) date più importanti sul Suo calendario, e poi parli con un(a) compagno/a.

Esempio: *Il ventinove (29) maggio è il compleanno di mio zio Antonio.*

E. Dove sei nato/a? (*Where were you born?*)

Sono Maurizio. Sono nato il 27 giugno a Milano.

Sono Marianna. Sono nata il 1° agosto a Palermo.

Sono Alberto. Sono nato il 24 dicembre a Genova.

Sono Rosa. Sono nata l'8 febbraio a Belluno.

Attività 11. Intervista. Quando sei nato/a? E dove?

*Chieda (ask) la **data** e il **luogo** di nascita a cinque (5) compagni di classe.*

Esempio: Studente A: Michael, quando sei nato?

  Studente B: Sono nato il 12 marzo 1977.

  Studente A: E dove?

  Studente B: Sono nato a Denver, nel Colorado.

F. Di che nazionalità sei?

Mi chiamo Sukit Jayanama e sono tailandese.

Mi chiamo Lieselotte Kohl e sono tedesca.

Mi chiamo Leonardo Cotlar e sono argentino.

Mi chiamo Fatou Touadi e sono senegalese.

Attività 12. Intervista. Hai amici stranieri? E dove vivono?

Intervisti cinque (5) compagni/e di classe e scriva le loro risposte.

Esempio: Domanda 1:   Hai amici stranieri?
             Risposta: Sì, ho un'amica colombiana.
             Domanda 2:   Come si chiama?
             Risposta: Si chiama Laura.
             Domanda 3:   E dove vive?
             Risposta: Vive a Bogotà. (oppure: È nata a..., ma adesso [*now*] vive a...)

G. Che lavoro fa?

La madre di Elena, Rosanna, è una giornalista. Pubblica articoli su una famosa rivista (*magazine*) di sport. Scrive approssimativamente quattro articoli alla settimana e risponde alle lettere dei lettori (*readers*).

Antonio, il fratello del padre di Elena, è un operaio specializzato. Lavora alla FIAT da venticinque anni. Controlla la finitura della vernice (*paint*) e scrive un rapporto per ogni (*each*) automobile ispezionata.

Attività 13. Che lavoro fai?[2] E in cosa consiste?

Parli con un(a) compagno/a di classe e descriva—brevemente—il Suo lavoro.

Esempio: Studente 1:   Che lavoro fai?
             Studente 2:   Faccio il cameriere. Lavoro al bar Petroni tutti i giorni dalle 5 di pomeriggio alle 11 di sera. Servo i clienti al tavolo. E tu, che lavoro fai?
             Studente 1:   Faccio la cassiera in un supermercato. Lavoro solo il fine settimana, dalle 10 di mattina alle 6 di pomeriggio.

---

2. Lit., What job do you do?

Attività 14. Che lavoro fa? E in cosa consiste?

*Scopra (*find out*) qual è la professione o il mestiere di tre (3) membri della famiglia di un(a) compagno/a.*

Esempio: Studente 1:   John, cosa fa tuo padre?

Studente 2:   Fa il dentista. Ha uno studio a Lancaster, in Pennsylvania. Ha molti pazienti.

→ **Lettura** ←

Una fotografia alla società italiana

L'Italia è una penisola a forma di stivale che si estende nel Mar Mediterraneo centrale fino al nord-est della Tunisia. Comparativamente, la sua area corrisponde più o meno all'area dell'Arizona. Tuttavia, mentre in Arizona vivono 5 milioni e duecentomila persone, l'Italia ha una popolazione di circa 57 milioni di abitanti!

L'ultimo censimento (*census*) italiano —quello del 20 ottobre 2001— ha rivelato che il popolo italiano è sempre più (*more and more*) internazionale. Di fatto, per eseguire il censimento sono stati usati questionari in undici lingue. Il risultato: secondo le statistiche ufficiali del Ministero dell'Interno, ci sono seicentosettantunomila stranieri al nord, trecentosettantamila al centro, centoquaranta-quattromila al sud e sessantanovemila nelle isole, per un totale di circa un milione duecentocinquantaquattromila. Complessivamente, il gruppo degli stranieri residenti legalmente in Italia corrisponde al 2,6 per cento della popolazione nazionale.

Gli stranieri arrivano in Italia per ragioni economiche e politiche da tutte le parti del mondo, e specialmente dall'Europa dell'Est, dall'Africa, dall'Asia e dall'America Latina. Qualche esempio dall'**Europa orientale:** le statistiche ufficiali contano centoquaranta-duemila cittadini albanesi, circa diciassettemila cittadini croati, trentamila polacchi, sessantanovemilacinquecento rumeni e dodi-cimila bosniaci. Dall'**Africa:** mille settecento congolesi, quattromila-ottocento eritrei, trentatremila egiziani, ventimila ghanesi, cento-sessantamila marocchini, ventimila nigeriani, quarantaseimila tunisini e trentanovemila senegalesi. Dall'**Asia:** sessantunomila cinesi, sessantaseimila filippini e trentunomila indiani. Dall'**America Latina:** diecimila colombiani, novemila cubani, dodicimila do-minicani, undicimila ecuadoriani e trentamila peruviani.

Cosa fanno? Le statistiche calcolano che le attività lavorative degli stranieri sono divise fra (*among*) i seguenti settori: il settore agricolo, il settore artigianale, il settore commerciale e quello domestico (*housework*). Un ulteriore gruppo è costituito dagli studenti regolarmente iscritti ai corsi universitari, e una percentuale finale è rappresentata dai familiari dei lavoratori.

In conclusione, gli italiani sono storicamente un popolo di emigranti, ma il ventunesimo secolo (*century*) annuncia una tendenza contraria: adesso gli italiani devono offrire ospitalità, invece di riceverla!

Attività 15. Cifre (*Figures*).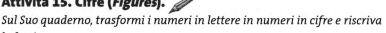

Sul Suo quaderno, trasformi i numeri in lettere in numeri in cifre e riscriva le frasi.

Esempio: Mille centottantasette cittadini boliviani

    1.187 cittadini boliviani

1. cinque milioni e duecentomila abitanti in Arizona

2. cinquantasette milioni di abitanti in Italia

3. un milione e cinquecentomila stranieri al nord

4. trecentosettantamila stranieri al centro

5. centoquarantaquattromila stranieri al sud

6. sessantanovemila stranieri nelle isole

7. un milione duecentocinquantaquattromila stranieri complessivamente

8. centoquarantaduemila cittadini albanesi

9. diciassettemila cittadini croati

10. trentamila polacchi

11. sessantanovemilacinquecento rumeni

12. dodicimila bosniaci

13. mille settecento congolesi

14. quattromilaottocento eritrei

15. trentatremila egiziani

16. ventimila ghanesi

17. centosessantamila marocchini

18. ventimila nigeriani

19. quarantaseimila tunisini

20. trentanovemila senegalesi

21. sessantunomila cinesi

22. sessantaseimila filippini

23. trentunomila indiani

24. diecimila colombiani

25. novemila cubani

26. dodicimila dominicani

27. undicimila ecuadoriani

28. trentamila peruviani

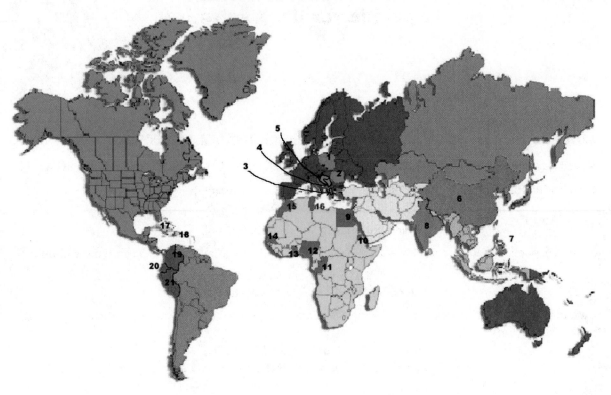

Attività 16. Gli immigrati in Italia.

Osservi il planisfero e completi la lista con i dati sui movimenti migratori verso (toward) l'Italia. Segua l'esempio.

Esempio: 1. Dalla Polonia: trentamila (30.000)

Le pagine verdi : Capitolo 3

A. Counting and Expressing Dates: Numbers from 100 to 1,000,000,000

A good way to learn numbers is by reading them aloud. But before you do, you should notice the following.

Cento has no plural form and, unlike its English equivalent, is used without the indefinite article.

cento dollari	*a hundred dollars*
novecento dollari	*nine hundred dollars*

Mille also is used without the indefinite article, but does have a plural form. The plural form of **mille** is **-mila**.

mille dollari	*a thousand dollars*
duemila dollari	*two thousand dollars*

Un milione has a plural form and is used with the indefinite article. In addition, it requires the preposition **di** if followed by a noun.

un milione di dollari	*a million dollars*
tre milioni di dollari	*three million dollars*

Un miliardo follows the same rules as **un milione.**

un miliardo di dollari	*a billion dollars*
quattro miliardi di dollari	*four billion dollars*

Notice that Italian compound numbers in the thousands are written as one word. Also, a period is used in Italian where English uses a comma.

mille cento (1.100) dollari	*one thousand one hundred (eleven hundred) dollars*
cinquemila (5.000) dollari	*five thousand dollars*

Lastly, remember that the article **il** is used with years.

il mille quattrocento novantadue (1492)	*fourteen ninety-two (1492)*
il mille settecento settantasei (1776)	*seventeen seventy-six (1776)*
il duemila (2000)	*the year two thousand (2000)*

100–1000	2000–10.000...	20.000–1.000.000.000
cento (100)	duemila (2.000)	ventimila (20.000)
duecento (200)	tremila (3.000)	trentamila (30.000)
trecento (300)	quattromila (4.000)	quarantamila (40.000)
quattrocento (400)	cinquemila (5.000)	...
cinquecento (500)	seimila (6.000)	...
seicento (600)	settemila (7.000)	novantamila (90.000)
settecento (700)	ottomila (8.000)	centomila (100.000)
ottocento (800)	novemila (9.000)	...
novecento (900)	diecimila (10.000)	un milione (1.000.000)
mille (1.000)	...	un miliardo (1.000.000.000)

Esercizio 1. L'albero genealogico di Elena Cecchetti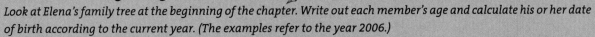

Look at Elena's family tree at the beginning of the chapter. Write out each member's age and calculate his or her date of birth according to the current year. (The examples refer to the year 2006.)

Esempi: Elena *ha diciannove anni. È **nata** nel millenovecento ottantasei.*
Maurizio *ha trentacinque anni. È **nato** nel millenovecento settanta.*

1. Alberto

2. Rosa

3. Lucia

4. Rosanna

5. Antonio

6. Carmen

7. Carlito

8. Marianna

9. Alicia

10. Jorge

B. Making Simple Descriptions: Descriptive Adjectives

Before you start, please review section D, "Singular or plural?" in chapter 2.

What is an adjective? Generally speaking, an adjective is a word that describes a noun;[1] that is why adjectives are frequently referred to as "descriptive" adjectives. In more technical terms, adjectives are said to modify nouns. As you know, nouns in Italian have gender (masculine or feminine) and number (singular or plural). Therefore, when we say that adjectives modify nouns, we imply that they must also agree in gender and number with the nouns they modify.

One basic difference between English and Italian adjectives, then, is that English adjectives do not change form. Another difference concerns sentence structure: most of the time, in Italian, adjectives follow the noun they modify, whereas in English they precede it. Here is an example that you will remember.

<table>
<tr><td>Il presidente degli Stati Uniti vive
alla **Casa Bianca.**</td><td>*The president of the United States lives
in the White House.*</td></tr>
</table>

Gender and number of adjectives. If you look up the adjective *new* in an Italian-English dictionary, you will find its masculine singular form (**nuovo**). This means that you may have to change the final **-o** of the masculine singu-

---

1. Adjectives also modify pronouns and adverbs. You will learn all the details in due time.

lar to either -**a** (feminine singular), -**i** (masculine plural), or -**e** (feminine plural) depending on the form of the noun the adjective modifies.[2] Read the following examples carefully.

il quaderno nuovo	*the new notebook*
la penna nuova	*the new pen*
i quaderni nuovi	*the new notebooks*
le penne nuove	*the new pens*

Spelling changes. Please note that some adjectives undergo spelling changes in the plural forms. When you studied the alphabet in chapter 1, you learned that the consonants **c** and **g** have a hard sound before **a, o,** and **u,** but have a soft sound before **e** or **i**. This means that in order to make the plural form of adjectives ending in -**co** and -**go** you have to insert an **h** to preserve the hard sound of each consonant: **chi, che, ghi, ghe.** Read the following examples using the adjective *white* (**bianco**).

il foglio bian**co**	*the white sheet of paper*
la lavagna bian**ca**	*the white board*
i fogli bian**chi**	*the white sheets of paper*
le lavagne bian**che**	*the white boards*

The trick here is that not all adjectives ending in -**co** respect this rule. Practice and patience will refine your knowledge. Here are a few examples of relatively common exceptions.

Il professore di chimica è simpati**co**.	*The chemistry professor is nice.*
I miei compagni di classe sono simpati**ci**.	*My classmates are nice.*
but	
Giovanna è simpati**ca**.	*Giovanna is nice.*
Anche Anna e Barbara sono simpati**che**.	*Anna and Barbara are also nice.*

Singular descriptive adjectives ending in -a and -e. Adjectives ending in -**a** (especially in -**ista**) and -**e** maintain the same form both in the masculine and in the feminine gender.

Mia **sorella** è **ottimista**.	*My sister is optimistic.*
Mio **fratello** è **ottimista**.	*My brother is optimistic.*
Mio **zio** Nicola è un uom**o intelligente**.	*My uncle Nicola is an intelligent man.*
Mia **zia** Carla è una donn**a intelligente**.	*My aunt Carla is an intelligent woman.*

Position of adjectives. An adjective's position may be changed for purposes of emphasis. Study the following example.

Il dottor Bernini è un **bravo insegnante**.	*Dr. Bernini is a (really) good teacher.*
La lezione di italiano è in una **grande aula**.	*The Italian lesson is in a (very) big classroom.*

---

2. Colors are also adjectives. As such, they function like all adjectives (with gender and number). Some exceptions are the colors **blu** (dark blue), **viola** (purple), **rosa** (pink), **beige** (tan), and **lilla** (lavender), which are invariable. For a complete list of colors please consult the **Pagine gialle.**

Also, the meaning of a few adjectives may change depending on their position. Here is an example:

Giorgio non è il mio ragazzo! È solo un **caro amico**.   *Giorgio is not my boyfriend! He's just a dear friend.*
È un **videoregistratore caro**: costa 2.000 dollari!   *It's an expensive VCR: it costs $2,000!*

Esercizio 2. Completi le frasi. 🖉

Use the adjectives below and remember that they must agree in number and gender with the person or thing being described!

Esempio: I miei corsi questo (*this*) semestre sono *facili* (facile? ↔ difficile?).

1. La finestra in aula è sempre _____ (aperto? ↔ chiuso?).

2. Le aule in questa università sono _____ (spazioso? ↔ piccolo?).

3. La lezione di italiano è _____ (noioso? ↔ interessante?).

4. Il mio dizionario di italiano è _____ (completo? ↔ incompleto?).

5. I miei compagni di classe sono _____ (simpatico? ↔ antipatico?).

6. Il mio orario questo semestre è _____ (leggero? ↔ pesante?).

7. I miei professori, in generale, sono _____ (energico? ↔ pigro?).

c. Expressing Possession: Possessive Adjectives

What is a possessive adjective? It is an adjective that indicates the "ownership" of the noun it modifies. English has possessive adjectives as well, but they refer to the owner, not to the thing/person that is owned. In English, possessive adjectives never change their form: the adjective you choose depends on the owner. In Italian, not only does its form not depend on the owner, but the possessive adjective—like all Italian adjectives—has to agree in gender and in number with the person or object that is owned or possessed. Also, in Italian, the definite article is normally used before the possessive adjective. This will help provide another clue as to which form to choose. Here is a chart of the possessive adjectives.

When the person or thing "possessed" is singular		When the person or thing "possessed" is plural		
♂	♀	♂	♀	
il mio	la mia	i miei	le mie	*my*
il tuo	la tua	i tuoi	le tue	*your (inf.)*
il suo	la sua	i suoi	le sue	*his, her, its*
il Suo	la Sua	i Suoi	le Sue	*your (pol.)*
il nostro	la nostra	i nostri	le nostre	*our*
il vostro	la vostra	i vostri	le vostre	*your (inf.)*
il loro	la loro	i loro	le loro	*their*
il Loro	la Loro	i Loro	le Loro	*your (pol.)*[3]

3. The polite form of *your* is used only in highly formal social settings.

As you noticed, the forms of *his, her, its* and *your* (pol., sing.) are equivalent in Italian. Similarly, the forms of *your* (pol., pl.) and *their* are both equivalent and invariable. Therefore, the gender and number of the possessive adjective will be indicated by the definite article *and* by the thing that is possessed. Please pay attention to the following examples: read them aloud!

La mia professoressa di chimica è energica.	*My chemistry professor is energetic.*
Le mie materie preferite sono chimica e biologia.	*My favorite subjects are chemistry and biology.*
Il mio corso preferito è storia dell'arte.	*My favorite class is art history.*
I miei compagni di classe sono simpatici.	*My classmates (males, or males and females) are nice.*
Com'è **la tua** professoressa di storia?	*What's your history professor like?*
Quali sono **le tue** materie preferite?	*What are your favorite subjects?*
Com'è **il tuo** orario?	*How's your schedule?*
Come sono **i tuoi** compagni di classe?	*What are your classmates like?*
La sua amica parla il francese perfettamente.[4]	*His/Her friend speaks French perfectly.*
Le sue materie preferite sono pittura e fotografia.	*His/Her favorite subjects are painting and photography.*
Il suo orario è leggero.	*His/Her schedule is light.*
I suoi libri costano molto.	*His/Her books cost a lot.*
Professoressa Santini, questo è **il Suo** libro?	*Professor Santini, is this your book?*
Professor Maggi, questa è **la Sua** valigetta?	*Professor Maggi, is this your briefcase?*
La nostra università ha trentamila studenti.	*Our university has thirty thousand students.*
Le nostre aule sono molto spaziose.	*Our classrooms are very spacious.*
Il nostro libro di storia è interessante.	*Our history textbook is interesting.*
I nostri quaderni sono pesanti.	*Our notebooks are heavy.*
Quanti studenti frequentano **la vostra** università?	*How many students attend your university?*
Le vostre aule sono spaziose?	*Are your classrooms spacious?*
Com'è **il vostro** libro di geografia?	*How's your geography textbook?*
I vostri professori sono preparati?	*Are your professors prepared?*
Le loro aule sono piccole.	*Their classrooms are small.*
I loro corsi sono facili.	*Their classes are easy.*

In order to choose or recognize the correct possessive adjective, try following these steps.

First: Identify the gender and number of what is possessed—whether thing(s) or person(s).
Second: Identify the possessor by the first letters of the possessive adjective.
Third: Make sure the possessed item (noun) agrees with the article in front of the possessive adjective.
Fourth: Make sure the possessive adjective ending agrees with both the article that precedes it and the noun that follows it.

4. This sentence could mean either *his* (*female*) *friend, her* (*female*) *friend* or even *its* (*female*) *friend*, since Italian possessive adjectives do not identify the gender of the possessor. The context of the sentence usually clarifies whether *his, her,* or *its* is meant.

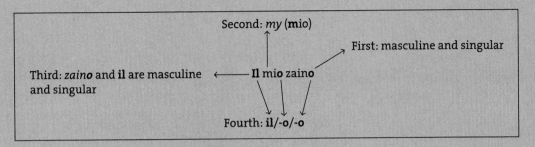

Second: *my* (**mio**)

First: masculine and singular

Third: *zaino* and **il** are masculine and singular ← **Il mio zaino**

Fourth: **il/-o/-o**

Esercizio 3. Come si dice in italiano?

Esempio: my backpack = *il mio zaino*

1. my schedule =

2. your (a classmate's) schedule =

3. our schedule =

4. their schedule =

5. his desk =

6. her newspaper =

7. her map =

8. her marker =

9. his newspapers =

10. her pens =

11. my pencil =

12. my pencils =

13. my watch =

14. my watches =

15. our TV set =

16. your TV set (possessors are the four members of one family) =

17. our briefcase =

18. your briefcase (possessor is one person) =

19. your briefcase (possessors are two people) =

20. our notebooks =

21. their notebooks =

22. their dictionary =

23. your (a classmate's) backpack =

24. your (a classmate's) backpacks =

25. your (the Italian professor's) book =

D. Talking about the Family: Possessive Adjectives with Family Members

When you use a possessive adjective with a singular, unmodified noun referring to a family member, the definite article is omitted. Please look at the examples carefully.

Mia madre si chiama Flavia.
Mio padre si chiama Claudio.
Mia figlia si chiama Irene.
Mio fratello si chiama Alessandro.

My mother's name is Flavia.
My father's name is Claudio.
My daughter's name is Irene.
My brother's name is Alessandro.

When you use a plural noun referring to family members, the possessive adjective retains the definite article, as usual.

I miei genitori sono italiani.	*My parents are Italian.*
Le mie figlie sono gemelle.	*My daughters are twins.*
I miei fratelli si chiamano Alessandro e Luca.	*My brothers' names are Alessandro and Luca.*

The definite article is also retained when you use diminutive terms—that is, modified by a suffix or **mamma, papà, babbo**—or when the term for a family member is modified by an adjective.

La mia mamma è bellissima!	*My mom is beautiful!*
Il mio papà è un nonno bravissimo!	*My dad is a great grandfather!*
La mia sorellina ha quattro anni.	*My little sister is four years old.*
Il mio fratello maggiore fa il fotografo.	*My oldest brother is a photographer.*
La mia bisnonna [5] ha novantanove anni.	*My great-grandmother is ninety nine.*

Esercizio 4. Dieci (10) domande per Elena.

Completi le frasi con la forma appropriata dell'aggettivo possessivo.

Esempio: —Elena, come si chiama *tuo* padre?
          —Si chiama Alberto.

1. Come si chiama _____ fratello?
   Si chiama Stefano.

2. Com'è _____ padre fisicamente?
   È alto, ha i capelli neri e la carnagione olivastra.

3. Che tipo è _____ madre?
   È una donna intelligente e sensibile.

4. Quanti anni hanno _____ genitori?
   _____ padre ha 62 anni e _____ madre 59.

5. Dove vivono _____ cugine?
   Una vive a Milano e l'altra a Siena.

6. Sono simpatiche _____ zie?
   Sì, ma _____ zia preferita è zia Lucia.

7. Quanti anni ha _____ nipotina?
   Ha quattro anni.

8. E _____ fratello, quanti anni ha?
   Ha trenta anni.

9. Come si chiama _____ nonna paterna?
   Si chiama Rosa.

10. E _____ nonno paterno?
    Si chiamava (*his name was*) Luciano, ma è deceduto.

5. The term **bisnonna** (*great-grandmother*) derives from **nonna**—modified by the prefix **bis-** (indicating *twice*).

E. Giving Dates

Italian expresses dates by putting the definite article **il** before the cardinal number. (Since the numbers 8 and 11 begin with a vowel, the form **l'** is used: **l'otto aprile** and **l'undici aprile.**) The ordinal number **il primo** is used for the first of the month. Read the following examples.

Il quattordici febbraio è la festa di San Valentino.	*February 14th is Valentine's Day.*
Il venticinque dicembre è Natale.	*December 25th is Christmas (day).*
In Italia, l'otto marzo è la Festa della Donna.	*In Italy, March 8th is Women's Day.*
il primo (1°) maggio	*May 1st*
il due maggio	*May 2nd*
Il primo gennaio è Capodanno.	*January 1st is New Year's Day.*
Il primo (1°) aprile è pesce d'aprile.	*April 1st is April Fool's Day.*

Note that dates in Italian are commonly written in this order: day-month-year. Look at the following examples.

11 maggio 2002	*May 11, 2002*
3 ottobre 2001	*October 3, 2001*
12 settembre 2007	*September 12, 2007*

The same order should be respected when writing the numerical form of a date.

29/05/82 o 29-05-82 o 29.05.82	*May 29, 1982*
01/04/79 o 01-04-79 o 01.04.79	*April 1, 1979*
12/09/84 o 12-09-84 o 12.09.84	*September 12, 1984*

Esercizio 5. Che giorno è oggi?

Esempio: 14/04   *Oggi è il quattordici aprile*

1. 27/06

2. 15/07

3. 1/12

4. 13/02

5. 12/09

6. 05/08

Le pagine gialle : Capitolo 3

La famiglia (*The family*)

la zia	*aunt*	il marito	*husband*
il fratello	*brother*	la madre	*mother*
il cognato	*brother-in-law*	la suocera	*mother-in-law*
la cugina	*cousin (female)*	il nipote	*nephew*
il cugino	*cousin (male)*	la nipote	*niece*
la figlia	*daughter*	i genitori	*parents*
la nuora	*daughter-in-law*	i parenti[2]	*relatives*
il padre	*father*	la sorella	*sister*
il suocero	*father-in-law*	la cognata	*sister-in-law*
la nipote[1]	*granddaughter*	il figlio	*son*
il nonno	*grandfather*	il genero	*son-in-law*
la nonna	*grandmother*	il patrigno[3]	*stepfather*
i nonni	*grandparents*	la matrigna/madrigna	*stepmother*
il nipote	*grandson*	il fratello gemello	*twin brother*
la pronipote	*great-granddaughter*	la sorella gemella	*twin sister*
il bisnonno	*great-grandfather*	lo zio	*uncle*
la bisnonna	*great-grandmother*	la moglie	*wife*
il pronipote	*great-grandson*		

Lo stato civile (*Marital status*)

divorziato/a	*divorced*	celibe	*single (of male)*
sposato/a	*married*	single	*single*
separato/a	*separated*	vedovo/a	*widow/widower*
nubile	*single[4] (of female)*		

1. The word **nipote** translates into four English words: *granddaughter, grandson, nephew,* and *niece*.
2. Remember that, although this word (**parenti**) looks and sounds like *parents*, it means *relatives*.
3. Note that the terms **patrigno** and **matrigna**—although literal translations of the indicated English expressions—are rarely used in Italian. The expressions **la moglie di mio padre** and **il marito di mia madre** are preferable.
4. Italians also use the English word *single* in everyday speech.

I numeri maggiori di cento (100) (*Numbers over 100*)

100–1.000	2.000–10.000	10.000–1.000.000.000
cento (100)	due**mila** (2.000) [5]	venti**mila** (20.000)
duecento (200)	tre**mila** (3.000)	trenta**mila** (30.000)
trecento (300)	quattro**mila** (4.000)	quaranta**mila** (40.000)
quattrocento (400)	cinque**mila** (5.000)	...
cinquecento (500)	sei**mila** (6.000)	...
seicento (600)	sette**mila** (7.000)	novanta**mila** (90.000)
settecento (700)	otto**mila** (8.000)	cento**mila** (100.000)
ottocento (800)	nove**mila** (9.000)	...
novecento (900)	dieci**mila** (10.000)	un milione (1.000.000)
mille (1.000)	...	un miliardo (1.000.000.000)

L'aspetto fisico (*Physical traits*)

essere carino/a	*to be cute*	avere i capelli castani	*to have brown hair*
essere grasso/a	*to be fat*	avere i capelli ricci	*to have curly hair*
essere bello/a	*to be beautiful, good-looking*	avere la carnagione scura	*to have a dark complexion*
essere robusto/a	*to be heavyset*	avere la carnagione chiara	*to have a fair complexion*
essere di media statura	*to be of medium height*		
essere basso/a	*to be short*	avere i capelli grigi	*to have gray hair*
essere esile	*to be slender*	avere la carnagione olivastra	*to have an olive complexion*
essere alto/a	*to be tall*		
essere magro/a	*to be thin*	avere i capelli rossi	*to have red hair*
essere brutto/a	*to be ugly*	avere i capelli lisci	*to have straight hair*
avere i capelli neri	*to have black hair*	avere i capelli ondulati	*to have wavy hair*
avere i capelli biondi	*to have blond hair*	avere i capelli bianchi	*to have white hair*

La personalità (*Personality*)

aggressivo/a ↔ pacifico/a	*aggressive ↔ peaceful*
allegro/a ↔ serio/a	*cheerful ↔ serious*
attivo/a ↔ passivo/a	*active ↔ passive*
creativo/a ↔ non creativo/a	*creative ↔ uncreative*
energico/a ↔ pigro/a	*energetic ↔ lazy*
generoso/a ↔ egoista	*generous ↔ selfish*
idealista ↔ realista	*idealistic ↔ realistic*
impulsivo/a ↔ riflessivo/a	*impulsive ↔ thoughtful*
insicuro/a ↔ sicuro/a di sé	*insecure ↔ self-confident*
ottimista ↔ pessimista	*optimist ↔ pessimist*
riservato/a ↔ loquace	*reserved ↔ talkative*
simpatico/a ↔ antipatico/a	*nice ↔ unpleasant*
sportivo/a ↔ sedentario/a	*sports-minded ↔ sedentary*
timido/a (introverso/a) ↔ estroverso/a	*shy, timid (introverted) ↔ extroverted*
tranquillo/a ↔ ansioso/a	*calm ↔ anxious*

5. As indicated in the **Pagine verdi** section, note that the plural of **mille** is -**mila**.

I mesi dell'anno[6] (*The months of the year*)

gennaio	*January*	aprile	*April*
febbraio	*February*	maggio	*May*
marzo	*March*	giugno	*June*
luglio	*July*	ottobre	*October*
agosto	*August*	novembre	*November*
settembre	*September*	dicembre	*December*

Alcune nazionalità[7] (*Some nationalities*)

afgano/a	*Afghan*	indiano/a	*Indian*
albanese	*Albanian*	iracheno	*Iraqi*
algerino/a	*Algerian*	iraniano/a	*Iranian*
americano/a[8]	*American*	irlandese	*Irish*
argentino/a	*Argentinian*	israeliano	*Israeli*
australiano/a	*Australian*	italiano/a	*Italian*
boliviano/a	*Bolivian*	giapponese	*Japanese*
bosniaco/a	*Bosnian*	coreano/a	*Korean*
brasiliano/a	*Brazilian*	messicano/a	*Mexican*
canadese	*Canadian*	marocchino/a	*Moroccan*
cileno/a	*Chilean*	nigeriano/a	*Nigerian*
cinese	*Chinese*	pachistano/a	*Pakistani*
colombiano/a	*Colombian*	panamense/a	*Panamanian*
congolese	*Congolese*	peruviano/a	*Peruvian*
costaricano/a	*Costa Rican*	polacco/a	*Polish*
croato/a	*Croatian*	rumeno/a	*Romanian*
cubano/a	*Cuban*	russo/a	*Russian*
danese	*Danish*	saudita	*Saudi*
dominicano/a	*Dominican*	scozzese	*Scottish*
ecuadoriano/a	*Ecuadorian*	senegalese	*Senegalese*
egiziano/a	*Egyptian*	somalo/a	*Somali*
inglese	*English*	sudafricano/a	*South African*
eritreo/a	*Eritrean*	svedese	*Swedish*
filippino/a	*Filipino*	svizzero/a	*Swiss*
finlandese	*Finnish*	tailandese	*Thai*
francese	*French*	tunisino/a	*Tunisian*
tedesco/a	*German*	venezuelano/a	*Venezuelan*
ghanese	*Ghanaian*	vietnamita	*Vietnamese*

6. The months of the year—like the days of the week—are *not* capitalized in Italian.

7. Adjectives of nationality are *not* capitalized in Italian.

8. Although the adjective **americano** is profusely used in Italian as an equivalent of American, we prefer the form **statunitense**.

Professioni e mestieri (*Professions and trades*)

il/la	ragioniere	*accountant*
l' (m./f.)	architetto [9]	*architect*
il/la	barbiere	*barber*
il/la	barista	*barista*
il/la	commercialista	*business consultant*
l'	uomo d'affari	*businessman*
la	donna d'affari	*businesswoman*
il	falegname	*carpenter*
il/la	cassiere/a	*cashier*
lo/la	*chef*	*chef*
l' (m./f.)	ingegnere informatico	*computer engineer*
il/la	cuoco/a	*cook*
il/la	dottore/dottoressa [10]	*doctor*
il	medico	*doctor*
il/la	dentista	*dentist*
il	dermatologo	*dermatologist*
il	ginecologo	*gynecologist*
l'	ostetrico/a	*obstetrician*
il	medico generico	*family doctor*
il	radiologo	*radiologist*
l' (m./f.)	oftalmologo	*ophthalmologist*
l' (m./f.)	oncologo	*oncologist*
l' (m./f.)	ortopedico	*orthopedist*
il/la	pediatra	*pediatrician*
l'	autista	*driver, chauffeur*
l' (m./f.)	elettricista	*electrician*
il/la	maestro/a di scuola elementare	*elementary-school teacher*
l'	impiegato/a	*employee*
l' (m./f.)	ingegnere	*engineer*
il/la	operaio/a	*factory worker*
l' (m./f.)	agricoltore	*farmer*
l' (m./f.)	assistente di volo	*flight assistant*
il/la	parrucchiere/a	*hair stylist*
il/la	giornalista	*journalist*
il/la	giudice	*judge*
il	tecnico di laboratorio	*lab technician*
l' (m./f.)	avvocato	*lawyer*
il/la	bibliotecario/a	*librarian*
il	postino	*mail carrier*
il/la	meccanico	*mechanic*

9. When the feminine gender of nouns is not indicated in the list, the same word is used for both genders. Example: **Mia sorella è un architetto** or **Mia madre è un medico** or **Mia cugina è un avvocato.**

10. The words **dottore** or **dottoressa** are used to address male or female physicians.

il/la	commerciante	*merchant, shopkeeper*
il	vigile urbano	*municipal policeman or woman*
l'	infermiere/a	*nurse*
il/la	farmacista	*pharmacist*
il/la	fotografo/a	*photographer*
il	pilota	*pilot*
l' (m./f.)	idraulico	*plumber*
il	poliziotto	*policeman or woman*
il	programmatore	*programmer*
il/la	commesso/a	*salesperson*
l' (m./f.)	assistente sociale	*social worker*
il/la	soldato / donna soldato	*soldier*
il/la	tassista	*taxi driver*
l' (m./f.)	insegnante	*teacher*
il/la	professore/professoressa universitario/a	*university / college professor*
il/la	professore/professoressa di scuola superiore	*high-school teacher*
il/la	professore/professoressa di scuola media	*middle-school teacher*
il/la	maestro/a di scuola materna	*pre-school teacher*
il/la	gommista	*tire repairman*
il/la	traduttore/traduttrice	*translator*
il	veterinario	*veterinarian*
il/la	cameriere/a	*waiter / waitress*

Altre parole ed espressioni utili (*Other useful words and expressions*)

quasi	*almost*
anche	*also*
essere in pensione	*to be retired*
quando	*when*

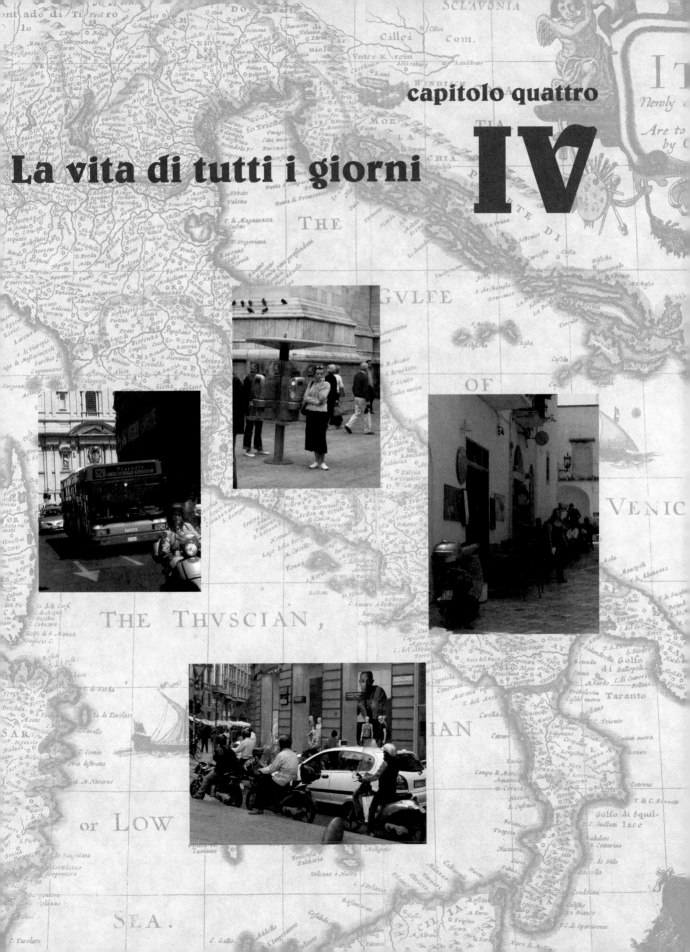

capitolo quattro

La vita di tutti i giorni

A. La routine di Giovanna Righi, studentessa della facoltà di veterinaria all'Università di Bari

1. Giovanna si sveglia presto: alle sei e mezza.

2. Beve un bicchiere d'acqua.

3. Va a correre al parco.

4. Torna a casa.

5. Si fa la doccia e si lava i capelli.

6. Si asciuga.

7. Fa colazione: beve un caffellatte e mangia un po' di biscotti.

8. Si lava i denti.

9. Si pettina e si trucca un po'.

10. Prende i libri (e poi esce di casa).

11. Arriva all'università verso le nove.

12. Parcheggia il motorino.

13. Assiste a tre lezioni: immunologia, anatomia e biologia.

14. Va in biblioteca e studia fino a sera.

15. Rientra a casa verso le otto.

16. Cena con Roberto, il suo ragazzo.

17. Per tenersi (*keep herself*) informata, guarda il telegiornale mentre Roberto finisce di scrivere un saggio (*essay*).

18. Accompagna Roberto fino al motorino.

19. Accende la radio e risponde alla posta elettronica.

20. Va a letto verso le dieci e mezza.

B. La routine di Luca Gemma, studente della facoltà di legge all'Università di Napoli

. . . .

1. Luca non si alza presto: si alza verso le dieci.

2. Va in cucina, apre il frigorifero e prende un po' di succo d'arancia.

3. Poi beve il succo mentre guarda le notizie internazionali alla TV.

4. Più tardi fa colazione: un caffè caldo e un po' di pane, burro e marmellata.

5. Verso le undici si fa la doccia.

6. Si lava i capelli.

7. Si asciuga.

8. Si lava i denti.

9. Si fa la barba.

10. Si veste.

11. Mette i libri nello zaino e poi esce di casa.

12. Aspetta l'autobus alla fermata.

13. Arriva all'università verso mezzogiorno.

14. Assiste a quattro lezioni: storia, retorica, latino e diritto criminale.

15. Verso le sette mangia qualcosa in pizzeria.

16. Più tardi va a giocare[1] a calcetto al campo sportivo dell'università.

17. Rientra a casa verso le dieci e mezza.

18. Ascolta un po' di musica mentre organizza gli appunti al computer.

19. Studia per la lezione di diritto criminale.

20. Si addormenta... mai prima di mezzanotte.

1. Please remember: the verb **giocare** means *to play* (*a sport*). The Italian equivalent of the verb *to play* (*a muscial instrument*) is **suonare.**

Attività 1. La routine di Giovanna e Luca. Vero o falso?

1. Giovanna beve un bicchiere d'acqua la mattina presto.

2. Giovanna si alza tardi.

3. Luca va a correre al parco.

4. Giovanna va all'università in autobus.

5. A colazione Luca mangia i biscotti.

6. Giovanna frequenta un corso di latino.

7. Luca frequenta un corso di retorica.

8. Giovanna studia legge.

9. Luca studia veterinaria.

10. Luca studia in biblioteca.

11. Luca si fa la barba.

12. Giovanna si trucca un po' prima di uscire.

13. Giovanna studia veterinaria all'università di Bologna.

14. Giovanna mette tutti i suoi libri in uno zaino.

15. Luca rientra a casa alle sette.

16. Giovanna cena a casa.

17. Dopo cena Giovanna finisce di scrivere un saggio.

18. Luca va all'università in autobus.

19. Luca cena in un ristorante.

20. Luca gioca a calcetto.

21. Luca va a letto verso mezzanotte, o anche più tardi.

22. Giovanna va a letto verso le undici e mezza.

23. Il ragazzo di Giovanna si chiama Roberto.

Attività 2. La routine di Giovanna e Luca. Risposte.

Indichi se (if) *le affermazioni dell'* **Attività 1** *sono vero o false. Se sono false, le rettifichi.*

Esempi: 1. Giovanna beve un bicchiere d'acqua la mattina presto.

Vero

2. Giovanna si alza tardi.

Falso. Giovanna non si alza tardi: si alza presto.

Attività 3. Chi? Cosa? Quando? Come? Dove?

Risponda alle domande con frasi complete.

Esempio: **Chi** si alza tardi: Luca o Giovanna?

Luca si alza tardi.

Chi?
1. Chi beve un bicchiere d'acqua la mattina presto?
2. Chi mangia i biscotti a colazione?
3. Chi va a correre al parco?
4. Chi si fa la barba?
5. Chi gioca a calcetto?
6. Chi va all'università in motorino?
7. Chi studia in biblioteca?
8. Chi mette i libri nello zaino?
9. Chi cena a casa?
10. Chi studia legge?

Cosa?
1. Cosa studia Giovanna: veterinaria o legge?
2. Cosa beve Luca a colazione: un caffè o un caffellatte?
3. Cosa fa Luca mentre beve il succo d'arancia?
4. Cosa mangia Giovanna a colazione?
5. Cosa fa Giovanna dopo la colazione?
6. Cosa fa Luca dopo la colazione?
7. Cosa prende Giovanna prima di uscire di casa?
8. Cosa fa Giovanna quando arriva all'università?
9. Cosa fa Giovanna in biblioteca?
10. Cosa fa Luca al campo sportivo?
11. Cosa fa Giovanna mentre Roberto finisce di scrivere un saggio?

Quando?
1. Quando va a correre Giovanna: la mattina o il pomeriggio?
2. Quando beve un bicchiere d'acqua Giovanna: quando si sveglia o prima di andare a letto?
3. Quando rientra a casa Luca: presto o tardi?
4. Quando studia Luca: la mattina o la sera?
5. E Giovanna? Quando risponde alla posta elettronica: la mattina o la sera?

Come?
1. Come arriva all'università Luca: in motorino o in autobus?
2. Come arriva all'università Giovanna: in motorino o in autobus?

Dove?
1. Dove mette i suoi libri Luca?
2. Dove gioca a calcetto Luca?
3. Dove cena Giovanna?
4. Dove cena Roberto?
5. Dove organizza gli appunti Luca: in biblioteca o a casa?
6. Dove va Giovanna in motorino?

c. La routine di Antonella Piras, studentessa della facoltà di architettura all'Università di Roma

. . . .

Attività 4. Narrazione: una giornata tipica.

Com'è una giornata tipica di Antonella? Scriva cosa fa Antonella di solito, dal momento in cui si sveglia al momento in cui va a dormire la sera.

1. (svegliarsi)   2. (dormire un altro po')   3. (alzarsi e fare il letto)   4. (lavarsi i denti)

5. (fare colazione)   6. (leggere il giornale)   7. (farsi la doccia)   8. (asciugarsi)

9. (pettinarsi)   10. (vestirsi)   11. (uscire di casa)   12. (prendere l'autobus)

13. (assistere a una lezione di disegno tecnico)

14. (assistere a una lezione di disegno)

15. (studiare in biblioteca

16. (fare aerobica)

17. (rientrare a casa)

18. (rispondere alla posta elettronica)

19. (cenare con un'amica)

20. (andare al cinema)

21. (tornare/ritornare a casa)

22. (spogliarsi)

23. (mettersi il pigiama)

24. (andare a letto)

D. La nostra routine giornaliera

Attività 5. In che ordine?

*Metta in ordine le attività usando gli avverbi **prima, poi** e **più tardi**.*

Esempio: *Prima mi sveglio, **poi** mi lavo i denti, **più tardi** accendo la radio.*

1. mi sveglio	mi alzo	sto a letto un altro po'
2. faccio colazione	mi lavo i denti	mi alzo
3. esco di casa	mi lavo	accendo la macchina
4. esco di casa	mi lavo i denti	prendo l'autobus
5. mi lavo i capelli	mi spoglio	mi asciugo i capelli
6. mi vesto	mi lavo	mi alzo
7. mi pettino	mi faccio la barba / mi depilo	mi faccio la doccia
8. mi trucco / mi metto il dopobarba	mi alzo	mi lavo i denti
9. vado a letto	mi spoglio	mi metto il pigiama
10. pranzo	vado a lezione	vado in palestra
11. guardo la TV	ceno	mi metto il pigiama
12. ceno	vado in palestra	studio in biblioteca
13. ceno	preparo la cena	vado in palestra
14. vado a letto	ceno	mi lavo i denti

Attività 6. Mattina, pomeriggio e sera: la nostra giornata tipica.

Scriva le Sue risposte personali, e poi parli con un(a) compagno/a della Sua giornata tipica.

Esempio: 1. Cosa fai la mattina?

Mi sveglio alle sette, faccio colazione, mi lavo i denti e vado a lezione.

2. Cosa fai il pomeriggio?

3. Cosa fai la sera?

E. Gusti (*Tastes*) e preferenze

GIOVANNA

1. A Giovanna piace correre nel parco.

LUCA

2. A Luca piace giocare a calcetto.

ANTONELLA

3. Ad Antonella piace leggere.

GIOVANNA   LUCA   ANTONELLA

4. A Giovanna piace praticare il *karate*.

5. A Luca piace andare in campeggio.

6. Ad Antonella piace parlare in pubblico.

7. A Giovanna piace studiare in biblioteca.

8. A Luca piace mangiare in pizzeria.

9. Ad Antonella piace navigare in Internet.

Attività 7. Sì o no?

Completi le frasi secondo (according to) *le Sue preferenze.*

1. La mattina presto mi piace...
   - a. dormire.
   - b. bere una tazza di caffè.
   - c. andare a correre.

2. La sera tardi mi piace...
   - a. ascoltare la musica.
   - b. guardare la TV.
   - c. usare il computer.

3. Il sabato pomeriggio mi piace...
   - a. andare a fare spese.
   - b. andare in palestra.
   - c. stare all'aria aperta.

4. La domenica mattina mi piace...
   - a. dormire fino a tardi.
   - b. andare in chiesa / in sinagoga / alla moschea...
   - c. fare colazione con calma.

5. Durante la settimana mi piace...
   - a. studiare in biblioteca.
   - b. studiare a casa.
   - c. andare a letto presto.

Attività 8. Intervista. Ti piace o non ti piace?

Esempio: Studente 1:   Ti piace andare al cinema?

              Studente 2:   Sì, mi piace. (✓)

Nome della persona intervistata: _____

	RISPOSTE POSSIBILI			
	No, non mi piace per niente!	No, non mi piace.	Sì, mi piace.	Sì, mi piace molto!
1. andare in campeggio				
2. ballare				
3. cantare				
4. cucinare				
5. fare fotografie				
6. giocare a baseball				
7. giocare a calcio				
8. giocare a carte				
9. giocare a pallavolo				
10. leggere				
11. navigare in Internet				
12. parlare al telefono				
13. parlare in pubblico				
14. pescare				
15. scrivere lettere				
16. viaggiare in aereo				
17. viaggiare in macchina				

F. Che tempo fa?

1. Fa bel tempo. La signora Cecchetti fa una passeggiata nel parco.

2. Piove. Giovanna e Roberto escono con un grosso ombrello giallo.

3. Fa freddo. Luca studia nella caffetteria dell'università mentre beve una cioccolata calda.

4. Nevica. Marianna e Carlito fanno un pupazzo di neve.

5. C'è vento. Elena va in barca a vela con suo zio Antonio.

6. C'è il sole. Elena va a fare spese con la mamma.

7. C'è la nebbia. Antonella torna a casa, ma c'è molto traffico in città.

8. È umido. I capelli di Antonella si arricciano!

9. Piove a dirotto. Elena preferisce non uscire.

10. Si sta bene. Il signor Cecchetti legge il giornale su una panchina nel parco.

11. È nuvoloso. Luca prende l'ombrello prima di uscire.

12. C'è un leggero venticello. Giovanna e Teresa giocano a tennis.

13. Fa caldo. Maurizio, Carlito e Marianna sono al mare.

14. Fa fresco. Giovanna va all'università in motorino, ma si mette una giacca a vento.

15. Fa molto caldo. Antonella va in bicicletta, ma beve molta acqua.

Attività 9. Intervista. Cosa ti piace fare
quando... ?

Esempio: Studente 1: Cosa **ti piace** fare quando fa molto freddo?
Studente 2: Quando fa freddo **mi piace** bere una cioccolata calda.
Studente 1: *Quando fa freddo, gli/le piace bere una cioccolata calda.*

1. Cosa ti piace fare quando fa molto freddo?
2. ...quando fa fresco?
3. ...quando è umido?
4. ...quando c'è vento?
5. ...quando nevica?
6. ...quando piove a dirotto?
7. ...quando fa bel tempo?
8. ...quando fa molto caldo?

G. Cosa stai facendo?

Attività 10. Cosa stanno facendo?

Scriva che ora è e cosa stanno facendo i nostri personaggi.

Esempio: *È mezzogiorno. Marco e Antonella stanno parlando al telefono.*

1. Elena Cecchetti (parlare / professoressa di chimica)

2. Luca Gemma (mangiare/ famiglia)

3. Giovanna Righi (giocare/cane)

4. Chiara Bonomo (insegnare / ginnastica artistica / gruppo di bambini)

5. Il signor Cecchetti (leggere/giornale/parco)

6. Marco Lorusso e Antonella Piras (giocare/tennis)

Attività 11. Cosa sta facendo Marco?

*Usando il gerundio, scriva cosa sta facendo Marco e poi confronti le Sue
frasi con quelle di un(a) compagno/a. Attenzione: Alcuni verbi sono
transitivi, altri riflessivi.*

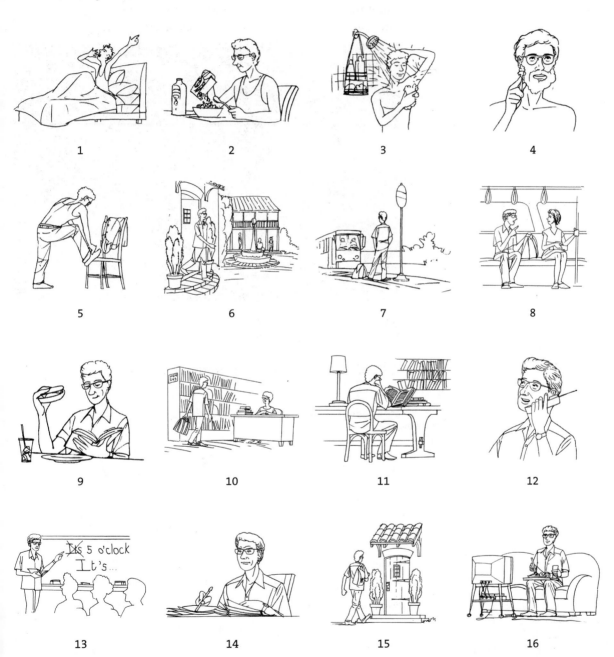

H. Le quattro stagioni

La primavera:	**21 marzo–20 giugno**
L'estate:	**21 giugno–20 settembre**
L'autunno:	**21 settembre–20 dicembre**
L'inverno:	**21 dicembre–20 marzo**

Sandro Botticelli: *La Primavera*, 1482 ca.
Firenze, Galleria degli Uffizi

Attività 12. La mia stagione preferita.

*Scriva **qual** è la Sua stagione preferita e **perché**. Segua l'esempio.*

Esempio: La mia stagione preferita è l'autunno. Mi
piace l'autunno soprattutto perché inizia
il campionato di calcio e perché la
temperatura è ideale: non fa né caldo né
freddo.

Attività 13. Un breve esercizio di rilassamento.

Chiuda gli occhi (eyes) e pensi ad una situazione molto rilassante. Pensi a quale stagione è, a che tempo fa e a cosa sta facendo. Poi scriva il pensiero: descriva esattamente cosa sta facendo. Segua l'esempio.

Esempio: È estate. C'è il sole ma non fa troppo caldo.
Sto prendendo il sole su una spiaggia deserta...

→ Lettura ←

Le regioni climatiche della Terra

I vari tipi di clima sul pianeta Terra dipendono in gran parte dalla circolazione dell'**atmosfera.** Infatti, è il movimento dell'atmosfera che trasferisce il calore del sole dalle regioni tropicali alle regioni polari.

Per classificare i climi del mondo, i meteorologi prendono in considerazione due fattori in particolare: le **temperature** e le **precipitazioni.** Questi fattori, a loro volta (*in turn*), dipendono in gran parte dalla latitudine, cioè dalla distanza dall'Equatore. Altri tre fattori influiscono sul clima di una regione specifica: i **venti,** le **correnti marine** e gli **elementi geografici,** per esempio, la distribuzione delle terre emerse e dei mari. È ovvio che i climi di montagna sono influenzati dall'altitudine e che i climi tropicali sono influenzati dall'estensione delle acque.

Prima di definire i diversi tipi di clima, è utile ricordare i nomi di cinque importanti paralleli —cerchi (*circles*) immaginari sulla superficie della terra. Così, quando osserviamo un planisfero, possiamo (*we can*) avere un'idea immediata delle aree geografiche che hanno in comune i diversi tipi di clima. Il circolo massimo è l'**Equatore,** che divide la Terra in due emisferi: l'emisfero boreale (fra l'Equatore e il Polo Nord) e l'emisfero australe (fra l'Equatore e il Polo Sud). Altri due paralleli importanti sono il **Tropico del Cancro** (a nord dell'Equatore) e il **Tropico del Capricorno** (a sud dell'Equatore). Infine, ricordiamo il **Circolo Polare Artico** (nella zona del Polo Nord) e il **Circolo Polare Antartico** (nella zona del Polo Sud).

Esistono, in generale, sei tipi di clima. In prossimità dell'Equatore il clima è **tropicale,** e le piogge cadono per la maggior parte dell'anno. Invece, nelle regioni con clima **subtropicale** la differenza fra le stagioni secche (*dry*) e le stagioni umide è più marcata. Il clima **temperato** presenta due varianti: il clima mediterraneo (**temperato caldo**) con estati molto calde e inverni miti (*mild*) e umidi, e il clima più freddo delle latitudini più alte (**temperato freddo**). Il clima **desertico** (o **arido**) è caratterizzato da una quasi totale assenza di precipitazioni. Il clima **subartico** è principalmente freddo e umido; il clima **polare** è sempre freddo e in gran parte secco.

Un altro aspetto da considerare quando parliamo di climi è la differenza delle stagioni fra l'emisfero nord e l'emisfero sud. Quando è estate nell'emisfero nord, è inverno nell'emisfero sud; e quando è inverno nell'emisfero nord, è estate nell'emisfero sud. Per esempio, a Natale (il 25 dicembre) a Buenos Aires, in Argentina, fa caldo e cominciano le vacanze estive.

In Italia, il clima è predominantemente mediterraneo. In particolare, al nord è influenzato dalle Alpi, mentre al sud è influenzato dai deserti africani. Tipicamente, in Italia, certi tipi di clima sono associati ad alcune città; per esempio, in inverno Venezia si associa con la pioggia, e Milano con la nebbia; in primavera e in autunno, Roma si associa con una piacevole brezza; e in estate, quando pensiamo a Napoli, immaginiamo un sole splendente e un mare calmo e azzurro.

I climatologi di tutto il mondo affermano che è sempre più (*more and more*) difficile, oggigiorno, parlare di un equilibrio del sistema climatico, perché il meccanismo delle stagioni non funziona più come prima. La causa principale di questo fenomeno è l'aumento della temperatura su tutto il nostro pianeta, che ha |alterato e continuerà (*will continue*) ad alterare l'equilibrio del sistema climatico nei modi più diversi e inaspettati: una trasformazione silenziosa causata dalle attività di noi esseri umani, che sta cambiando il volto (*face*) di molte regioni della Terra.

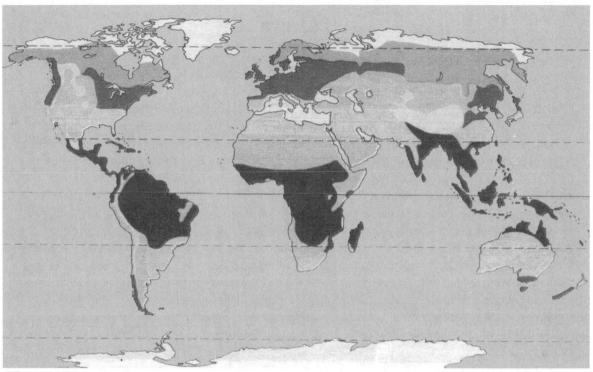

clima polare

clima subartico

clima temperato freddo

clima temperato caldo

clima arido o desertico

clima tropicale

clima di montagna

Le regioni climatiche della terra.

Source: **Grande atlante geografico del mondo.** *Corriere della Sera.* Istituto Geografico de Agostini. (198)

Attività 14. Domande e risposte.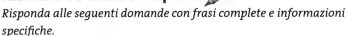

Risponda alle seguenti domande con frasi complete e informazioni specifiche.

1. Qual è il fattore principale che determina i vari tipi di clima sul pianeta Terra?

2. Ci sono altri cinque fattori che sono presi in considerazione per classificare i climi del mondo. Quali sono?

3. Cos'è la latitudine?

4. I climi di montagna e i climi tropicali sono influenzati da due elementi geografici in particolare. Quali?

5. Cos'è un parallelo?

6. Quanti sono e come si chiamano i paralleli più importanti?

7. Come si chiamano i due emisferi in cui è divisa la Terra?

8. L'Italia si trova (*is located*) nell'emisfero nord o nell'emisfero sud?

9. Gli Stati Uniti si trovano nell'emisfero nord o nell'emisfero sud?

10. In quale emisfero si trova il Cile? E la Norvegia? La Tailandia? La Corea? L'Indonesia? Il Mozambico?

11. Osservi il diagramma e scriva le informazioni che mancano.

TIPI DI CLIMA	CARATTERISTICHE
a. Tropicale	Le piogge ——————— per la maggior parte dell'——————.
b. Subtropicale	La differenza fra stagioni ——————— e stagioni ——————— è più marcata rispetto al clima tropicale.
c. Temperato	Presenta due varianti: (1) il clima temperato ——————— —chiamato anche clima ——————— e (2) il clima temperato ———————.
d. Desertico	Caratterizzato dalla quasi totale ———————.
e. Subartico	È soprattutto ——————— e ———————.
f. Polare	È sempre ——————— e in gran parte ———————.

12. Cosa influenza il clima nell'Italia del nord?

13. In generale, cosa associamo con Napoli e l'estate?

14. Perché il meccanismo delle stagioni oggigiorno non funziona più come prima? Chi sta causando questa "trasformazione silenziosa"?

Attività 15. Conversioni.

Usando le formule matematiche, esegua le conversioni da gradi Fahrenheit a Celsius, e viceversa. Poi confronti i suoi calcoli con quelli di un(a) compagno/a.

DA FAHRENHEIT A CELSIUS:

$(°F - 32) \times 5/9$

$98.6°F = 37°C$

$98.6 - 32 = 66.6$
$66.6 \div 9 = 7.4$
$7.4 \times 5 = 37$

1. $50°F =$ _____
2. $-5°F =$ _____
3. $73°F =$ _____
4. $103°F =$ _____
5. $89°F =$ _____

DA CELSIUS A FAHRENHEIT:

$(°C \times 9/5) + 32$

$22°C = 71.6°F$

$22 \div 5 = 4.4$
$4.4 \times 9 = 39.6$
$39.6 + 32 = 71.6$

6. $40°C =$ _____
7. $-7°C =$ _____
8. $25°C =$ _____
9. $99°C =$ _____
10. $6°C =$ _____

Estate: una spiaggia affollata ad agosto in provincia di Lecce

Inverno: neve in Piazza Duomo a Milano

Autunno: la vendemmia nel Trentino

Attività 16. La pagina del tempo.

Ascolti le domande del Suo insegnante, e risponda.

TEMPERATURE IN ITALIA

CITTÀ	MIN	MAX
Alghero	6	15
Ancona	0	12
Aosta	−7	7
Bari	3	15
Bologna	−2	10
Bolzano	n.p.	9
Cagliari	9	16
Campobasso	3	10
Catanzaro	8	15
Firenze	1	14
Genova	9	16
L'Aquila	−1	9
Milano	−1	11
Napoli	7	15
Palermo	12	18
Perugia	2	12
Potenza	3	10
Roma	4	14
Torino	−1	9
Trento	−2	9
Trieste	5	12
Venezia	0	11

TEMPERATURE ALL'ESTERO

CITTÀ	MIN	MAX	CITTÀ	MIN	MAX	CITTÀ	MIN	MAX
Algeri	3	16	Helsinki	−2	1	Oslo	−3	1
Amsterdam	7	14	Hong Kong	16	20	Parigi	19	15
Atene	8	14	Il Cairo	10	19	Perth	11	23
Bangkok	21	33	Istanbul	6	10	Praga	−4	0
Barcellona	10	3	Larnaca	17	9	Rio de Janeiro	19	30
Belgrado	0	10	L'Avana	15	19	San Francisco	7	11
Berlino	5	12	Lisbona	9	16	Sofia	−9	−4
Bruxelles	8	12	Londra	11	15	Stoccolma	−2	5
Bucarest	−4	5	Los Angeles	10	24	Sydney	22	28
Buenos Aires	14	25	Madrid	4	13	Tel Aviv	10	19
Chicago	−15	0	Malta	9	17	Tokio	2	11
Copenaghen	4	6	Monaco	1	−7	Tunisi	12	3
Dublino	5	8	Melbourne	20	25	Varsavia	2	−7
Francoforte	3	16	Miami	7	13	Vienna	0	10
Gerusalemme	5	16	Mosca	0	1	Washington	−9	−3
Ginevra	2	11	New York	−6	−2	Zurigo	1	11

Le pagine verdi : Capitolo 4

A. Talking about Daily Routine: Reflexive Verbs and Reflexive Pronouns

As you will learn in this chapter, reflexive verbs are indispensable for understanding and discussing daily life and habitual activities. A reflexive verb is a verb that expresses an action that *reflects back* on its subject. In other words, it is a verb whose subject and object are the same.

In Italian and English, most reflexive verbs are transitive verbs that acquire a **reflexive meaning** when a reflexive pronoun or a preposition (that conveys a reflexive meaning) is added. As you may recall, English **reflexive pronouns** are: *myself, yourself, himself, herself,* and so on. Study the following illustrated examples.

Lavo la macchina.
I wash the car.

Mi lavo.
I wash myself. (I wash up.)

Chiamo il mio cane.
I call my dog.

Mi chiamo Elena.
My name is Elena. (I call myself Elena.)

Not all reflexive verbs in English have reflexive pronouns (*to wake up, to get up,*). But Italian *always* uses a reflexive pronoun when a verb has a reflexive meaning. For example, the following verbs are reflexive in Italian but not in English: to wake up (**svegliarsi**), to get up (**alzarsi**), to wash up (**lavarsi**), and to get dressed (**vestirsi**).

> **Mi sveglio** alle sei e mezza, **mi alzo** alle sette meno un quarto, **mi lavo** e **mi vesto.**

> *I wake up at 6:30, I get up at 6:45, I wash up, and I get dressed.*

As you may have noticed, the infinitive of a reflexive verb in Italian ends with the pronoun **-si.**

In order to conjugate reflexive verbs you must become familiar with the Italian reflexive pronouns.

mi	*myself*
ti	*yourself*
si	*yourself (pol.), himself, herself*
ci	*ourselves*
vi	*yourselves*
si	*yourselves (pol.), themselves*

Try following these steps in order to incorporate this new language element.

First: Review the conjugations of three regular **-are**, **-ere**, and **-ire** verbs.

Second: Memorize the conjugation of one reflexive verb per category with its reflexive pronouns.

Third: Use that reflexive verb as a model or template when conjugating other reflexive verbs.

Here is the conjugation of the **-ire** verb **vestirsi** (*to get dressed*).

VESTIRSI (*TO GET DRESSED*)		
io	**mi vesto**	*I get dressed*
tu	**ti vesti**	*you get dressed*
Lei/lui/lei	**si veste**	*you (pol.) /he/she get(s) dressed*
noi	**ci vestiamo**	*we get dressed*
voi	**vi vestite**	*you (pl.) get dressed*
Loro/loro	**si vestono**	*you (pol. pl.) / they get dressed*

Please refer to the **Pagine gialle** for a list of useful reflexive verbs.

Esercizio 1. La giornata tipica di Elena.

Combini ogni figura con una delle affermazioni che seguono.

1 A 2 C 3 E 4 N

5 B 6 O 7 J 8 M

9 h 10 i 11 D 12 F

13 k 14 L 15 G

Esempio: 1. *a. Si sveglia presto.*

a. si sveglia presto ✓
b. si mette le scarpe
c. si fa la doccia
d. pranza alla mensa
e. si depila

f. studia in biblioteca
g. risponde alla posta elettronica
h. assiste alla lezione di anatomia
i. assiste alla lezione di chimica
j. si lava i denti

k. gioca a pallavolo
l. rientra a casa
m. esce di casa
n. si veste
o. fa colazione

B. Expressing Likes and Dislikes: The Verb *piacere*

The verb *to like* does not have a direct equivalent in Italian. To express the meaning of *to like*, use the verb **piacere**, which literally means *to be pleasing*. Therefore, in Italian you don't say *I like music*, but *Music is pleasing to me*. Look at the Italian sentence below, and think about the grammatical subject of the verb.

Mi piace la musica.	*I like music. (Music is pleasing to me.)*

The subject of the verb **piace** (*is pleasing to*) is **musica**, a singular noun. **Piace** is the third person singular form. The verb **piacere** can also have a plural subject, such as *Italian shoes*, or ravioli, or *foreign languages*. In that case, **piacere** must be in a plural form to agree in number with those things that are pleasing. The third-person plural form of **piacere** is **piacciono**.

Mi piacciono le scarpe italiane.	*I like Italian shoes. (Italian shoes are pleasing to me.)*
Non **mi piacciono** i ravioli.	*I don't like ravioli. (Ravioli are not pleasing to me.)*
Mi piacciono le lingue straniere.	*I like foreign languages. (Foreign languages are pleasing to me.)*

As you may have noticed, the subject follows rather than precedes the verb **piacere,** which is grammatically acceptable since the Italian language has a flexible word order (see chapter 3, **Attività 10**). This verb + subject construction is quite common, especially for emphasis on the verb—instead of on the thing that is liked. Look at the sentence below.

Non è vero che non mi piacciono i formaggi: **la mozzarella** mi piace, **la ricotta** mi piace e **il parmigiano** mi piace!	*It's not true that I don't like cheese: I like mozzarella, I like ricotta, and I like parmesan!*

One thing to keep in mind when using **piacere** is that if you want to express something that you like *to do*—in other words, if the grammatical subject of **piacere** is a verb—you will always use the singular form **mi piace.** The following examples clarify this rule.

Mi piace suonare il sassofono.	*I like to play the sax. (Playing the sax is pleasing to me.)*
Mi piace giocare a pallavolo.	*I like to play volleyball. (Playing volleyball is pleasing to me.)*
Mi piace studiare all'università.	*I like to study in college. (Studying in college is pleasing to me.)*
Non **mi piace** parlare al telefono.	*I don't like to talk on the phone. (Talking on the phone is not pleasing to me.)*

Here are the forms of **piacere** that you should learn at this stage.

mi piace	mi piacciono	*Pleasing to me*
ti piace	ti piacciono	*Pleasing to you*
Le/gli piace	Le/gli piacciono	*Pleasing to you (pol.) or pleasing to him*
Le/le piace	Le/le piacciono	*Pleasing to you (pol.) or pleasing to her*

Esercizio 2. Mi piace o non mi piace? 🖊

Indichi le Sue preferenze. Segua gli esempi.

Esempi: Non mi piace la pasta.
        Mi piacciono i dialetti italiani.

1. la lingua italiana
2. giocare a tennis
3. correre
4. gli spaghetti alla bolognese
5. i film americani
6. i film francesi
7. il film *Guerre stellari*
8. Russell Crowe
9. Spike Lee
10. il presidente degli Stati Uniti
11. cucinare
12. la pizza
13. la cioccolata
14. il caffè
15. i film italiani
16. andare al cinema
17. andare in palestra
18. Oprah Winfrey
19. guardare la TV
20. il tiramisù
21. le partite di calcio
22. la musica ad alto volume
23. la vita nella residenza studentesca[1]
24. le materie scientifiche

c. Combining *mi piace* with Reflexive Verbs

When combining reflexive verbs with **piacere**, you will conjugate **piacere** but not the reflexive verb. You also will attach the proper reflexive pronoun (referring to the person or persons involved) to the reflexive infinitive (which then drops the final **-e**). Study the examples.

Ti piace svegliar**ti** presto?

No, non **mi** piace svegliar**mi** prima delle nove.

Do you like to get up early?

No, I don't like to get up before nine.

Esercizio 3. Mi piace o non mi piace? 🖊

Indichi le Sue preferenze. Segua gli esempi.

Esempi: Non mi piace svegliarmi presto.
        Mi piace svegliarmi tardi.

1. farsi la doccia la sera
2. farsi la doccia la mattina
3. vestirsi prima di fare colazione
4. vestirsi dopo la colazione
5. asciugarsi i capelli all'aria
6. asciugarsi i capelli con l'asciugacapelli
7. vestirsi elegantemente la domenica
8. vestirsi sportivo/a la domenica
9. farsi la barba/depilarsi dopo la doccia
10. farsi la barba/depilarsi nella doccia
11. alzarsi presto
12. alzarsi tardi
13. pettinarsi i capelli con un pettine
14. spazzolarsi i capelli con una spazzola
15. lavarsi i capelli un giorno sì un giorno no
16. lavarsi i capelli tutti i giorni

---

1. The terms *dorm, fraternity,* and *sorority* do not have a linguistic or conceptual equivalent in Italian. The expression that best translates them is **residenza studentesca.**

D. Talking about the Weather

Speakers of Italian use three verbal expressions to describe weather conditions.

1. The verb form **fa** (from the verb **fare**) in phrases such as

Fa bel tempo.	*The weather is nice. (It's nice out.)*
Fa freddo.	*It's cold.*
Fa fresco.	*It's cool.*
Fa caldo.	*It's hot.*
Fa molto caldo.	*It's very hot.*

2. The expression **c'è** (from the verb **esserci**) in phrases such as

C'è il sole.	*It's sunny.*
C'è la nebbia.	*It's foggy.*
C'è vento.	*It's windy.*
C'è un bel venticello.	*There's a nice breeze.*
C'è il cielo coperto.	*It's overcast.*

3. The verb form **è** (from the verb **essere**) in phrases such as

È umido.	*It's damp/muggy.*
È nuvoloso.	*It's cloudy.*

Use the following verbs—conjugated in the third person singular—to talk about rain, snow, hail, thunder, and lightning.

Piove. (piovere)	*It's raining.*
Pioviggina. (piovigginare)	*It's drizzling.*
Piove a dirotto. (piovere a dirotto)	*It's pouring.*
Nevica. (nevicare)	*It's snowing.*
Grandina. (grandinare)	*It's hailing.*
Tuona. (tuonare)	*It's thundering.*
Lampeggia. (lampeggiare)	*It's lightning. (There is lightning.)*

Please refer to the **Pagine gialle** for a complete list of weather expressions.

Esercizio 4. Che tempo fa nei disegni?

1. Fa bel tempo.

2.

3.

4.

5.

6.

7.

8.

9.

10.

11.

12.

13.

14.

15.

E. Talking about Actions in Progress

In English, to emphasize that an action is in progress—that is, that it is taking place at the moment we are talking—the present progressive tense is used. There is no direct equivalent to the present progressive tense in Italian, although there is a present progressive construction. Look at the following examples.

Antonella **sta cantando** nella doccia.	*Antonella is singing in the shower.*
Luca **sta giocando** a tennis.	*Luca is playing tennis.*
Elena **sta bevendo** un bicchiere di latte freddo.	*Elena is drinking a glass of cold milk.*
Il signor Cecchetti **sta leggendo** il giornale.	*Mr. Cecchetti is reading the newspaper.*
Elena **sta uscendo** di casa.	*Elena is leaving the house.*
Shh! Marianna **sta dormendo.**	*Shh! Marianna is sleeping.*

The present progressive construction in Italian is made up of the verb **stare** + the **gerundio** of the main verb. The gerund in English is formed by adding the suffix *-ing* to a verb's infinitive form (*sing → singing*). The gerund in Italian it is formed by adding:

> **-ando** to the stem of **-are** verbs
> **-endo** to the stem of **-ere** and **-ire** verbs

You will subsequently learn the past progressive construction (*Antonella **was singing** in the shower when the phone rang; or Marianna **was sleeping** when her mom went to work*). For now, concentrate on the present progressive. Above all, remember that, in Italian, it is used *only* to describe an action that is taking place at a specific moment in the present.

A final important aspect to be noted is that Italian, unlike English, does not use the present progressive to state general truths or habitual actions. Instead, it uses the present tense. Consider the following examples for future reference.

Quest'anno **vado** a casa per le vacanze.	*This year I am going home for the holidays.*
Questo semester **gioco** a tennis tutte le settimane.	*This semester I am playing tennis every week.*

Reflexive verbs in the present progressive construction. Reflexive verbs can also be conjugated in the progressive form. Just remember to put the reflexive pronoun in front of the **stare** + **-ando/-endo** phrase. Look at the following illustrated examples with the reflexive verbs **divertirsi** (*to enjoy oneself / to have fun*) and **annoiarsi** (*to get bored*).

↓

Marco **si sta divertendo** moltissimo alla festa di Antonella.
Marco is enjoying himself a lot at Antonella's party.

↓

La sorella di Antonella, invece, **si sta annoiando.**
Antonella's sister, on the other hand, is getting bored.

Esercizio 5. Che ore sono, e cosa stanno facendo?

Antonella: 7,15 AM (fare colazione)

Esempio.   *Sono le sette e un quarto: Antonella sta facendo colazione.*

1. Elena: 9,30 AM
(andare in biblioteca)

2. Giovanna: 10,00 AM
(farsi la doccia)

3. Marco: 11,00 AM
(parlare con la
professoressa)

4. Antonella: 1,00 PM
(pranzare)

5. Marco: 7,00 PM
(preparare la cena)

6. Giovanna e Roberto:
8,30 PM
(guardare la TV)

7. Luca: 9,30 PM
(mettersi il pigiama)

8. Elena: 10,30 PM
(andare a letto)

Le pagine gialle : Capitolo 4

La routine giornaliera: i verbi riflessivi (*The daily routine: reflexive verbs*)

spazzolarsi	*to brush one's hair*	mettersi il dopobarba	*to put on after-shave*
lavarsi i denti	*to brush (lit., to wash) one's teeth*	truccarsi	*to put on makeup*
		mettersi il profumo	*to put on perfume*
pettinarsi	*to comb one's hair*	farsi la barba	*to shave (one's beard)*
asciugarsi	*to dry off*	depilarsi	*to shave (one's body)*
addormentarsi	*to fall asleep*	farsi il bagno	*to take a bath*
vestirsi	*to get dressed*	farsi la doccia	*to take a shower*
alzarsi (presto/tardi)	*to get up (early/late)*	spogliarsi	*to undress*
mettersi...	*to put on (clothes)*	svegliarsi	*to wake up*
il cappotto	*coat*	lavarsi i capelli	*to wash one's hair*
la giacca a vento	*windbreaker*	lavarsi	*to wash up*
il pigiama	*pajamas*		

Altri verbi riflessivi (*Other reflexive verbs*)

arrabbiarsi	*to get angry*	divertirsi	*to have fun, to enjoy oneself*
annoiarsi	*to get bored*	allenarsi	*to practice or train (for a sport)*
arricciarsi	*to curl (of hair)*	rilassarsi	*to relax*

Azioni giornaliere (*Daily actions*)

rispondere alla posta elettronica	*to answer e-mail*	fare colazione	*to have breakfast*
		cenare	*to have dinner*
arrivare	*to arrive*	pranzare	*to have lunch*
assistere (a una lezione)	*to attend (a class)*	uscire	*to leave, to go out*
		ascoltare la musica	*to listen to music*
fare la spesa	*to buy groceries*	ascoltare la radio	*to listen to the radio*
cucinare	*to cook*	organizzare	*to organize*
bere[1]	*to drink*	parcheggiare (la macchina, il motorino)	*to park (the car, the moped)*
mangiare	*to eat*		
tornare	*to get back, to be back*		
andare a letto	*to go to bed*	leggere	*to read*
andare in chiesa	*to go to church*	rientrare	*to return (home)*
andare in sinagoga	*to go to synagogue*	cantare	*to sing*
andare in biblioteca	*to go to the library*	studiare	*to study*
andare alla moschea	*to go to the mosque*		

1. **Bere** is usually considered an irregular verb because it has a contracted infinitive. Its conjugation follows its archaic Italian infinitive **bevere**. Accordingly, the present tense forms are **bevo, bevi, beve, beviamo, bevete, bevono.**

prendere (l'autobus, il treno, l'aereo)	*to take (the bus, the train, the plane)*	aspettare	*to wait for*
prendere appunti	*to take notes*	guardare il telegiornale	*to watch the news*
parlare	*to talk*	guardare la televisione (TV)	*to watch television (TV)*
accendere (la radio, lo stereo)	*to turn on (the radio, the stereo)*		

Altre attività del tempo libero (*Other leisure-time activities*)[2]

stare all'aria aperta	*to be outside*	suonare	*to play*
ballare	*to dance*	il *banjo*	*the banjo*
disegnare	*to draw*	il clarinetto	*the clarinet*
pescare	*to fish*	la batteria	*the drums*
andare in campeggio	*to go camping*	il flauto	*the flute*
fare *jogging*	*to go jogging*	la chitarra	*the guitar*
uscire con amici	*to go out with friends*	il pianoforte	*the piano*
andare in barca a vela	*to go sailing*	il sassofono	*the saxophone*
andare a fare spese	*to go shopping*	il trombone	*the trombone*
andare a un concerto	*to go to a concert*	la tromba	*the trumpet*
andare a una festa	*to go to a party*	il violino	*the violin*
andare al mare	*to go to the beach*	leggere	*to read*
andare in palestra	*to go to the gym*	un (buon) libro	*a (good) book*
andare al cinema	*to go to the movies*	una rivista	*a magazine*
andare al parco	*to go to the park*	il giornale	*the newspaper*
andare al teatro	*to go to the theater*	andare in bicicletta	*to ride one's bicycle*
partire	*to leave (for a trip)*	pattinare	*to skate*
fare un pupazzo di neve	*to make a snowman*	sciare	*to ski*
fare meditazione	*to meditate*	dormire	*to sleep*
dipingere	*to paint*	dormire fino a tardi	*to sleep in (lit., until late)*
giocare[3]	*to play*	nuotare	*to swim*
a baseball	*baseball*	navigare in Internet	*to surf the Internet*
a pallacanestro	*basketball*	fare la sauna	*to take a sauna*
a beach volley	*beach volleyball*	fare una passeggiata	*to take a stroll, a walk*
a carte	*cards*	fare l'idromassaggio	*to take a whirlpool bath*
a football americano	*football*	fare fotografie	*to take photographs*
a golf	*golf*	parlare al telefono	*to talk on the phone*
a hockey	*hockey*	viaggiare	*to travel*
a calcetto	*indoor soccer*	lavare la macchina	*to wash the car*
a rugby	*rugby*	fare (lo) sci nautico	*to water-ski*
a calcio	*soccer*	lavorare in giardino	*to work in the garden*
a ping-pong	*table tennis*	fare ginnastica	*to work out, to exercise*
a tennis	*tennis*	scrivere una lettera	*to write a letter*
a pallavolo	*volleyball*		

2. This list of leisure-time activities contains many of the activities studied in the previous chapters. As you read the list, check the activities you remember well from chapters 1–3.

3. Please remember: **giocare** means *to play* (a sport). The Italian equivalent of the verb *to play* (a musical instrument) is **suonare.**

Il tempo (*The weather*)

il sole (m.)	sun	la bufera di neve (f.)	blizzard
la nuvola (f.)	cloud	il temporale (m.)	storm
la pioggia (f.)	rain	il tuono (m.)	thunder
la neve (f.)	snow	il fulmine (m.)	lightning
la grandine (f.)	hail	i fulmini (m. pl.)	bolts of lightning

Fa bel tempo.	The weather is nice. (It's nice out.)	C'è il sole.	It's sunny.
Fa brutto tempo	The weather is bad.	C'è la nebbia.	It's foggy.
Fa freddo.	It's cold.	C'è vento.	It's windy.
Fa fresco.	It's cool.	C'è un bel venticello.	There's a nice breeze.
Fa caldo.	It's hot.	C'è il cielo coperto.	It's overcast.
Fa molto caldo.	It's very hot.		

È nuvoloso.	It's cloudy.	Pioviggina.	It's drizzling.
È umido.	It's damp/muggy.	Piove a dirotto.	It's pouring.
È una bella giornata.	It's a nice day.	Nevica.	It's snowing.
È una bellissima giornata.	It's a beautiful day.	Grandina.	It's hailing.
		Tuona	It's thundering.
Si sta bene.	It's pleasant / nice out.	Lampeggia.	It's lightning. (There is lightning.)
Piove.	It's raining.		

Le quattro stagioni (*The four seasons*)

l'autunno	autumn, fall	**la primavera**	spring
settembre	September	marzo	March
ottobre	October	aprile	April
novembre	November	maggio	May
l'inverno	winter	**l'estate**	summer
dicembre	December	giugno	June
gennaio	January	luglio	July
febbraio	February	agosto	August

Alcuni avverbi di tempo (*Some adverbs of time*)

prima	first	presto	early
poi	then	tardi	late
più tardi	later		

Alcuni avverbi di quantità (*Some adverbs of quantity*)

Quanto?	How much?	un pochino	a little bit
Quanti?	How many?	un pochino di...	a little bit of . . .
un po'[4]	a bit, a little	un altro po'	some more
un po' di...	a bit of . . . , some		

4. Note that **po'** is the elided form of **poco**; the syllable **-co** is replaced by an apostrophe (').

Domande (*Questions*)

Ti va di... ?	*How about . . . ?*
Cosa ti piace fare quando... ?	*What do you like to do when . . . ?*
Che tempo fa?	*What's the weather like?*

Altri vocaboli ed espressioni utili (*Other useful words and expressions*)

una ciotola (f.) di cereali	*bowl of cereal*
il tema (m.)	*composition*
la posta elettronica (f.)	*e-mail*
il saggio (m.)	*essay*
il motorino (m.)	*moped*
la moto[cicletta] (f.)	*motorcycle*
gli appunti (m.)	*notes*
il frigo[rifero] (m.)	*refrigerator*
la mensa	*school or business cafeteria*
la Vespa	*scooter*

capitolo cinque

Com'è la tua casa?

Villette a schiera

Un casale

Un condomino in un palazzo[1] di tre piani

Una villa

1. The word **palazzo** translates as *palace* or *apartment building*.

A. Un appartamento bellissimo

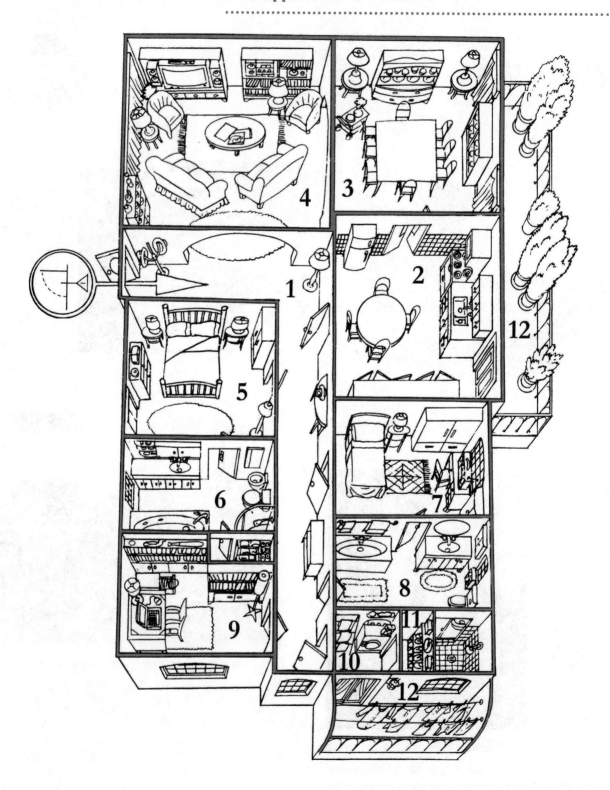

1. l'ingresso
2. la cucina
3. la sala da pranzo
4. il soggiorno
5. la camera da letto
6. il bagno

7. la seconda camera da letto
8. il secondo bagno
9. lo studio
10. la lavanderia
11. lo stanzino
12. il balcone

Attività 1. Cosa c'è a casa Sua?

Risponda **sì** *o* **no.**

1. A CASA MIA C'È / CI SONO...
a. una piscina
b. una cucina a gas
c. un garage a due posti
d. una lavatrice
e. un'asciugapanni
f. un tappeto persiano
g. un cane
h. un gatto

2. NELLA MIA CUCINA C'È / CI SONO...
a. un tavolo rotondo
b. un tavolo quadrato
c. un tavolo rettangolare
d. una lavastoviglie
e. un forno a microonde
f. una mensola con dei libri
g. un frigorifero
h. una finestra

3. NELLA MIA CAMERA DA LETTO C'È / CI SONO...
a. il parquet (*hardwood floor*)
b. uno stereo
c. un letto singolo
d. due letti
e. un divano
f. una scrivania
g. una sedia
h. una poltrona

4. NEL MIO SOGGIORNO C'È / CI SONO...
a. un divano a due posti
b. un divano a tre posti
c. un divano letto
d. una poltrona
e. un televisore
f. un videoregistratore
g. uno stereo
h. un tavolino

5. NEL MIO BAGNO C'È / CI SONO...
a. una vasca da bagno
b. una doccia
c. un bidet
d. un water[2]
e. un mobiletto per le medicine
f. uno specchio
g. una lavatrice
h. un lavandino

6. NELLA MIA SALA DA PRANZO C'È / CI SONO...
a. un tavolo grande
b. un tavolo piccolo
c. un televisore
d. quattro sedie
e. una credenza
f. un tavolino
g. un lampadario
h. una lampada

2. The word *water* (pronounced **vàter**) is used in Italy to refer to the toilet. It is a masculine noun, with invariable number: **il/i water.**

Attività 2. Cos'è e a cosa serve?

Combini un elemento della prima colonna con uno della seconda usando la frase serve per.

Esempio: 1. Un forno a microonde **serve per** riscaldare o cucinare i cibi velocemente.

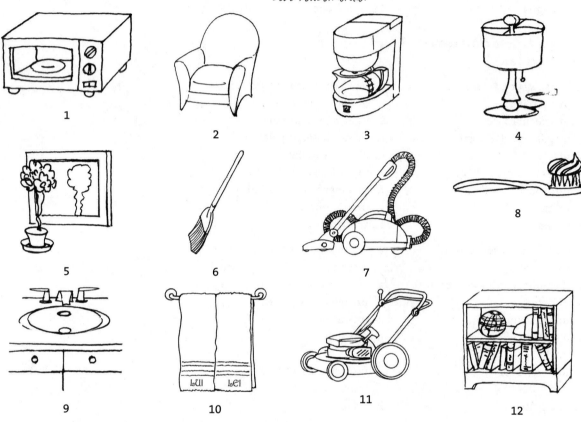

1	2	3	4
5	6	7	8
9	10	11	12

<table>
<tr><td>1</td><td>2</td></tr>
<tr><td>1. un forno a microonde</td><td>a. lavarsi i denti</td></tr>
<tr><td>2. una poltrona f</td><td>b. custodire i libri</td></tr>
<tr><td>3. una caffettiera h</td><td>c. riscaldare o cucinare i cibi velocemente</td></tr>
<tr><td>4. una lampada i</td><td>d. lavarsi il viso (face)</td></tr>
<tr><td>5. uno specchio g</td><td>e. asciugarsi</td></tr>
<tr><td>6. una scopa</td><td>f. leggere, riposarsi o dormire</td></tr>
<tr><td>7. un'aspirapolvere j</td><td>g. specchiarsi</td></tr>
<tr><td>8. uno spazzolino da denti a</td><td>h. preparare il caffè</td></tr>
<tr><td>9. un lavabo d</td><td>i. illuminare una stanza</td></tr>
<tr><td>10. un asciugamano</td><td>j. eliminare la polvere</td></tr>
<tr><td>11. un tagliaerba</td><td>k. tagliare l'erba</td></tr>
<tr><td>12. una libreria</td><td>l. spazzare i pavimenti</td></tr>
</table>

Attività 3. Intervista. Com'è la tua casa all'università?

Faccia le seguenti domande ad un(a) compagno/a e scriva le risposte.

1. Dove vivi? In un appartamento, in una casa, o in una residenza studentesca?
2. La tua casa / la tua residenza è lontana (*far*) dall'università o vicina (*close*) all'università?
3. È grande la tua casa[3]? (È grande la tua stanza nella residenza studentesca?)
4. Quante camere da letto ci sono a casa tua/nella residenza studentesca?
5. Quanti bagni?
6. C'è la sala da pranzo, o mangi in cucina?
7. Che mobili e che elettrodomestici ci sono nella tua stanza?
8. Qual è l'elettrodomestico che consideri indispensabile?
9. C'è un balcone, una veranda[4] o un giardino a casa tua?
10. Di tutte le cose (mobili, elettrodomestici...) che ci sono a casa tua, qual è la più importante per te?

3. The word **casa,** in Italian, means both house and home. It can refer to a house or to an apartment or, in general, to one's living *place*. Therefore, in this interview, question 3 would be appropriate even if your classmate has just told you that he or she lives **in un appartamento.**

4. **Veranda** corresponds to *porch* or *sunroom*.

B. Le faccende (*Chores*) domestiche

Attività 4. Cosa fa Roberto?

Di solito, la domenica mattina, Roberto pulisce la casa. Cosa fa esattamente?

Attività possibili:

- lavare i piatti
- innaffiare le piante
- stendere i panni
- farsi la doccia
- passare l'aspirapolvere

- pulire il pavimento del bagno
- spolverare la libreria
- buttare l'immondizia

- mettere i panni in lavatrice
- pulire la cucina
- pulire il bagno
- fare il letto

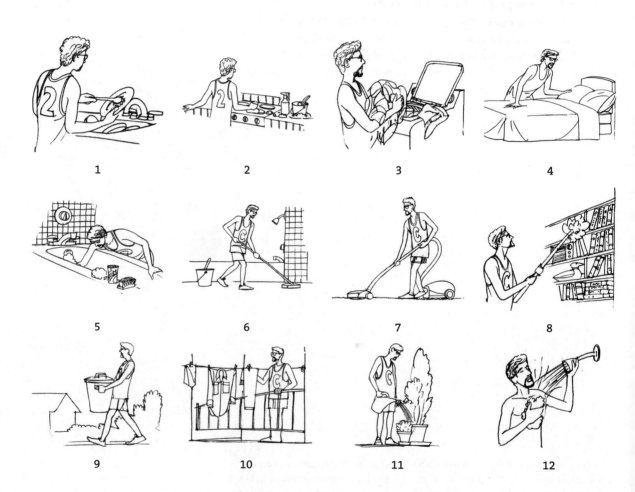

1   2   3   4

5   6   7   8

9   10   11   12

Attività 5. Inchiesta (*Survey*). Ogni quanto tempo...?

*Intervisti un(a) compagno/a di classe per scoprire (*find out about*) le sue abitudini domestiche.*

RIPOSTE POSSIBILE

- tutti i giorni
  (4 punti)
- una volta alla settimana
  (3 punti)

- una volta al mese
  (2 punti)
- una volta all'anno
  (1 punto)

- mai
  (0 punti)

FACCENDE DOMESTICHE

4   0   4   8

1. cucinare   *cook*
2. fare il letto   *making bed*
3. spolverare   *dust*

2   4. passare l'aspirapolvere   *vaccum*
2   5. preparare la colazione   *breakfast*
1   6. buttare l'immondizia   5   *trash*   4

7. innaffiare le piante   0   *water plants*
8. pulire il bagno   3   *clean bathroom*
9. tagliare l'erba   0   *cut grass*

10. stirare   0   *iron*
11. lavare le finestre   0   *wash windows*
12. lavare la macchina   3   *wash care*

20

Nome e cognome		
DOMANDE	RISPOSTE	PUNTI
1. Ogni quanto tempo cucini?	Una volta alla settimana.	3
2.		
3.		
4.		
5.		
6.		
7.		
8.		
9.		
10.		
11.		
12.		
	PUNTI TOTALI	

c. Necessità e desideri

··

Attività 6. Cosa devono fare?

Scriva cosa devono fare i nostri personaggi.

Esempio: 1. Giovanna **deve** innaffiare le piante.

1. Giovanna

2. Tommasino

3. Elena

4. Maurizio

5. Marco

6. Luca

Attività 7. E Lei?

*Cosa **deve** fare domani, dopodomani o la settimana prossima? Scriva almeno tre (3) cose che Lei è obbligato/a a fare nei prossimi giorni e poi parli
con un(a) compagno/a.*

Esempio: Venerdì mattina **devo** fare un esame di biologia.

Attività 8. Cosa vogliono fare?

Esempio: 1. Elena **vuole** uscire con le sue amiche.

2. Maurizio e Marianna   3. Tommasino   4. Roberto

5. Antonella   6. Marco   7. Luca

Attività 9. E Lei?

*Cosa **vuole** fare domani, dopodomani o la settimana prossima? Scriva e poi parli con un(a) compagno/a di almeno tre cose che Lei vuole fare nei prossimi giorni.*

Esempio: Venerdì pomeriggio **voglio** andare a fare spese al centro commerciale.

Attività 10. Vorrei... / Mi piacerebbe[5]... ma non posso.

Cosa vorrebbe (would you like) fare il prossimo fine settimana, nei prossimi giorni o nelle prossime vacanze ma non può? E perché non può? Scriva e poi parli con un(a) compagno/a di almeno tre (3) cose che Lei vorrebbe fare... ma non può.

Esempio:

Studente 1: Vorrei / Mi piacerebbe andare al Super Bowl il mese prossimo, ma non posso.

Studente 2: Perché non puoi?

Studente 1: Perché il biglietto costa troppo!

D. A casa mia

Attività 11. Quando è stata l'ultima volta che... ?

Scriva le Sue risposte personali e poi prepari il questionario per intervistare un(a) compagno/a di classe.

FACCENDE DOMESTICHE	MOMENTI DEL PASSATO
1. lavare i piatti	• stamattina
2. spolverare	• ieri sera
3. buttare l'immondizia	• ieri pomeriggio
4. fare il bucato	• l'altro ieri
5. preparare la colazione	• due giorni fa
6. pulire il bagno	• una settimana fa
7. lavare la macchina	• un mese fa / il mese scorso
8. apparecchiare la tavola	• due mesi fa
9. sparecchiare la tavola	• un anno fa / l'anno scorso
10. fare il letto	
11. spazzare i pavimenti	

QUESTIONARIO (INTERVISTA)

NOME E COGNOME: _____

DOMANDE	RISPOSTE
1. Quando è stata l'ultima volta che hai lavato i piatti?	1. Ha lavato i piatti ieri sera.
2. ...hai spolverato?	
3. ...hai buttato l'immondizia?	
4. ...	

5. **Vorrei** and **mi piacerebbe** are the equivalent of the phrase *I'd like*. **Vorrei** is a form of the conditional mood of **volere** (*to want*); **mi piacerebbe** is a form of the conditional mood of **piacere** (*to like*).

Attività 12. Inchiesta.

Faccia le seguenti due (2) domande a quattro (4) compagni/e di classe e prenda nota delle risposte.

Esempio:

Studente 1: Cosa **hai comprato** per casa tua?

Studente 2: **Ho comprato** un frullatore.

Studente 1: Quanto **è costato?**

Studente 2: **È costato** diciannove dollari.

Attività 13. Chi lo fa di solito?

Indichi chi fa le seguenti faccende domestiche a casa Sua.

Esempio: lavare i piatti *Li lava mia sorella.*

1. apparecchiare la tavola

2. buttare l'immondizia

3. fare il bucato

4. fare il letto

5. innaffiare le piante

6. lavare i piatti

7. lavare la macchina

8. lavare le finestre

9. passare l'aspirapolvere

10. preparare la colazione

11. pulire il bagno

12. sparecchiare la tavola

13. spazzare il pavimento

14. tagliare l'erba

Attività 14. Intervista. Abitudini domestiche.

*Faccia le seguenti domande ad un(a) compagno/a e prenda nota delle risposte. Attenzione: Nelle risposte, sostituisca le parole **in neretto** (boldface) con i pronomi di oggetto diretto.*

I.

1. Di dove sei?
2. Dove abiti?
3. Ti piace vivere a(d) ... o ti piacerebbe vivere in un altro posto?
4. Preferisci vivere in città o in provincia?
5. Vivi in una casa, in un appartamento o in una residenza?

II.

6. Chi paga **le bollette del telefono e dell'elettricità** a casa tua?
7. Quante linee telefoniche ci sono a casa tua?
8. Quanti telefoni?
9. Ti piace rispondere al telefono o fai rispondere alla segreteria telefonica (*answering machine*)?
10. Hai un telefono cellulare?
11. Chi paga **la bolletta** mensile?
12. Hai un computer? Se sì, sei collegato a Internet?
13. Guardi spesso **la televisione?** Quante ore al giorno, più o meno?
14. Quanto costa **il canone** (*cable fee*) della televisione a casa tua e chi lo paga?

III.

15. A che ora ti alzi la mattina?
16. Ti piace alzarti presto o tardi?
17. Ti fai il bagno o ti fai la doccia?
18. Quando preferisci lavarti? La mattina o la sera?
19. A che ora vai a letto durante la settimana?
20. A che ora vai a letto il venerdì e il sabato sera?
21. A che ora vai a letto la domenica sera?

IV.

22. Com'è la tua casa in questo momento? Pulita o sporca? In ordine o in disordine?
23. Ti piace pulire la casa?
24. Quando è stata l'ultima volta che hai lavato **i piatti?**
25. Quando è stata l'ultima volta che hai buttato **l'immondizia?**

26. Quando è stata l'ultima volta che hai fatto **il bucato?**
27. Quando è stata l'ultima volta che hai preparato **la colazione?**
28. Quando è stata l'ultima volta che hai preparato **la cena?**
29. Quando è stata l'ultima volta che hai lavato **le finestre?**
30. Quando è stata l'ultima volta che hai pulito **il bagno?**
31. Quando è stata l'ultima volta che hai pulito **i pavimenti?**
32. Quando è stata l'ultima volta che hai lavato **la macchina?**
33. Quando è stata l'ultima volta che hai innaffiato **le piante?**

I	II	III	IV
È contento/a di vivere a(d)... ?	È uno/a studente(ssa) indipendente dalla famiglia o i genitori lo/la aiutano?	È mattiniero/a (*a morning person*) o nottambulo/a (*a night person*)?	Tiene (*do you care about*) alla casa? a. molto b. poco c. per niente
↓	↓	↓	↓
_____	_____	_____	_____
_____	_____	_____	_____
_____	_____	_____	_____

→ **Lettura** ←

Casa dolce casa!

Il 21 ottobre 2001 tutti i cittadini italiani sono stati invitati dall'ISTAT —l'Istituto Nazionale di Statistica— a compilare il questionario del quattordicesimo (14°) censimento della popolazione e delle abitazioni. Il censimento è uno strumento statistico che serve ad osservare oggettivamente l'evoluzione sociale di un paese. I risultati del censimento ISTAT costituiscono un importante patrimonio informativo non solo per il governo, ma anche per chi ha curiosità di conoscere la realtà sociale ed economica del Bel Paese.

I **risultati** del quattordicesimo censimento delle abitazioni hanno confermato, fra gli altri, il seguente dato: il 67 per cento degli italiani vive nelle aree urbane, il restante 33 per cento nelle aree di provincia. Dobbiamo adesso pensare a questo dato in rapporto a **tre fattori**: (1) il numero totale degli abitanti —circa 58 milioni; (2) l'estensione del territorio (301.302 chilometri quadrati, pari a 116.336 miglia quadrate) e (3) la densità della popolazione (188 abitanti per chilometro quadrato).[6] La **conclusione** logica, dunque, è che gli spazi residenziali in Italia sono relativamente ridotti.

È necessario ricordare, comunque, che la concentrazione della popolazione nelle aree urbane non dimostra solamente una preferenza dei cittadini, ma anche l'evoluzione di una tradizione storica. La civiltà europea preindustriale ha lasciato una quantità

L'abbazia di Fossanova

6. La densità media della popolazione negli Stati Uniti è di 28 abitanti per chilometro quadrato.

enorme di nuclei urbani e di strutture architettoniche che sono serviti come punto di partenza per lo sviluppo (*development*) urbano. Già intorno all'anno 1000, per esempio, circa venti città della penisola italiana hanno più di 10.000 abitanti. Nel Rinascimento —fra il 1400 e la fine del 1500— le città italiane sono considerate in tutta Europa i centri dello sviluppo economico, sociale, politico, culturale e urbano.

Secondo (*according to*) i dati forniti dall'ISTAT nel 2001, la "casa" è una delle priorità più importanti delle famiglie italiane, che molto spesso spendono i loro risparmi (*savings*) per rendere le loro abitazioni più confortevoli, belle e funzionali. Alcune ricerche (*surveys*) di mercato condotte recentemente sulla popolazione hanno stabilito sette stili abitativi[7]: (1) **la casa *bunker*,** cioè (*that is*) la casa intesa come spazio privato e personale, in cui ritrovare un'atmosfera rilassante; (2) **lo stile *Bauhaus*,** che insiste sulla modernità e funzionalità dell'arredamento; (3) **il tipo famiglia chiusa,** che descrive una casa riservata quasi esclusivamente alla famiglia; (4) **la casa *commodity*,** in cui la cucina è la stanza preferita per socializzare perché è pratica e funzionale; (5) **la casa da mostrare,** che ha un arredamento molto studiato, in cui l'ambiente preferito per la dimensione sociale è il soggiorno; (6) **il tipo famiglia aperta,** che di solito è piuttosto grande, e che è sempre aperta a parenti e amici; e infine (7) **la casa degli affetti,** che di solito è una casa grande, quasi sempre in campagna o al mare, di proprietà della famiglia.

Per concludere, ecco un antico proverbio che riassume, in termini generali, il punto di vista italiano sull'importanza culturale della casa: **Casa mia, casa mia, per piccina[8] che tu sia** (*no matter how tiny you are*), **tu mi sembri una badia[9]!**

L'interno di una casa da mostrare

7. Informazioni elaborate dal sito Web http://www.arredamento.it

8. **Piccino/a** is the diminutive form of the adjective **piccolo/a.**

9. **Badia** (with the stress on the i) is another word for **abbazia** (*abbey*), a type of monastery. The word is used in this proverb in its figurative sense, to convey the image of a place of peace and abundance.

Attività 15. Domande e risposte.

Risponda alle seguenti domande con frasi complete e informazioni specifiche.

1. Cos'è l'ISTAT?
2. Per chi possono essere utili i risultati di un censimento?
3. Cosa hanno dovuto (*did they have to*) fare gli italiani per partecipare al censimento del 21 ottobre 2001?
4. A cosa si riferisce l'espressione **Il Bel Paese?**
5. Dove vive il sessantasette per cento (67%) degli italiani?
6. Scriva in lettere il seguente numero: 310.302.
7. Qual è, secondo Lei, la forma abbreviata di "chilometro quadrato"?
8. Secondo la lettura, qual è la caratteristica fondamentale degli spazi residenziali in Italia?
9. Intorno all'anno 1000, quante città italiane hanno più di 10.000 abitanti?
10. Come si chiama il periodo storico compreso fra il 1400 e la fine del 1500?
11. Secondo l'ISTAT, la casa è importante per gli italiani?
12. Secondo le recenti ricerche di mercato, quanti sono gli stili abitativi della popolazione italiana?
13. Qual è il Suo stile abitativo preferito? Perché?
14. Esiste in inglese un proverbio simile a **casa mia, casa mia, per piccina che tu sia, tu mi sembri una badia!?**

Cortona, veduta aerea

Le pagine verdi : Capitolo 5

A. Expressing Will and Obligation: The Verbs *volere* and *dovere*

The verbs **volere** (*to want*) and **dovere** (*to have to*) are irregular verbs. **Volere** is used to express preferences and/or desires. **Dovere** refers to actions that one has to (should, ought to) carry out. Please remember that when a verb follows **volere** or **dovere**, it is in the non-conjugated (infinitive) -**are**, -**ere**, or -**ire** form. You will practice this rule in the following exercises. Here are the present-tense conjugations of these two verbs.

VOLERE	DOVERE
(*TO WANT*)	(*TO HAVE TO*)
voglio	devo
vuoi	devi
vuole	deve
vogliamo	dobbiamo
volete	dovete
vogliono	devono

Chiara <u>vuole</u> <u>comprare</u> una macchina nuova.

→ the verb **comprare** in the infinitive

the verb **volere** conjugated in the third person (she)

Chiara <u>deve</u> <u>prendere</u> l'autobus oggi.

→ the verb **prendere** in the infinitive

the verb **dovere** conjugated in the third person (she)

Esercizio 1. Cosa devono fare? 🖉

Completi le seguenti frasi.

Esempio: Giovanna *deve* lavare i piatti prima di uscire.

1.   Elena _____*deve*_____ passare l'aspirapolvere e buttare l'immondizia.

2.   Tu e Maurizio _____ fare la spesa e cucinare.

3.   Chiara e Marco _____*devono*_____ lavorare tre giorni alla settimana.

4.   Giovanna, cosa _____*devi*_____ fare domani mattina?

5.   Tommasino _____*deve*_____ mettere a posto tutti i giocattoli (*toys*) prima di andare a letto.

6.   Teresa ed io _____*dobbiamo*_____ parlare con il professore di chimica questa settimana.

Esercizio 2. Cosa vogliono fare? 🖉

Completi le seguenti frasi.

Esempio: Marianna *vuole* mangiare un gelato.

1.   Io _____*voglio*_____ guardare la televisione, ma Alessandro _____*vuole*_____ andare al cinema.

2.   Giovanna _____*vuole*_____ andare a cena fuori, ma Roberto _____*vuole*_____ andare a un concerto.

3.   Antonella e Marco _____*vogliamo*_____ giocare a tennis, ma Bruno e Susanna _____*vogliono*_____ rimanere a casa a guardare un film.

4.   Teresa, cosa _____ fare domani sera?

5.   Elena _____ mangiare in un ristorante messicano, ma i suoi genitori _____ mangiare a casa.

6.   Noi _____*vogliamo*_____ andare a fare una passeggiata al parco, e voi, cosa _____*volete*_____ fare?

B. Expressing Ability: The Verb *potere*

Potere is an irregular verb that has two meanings: it can indicate potential or ability (*to be able to*), but it can also indicate permission (*may*). Like the other two modal verbs (**volere** and **dovere**), **potere** is usually followed by another verb expressed as an infinitive. Here is its conjugation.

POTERE
(*TO BE ABLE TO; MAY*)
posso
puoi
può
possiamo
potete
possono

Esercizio 3. ✏️

*Completi le seguenti frasi con la forma corretta del verbo **potere**.*

1. Marco vuole giocare a tennis con Antonella, ma Antonella non _____. Deve uscire con sua sorella.

2. —Roberto, vieni al cinema con me domenica?

   —Non ____*posso*____, lunedì ho un esame di francese.

3. —Susanna, Bruno, venite a fare una passeggiata al parco?

   —Non ____*possiamo*____, siamo stanchi (*tired*).

4. —Luca, ____*puoi*____ venire a casa mia stasera?

   —Mi dispiace,[1] ma non ____*posso*____, la mia macchina è dal meccanico.

5. —Elena, Giacomo: ____*potete*____ aspettarmi oggi dopo la lezione di chimica?

   —Ci dispiace, ma non ____*possiamo*____, dobbiamo correre a prendere l'autobus!

6. Il signor Cecchetti e sua moglie non ____*possono*____ andare a camminare nel parco oggi perché piove.

7. Tommasino non ____*può*____ andare al parco da solo perché ha solo sei anni.

c. Talking about Past Actions: The Past Tense

A past tense is a verb tense used to express an action in the past. Several verb tenses in Italian and in English can be used to refer to the past. In this chapter, we will concentrate on the form that corresponds to the "simple past" in English. The simple past is called "simple" because it consists of one word, as in the following English examples.

> I **washed** the car yesterday
> I **cleaned** the whole house last week.
> I **spoke** to my advisor at the beginning of the semester.
> I **went** to Italy last summer.

In English, regular verbs (such as *to wash* and *to clean* in the examples above) form the simple past by dropping *to* and adding the suffix -*ed* to the infinitive. There are several irregular verbs (such as *to break, to bring, to buy, to go, to read, to send, to speak, to write*) that have irregular past tenses whose forms need to be memorized one by one.

In addition to the simple past, there are past tenses that consist of more than one word. One example from English is the compound present perfect, which is formed by the auxiliary verb *to have* in the present tense + the past participle of the main verb. Read the following examples of the English present perfect.

> I **have washed** the car twice this week.
> I **have cleaned** the whole house many times.
> I **have** already **spoken** to my advisor about my schedule.
> I **have been** to Italy many times but I **have** never **gone** further north than Florence.

---

1. **Mi dispiace** means *I'm sorry.*

What is a past participle? The **past participle** is an inflected verb form that is used either in combination with an auxiliary verb to form compound tenses (such as the present perfect) or as an adjective to modify a noun. Read the following examples with the verb *to break*.

I **have broken** two glasses today.	Look! These **glasses** are **broken!**
↓	↓
past participle used with <u>auxiliary verb</u>	past participle used as an <u>adjective</u>

As in the case of the simple past, regular verbs in English (such as *to wash,* and *to clean* in the examples on page 137) form the present perfect by dropping *to* and adding the suffix *-ed* to the infinitive.

One of the most frequently used past tenses in spoken Italian is the **passato prossimo.** The first thing you should keep in mind is that, although the **passato prossimo** is composed of the same two elements as the English present perfect (the present tense of the auxiliary verb *to have* + the past participle of the main verb), its use corresponds mainly to the English simple past.

Read the following examples carefully.

Ieri <u>ho</u> <u>lavato</u> la macchina.
→ the past participle of the main verb

the present tense of the auxiliary verb **avere**

I washed the car yesterday.

Ho <u>pulito</u> tutta la casa la settimana scorsa.
→ the past participle of the main verb

the present tense of the auxiliary verb **avere**

I cleaned the whole house last week.

Ho <u>parlato</u> con il mio professore all'inizio
del semestre.
→ the past participle of the main verb

the present tense of the auxiliary verb **avere**

I talked to my professor at the beginning of the semester.

You are already familiar with the present tense of the verb **avere**. Now you have to learn how to form the second element of the **passato prossimo:** the past participle. The past participle of regular verbs is formed by adding the suffix **-ato** to the stem of **-are** verbs, the suffix **-uto** to the stem of **-ere** verbs, and the suffix **-ito** to the stem of **-ire** verbs. Study this rule in the following chart, then read the examples carefully.

verbs in **-are**	→	**-ato**
verbs in **-ere**	→	**-uto**
verbs in **-ire**	→	**-ito**

mangiare (*to eat*)
Ieri sera **ho mangiato** in un ristorante cinese.   *I ate at a Chinese restaurant last night.*

studiare (*to study*)
Più tardi, la mia compagna di stanza ed io   *Later, my roommate and I studied for a couple*
   abbiamo studiato per un paio d'ore.[2]   *of hours.*

dormire (*to sleep*)
Stamattina **ho dormito** fino alle nove.   *This morning, I slept until nine o'clock.*

comprare (*to buy*)
L'anno scorso **ho comprato** una macchina nuova.   *Last year I bought a new car. It's still in perfect*
   È ancora in ottime condizioni, ma consuma   *condition, but it consumes a lot of gas.*
   molta benzina.

vendere (*to sell*)
La settimana scorsa **ho venduto** la mia macchina   *Last week I sold my car to my neighbor.*
   al mio vicino.

You may have noticed that only one verb in the previous examples is an **-ere** verb. Most **-ere** verbs have irregular past participles. Here is a list of some common verbs with irregular past participles. All but four are **-ere** verbs.

accendere (*to turn on*)	**acceso**	leggere (*to read*)	**letto**
aprire (*to open*)	**aperto**	mettere (*to put*)	**messo**
assistere (*to attend*)	**assistito**	prendere (*to take*)	**preso**
bere (*to drink*)	**bevuto**	rimanere (*to stay*)	**rimasto**
chiedere (*to ask for*)	**chiesto**	rispondere (*to answer*)	**risposto**
chiudere (*to close*)	**chiuso**	scrivere (*to write*)	**scritto**
decidere (*to decide*)	**deciso**	stendere (*to stretch out;*	**steso**
dipingere (*to paint*)	**dipinto**	*to hang out [clothes]*)	
dire (*to say, to tell*)	**detto**	vedere (*to see*)	**visto**[3]
essere (*to be*)	**stato**	venire (*to come*)	**venuto**
fare (*to do, to make*)	**fatto**	vivere (*to live*)	**vissuto**

2. The phrase **d'ore** is the abbreviated form of **di ore.**
3. The verb **vedere** (*to see*) has a rarely used, regular past participle, **veduto.**

Esercizio 4. ✏️

Riscriva le seguenti frasi al passato prossimo.

Esempio: Giovanna **guarda** la TV.
>   *Giovanna ha guardato la TV.*

1. Giovanna **parla** al telefono con la sua amica Teresa.
2. Giovanna e Teresa **giocano** a tennis.
3. Giovanna **cena** con il suo ragazzo Roberto.
4. Roberto e Giovanna **guardano** un film.
5. Giovanna **gioca** nel parco con il suo cane.
6. Giovanna **fa** spese: **compra** un profumo e un CD.
7. Domenica mattina Giovanna **dorme** fino alle nove.
8. Poi **pulisce** la casa e più tardi **pranza** con Teresa.
9. Più tardi ancora **ascolta** un po' di musica.
10. Prima di dormire, **legge** un po'.

D. The Past Tense of Verbs Conjugated with *essere*

In the **Pagine verdi** section of chapter 2, you learned that there are two auxiliary verbs in Italian: **avere** (*to have*), and **essere** (*to be*). Some Italian verbs use the auxiliary verb **essere** and others use **avere** to form the **passato prossimo**. When a verb uses **essere** to form the **passato prossimo,** the past participle always agrees in gender and number with the subject of the verb. This means that the past participle ends in **-o** or in **-a** (masculine or feminine singular), or in **-i** or in **-e** (masculine or feminine plural). Read the following examples.

Ieri Marianna **è andata** al mare con i suoi genitori.	*Yesterday Marianna went to the beach with her parents.*

auxiliary verb **essere** in the present tense → past participle agrees with subject of sentence

Marco **è uscito** con Antonella ieri sera.	*Marco went out with Antonella last night.*
Antonella e Marco **si sono divertiti**[4] alla festa.	*Antonella e Marco had fun at the party.*
Paolo e Bruno, invece, **sono andati** al cinema e hanno visto un film molto interessante.	*Paolo e Bruno, instead, went to the movies and saw a very interesting film.*
Anche Susanna e Angela —le amiche di Antonella— **si sono divertite.**	*Susanna and Angela—Antonella's friends—also had fun.*

Here is a list of common verbs that form the **passato prossimo** with **essere.**

1. ALL REFLEXIVE VERBS, SUCH AS:

alzarsi (presto/tardi)	lavarsi	spogliarsi
divertirsi	mettersi	svegliarsi
farsi il bagno	pettinarsi	vestirsi

---

4. **Divertirsi** is a reflexive verb that means *to have fun*. All reflexive verbs are conjugated with **essere** in the **passato prossimo.**

2. ALL VERBS THAT EXPRESS RECIPROCAL ACTIONS, SUCH AS:

amarsi (*to love each other*)   conoscersi (*to know each other*)

capirsi (*to understand each other*)   vedersi (*to see each other*)

(For a list of commonly used verbs that express reciprocal actions, please consult Appendix E at the end of the book.)

3. MOST INTRANSITIVE VERBS, SUCH AS:

cadere (*to fall*)   restare (*to stay*)   stare (*to stay, to be*)

costare (*to cost*)   rientrare (*to return*)   tornare (*to get back, to go back*)

essere (*to be*)

4. THE FOLLOWING INTRANSITIVE VERBS (COMBINING THEM INTO PAIRS OF OPPOSITES MAKES THEM EASIER TO REMEMBER):

venire (*to come*)	↔	andare (*to go*)
arrivare (*to arrive*)	↔	partire (*to leave*)
entrare (*to enter*)	↔	uscire (*to go out*)
nascere (*to be born*)	↔	morire (*to die*)

Not all intransitive verbs are conjugated with **essere**. For example, **dormire** (*to sleep*) is conjugated with **avere**. Generally speaking, "action verbs" such as *to jump* (**saltare**), *to play* (*an instrument*) (**suonare**), to play (a sport) (**giocare**), *to run* (**correre**), *to swim* (**nuotare**), or *to walk* (**camminare**), form the **passato prossimo** with **avere**. When in doubt about which auxiliary verb to use, consult the Appendix at the end of this book, or a good Italian dictionary.

The passato prossimo: a summary. There are two formulas to remember when conjugating a verb in the **passato prossimo.**

    FORMULA 1 → AVERE + PAST PARTICIPLE (ALWAYS ENDING IN -O)
    FORMULA 2 → ESSERE + PAST PARTICIPLE (IN AGREEMENT WITH THE SUBJECT and ENDING IN -O, -I, -A, or -E)

Esercizio 5. Formula 1 o formula 2?

Completi il diagramma (in italiano o in inglese)

VERBO	FORMULA 1 O FORMULA 2?	PERCHÉ?
1. svegliarsi	*Formula 2*	*È un verbo riflessivo (it's a reflexive verb)*
2. alzarsi		
3. pulire		
4. bere		
5. uscire		
6. andare		
7. partire		
8. divertirsi		
9. lavarsi i capelli		
10. tornare		
11. conoscersi		
12. vedersi		
13. amarsi		

Esercizio 6. Cosa ha fatto Antonella ieri?

Scriva cosa ha fatto Antonella Piras ieri.

Esempio: svegliarsi (Formula 2)

1. *Antonella si è svegliata alle sette.*

1. svegliarsi (F2)

2. dormire (F1) un altro po'

3. alzarsi (F2) e fare (F1) il letto

4. lavarsi (F2) i denti

5. fare (F1) colazione

6. leggere (F1) il giornale

7. farsi (F2) la doccia

8. asciugarsi (F2)

9. pettinarsi (F2)

10. vestirsi (F2)

11. uscire (F2) di casa

12. prendere (F1) l'autobus

13. assistere (F1) alla lezione di disegno tecnico

14. assistere (F1) alla lezione di disegno

15. studiare (F1) in biblioteca

16. andare (F2) in palestra a fare aerobica

17. rientrare (F2) a casa

18. rispondere (F1) alla posta elettronica

19. cenare (F1) con una sua amica

20. andare (F2) al cinema

21. ritornare (F2) a casa

22. spogliarsi (F2)

23. mettersi (F2) il pigiama

24. andare (F2) a letto

Esercizio 7. Cosa ha fatto Roberto domenica scorsa?

Attività possibili:

farsi la doccia   lavare i piatti   passare l'aspirapolvere   mettere i panni in lavatrice
buttare l'immondizia   innaffiare le piante   pulire il pavimento del bagno   pulire la cucina
fare il letto   stendere i panni   spolverare la libreria   pulire il bagno

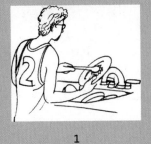
1

2

3

4

5

6

7

8

9

10

11

12

Esercizio 8. Cosa hanno fatto Antonella e Marco ieri pomeriggio? 🖉

Coniughi i verbi fra parentesi al passato prossimo.

1. Marco _____ (andare) a prendere Antonella a casa in motorino alle tre e mezza.

2. Antonella e Marco _____ (giocare) a tennis.

3. Dopo la partita, Antonella e Marco _____ (tornare) a casa di Antonella e
   _____ (telefonare) alla sorella di Antonella, Susanna.

4. Susanna _____ (arrivare) a casa di Antonella dopo un quarto d'ora.

5. Marco _____ (ordinare) una pizza, Antonella _____ (preparare)
   un'insalata e Susanna _____ (andare) a noleggiare (*rent*) un film in videocassetta.

6. Marco, Antonella e Susanna _____ (cenare) verso le sette.

7. Verso le sette e mezza _____ (arrivare) Bruno, il ragazzo di Susanna.

8. I quattro amici _____ (vedere) il film.

9. Alle dieci, Susanna, Bruno e Marco _____ (salutare) Antonella e _____
   (uscire) per andare a casa loro.

Esercizio 9. Al centro sportivo dell'università. 🖉

A Elena piace mantenersi in forma, e va al centro sportivo tutti i giorni. Cosa ha fatto la settimana scorsa per mantenersi in forma?

1. Lunedì _____ (nuotare) in piscina.

2. Martedì _____ (giocare) a tennis.

3. Mercoledì _____ (fare) aerobica.

4. Giovedì _____ (andare) in palestra a fare pesi (*weights*).

5. Venerdì _____ (andare) a correre.

Esercizio 10. 🖉

Coniughi i verbi fra parentesi al passato prossimo.

1. **Rosanna parla di come ha trascorso (*spent*) la domenica**[5]:

   "Ieri è stata una domenica molto rilassante. _____ (1. alzarsi) tardi, _____
   (2. lavarsi i denti) e _____ (3. andare) al parco a fare un pic-nic con la mia famiglia. Nel
   pomeriggio _____ (4. dormire) quasi due ore. Poi, verso le sei, _____
   (5. farsi) la doccia, _____ (6. vestirsi), _____ (7. pettinarsi) e _____
   _____ (8. uscire) con Carla, Michele e Giovanni, tre compagni dell'università. _____
   (9. andare) tutti al cinema a vedere *Lanterne rosse*, un bellissimo film del regista cinese Zhang Yimou".

---

5. Rosanna talks about how she spent Sunday: "Yesterday was a very relaxing Sunday. I got up late, I brushed my teeth, and I went to the park to have a picnic with my family. In the afternoon, I slept almost two hours. Then, at around six, I took a shower, I got dressed, I combed my hair, and I went out with Carla, Michele, and Giovanni, three of my classmates at school. We all went to the movie theater to watch *Raise the Red Lantern*, a beautiful film by the Chinese director Zhang Yimou."

2. **Stefano parla di una settimana difficile [6]:**

"Finalmente è venerdì! Questa settimana è stata particolarmente complicata: lunedì _____
(1. alzarsi) tardi, e anche se _____ (2. lavarsi) e _____ (3. vestirsi)
velocemente, _____ (4. arrivare) tardi al lavoro. Martedì _____ (5. arrivare)
in orario, ma non _____ (6. ricordarsi) di una riunione (*meeting*) importante, e così
_____ (7. restare) tutto il giorno nel mio ufficio, davanti al computer. Poi, mercoledì
_____ (8. uscire) di casa in orario, ma _____ (9. rimanere) bloccato nel
traffico per più di un'ora a causa di un incidente. Ieri, giovedì, il mio collega non _____
(10. venire) in ufficio, e così io _____ (11. lavorare) il doppio! Per questo _____
(12. decidere) di restare a casa oggi: ho proprio bisogno di (*I really need*) una piccola vacanza!

Practice of the **passato prossimo** will continue in chapter 6. When in doubt about which auxiliary verb to use, consult the Appendix at the end of this book, or a good Italian dictionary.

E. Referring to Objects and People Already Mentioned: Object Pronouns

What is the object of a sentence? Generally speaking, the most important word in a sentence is the verb. Many words in a sentence acquire their functions according to their relationship to the verb. The subject of a sentence is the person who performs the main action, as expressed by the verb. For example, in the sentence *Anna writes an essay*, Anna is the subject of the sentence.

In addition to the subject, verbs can have a direct object. The object of a verb is the person(s) or thing(s) that receive the action of a verb. In the sentence *Anna writes an essay*, *Anna* is the subject and *the essay* is the direct object of the verb *to write*. Direct objects answer the question "what?" Verbs that have a subject and a direct object are called **transitive verbs.**

In chapter 2, you learned that some verbs have two objects: a direct object and an indirect object. These verbs are called **di-transitive** verbs. In the sentence *Professor Corvetti gives the students a handout*, *Professor Corvetti* is the subject, *the handout* is the direct object and *the students* is the indirect object. (The verb *to give* elicits two questions: "what?" and "to whom?").

You also learned in chapter 2 that there are verbs that take neither a direct nor an indirect object. These verbs are called **intransitive verbs,** precisely because the actions they express do not "transit"—that is, "move"—from a subject to an object. An example of an intransitive verb in chapter 2 was *Susan goes to the movies every Saturday*, where *to go* is an intransitive verb.

Compare three examples.

Anna will write an essay about Italian fashion.

Anna will write what?—an essay. *To write* is a **transitive** verb.

Professor Corvetti gave the students a handout on the Italian political system.

Professor Corvetti gave what?—a handout. To whom? —to her students. *To give* is a **di-transitive** verb.

6. Stefano talks about a difficult week: "It's finally Friday! This week has been particularly complicated: on Monday I got up late, and even though I washed up and got dressed quickly, I arrived late at work. On Tuesday, I arrived on time, but I didn't remember an important meeting, and so I stayed all day in my office, in front of my computer. Then on Wednesday, I left home on time, but I was stuck in traffic for more than an hour because of an accident. Yesterday, Thursday, my colleague didn't come to the office, so I had to work double! That's why I decided to stay home today: I really need a small vacation."

Susan goes to the movies every Saturday.

Susan goes where? —to the movies. When? —every Saturday. *To go* is an **intransitive** verb because it does not answer the question "what?"

In short, when talking about the object of a sentence, therefore, one can refer to transitive and di-transitive verbs, but *never* to intransitive verbs.

Object pronouns. Object pronouns are words used in place of one or more nouns that function as objects of verbs.

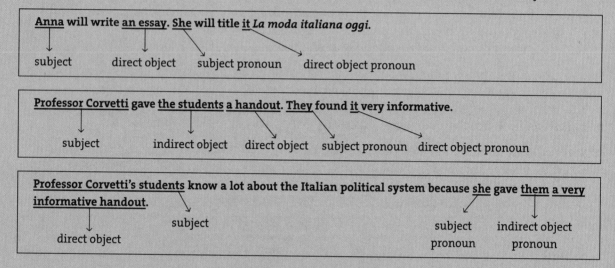

F. Direct Object Pronouns

Here are the forms of direct object pronouns. Remember that they depend on the gender (masculine or feminine) and number (singular or plural) of the noun they replace.

SINGOLARE		PLURALE	
mi	*me*	ci	*us*
ti	*you*	vi	*you*
La	*you (pol., m., f.)*	Li	*you (pol., m.)*
		Le	*you (pol., f.)*[7]
lo	*him; it (m.)*	li	*them (m.)*
la	*her; it (f.)*	le	*them (f.)*

Keep in mind a few basic rules.

1. English object pronouns are usually placed after verbs or after prepositions; Italian object pronouns precede the conjugated verb. In negative sentences, **non** precedes the object pronoun. Study the following examples.

—Roberto, vedi Giovanna oggi pomeriggio?

—Sì, **la** vedo alle 4,30. Perché?

—Antonella, che fai?

—Sto cercando il libro di matematica, ma non **lo** trovo.

—*Roberto, will you see Giovanna this afternoon?*

—*Yes, I will see her at 4:30. Why?*

—*Antonella, what are you doing?*

—*I'm looking for my math book, but I can't find it.*

7. **Li** and **Le** are used only in extremely formal social settings.

2. When used with conjugated forms of **dovere, potere,** and **volere** + infinitive, the direct object pronoun may stay in the same position (before the conjugated verb) or it may be attached to the end of the infinitive, in which case the infinitive drops the final **-e.** Read the examples.

Il forno a microonde è proprio sporco. **Lo** dobbiamo pulire prima di lasciare l'appartamento!	*The microwave (oven) is really dirty. We must clean it before we leave the apartment!*

oppure

Il forno a microonde è proprio sporco. Dobbiamo pulir**lo** prima di lasciare l'appartamento!

—Luca, hai una lampadina per il mio lumetto?	*—Luca, do you have a lightbulb for my bedside lamp?*
—No, ma se vuoi **la** posso comprare. Sto uscendo.	*—No, but I can buy it if you want. I'm going out.*

oppure

—No, ma se vuoi posso comprar**la**. Sto uscendo.

3. When choosing the correct form of the object pronouns in Italian, you will first have to be sure about the type of object that the Italian verb takes. For example, the English verb *to listen* takes an indirect object (*I listen to somebody*), but its Italian equivalent, **ascoltare**, takes a direct object.[8] Read the following three examples.

Il professor De Angelis parla in modo monotono, e gli studenti non *lo* ascoltano.	*Professor De Angelis speaks in a monotone, and his students do not listen to him.*
—Antonella, hai trovato il tuo libro?	*—Antonella, did you find your book?*
—No, ma *lo* sto cercando!	*—No, but I'm looking for it.*
L'autobus è in ritardo oggi. Giovanna *lo* sta aspettando da venticinque minuti!	*The bus is late today. Giovanna has been waiting for it for twenty-five minutes!*

Esercizio 11. Sì, lo vedo!

Risponda alle domande seguendo l'esempio.

Esempio: Vedi Antonella laggiù[9]?
           Sì, *la* vedo!

1. —Vedi Marco laggiù? —Sì, _____ vedo.

2. —Vedi Giovanna e Roberto laggiù? —Sì, _____ vedo.

3. —Vedi il professore di chimica laggiù? —Sì, _____ vedo.

4. —Vedi la professoressa laggiù? —Sì, _____ vedo.

5. —Vedi Luca e Alberto laggiù? —Sì, _____ vedo.

6. —Vedi Giovanna e Teresa laggiù? —Sì, _____ vedo.

8. A good bilingual dictionary will clarify ambiguous cases by specifying whether the verb is **transitive** or **intransitive** in either language.

9. The adverb **laggiù** is made up of the adverb **là** (*there*) and **giù** (*down*). It means *down there*, but is also used in the sense of *over there*, far away from the speaker. So, the English equivalent of this sentence is *Do you see Antonella over there?*

Esercizio 12. Che disordine!

La casa di Luca, Giorgio e Alberto è sporca e disordinata. Assegni una faccenda domestica a ciascuno. Segua l'esempio.

Esempio: Chi lava i piatti?
Li lava Giorgio!

1. Chi pulisce il frigorifero? (Alberto)
2. Chi pulisce il forno a microonde? (Giorgio)
3. Chi lava i vetri e le finestre? (Luca)
4. Chi spolvera i mobili in tutte le stanze? (Alberto e Luca)
5. Chi passa l'aspirapolvere? (Giorgio)
6. Chi lava i pavimenti? (Giorgio e Alberto)
7. Chi butta l'immondizia? (Luca)
8. Chi annaffia le piante sul balcone? (Giorgio)
9. Chi sparecchia la tavola? (Tutti e tre!) (*all three of them*)
10. Chi fa i letti? (Tutti e tre!)
11. Chi pulisce il bagno? (Giorgio)
12. Chi prepara la cena? (Luca)

Esercizio 13. Sono arrivati i mobili e gli elettrodomestici per la casa nuova. Dove li metto?

*Indichi dove vuole mettere gli elementi elencati (*listed*). Segua l'esempio.*

Esempio: Il divano? (in soggiorno)
Lo metto in soggiorno.

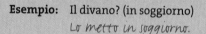

1. La cucina? (in cucina)
2. Il forno a microonde? (in cucina)
3. La lavastoviglie? (in cucina)
4. La lavatrice? (nella lavanderia)
5. Il frigorifero? (in cucina)
6. Il letto? (in camera da letto)
7. I comodini? (in camera da letto)
8. I lumetti? (in camera da letto)
9. La scrivania? (nello studio)
10. La libreria? (nello studio)
11. Il tavolo? (in soggiorno)
12. La poltrona? (in soggiorno)
13. Lo specchio? (in bagno)
14. I quadri? (in soggiorno)
15. Le sedie? (in cucina)
16. I libri? (nello studio)
17. L'attaccapanni? (all'ingresso)
18. Il tappeto? (all'ingresso)

Esercizio 14. Una settimana al mare. ✎

Legga la situazione, e poi riscriva le frasi che seguono usando il pronome di oggetto diretto nelle due possibili posizioni.

> I genitori di Giovanna hanno appena (*just*) comprato una casa al mare. Giovanna, Roberto, Teresa e Bruno hanno deciso di fare una breve vacanza.
>
> In casa ci sono le cose fondamentali: una cucina a gas, un tavolo, le sedie, il frigorifero, un divano, sei letti, e in bagno ci sono la doccia e la vasca. Ma mancano (*are lacking*) molte altre cose, per esempio le cose da mangiare e tutti gli articoli da mare.
>
> Ecco come si sono organizzati i quattro amici:

Esempio: Teresa vuole portare (*bring*) la radio!

Teresa la vuole portare. oppure *Teresa vuole portarla.*

1.   Giovanna vuole portare la caffettiera.
2.   Teresa vuole portare i lettini da spiaggia (*beach*).
3.   Bruno vuole portare un grosso aquilone.
4.   Roberto vuole portare il caffè.
5.   Giovanna vuole portare le creme per il sole.
6.   Teresa vuole portare le racchette da tennis.
7.   Bruno vuole portare il *barbecue*.
8.   Roberto vuole portare le candele alla citronella.

Esercizio 15. Vuoi comprarlo o no? ✎

*Indichi cosa **vuole** o **non vuole** comprare per la casa.*

Esempio: Uno stereo nuovo.

Non voglio comprarlo. / Non lo voglio comprare. oppure
sì, voglio comprarlo! / sì, lo voglio comprare!

1. un forno a microonde	2. un tagliaerba	3. un ventilatore
4. una lavatrice e un'asciugapanni	5. una macchina	6. una sedia a dondolo (*rocking chair*)
7. un computer	8. un televisore	9. una radio
10. un'aspirapolvere	11. un divano letto	12. una poltrona
13. un frullatore	14. un tavolo e quattro sedie	15. una radio-sveglia
16. una libreria	17. uno specchio	18. una scrivania
19. un archivio	20. una lampada	21. un telefono
22. un videoregistratore	23. una videocamera	24. una cuccia (*dog house*) per il cane

G. Direct Object Pronouns with the Verb *conoscere*

The verb **conoscere** means *to know*, and refers to knowing people and places personally. **Conoscere** is a common verb that is very often accompanied by a direct object. Here is its present-tense form.

CONOSCERE
conosco
conosci
conosce
conosciamo
conoscete
conoscono

Please read the following examples.

—Elena, conosci il nuovo professore di chimica?
—Sì, **lo** conosco. È molto simpatico!

—*Elena, do you know the new chemistry professor?*
—*Yes, I know him. He's very nice!*

Buongiorno, professoressa De Vito, Lei non **mi** conosce. Sono Marco Lorusso.

Good morning Professor De Vito. You don't know me: I'm Marco Lorusso.

—Conosci i genitori di Elena e Maurizio?
—No, non **li** conosco.

—*Do you know Elena and Maurizio's parents?*
—*No, I don't know them.*

—Giovanna, conosci il nuovo locale brasiliano che hanno aperto in centro?
—No, e tu?
—Sì, **lo** conosco. È molto bello, ma un po' caro. Costa €20,00 a persona, senza consumazione!

—*Do you know the new Brazilian club that they have opened downtown?*
—*No, do you?*
—*Yes, I know it. It's beautiful, but somewhat expensive. It costs €20.00 per person, without drinks!*

—Ho appena fatto un viaggio a New York. È una città incredibile. Tu **la** conosci?
—Sì, ho vissuto un anno negli Stati Uniti, ed è la mia città preferita.

—*I've just taken a trip to New York. It's an incredible city. Do you know it?*
—*Yes, I lived in the United States for a year, and it's my favorite city.*

Esercizio 16. Mini-dialoghi. 🖊

Completi i mini-dialoghi con i pronomi appropriati.

1. Antonella: Sofia, conosci il fratello di Angelo?

   Sofia: Chi? Mauro? Lo studente di medicina?

   Antonella: Esatto! Proprio lui!

   Sofia: Certo! _____ conosco bene. _____ vedo quasi tutti i giorni a lezione.

---

10. **Detto** is the irregular past participle of the verb **dire** (*to say, to tell*).

2. Antonella: Marco, allora ci vediamo alle quattro e un quarto, va bene?

   Marco: Ma non abbiamo detto[10] (*But didn't we say*) alle quattro e mezza?

   Antonella: Sì, ma _____ conosco, e non sei mai puntuale.

   Marco: No, no, prometto di essere puntuale. Ci vediamo alle quattro e mezza in punto.

3. Signora Cecchetti: Alberto, chi sono quei (*those*) signori? _____ conosci?

   Signor Cecchetti: Ma certo, Rosa, sono i vicini di casa! _____ conosci anche tu, ti ricordi (*do you remember*) la festa a casa dei De Filippo?

   Signora Cecchetti: Ah, è vero... sono i signori Basile!

4. Chiara: Angela, oggi ho conosciuto un ragazzo in biblioteca, si chiama Marco, e ha detto che _____ conosce.

   Angela: Com'è? Alto, con i capelli neri e gli occhiali (*glasses*)?

   Chiara: Sì, esattamente!

   Angela: Non solo _____ conosco... è il mio migliore amico!

5. Luca: Giovanni, conosci Barbara e Flavia, le ragazze che vivono al secondo piano (*floor*)?

   Giovanni: Chi? Le gemelle? Sì, _____ conosco da tre anni.

   Luca: Hai notato? Sono gemelle, ma non si assomigliano[11] per niente.

H. Contraction of Direct Object Pronouns *lo* and *la*

The direct object pronouns **lo** and **la** usually, but not necessarily, contract with verbs that begin with a vowel. This means that the -**o** or the -**a** can be dropped and replaced with an apostrophe.

—Elena, chi accompagna la mamma dal dentista?

—Io l'accompagno! (**la a**ccompagno)

—Antonella, inviti anche Bruno alla festa?

—Certo che l'invito! (**lo** invito)

—*Elena, who is taking Mom to the dentist?*

—*I'm taking her!*

—*Antonella, are you also inviting Bruno to the party?*

—*Of course I'm inviting him!*

Esercizio 17.

Risponda alle domande seguendo l'esempio.

Esempio: Chi aiuta (*helps*) Antonella? (io)

  L'aiuto io! (I help her!)

1. Chi aiuta Marco? (tu)
2. Chi aiuta Luca e Alberto? (noi)
3. Chi aiuta Elena? (sua sorella)
4. Chi aiuta Antonella e Susanna? (io)
5. Chi aiuta il signor Cecchetti? (suo figlio)
6. Chi aiuta la nonna di Elena? (i suoi nipoti)

11. The reflexive verb **assomigliarsi** means *to look alike.*

I. Direct Object Pronouns with Verbs in the Past Tense

*When using direct object pronouns with verbs in the **passato prossimo**, you will need to remember two rules.*

1. The direct object pronouns **lo** and **la** contract with all the forms of the verb **avere**, even with those that begin with **h**, that is, **ho, hai, ha,** and **hanno.** It follows, then, that this contraction always takes place when the direct object pronouns are used with verbs in the **passato prossimo.**

2. When **lo, la, li,** or **le** precede the verb in the **passato prossimo,** the past participle must agree in gender (masculine or feminine) and number (singular or plural) with the pronoun.

Study the following examples.

—Luca, hai lavato la macchina recentemente?
—Sì **l'ho** lavat**a** ieri.

—Giovanna, hai visto Roberto oggi?
—Sì, **l'ho** vist**o** stamattina. Abbiamo fatto colazione insieme.

—Marco, hai chiamato Antonella e Susanna?

—Sì, **le ho** chiamat**e** per organizzare la festa di sabato.

—Luca, did you wash the car recently?
—Yes, I washed it yesterday.

—Giovanna, did you see Roberto today?
—Yes, I saw him this morning. We had breakfast together.

—Marco, have you talked to Antonella and Susanna today?

—Yes, I called them to organize Saturday's party.

Esercizio 18. L'ho già fatto! 🖉

Risponda alle domande seguendo l'esempio.

Esempio: E i piatti? (lavare)
Li ho già (already) lavati!

1. E la tavola? (apparecchiare)

2. E l'immondizia? (buttare)

3. E la cena? (preparare)

4. E il bucato? (fare)

5. E il letto? (fare)

6. E le piante? (innaffiare)

7. E la macchina? (lavare)

8. E le finestre? (lavare)

9. E l'aspirapolvere? (passare)

10. E la colazione? (preparare)

11. E il bagno? (pulire)

12. E la tavola? (sparecchiare)

13. E il pavimento? (spazzare)

14. E i mobili? (spolverare)

15. E la camicia (*shirt*)? (stirare)

16. E l'erba? (tagliare)

Esercizio 19. Quando è stata l'ultima volta che... ✎   (*When was the last time that you...*)

Risponda onestamente alle seguenti domande usando i pronomi di oggetto diretto.

Esempio: Quando è stata l'ultima volta che hai tagliato l'erba?

L'ho tagliata la settimana scorsa.

1. Quando è stata l'ultima volta che hai lavato i piatti?
2. Quando è stata l'ultima volta che hai buttato l'immondizia?
3. Quando è stata l'ultima volta che hai fatto il bucato?
4. Quando è stata l'ultima volta che hai preparato la colazione?
5. Quando è stata l'ultima volta che hai preparato una cena per più di una persona?
6. Quando è stata l'ultima volta che hai lavato le finestre della tua casa?
7. Quando è stata l'ultima volta che hai pulito il bagno?
8. Quando è stata l'ultima volta che hai lavato la macchina?
9. Quando è stata l'ultima volta che hai innaffiato le piante?
10. Quando è stata l'ultima volta che hai lavato la *moquette*?[12]

12. The Italian equivalent of *carpet* is the French word *moquette*, feminine in gender and invariable in number: **la/le moquette.**

Le pagine gialle : Capitolo 5

Abitazioni in Italia (*Housing in Italy*)

un	appartamento (m.)	*apartment*
un	palazzo (m.)	*apartment building; palace*
un	condominio (m.)	*condominium*
un	miniappartamento (m.)	*efficiency apartment*
un	casale (m.)	*farmhouse*
una	villa (f.)	*house*
una	villetta (f.)	*small house*
un	monolocale (m.)	*studio apartment*
una	residenza universitaria (f.)	*residence for college students*
una	villetta a schiera (f.)	*row house*
una	villa bifamiliare (f.)	*town house*

La casa: le stanze (*The house: rooms*)

il	balcone (m.)	*balcony*
il	bagno (m.)	*bathroom*
la	camera da letto (f.)	*bedroom*
la	sala da pranzo (f.)	*dining room*
l'	ingresso (m.)	*hall*
la	cucina (f.)	*kitchen*
la	lavanderia (f.)	*laundry room*
il	soggiorno (m.)	*living/family room*
lo	studio (m.)	*study*
lo	stanzino (m.)	*utility room*

Le cose della casa (*Things in the house*)

ALL'INGRESSO (*IN THE HALL*)

1. l' attaccapanni (m.)   *coat rack*
2. la lampada (f.)   *(floor) lamp*
3. il tavolino (m.)   *small table*
4. lo specchio (m.)   *mirror*
5. la cassapanca (f.)   *chest*

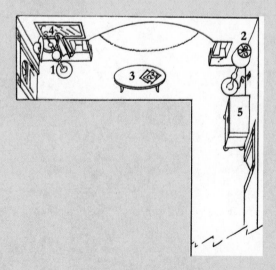

IN CUCINA (*IN THE KITCHEN*)

1. il tavolo (m.) — *table*
2. le sedie (f. pl.) — *chairs*
3. la cucina (f.) — *stove*
4. il forno (m.) — *oven*
5. la cappa aspirante (f.) — *vent hood*
6. il frigorifero (m.) — *refrigerator*
7. il banco di lavoro (m.) — *kitchen counter*
8. i pensili (m. pl.) — *kitchen cabinets*
9. il lavandino (m.) — *kitchen sink*
10. la lavastoviglie (f.) — *dishwasher*

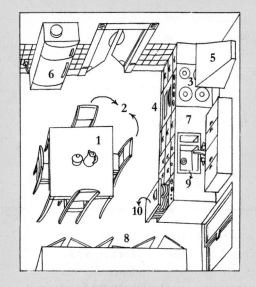

IN SALA DA PRANZO (*IN THE DINING ROOM*)

1. il carrello portavivande (m.) — *food cart*
2. la vetrina (f.) — *china cabinet*
3. le sedie (f. pl.) — *chairs*
4. il tavolo (m.) — *table*
5. la credenza (f.) — *sideboard, buffet*

IN SOGGIORNO (*IN THE LIVING ROOM*)

1. il divano (m.) — *sofa*
2. il divano-letto (m.) — *sofa bed*
3. la poltrona (f.) — *armchair*
4. la libreria (f.) — *bookshelf*
5. il tappeto (m.) — *rug*

IN CAMERA DA LETTO (*IN THE BEDROOM*)

1. il letto (m.)   *bed*
2. il comodino (m.)   *night table*
3. il lumetto (m.)   *bedside lamp*
4. la radiosveglia (f.)   *radio alarm clock*
5. il comò (m.)   *dresser*
6. l' armadio (m.)   *armoire*

IN BAGNO (*IN THE BATHROOM*)

1. il lavabo (m.)   *bathroom sink*
2. il water (m.)   *toilet*
3. il calorifero (m.)   *radiator*
4. le piastrelle (f. pl.)   *tiles*
5. la cabina doccia (f.)   *shower stall*
6. la vasca da bagno (f.)   *bathtub*
7. il bidet (m.)   *bidet*
8. il portasciugamani (m.) *towel rack*

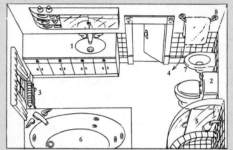

NELLO STUDIO (*IN THE STUDY*)

1. l' archivio (m.)   *file cabinet*
2. il computer (m.)   *computer*
3. la lampada (f.)   *(desk) lamp*
4. la libreria (f.)   *bookshelf*
5. la scrivania (f.)   *desk*

NELLA LAVANDERIA (*IN THE LAUNDRY ROOM*)

1. il detersivo (m.)   *(laundry) detergent*
2. la lavatrice (f.)   *washing machine*
3. il porta biancheria (m.) *hamper*
4. la scarpiera (f.)   *shoe rack*
5. lo stendino (m.)   *clothesrack*

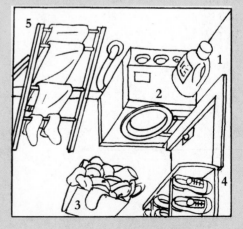

SUL BALCONE (*ON THE BALCONY*)

1. l' armadietto (m.) — *cabinet*
2. il vaso (m.) di terracotta — *terracotta flowerpot*
3. i fili per stendere i panni (m. pl.) — *clotheslines*

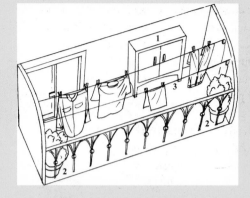

LA CASA DENTRO E FUORI (*THE HOUSE INSIDE AND OUTSIDE*)

l' armadio a muro (m.)	*built-in closet*	il cancello (m.)	*gate*
il soffitto (m.)	*ceiling*	il *parquet*[1] (m.)	*hardwood floor*
la tenda (f.)	*curtain*	la porta d'ingresso (f.)	*main/front door*
la porta (f.)	*door*	il tetto (m.)	*roof*
gli infissi (m. pl.)	*door frames*	la mensola (f.)	*shelf*
il pavimento (m.)	*floor*	la *moquette* (f.)	*wall-to-wall carpet*
i mobili (m. pl)	*furniture*	le pareti (f. pl.)	*walls*
il *garage* (m.)	*garage*	la finestra (f.)	*window*

GLI ELETTRODOMESTICI (*ELECTRICAL APPLIANCES*)

il frullatore (m.)	*blender*	la radiosveglia (f.)	*radio alarm clock*
il lettore di CD (m.)	*CD player*	il frigorifero (m.)	*refrigerator*
la caffettiera (f.)	*coffee maker*	lo stereo (m.)	*stereo*
la lavastoviglie (f.)	*dishwasher*	il tostapane (m.)	*toaster*
l' asciugatrice (m.)	*dryer*	il televisore (m.)	*TV set*
il congelatore (m.)	*freezer*	l' aspirapolvere (f.)	*vacuum cleaner*
il tagliaerba (m.)	*lawn mower*	il videoregistratore (m.)	*VCR*
il forno a microonde (m.)	*microwave (oven)*	la lavatrice (f.)	*washing machine*
la radio (f.)	*radio*		

Le faccende domestiche (Household chores)

fare la spesa	*to buy groceries*	apparecchiare la tavola	*to set the table*
pulire il bagno	*to clean the bathroom*	spazzare il pavimento	*to sweep the floor*
sparecchiare la tavola	*to clear the table*	buttare l'immondizia	*to take out the garbage*
cucinare	*to cook*	mettere a posto	*to tidy up*
fare il bucato	*to do the laundry*	passare l'aspirapolvere	*to vacuum*
spolverare	*to dust*	lavare la macchina	*to wash the car*
stirare	*to iron*	lavare i piatti	*to wash the dishes*
preparare la colazione /	*to make breakfast /*	lavare le finestre	*to wash the windows*
il pranzo / la cena	*lunch / dinner*	innaffiare (*or* annaffiare)	*to water the plants*
tagliare l'erba	*to make the bed*	le piante	
fare il letto	*to mow the lawn*		

1. **Parquet** (pronounced **parkè**) — like **moquette** (pronounced **mokèt**) and **garage** — is a French word.

Altre cose da fare in casa (*Other things to do at home*)

cambiare una lampadina	*to change a lightbulb*
arredare	*to decorate, to furnish*
fare giardinaggio	*to garden*
lavare a mano	*to hand wash*
stendere i panni	*to hang clothes out to dry*

Altri due verbi riflessivi (*Two more reflexive verbs*)

specchiarsi	*to look at oneself in the mirror*
riposarsi	*to rest*

Altri verbi ed espressioni utili
(*Other useful verbs and expressions*)

aiutare	*to help*
Aiuto!	*Help!*
servire	*to be for*
A cosa serve?	*What is it for?*
Serve per...	*It's for . . .*
molto	*very (adverb, invariable)*
solo/solamente	*only (adverb, invariable)*
non solo	*not only*

Ogni quanto tempo? (*How often?*)

sempre	*always, all the time*
tutti i giorni	*every day*
spesso	*often*
una volta alla settimana	*once a week*
una volta al mese	*once a month*
una volta all'anno	*once a year*
mai	*never*

Momenti del passato (*Moments in the past*)

due giorni fa	*two days ago*
due mesi fa	*two months ago*
ieri pomeriggio	*yesterday afternoon*
ieri sera	*last night*
l'altro ieri	*the day before yesterday*
oggi pomeriggio	*this afternoon*
stamattina	*this morning*
un anno fa / l'anno scorso	*a year ago / last year*
un mese fa / il mese scorso	*a month ago / last month*
una settimana fa / la settimana scorsa	*a week ago / last week*
il fine settimana scorso	*last weekend*

Domande (*Questions*)

Cosa vuoi fare?	*What do you want to do?*
Cosa devi fare?	*What do you have to do?*
Cosa vorresti fare?	*What would you like to do?*
Cosa ti piacerebbe fare?	*What would you like to do?*

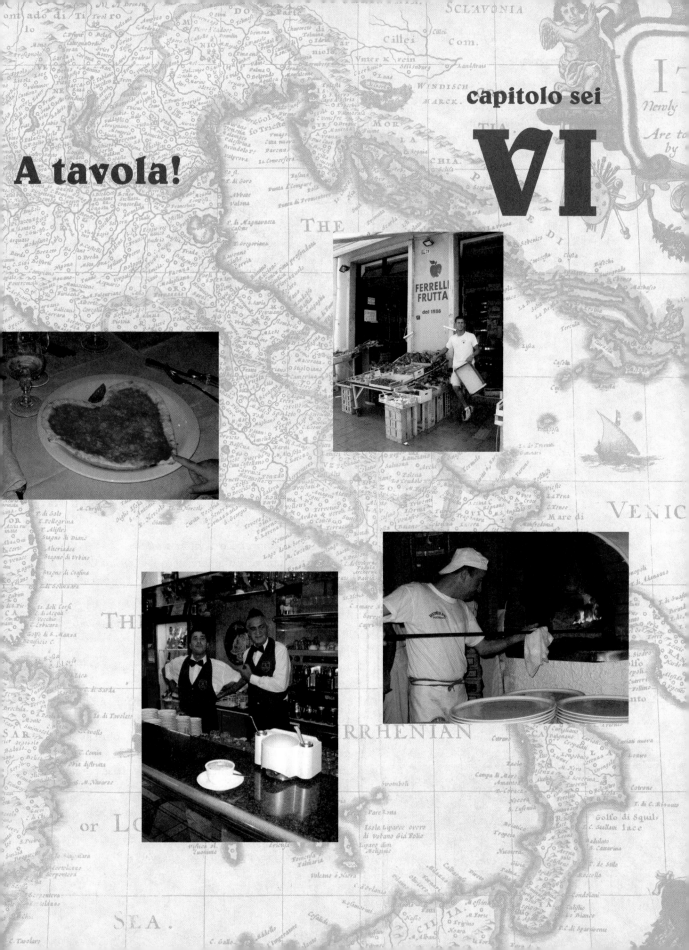

A tavola!

A. La piramide degli alimenti[1]

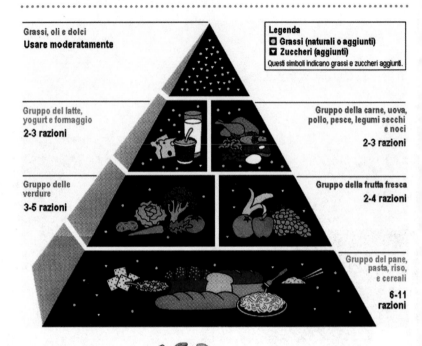

Attività 1. Cos'è?

Con un(a) compagno/a, legga le definizioni e indovini (guess) le risposte.

Esempio: È un tipo di verdura ricca di ferro (*iron*). Si compra fresca o surgelata (*frozen*). **(Gli spinaci.)**

1. È un frutto arancione, ricco di vitamina C.
2. È un frutto rotondo, un po' amaro, ricco di vitamina C.
3. È un frutto marrone fuori e verde dentro, con piccoli semi (*seeds*) neri, originario della Nuova Zelanda.
4. È il cibo preferito di Mickey Mouse.
5. Con questa frutta si fa il vino.
6. È il frutto proibito di Adamo ed Eva.
7. È un frutto rosso con puntini neri e piccole foglie verdi che non si mangiano.
8. È un ortaggio[2] di colore viola all'esterno e bianco all'interno, che si mangia solo cotto[3] (*cooked*). *eggplant*
9. È un frutto giallo di origine tropicale, ricco di potassio. Si mangia senza la parte esterna (la buccia). *banana*
10. È una sostanza bianca, granulosa, dolce, che si usa per fare torte e dolci. *sugar*

1. Copied from http://www.publinet.it/diabete/clinica/d6_2_3.html. For the new USDA food pyramid, visit http://www.mypyramid.gov/.
2. *Ortaggio* (*Vegetable*) derives from **orto** (*vegetable*).
3. *Cotto* is the past participle of the verb *cuocere* (*to cook*).

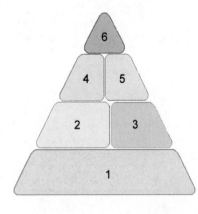

11. È una sostanza bianca, granulosa, contenuta nell'acqua del mare e indispensabile per condire. La sua formula chimica è NaCl.

12. È un tubero ricco di amido, originario del continente americano. *potato*

13. È il re (*king*) dei formaggi italiani. *parmagene cheese*

14. È un liquido bianco, ricco di calcio, proteine e grassi. *latte*

15. È un frutto rosso originario dell'America centro-meridionale, fondamentale in tutta la cucina mediterranea. Nella lingua degli aztechi era (*was*) chiamato *tomatl*. *tomato*

Attività 2. La parola fuori posto.

Dica qual è la parola fuori posto e spieghi perché, secondo la Sua logica. Poi confronti le Sue risposte (e la Sua logica) con quelle dei compagni.

Esempio: vino   latte   pomodoro   acqua
             *La parola fuori posto è **pomodoro**: vino, latte e acqua sono liquidi.*

1. pollo	latte	uova	pesce
2. riso	lenticchie	ceci	fagioli
3. fragole	~~zucchero~~	cocomero	mela
4. limone	arancia	mandarino	~~melone~~
5. patate	~~panino~~	zucchine	pomodori
6. ~~carota~~	banana	pera	kiwi
7. cereali	latte	~~asparagi~~	uova
8. pane	riso	~~miele~~	pasta
9. burro	olio	gelato	piselli
10. spinaci	fagiolini	~~noci~~	mais

Attività 3. Prepariamo un panino.

*Sul Suo quaderno, faccia una lista di tutti gli ingredienti che Lei userebbe (would use) per preparare un buon panino. Consulti le **Pagine gialle** se necessario.*

Attività 4. Prepariamo un'insalata.

*Sul Suo quaderno, faccia una lista di tutti gli ingredienti che Lei userebbe per preparare una buon' insalata. Consulti le **Pagine gialle** se necessario.*

Attività 5. Prepariamo una macedonia.

*Sul Suo quaderno, faccia una lista di tutti gli ingredienti che Lei userebbe per preparare una buona macedonia. Consulti le **Pagine gialle** se necessario.*

Attività 6. Intervista.

*Intervisti cinque (5) compagni/e di classe per scoprire le loro abitudini
e preferenze alimentari. Prima di cominciare l'intervista, prepari le
domande rispondendo personalmente. Poi faccia le sei (6) domande ad
ogni persona intervistata.*

1. Cosa mangi generalmente a colazione?
2. E a pranzo?
3. A pranzo, di solito, mangi da solo/a o in compagnia?
4. A che ora ceni, generalmente?
5. Qual è il tuo menù preferito a cena?
6. In ordine di preferenza, quali sono le tre (3) bevande che ti piacciono di più?

Nome e cognome	Colazione	Pranzo	Menù preferito a cena	Bevande preferite
1.				
2.				
3.				
4.				
5.				
6.				

B. Un po' di galateo[4]: come si apparecchia la tavola?

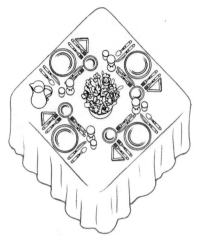

Attività 7. Apparecchiamo la tavola all'italiana
(*Italian style*).

Faccia le seguenti domande a un(a) compagno/a, e osservi il disegno. Segua l'esempio.

Esempio: Studente 1:   Dove metti il coltello?
               Studente 2:   *a. Lo metto vicino al piatto, a destra.*

1. Dove metti la tovaglia?
2. Dove metti i piatti?
3. Dove metti il coltello?
4. Dove metti il cucchiaio?

5. Dove metti le forchette?

6. Dove metti il tovagliolo?

7. Dove metti il bicchiere dell'acqua?
8. Dove metti il bicchiere del vino?
9. Dove metti il coltello per la frutta?
10. Dove metti la forchettina per il dolce?
11. Dove metti il piattino per il pane?

a. Lo metto vicino al piatto, a destra.
b. La metto sul tavolo.
c. Lo metto vicino al coltello, a destra.
d. La metto davanti al piatto, vicino al coltello per la frutta.
e. Lo metto vicino alle forchette, a sinistra.
f. Lo metto davanti alle forchette, a sinistra.
g. Le metto vicino al piatto, a sinistra.
h. Lo metto davanti al cucchiaio, a destra del piatto.
i. Lo metto davanti al coltello, a destra del piatto.
j. Li metto sulla tovaglia, vicino al bordo del tavolo.
k. Lo metto davanti al piatto, fra i bicchieri e il piattino per il pane.

4. (Rules of) etiquette

c. Sai cucinare?

· ·

Attività 8. Intervista.

Faccia le seguenti domande ad un(a) compagno/a e prenda nota delle risposte su un foglio di carta. Segua l'esempio.

Esempio:

STUDENTE **1**	STUDENTE **2**
1. Ti piace cucinare?	Sì, molto, soprattutto i dolci!
2. Cosa sai preparare?	So preparare il tiramisù.
3. Quali sono gli ingredienti?	• 10 tazzine di caffè freddo
	• 3 uova intere
	• 100 grammi di zucchero, un pizzico di sale
	• 20–30 biscotti savoiardi (*lady fingers*)
	• un po' di cacao amaro
4. Come si fa?	• 200 grammi di mascarpone
	Prendi nota...

1. Si fa il caffè e si zucchera (*sweeten*).

2. Si versa (*pour*) il caffè in un recipiente.

3. Si separano i tuorli dagli albumi.

4. Si sbattono (*beat*) i tuorli con lo zucchero.

5. Si montano gli albumi a neve, con un pizzico di sale.

6. Si uniscono (*add*) il mascarpone, i tuorli e gli albumi, amalgamando bene il composto fino ad ottenere una crema soffice (*soft*).

7. Si bagnano (*moisten*) velocemente i savoiardi nel caffè e...

8. ...si dispongono (*place*) in una pirofila quadrata o rettangolare.

9. Si copre (*cover*) il primo strato di savoiardi con un po' di crema.

10. Si fa un secondo strato di savoiardi.

11. Si ricopre con il resto della crema.

12. Si spolvera (*dust*) il tutto con il cacao amaro.

13. Fatto!

14. Si lascia (*leave*) in frigorifero, minimo quattro ore, meglio se (*better if*) tutta la notte.

15. Si mangia!

D. Cos'altro sai fare?

···

Attività 9. Antonella, Roberto, Giovanna e Marco.

Legga cosa sanno fare i quattro personaggi.

Antonella **sa** ballare il tango.

Roberto **sa** suonare il sassofono.

Giovanna **sa** fare lo sci d'acqua.

Marco **sa** andare a cavallo.

Luca **sa** fare fotografie.

Attività 10. Intervista. Cosa sai fare?

Intervisti un(a) Suo/a compagno/a per scoprire cosa sa fare meglio.
Concluda l'intervista con la domanda: **Cos'altro sai fare?** *per dare alla*
persona intervistata la possibilità di rivelare altre abilità personali. Segua
l'esempio.

Esempio: Studente 1:   1. Sai nuotare?...
          Studente 2:   Sì.
          Studente 1:   2. Sai guidare la motocicletta?
          Studente 2:   No.
          ...   ...
          ...   ...
          Studente 1:   15. Cos'altro sai fare?
          Studente 2:   So recitare (*act*).

1. nuotare
2. guidare la motocicletta
3. guidare una macchina con il cambio manuale
4. ballare la salsa
5. pattinare
6. fare lo sci d'acqua
7. giocare a pallacanestro
8. suonare uno strumento musicale (quale?)
9. cucinare
10. dipingere
11. cantare
12. sciare
13. giocare a calcio
14. giocare a tennis
15. Cos'altro sai fare?

E. Al supermercato

Attività 11. La spesa⁵ per una settimana e più!

Pensi all'ultima volta che ha fatto una grossa spesa al supermercato. È
andato/a al supermercato da solo/a o con qualcuno? Provi a ricordare cosa
ha comprato e faccia una lista. Poi la confronti con quella di un(a) Suo/a
compagno/a. Sono uguali? Simili? Totalmente diverse?

5. Remember the difference between **fare spese** (*to shop*) and **fare la spesa** (*to buy groceries*).

F. **Mangiare fuori**

· ·

Trattoria "La locanda"

Listino
prezzi

Pane e coperto	**€1,00**

Antipasti
Bruschetta al pomodoro	€1,50
Antipasto misto (Affettati)	€4,50

Primi piatti
Pappardelle al sugo di lepre	€7,00
Trenette al pesto alla genovese	€6,50
Bucatini all'amatriciana	€6,50
Risotto alla milanese	€7,00
Gnocchi alla romana	€6,50
Penne all'arrabbiata	€6,00
Spaghetti alla carbonara	€6,00
Ravioli burro e salvia	€7,00

Secondi
Saltimbocca alla romana	€7,00
Pollo alla cacciatora	€6,00
Abbacchio scottadito	€8,00
Cotoletta alla milanese	€7,00

Contorni
Insalata mista	€3,00
Cicoria all'agro	€3,00
Verdure grigliate	€3,50
Patate fritte	€2,50
Spinaci saltati	€3,00

Frutta di stagione	**€2,50**

Dolci
Torta della nonna (ai pinoli)	€3,00
Tiramisù	€3,50
Gelato artigianale	€3,00

Da bere
Vino bianco della casa	€3,00
Vino rosso della casa	€3,00
Birra in bottiglia (nazionale)	€3,00
Acqua minerale naturale	
• frizzante	€1,00
• liscia	€1,00

Ristorante "La casa delle rose"

	Listino prezzi
Pane e coperto	**€2,00**

Antipasti

Composta di mare con sauté di cozze e vongole	€6,00
Antologia di salumi e bruschette	€5,50

Primi piatti

Fettuccine ai funghi porcini	€8,00
Penne in salsa giardiniera	€7,50
Risotto al nero di seppia	€8,00
Tonnarelli all'astice (minimo due porzioni)	€12,00

Secondi piatti

Scamorza al tartufo con verdure di campo	€10,00
Filetto all'aceto balsamico	€12,00
Bistecca alla fiorentina	€13,50
Cinghiale alla cacciatora	€11,00
Fagiano alla campagnola	€11,50
Trota fresca al cartoccio	€9,00
Filetto di persico reale con salsa aromatica	€12,50

Contorni

Verdure gratinate	€6,00
Agretti all'olio di oliva	€5,00
Asparagi alla Bismark	€6,50
Funghi porcini arrosto	€7,50
Verdure fresche di stagione	€6,00

Frutta di stagione

Frutta mista di coltivazione biologica	€6,00
Fragole con panna	€6,00
Fantasia di frutti di bosco	€7,00

Dolci di specialità artigiana al carrello

Pastiera napoletana	€5,00
Panna cotta	€4,00
Torta mimosa	€5,00
Crème caramel	€4,00

Vini

Brunello di Montalcino	€9,00
Chianti classico	€8,00
Vermentino di Gallura	€8,50
Tocai	€7,50

Acque minerali naturali

liscia	€1,50
frizzante	€1,50

Attività 12. Andiamo a mangiare fuori!

Legga i menù e immagini di andare a mangiare in uno dei due posti presentati. Dove decide di mangiare? Alla trattoria La locanda, o al ristorante La casa delle rose? Cosa ordina? Quanto spende? Completi il diagramma con tutti i dati del Suo pasto (*meal*).

Ricevuta fiscale	
Pane e coperto	€
Primo	€
Secondo	€
Contorno	€
Frutta	€
Dolce	€
Da bere	€
TOTALE	€

Attività 13. Intervista.

Cosa hai mangiato ieri? Intervisti un(a) compagno/a e gli chieda cosa ha mangiato ieri. Faccia le seguenti domande.

1. Cosa hai mangiato ieri a **colazione**?
2. Hai mangiato a casa o fuori? (Se fuori, dove?)
3. Hai mangiato da solo o in compagnia?
4. Cosa hai mangiato ieri a **pranzo**?
5. Hai mangiato a casa o fuori? (Se fuori, dove?)
6. Hai mangiato da solo o in compagnia?
7. Cosa hai mangiato ieri a **cena**?
8. Hai mangiato a casa o fuori? (Se fuori, dove?)
9. Hai mangiato da solo o in compagnia?
10. Bevi caffè durante il giorno?
11. Con o senza zucchero?
12. Cosa ti piace di più, il caffè o il tè?
13. Mangi di solito fra un pasto e l'altro?
14. Che cosa?
15. Ti piacciono i dolci?
16. Qual è il tuo dolce preferito?

→ **Lettura** ←

La dieta mediterranea

Quando pensiamo al concetto di dieta, a volte gli attribuiamo un significato negativo, che ci fa pensare alla necessità di cambiare le nostre abitudini alimentari. Infatti, frequentemente associamo la parola "dieta" a uno stato patologico particolare, per esempio, un livello alto di colesterolo, il diabete o la pressione alta. Altre volte colleghiamo l'idea di "dieta" a quella di un accumulo eccessivo di grasso corporeo. In realtà, la parola "dieta" ha un'etimologia molto più rassicurante. Deriva dal latino *diæta*, che a sua volta deriva dal vocabolo greco *díaita*, che esprime il concetto di "vita" o "stile di vita".

Secondo lo stile di vita degli italiani, mangiare non significa riempirsi lo stomaco di cibo: significa anche —e soprattutto— piacere, compagnia, rispetto delle tradizioni, cultura. Sono queste, in fondo, le caratteristiche socio-culturali della ormai famosa "dieta mediterranea", cioè della cucina tradizionale dei paesi del bacino del Mediterraneo: Italia, Francia, Spagna, Grecia e Portogallo. Ma quali sono le qualità specifiche di questa dieta, praticata nei paesi del Mediterraneo da sempre?

La dieta mediterranea è stata "scoperta" negli anni cinquanta, quando lo statunitense Ancel Keys (professore al dipartimento di Igiene Fisiologica dell'università del Minnesota) ha condotto uno studio comparativo su sette paesi industrializzati[6] con l'obbiettivo di scoprire la relazione fra la dieta —intesa come "regime alimentare"— e il rischio di malattie cardiovascolari e di obesità. Le ricerche del professor Keys hanno ampiamente dimostrato che le popolazioni del bacino del Mediterraneo presentano un'incidenza di malattie cardiovascolari e di obesità decisamente inferiore a quella dei paesi "nordici".

Vediamo dunque quali sono gli alimenti fondamentali della dieta mediterranea e quali sono le loro proprietà più importanti.

- **la pasta, il pane, la pizza** e **il riso** —con i loro carboidrati complessi— danno energia di lunga durata ai muscoli
- **i cereali** e **i legumi** apportano proteine ma non contengono grassi
- **la frutta** e **la verdura** contengono una notevole quantità di antiossidanti, che giocano un ruolo importante nella prevenzione delle malattie cardiovascolari, del cancro e dell'invecchiamento precoce

continua...

---

6. Lo studio del professor Keys è il *Seven Countries Study* e include Finlandia, Giappone, Grecia, Italia, Olanda, Stati Uniti ed ex-Yugoslavia.

- **il pesce** favorisce la formazione del cosiddetto "colesterolo buono", che mantiene pulite le arterie e combatte gli altri tipi di colesterolo
- **le erbe aromatiche** rendono i cibi più saporiti e permettono allo stesso tempo di ridurre il consumo di sale
- **l'olio di oliva,** uno degli ingredienti chiave della dieta mediterranea, rappresenta la fonte principale di acidi grassi altamente digeribili e di sostanze antiossidanti
- **il latte** e **il formaggio** di pecora e di capra causano meno allergie di quelli di mucca
- **il vino** —consumato in quantità moderate— è una bevanda preferibile a molte altre, perché migliora la digeribilità del cibo ed è ipocalorico, al contrario delle bevande gassate in lattina e delle bibite zuccherate
- **la carne** nella dieta mediterranea è relativamente scarsa, e spesso bianca (pollo, tacchino o coniglio) invece di rossa (carne bovina), e con un contenuto di grassi decisamente inferiore a quello presente nella carne consumata in altri paesi[7]

Negli anni ottanta, la "dieta mediterranea" è diventata una vera e propria moda nei paesi industrializzati—inclusa l'Italia![8]—, e negli Stati Uniti è stata addirittura proposta come l'unica alternativa alla dieta locale, iperproteica, iperlipidica, ipercalorica, e abbondante di carboidrati raffinati, carente cioè di molte sostanze indispensabili per la buona salute. Le scienze dell'alimentazione, all'inizio del XXI secolo hanno fatto passi da gigante; tuttavia, i dati elaborati dall'equipe del Professor Keys negli anni cinquanta non hanno perso la loro validità. Di fatto, oggigiorno i dietologi e i nutrizionisti a livello internazionale continuano a raccomandare una dieta che imiti il modello di quella mediterranea.

È opportuna, comunque, un'ultima considerazione, ironica, ma pienamente conforme alla realtà: lo sviluppo dell'economia, il contatto con le altre culture e la diffusione della pubblicità hanno trasformato il modo di mangiare dei paesi del bacino del Mediterraneo, con il risultato che anche i consumatori italiani, spagnoli, francesi eccetera si dirigono spesso verso alimenti già pronti o eccessivamente elaborati. Il mangiar sano, invece, si trova proprio nella cucina tradizionale, e nelle ricette della cosiddetta "cucina povera" elaborata in modo semplice e con ingredienti genuini.

---

7. Negli Stati Uniti, per esempio, la carne contiene il 20% di grassi, contro il 5% della carne italiana.

8. L'Italia, che fino alla Seconda Guerra Mondiale è stata un paese prevalentemente agricolo, adesso fa parte del "Gruppo degli 8" (G8), insieme a Canada, Francia, Gran Bretagna, Germania, Giappone, Russia e Stati Uniti.

Ritrovare il vero valore delle tradizioni culinarie del mediterraneo, quindi, è possibile. La dieta mediterranea si può fare a casa, al ristorante, ovunque: basta scegliere i cibi giusti, osservare le corrette combinazioni alimentari e non superare la quantità di calorie consigliate.[9]

Al mercato: la bancarella della frutta

Attività 14. Vero o falso?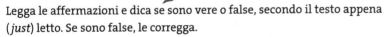

Legga le affermazioni e dica se sono vere o false, secondo il testo appena (*just*) letto. Se sono false, le corregga.

1. Quando si pensa al concetto di dieta, si pensa a qualcosa di negativo, come per esempio a un cattivo stato di salute o al sovrappeso.
2. La parola **dieta** deriva originariamente dal termine greco *díaita*.
3. Per gli italiani è importante mangiare sempre cibi nuovi.
4. La dieta mediterranea è quella praticata dagli italiani, dai francesi, dagli spagnoli, dai portoghesi e dai greci.
5. Il concetto di dieta mediterranea è nato quarant'anni fa in Italia.
6. Il professor Keys ha scoperto che il regime alimentare influisce sul nostro sistema cardiovascolare e sull'eccesso di peso corporeo.
7. I carboidrati contenuti nella pasta, nel pane, nella pizza e nel riso regalano al nostro organismo energia che non si perde rapidamente dopo aver mangiato.

9. Informazioni elaborate dal sito Web http://www.raggiodisole.org/dieta/dieta003.htm

8. I cereali e i legumi non contengono grassi, e apportano molte vitamine.

9. Gli antiossidanti contenuti nella frutta e nella verdura aiutano, fra le altre cose, a rallentare l'invecchiamento.

10. Il pesce favorisce la formazione di una sostanza che mantiene pulite le arterie.

11. Le erbe aromatiche intensificano i sapori delle pietanze (*dishes*), e per questo riducono la necessità di aggiungere il sale.

12. L'olio di oliva, uno degli ingredienti principali della dieta mediterranea, non contiene grassi.

13. Il latte di pecora è ricco di calcio, ma provoca più allergie del latte di mucca.

14. Il vino —consumato in quantità moderate— facilita la digestione.

15. La dieta mediterranea esclude la carne rossa, e ammette solo la carne bianca.

16. I paesi industrializzati tendono ad avere un regime alimentare abbondante, che esclude molte sostanze assolutamente necessarie alla buona salute.

17. Il segreto della dieta mediterranea è la semplicità.

18. Seguire la dieta mediterranea è molto difficile, perché è impossibile trovare gli ingredienti originali del bacino del Mediterraneo.

Le pagine verdi : Capitolo 6

A. Expressing Actions Performed by No One in Particular: The Impersonal *si*

In chapter 4, you encountered the pronoun **si** used to express a reflexive action in the third person singular and plural (**si lava, si sono divertiti**). This same pronoun is used in Italian in sentences that express an unspecified, collective subject. In this structure, the verb can be in its singular or plural form, depending on whether it is followed by a singular or by a plural noun.

The following examples will help you understand the **si** construction and its English equivalent. Please read them carefully.

In classe **si parla** italiano.	*We speak (One speaks) Italian in class.*
Si mangia bene in quel ristorante?	*Does one (Do you/we/they) eat well in that restaurant?*
In questo edificio **non si può** fumare.	*One (You/We/They) cannot smoke in this building.*
Come **si prepara** il tiramisù?	*How do you make tiramisù? (How does one make...)*
In quella lavanderia c'è un cartello che dice: "**Non si accettano** assegni".	*There's a sign at that dry cleaner's that says: "Checks aren't accepted." (We don't accept...)*
In Italia **si mangiano** molti tipi di pasta.	*They eat many kinds of pasta in Italy.*
In Italia le medicine **si comprano** in farmacia.	*In Italy, medicines are bought in a pharmacy. (You buy medicines . . . or one buys medicines...)*

Esercizio 1. Dove si compra?

*(Studi la sezione **Dove si compra?** sulle **Pagine gialle** prima di fare questo esercizio.)*

in una enoteca	in libreria	in pizzeria
in farmacia	al mercato	in profumeria
dal fioraio	in un negozio di scarpe	al supermercato
dal fruttivendolo	al panificio	dal tabaccaio
in gelateria	in pasticceria	

Esempi: una torta di compleanno   *Una torta di compleanno si* **compra** *in pasticceria.*
le fragole   *Le fragole si* **comprano** *dal fruttivendolo.*

1. un'acqua di colonia

2. l'aspirina

3. un mazzo (*bunch*) di rose

4. un pacchetto di sigarette

5. una bottiglia di olio di oliva

6. un gelato

7. gli spinaci

8. un paio di scarpe (*shoes*)

9. un pezzo di pizza

10. i libri

11. una bottiglia di Chianti

12. le arance fresche

B. Knowing Facts, Information, or How to: The Verb *sapere*

In chapter 4, you learned that the verb **conoscere** means *to know* (people and places personally). You should be aware that, in Italian, there is another verb that also means *to know*. It is **sapere,** which means *to know* (*facts* or *information*) or—when it is followed by an infinitive—*to know* (*how to*). Here are the present-tense forms of **sapere.**

SAPERE
so
sai
sa
sappiamo
sapete
sanno

Read the following examples.

—**Sapete** qual è la montagna più alta dell'Europa occidentale?

—*Do you know which is the tallest mountain in western Europe?*

—Sì, è il Monte Bianco, e si trova al confine fra la Valle d'Aosta e la Francia.

—*Yes, it's Mont Blanc, and it's on the border between Valle d'Aosta and France.*

—Giovanna, **sai** a che ora comincia il film in televisione stasera?

—*Giovanna, do you know at what time the movie starts tonight on TV?*

—Sì, alle otto e mezza.

—*Yes, at 8:30.*

—Antonella, **sai** cucinare?

—*Antonella, do you know how to cook?*

—No, ma voglio imparare.

—*No, but I want to learn.*

Esercizio 2. *Sapere* o *conoscere?*

Scelga la forma corretta di **sapere** *o* **conoscere.**

Esempi: —Amy, *sai* quanti abitanti ha l'Italia?

—Sì, circa 58 milioni.

—Michael, *conosci* il nuovo professore d'italiano?

—Non ancora. Come si chiama?

1. —Ciao Rosanna! ___Sai___ che c'è una festa a casa di Giovanni stasera?

   —Sì, lo _____. Ho appena (*just*) ricevuto un suo messaggio elettronico.

2. —Elena, ___Sai___ quali sono gli ingredienti fondamentali per la pizza?

   —Io di solito la preparo con farina, acqua, sale, lievito, pomodoro e mozzarella.

3. —Brad, ___Conosci___ Roma?

   —Sì, la ___Conosco___, ma non bene. ___Conosco___ meglio (*better*) le città del sud d'Italia.

4. —Maurizio, ___Conosce___ la sorella di Giulia?

   —Chi, Alessandra? Io no, ma mio fratello la ___Conosce___ bene perché la vede (*sees*) tutti i giorni a lezione di francese.

5. —Ragazzi, _Sapete_ qual è il fiume (_river_) più lungo d'Italia?

   —Sì, è il fiume Po.

6. —Signora, scusi, _Sa_ dirmi dove posso trovare una farmacia qui vicino?

   —Sì, certo! C'è una farmacia proprio (_right_) alla fine di questa strada (_street_), a trecento metri.

c. Referring to People and Objects Already Mentioned: Indirect Object Pronouns

Read the following sentence and try to determine which is the direct and which is the indirect object.

   I threw the ball to my daughter (or, I threw my daughter the ball).

If you say that _the ball_ is the direct object and _my daughter_ the indirect object, you are correct. While some verbs—for example, **conoscere** or **sapere** (_to know_), **seguire** (_to follow_ or _to take a course_), **mangiare** (_to eat_), **avere** (_to have_), **cominciare** (_to begin_ or _to start_), **prendere** (_to take_)— take either a direct object or an indirect object, many others can take both a direct object and an indirect object.

   The following list of verbs has been created in order for you to think about how you can "complete the meaning of a verb" by stating a direct and/or an indirect object.

cercare	_to look for (someone)_
consegnare	_to turn in (something to someone)_
dare	_to give (something to someone)_
dire	_to say (something to someone)_
domandare / fare una domanda	_to ask (a question of someone)_
insegnare	_to teach (something to someone)_
mandare	_to send (something to / for someone)_
mostrare	_to show (something to someone)_
offrire	_to offer (something to someone)_
parlare	_to talk (about something / someone to someone)_
portare	_to take / to bring (something to someone)_
preparare	_to prepare / to cook (something for someone)_
presentare	_to introduce (someone to someone)_
prestare	_to lend (something to someone)_
regalare	_to give (as a gift) (something to someone)_
restituire	_to return (something to someone)_
ricordare	_to remind (someone about something / someone)_
riportare	_to bring back (something to someone)_
rispondere*	_to answer (someone)_
scrivere	_to write (something to someone)_
spiegare	_to explain (something to someone)_
suggerire	_to suggest (something to someone)_
telefonare*	_to give a call (to someone)_

*These verbs are followed by a direct object in English and by an indirect object in Italian.

Look at the Italian indirect object pronouns.

SINGOLARE		PLURALE	
mi	to/for me	ci	to/for us
ti	to/for you (inf.)	vi	to/for you (inf.)
Le	to/for you (pol.)	Loro	to/for you (pol.)[1]
gli	to/for him ⎱	loro	to them (inf.)
le	to/for her ⎰		

The indirect object pronouns are identical to the direct object pronouns in the first two persons (singular and plural).

You should also know that, in spoken Italian, **gli** is frequently used for both the singular *to/for him* and the plural *to them*. In this textbook, however, when using the Italian equivalent of *to them* you will always find and use the grammatically correct form **loro**.

As with direct object pronouns, you should keep in mind a few basic rules for indirect object pronouns.

1. Since the prepositions *to* or *for* may or may not precede the indirect object in English (*I threw the ball to my daughter* or *I threw my daughter the ball*), the best way to identify the indirect object is, as suggested earlier, to think about the complete meaning of the verb. In the sentence above—*I throw my daughter the ball*—ask the following questions: I threw *what?*: *the ball* (*the ball* is the direct object). *To whom?*: *to my daughter* (*my daughter* is the indirect object). Generally speaking, the indirect object pronoun always answers the question *to whom?* or *for whom?* Read the following exchange.

Tommasino:	Mamma, Arturo **mi** ha dato un invito per la sua festa di compleanno. È fra mezz'ora!	*Mom, Arthur gave me an invitation [gave an invitation to me] to his birthday party. It's in half an hour!*
Mamma:	Tommasino, **ti** ho detto che non puoi uscire con i tuoi amici se prima non metti in ordine la tua stanza.	*Tommasino, I told you (lit. I said to you) that you cannot go out with your friends if you don't straighten up your room first.*

2. In Italian, direct and indirect object pronouns *precede* the conjugated verb, with one exception: the indirect object pronoun **loro/Loro** always *follows* the verb.

Studente:	Professoressa Corvetti, va bene se **Le** consegno il saggio domani mattina?	*Professor Corvetti, is it okay if I turn in my essay to you tomorrow morning?*
Prof.ssa Corvetti:	Va bene, ma non più tardi di mezzogiorno.	*Sure, but no later than noon.*

Antonella adora i suoi genitori, e durante l'anno accademico scrive **loro** molte lettere.

Antonella adores her parents, and during the school year she writes many letters to them [she writes them many letters].

3. In negative sentences, **non** precedes the object pronoun. Study the following examples.

Prof.ssa Corvetti:	Ragazzi, non **vi** ho detto una cosa: domani andiamo tutti al laboratorio linguistico!	*Class, there's one thing I have not said to you: tomorrow we are all going to the language lab!*
Studenti:	D'accordo. Ci vediamo domani!	*OK. We'll see you tomorrow!*

1. The polite **Loro** is used only in highly formal social settings.

| Antonella: | Marco, è vero che hai ancora tutti i quattro nonni? | *Marco, is it true that you still have all four of your grandparents?* |
| Marco: | Sì, ma non parlo **loro** spesso, perché vivono lontano. | *Yes, but I don't talk to them often because they live far away.* |

4. When used with an infinitive, the indirect object pronoun—like the direct object pronoun—may stay in the same position (before the conjugated verb) or, together with **dovere, potere,** and **volere,** may be attached to the end of the infinitive, in which case the infinitive drops the final **-e.**

Barbara:	Bruno, cosa c'è che non va? Sembri preoccupato.	*Bruno, what's wrong? You look worried.*
Bruno:	Domani devo consegnare il mio saggio su Galileo Galilei alla professoressa Corvetti, ma non l'ho ancora cominciato!	*Tomorrow I have to hand in my essay on Galileo Galilei to Professor Corvetti, but I haven't started it yet!*
Barbara:	**Le** devi parlare e **le** devi spiegare la situazione! Forse ti permette di consegnarlo con un po' di ritardo...	*You have to talk to her and explain the situation to her! Maybe she will let you turn it in a little late . . .*
	oppure	
	Devi parlar**le** e spiegar**le** la situazione!	

However, the indirect object pronoun **loro** cannot be attached to an infinitive. Compare:

| Alessandro ha dimenticato di andare in laboratorio, e il professore vuole dar**gli** un'altra opportunità. | *Alessandro forgot to go to the language lab, and the professor wants to give him another chance.* |
| Alessandro e Antonella hanno dimenticato di andare in laboratorio, e il professore vuole dare **loro** un'altra opportunità. | *Alessandro and Antonella forgot to go to the language lab, and the professor wants to give them another chance.* |

5. Two more important differences between direct and indirect object pronouns have to do with the change they undergo when used with verbs in the **passato prossimo** and other compound tenses. The first is that **gli** and **le** are never elided, unlike **lo** and **la.** The second is that the past participle does not agree with the indirect object pronoun, as it does with the direct object pronoun. Compare the following examples.

Giovanna:	Teresa, hai detto a Caterina che domani abbiamo un esame?	*Teresa, did you tell Caterina that we have a test tomorrow?*
Teresa:	Sì! **Le** ho parlato subito dopo la lezione.	*Yes! I spoke to her today after class.*
Roberto:	Maurizio, hai visto Giovanna oggi?	*Maurizio, have you seen Giovanna today?*
Maurizio:	Sì! **L'**ho vista un'ora fa in palestra. Perché?	*Yes! I saw her an hour ago at the gym. Why?*
Roberto:	È strano... ieri **le** ho detto di venire a prendermi alle 9,30, ma non è venuta.	*It's weird ... yesterday I said to her to come pick me up at 9:30, but she didn't show up.*

6. When choosing the correct form of the object pronoun in Italian, you will first have to be sure of the type of direct object that the Italian verb takes. For example, the English verb *to listen* takes an indirect object (*I listen to someone*), but its Italian equivalent **ascoltare** takes a direct object. Read the following three examples.

| **ascoltare** | *to listen (to someone)* |
| Il professore parla troppo, e gli studenti non **lo** ascoltano. | *The professor talks too much, and the students do not listen to him.* |

cercare   to look (for something)

Ho perso gli occhiali e adesso li cerco.   I lost my glasses and now I'm looking for them.

chiedere   to ask (someone for something)

Quando arriva il cameriere, **gli** chiedo il sale.   When the waiter gets here I'll ask him for the salt.

dire   to tell (someone about something)
to say (something to someone)

Giulia: Questo è un regalo per la mamma,   This is a present for Mom, but we can't tell her
ma non **le** diciamo niente fino a   anything until Saturday, OK?
sabato, va bene?

Tommasino: Va bene. È un segreto!   OK. It's a secret!

Esercizio 3. Le parlo tutti i lunedì.

Sostituisca i nomi sottolineati (underlined) con i pronomi adatti. Segua l'esempio.

Esempio: Parlo con la professoressa di italiano tutti i lunedì.

Le parlo tutti i lunedì.

1. Chiedo <u>a Teresa</u> un favore.
2. Faccio una domanda <u>al professore</u> durante la lezione.
3. Preparo una torta <u>per il mio amico Antonio</u>.
4. Scrivo una lettera <u>alla mia amica Antonella</u>.
5. Restituisco il libro <u>a mio padre</u>.
6. Consegno l'esame <u>alla professoressa</u>.
7. Il professore restituisce <u>a noi studenti</u> l'esame corretto.
8. I miei genitori mandano un regalo <u>a me</u>.
9. Mia zia manda un regalo <u>a me e a mio fratello</u>.
10. Giovanna scrive una lettera <u>ai suoi genitori</u>.
11. Tommasino non ha detto la verità <u>a sua nonna</u>.
12. "Marco, posso (*may I*) mostrare una cosa <u>a te</u>?"
13. "Patrizia, presento <u>a te</u> la mia amica Giulia."
14. Vado in banca e il cassiere da i soldi <u>a me.</u>
15. Il nonno legge i racconti <u>alla sua nipotina.</u>

Esercizio 4. Al ristorante.

Sostituisca i nomi sottolineati (underlined) con i pronomi adatti.

1. Il cameriere porta le pietanze <u>ai clienti</u>.
2. I clienti lasciano la mancia (*tip*) <u>ai camerieri</u>.
3. Il cuoco prepara piatti deliziosi <u>per i clienti</u>.
4. I clienti fanno i complimenti <u>al cuoco</u>.
5. Il cameriere porta il conto <u>alla cassiera del ristorante</u>.
6. "Cameriere, porta un po' di sale <u>a noi</u>, per favore?"
7. Il cameriere porta il sale <u>alla signora del tavolo numero tre</u>.
8. Il cameriere porta il resto (*change*) <u>ai signori del tavolo numero cinque</u>.
9. I signori del tavolo numero cinque lasciano una buona mancia <u>al cameriere</u>.
10. Il cameriere domanda <u>ai clienti</u> se tutto va bene.

Esercizio 5. (A) o (B)?

Selezioni l'interpretazione corretta di ogni frase. [Read each sentence, then decide what it means: does it mean (A) or (B)?]

1. Il tuo compagno di stanza ti cerca.
   tu cerchi (A)   lui cerca (B)

2. Non ci ascoltano i professori dell'università.
   i professori non ascoltano noi (A)   noi non ascoltiamo i professori (B)

3. Le invita Maurizio a una festa.
   le ragazze invitano (A)   Maurizio invita (B)

4. "Giovanna! Roberto ti sta cercando!"
   Giovanna cerca (A)   Roberto cerca (B)

5. La stiamo guardando.
   la professoressa guarda (A)   noi guardiamo (B)

6. Mio fratello mi chiama frequentemente.
   io chiamo (A)   mio fratello chiama (A)

7. Mi conoscono bene i miei genitori.
   io conosco i miei genitori (A)   i miei genitori conoscono me (B)

8. I miei genitori ci scrivono una lettera dall'Italia.
   noi scriviamo (A)   loro scrivono (B)

Esercizio 6. Oggetto diretto o indiretto?

Completi i dialoghi con i pronomi corrispondenti.

1. Giorgio: Hai visto Monica e Carla alla festa?
   Maurizio: Sì, _____ ho viste! Hanno ballato tutta la notte!

2. Carla: Mauro, conosci la signora Marini?
   Mauro: No, non _____ conosco. Chi è?

3. Giulia: Alberto, hai conosciuto il nuovo professore di tedesco?
   Alberto: Sì, _____ ho conosciuto ieri in classe. È simpatico!

4. Massimo: Gabriella, quella (*that*) signora è la mamma di Carlotta?
   Gabriella: Non _____ so. Non _____ conosco.

5. Rossana: Giovanna, cosa regali a tua madre per il suo compleanno?
   Giovanna: _____ regalo un CD.

6. Anna: Filippo, hai consegnato il saggio di filosofia?
   Filippo: Sì, _____ ho consegnato ieri.

7. Studente 1:   Quando non capisci qualcosa (*something*) durante la lezione, fai domande al professore?
   Studente 2:   Sì, _____ faccio molte domande.

8. Elisa: Hai parlato con tuo fratello ieri sera?

    Nora: No, non _____ ho parlato perché non _____ ha telefonato.

9. Isabella: Patrizia, hai telefonato a Cecilia? Viene alla festa?

    Patrizia: Sì, _____ ho telefonato stamattina. Ha detto che viene sicuramente.

10. Marco: Hai pagato l'affitto al padrone di casa (*landlord*)?

    Stefano: Sì, _____ ho dato un assegno (*check*) stamattina.

11. Giovanna: Hai parlato con i tuoi genitori recentemente?

    Roberto: Sì, ho parlato _____ domenica scorsa.

12. Luca: Hai letto il giornale stamattina?

    Emilia: No, non _____ ho letto. Perché, è successo qualcosa?

D. The Indirect Object with the Verb *piacere*

The equivalent of the verb **piacere**, as you saw in chapter 4, is *to like*, although the Italian verb **piacere** literally corresponds to the English phrase *to be pleasing to*. The reason this verb is brought to your attention again is because its two conjugated forms—**piace** and **piacciono**— are always preceded by either an indirect object or an indirect object pronoun except in the case of **loro.** Let's review:

mi piace/piacciono	*I like*
ti piace/piacciono	*you like*
Le piace/piacciono	*you (pol.) like*
le piace/piacciono	*she likes*
gli piace/piacciono	*he likes*
ci piace/piacciono	*we like*
vi piace/piacciono	*you like*
a loro piace/piacciono	*you (pl. pol.) like*

Notice that when the indirect object is specified, the indirect object pronoun is omitted. Read the following examples.

A Teresa piace la pasta.	*or*	**Le** piace la pasta.
A Luigi piace giocare a calcetto.	*or*	**Gli** piace giocare a calcetto.
A noi piace la lingua italiana.	*or*	**Ci** piace la lingue italiana.
A Teresa piacciono i film francesi.	*or*	**Le** piacciono i film francesi.
A Luigi piacciono gli sport europei.	*or*	**Gli** piacciono gli sport europei.
A noi piacciono le lingue romanze.	*or*	**Ci** piacciono le lingue romanze.

E. The Indirect Object with the Verb *mancare*

The verb **mancare** has two English equivalents: *to be missing* and *to miss*. In its first meaning, **mancare** is a transitive verb, and it answers the question *what?* or *whom?* Read the following exchange.

| Madre di Elena: | Elena, cosa manca a tavola? | | Elena's mother: | Elena, what's missing from the table? |
| Elena: | **Manca** il pane... e l'acqua. | | Elena: | The bread is missing . . . and the water. |

| | oppure | | | *or* |
| | **Mancano** il pane e l'acqua. | | | *The bread and the water are missing.* |

| Prof.ssa Corvetti: | Ragazzi, chi **manca** oggi? | | Prof. Corvetti: | Class, who is missing today? |
| Studenti: | **Manca** Amy... e Ryan. | | Students: | Amy is missing . . . and Ryan. |

| | oppure | | | *or* |
| | **Mancano** Amy e Ryan. | | | *Amy and Ryan are missing.* |

When **mancare** is used to mean *to miss*— as in *to miss someone or something*— it functions like the verb **piacere** (*to be pleasing*). It is always preceded by either an indirect object or an indirect object pronoun. Read the following examples.

Antonella è di Cagliari, ma studia a Roma. Le piace molto andare all'università, e le piace Roma, ma **le manca** la sua casa, e **le mancano** i suoi amici. Soprattutto, **le manca** sua sorella, Stefania.

Antonella is from Cagliari, but she studies in Rome. She likes to go to college, and she likes Rome, but she misses her home, and she misses her friends. Above all, she misses her sister, Stefania.

F. The Indirect Object with the Verb *dispiacere*

The verb **dispiacere** has two English equivalents: *to be sorry* and *to mind*. **Dispiacere** is always preceded by an indirect object or by an indirect object pronoun. Read the following exchanges.

Prof.ssa Corvetti:	Amanda, sono le undici e un quarto... perché è così in ritardo?	*Amanda, it's eleven fifteen . . . why are you so late?*
Amanda:	**Mi dispiace,** professoressa, ma la lezione di storia dell'arte è finita dieci minuti più tardi oggi.	*I'm sorry, Professor Corvetti, but the art history class ended ten minutes late today.*
Prof.ssa Corvetti:	Ah... capisco.	*Oh . . . I see.*
Prof.ssa Corvetti:	Kevin, **Le dispiace** chiudere la porta? Grazie.	*Kevin, do you mind closing the door? Thanks.*
Kevin:	Prego.	*You're welcome.*

Le pagine gialle : Capitolo 6

La piramide degli alimenti (*The food pyramid*)

CEREALI E PATATE (*GRAINS AND POTATOES*)

i cereali	*grains, cereal*
la pasta	*pasta*
le patate	*potatoes*
il riso	*rice*
il pane bianco	*white bread*
il pane integrale	*whole grain bread*

ORTAGGI E VERDURE[1] (*VEGETABLES AND GREENS*)

la barbabietola	*beets*
i broccoli	*broccoli*
la carota	*carrot*
il cavolfiore	*cauliflower*
il mais	*corn*
il cetriolo	*cucumber*
la melanzana	*eggplant*
i fagiolini	*green beans*
la lattuga	*lettuce*
i funghi	*mushrooms*
le olive	*olives*
la cipolla	*onion*
i cetriolini sott'aceto	*pickles*
il radicchio	*radicchio*
i ravanelli	*radish*
gli spinaci	*spinach*
il pomodoro	*tomato*
le zucchine	*zucchini*

FRUTTA (*FRUIT*)

la mela	*apple*
l'albicocca	*apricot*
la banana	*banana*
il mirtillo	*blueberry*
la ciliegia	*cherry*
gli agrumi	*citrus fruit*
il clementino	*clementine*
il cocco	*coconut*
il fico	*fig*
il pompelmo	*grapefruit*
l'uva	*grapes*
il kiwi	*kiwi*
il limone	*lemon*
il mango	*mango*
l'arancia	*orange*
la pesca	*peach*
la pera	*pear*
l'ananas	*pineapple*
il lampone	*raspberry*
la fragola	*strawberry*
il mandarino	*tangerine*
il cocomero	*watermelon*

FRUTTA SECCA[2] (*NUTS*)

le mandorle	*almonds*
le castagne	*chestnuts*
i datteri	*dates*
le nocciole	*hazelnuts*
le noccioline	*peanuts*
l'uva passa	*raisins*
le noci	*walnuts*

---

1. The plural forms of many of these words are given, according to common usage.

2. **Frutta secca** is the usual equivalent of *dried fruit and nuts*. To refer to dried fruit, the adjective **secco/a** is also used with the specific fruit: **fichi secchi** = *dried figs*.

CARNE, PESCE, UOVA (*MEAT, FISH, EGGS*)

la pancetta	*bacon*
la carne di manzo	*beef*
il pollo	*chicken*
il petto di pollo	*chicken breast*
la coscia di pollo	*chicken thigh*
l'albume / la chiara	*egg white*
il tuorlo / il rosso	*egg yolk*
il prosciutto cotto	*ham*
la carne di maiale	*pork*
la costoletta di maiale	*pork chop*
il prosciutto crudo	*prosciutto (cured ham)*
il salame	*salame*
la salsiccia	*sausage*
la bistecca	*steak*
il tonno	*tuna*
il tacchino	*turkey*

LEGUMI (*LEGUMES*)

i fagioli	*beans*
i ceci	*chickpeas*
le lenticchie	*lentils*
i piselli	*peas*

LATTE E LATTICINI (*MILK AND DAIRY PRODUCTS*)

il formaggio	*cheese*
la panna	*cream*
la mozzarella	*mozzarella*
il parmigiano	*parmesan*
il provolone	*provolone*
la ricotta	*ricotta*
lo yogurt	*yogurt*

GRASSI (*FATS*)

il burro	*butter*
l'olio di oliva	*olive oil*
l'olio di semi	*vegetable oil*

DOLCIFICANTI (*SWEETENERS*)

il miele	*honey*
lo zucchero	*sugar*

CONDIMENTI (*CONDIMENTS*)

il ketchup	*ketchup*
la maionese	*mayonnaise*
la mostarda	*mustard*
l'olio	*oil*
il pepe	*pepper*
il sale	*salt*
i semi di girasole	*sunflower seeds*
l'aceto	*vinegar*

Sul tavolo:[3] piatti, posate, bicchieri (*On the table: plates, silverware, glasses*)

il piatto piano	*plate*	la tazza da tè e il piattino	*tea cup / mug and saucer*
il piatto fondo	*soup bowl*	la caraffa	*carafe, pitcher*
il piattino del pane	*bread dish*	il tovagliolo	*napkin*
il piattino della frutta	*fruit plate*	il coltello	*knife*
la ciotola	*bowl*	la forchetta	*fork*
il bicchiere per l'acqua	*glass*	il cucchiaio	*tablespoon*
il bicchiere per il vino	*wine glass*	la forchettina	*small / dessert fork*
la tazzina (da caffè) e il piattino	*demitasse and saucer*	il cucchiaino	*teaspoon*

Parole ed espressioni utili quando si parla di cibo (*Useful words and phrases when talking about food*)

la buccia	*peel*	cotto/a	*cooked*
una fetta	*slice*	crudo/a	*not cooked; raw (of fruit, vegetables, meat)*
la scorza	*zest*		
uno spicchio	*a section (of an orange, an apple, garlic...)*		

---

3. The nouns **tavola** and **tavolo** are synonyms, although they are not interchangeable. The feminine **tavola** usually refers to a set table, whereas the masculine **tavolo** refers to any other table in the house.

Gli utensili della cucina (*Kitchen tools*)

il tegame (da forno)	*baking dish*
la casseruola	*casserole*
la padella	*(frying) pan*
la pirofila	*glass baking dish*
la terrina	*mixing bowl*
la pentola	*pot*

Ti piace cucinare? (*Do you like to cook?*)

aggiungere	*to add*
sbattere (le uova)	*to beat (eggs)*
far bollire	*to boil*
tritare	*to chop*
ricoprire	*to cover*
tagliare	*to cut*
scolare	*to drain*
grigliare	*to grill*
amalgamare	*to mix* [4]
bagnare	*to moisten*
mettere	*to put*
servire	*to serve*
far riposare	*to set aside, to let rest*
soffriggere	*to sauté*
affettare	*to slice*
lavare	*to wash*

Dove si mangia? (*Where to eat?*)

in un bar	*in a café*
in una caffetteria	*in a (public) cafeteria*
in trattoria	*in a family-style restaurant*
in un *fast food*	*in a fast-food restaurant*
in una gelateria	*in an ice-cream parlor*
in una tavola calda	*in an informal restaurant*
in pizzeria	*in a pizza parlor*
in un ristorante	*in a restaurant*
in una paninoteca	*in a sandwich shop*
in una mensa	*in a school or business cafeteria*

Dove si compra? (*Where to buy?*)

al panificio	*at the bakery*
in libreria	*at the bookstore*
dal macellaio	*at the butcher shop*
in un negozio di abbigliamento per bambini	*in a children's clothing store*
in un negozio di abbigliamento	*in a clothing store*
in una fabbrica	*in a factory store*
in pescheria	*at the fishmonger's*
dal fioraio	*at the flower shop*
dal fruttivendolo	*at the greengrocer's*
dal ferramenta	*at the hardware store*
in una gelateria	*at an ice-cream parlor*
in un vivaio	*at a nursery/garden shop*
in pasticceria	*at the pastry shop*
in profumeria	*at the perfume shop*
in farmacia	*at the pharmacy, drugstore*
in pizzeria	*in a pizza parlor*
in un negozio di calzature	*in a shoe store*
al mercato	*at the (street) market*
al supermercato	*at the supermarket*
dal tabaccaio	*at the tobacco shop*
in una enoteca	*at a wine shop*

---

4. The English cognate of the verb **amalgamare** is *to amalgamate*, which means to unite in an amalgam or single body.

Ricapitolazione

Attività 1. Scheda personale.

Completi la scheda in italiano.

Nome e cognome _____

Nazionalità _____

Età e data di nascita _____

Indirizzo posta elettronica (università) _____

Numero di telefono (casa) _____

    (cellulare) _____

Città/paese di residenza _____

Tipo di abitazione	Appartamento	Villetta	Residenza studentesca	
Attività preferite nel tempo libero	leggere	navigare in Internet	ascoltare la musica	andare in palestra
	andare al cinema	andare in campeggio	suonare... (cosa?)	nuotare
	andare in bicicletta	dormire	andare a correre	andare al mare
	giocare a carte	fare passeggiate	giocare a... (cosa?)	ballare
	fare fotografie	sciare	fare (lo) sci nautico	andare alle feste

Altre attività del tempo libero? _____

Area di specializzazione (major) _____

Attività 2. Il mio orario delle lezioni.

*Completi l'orario e poi parli con un compagno/a. Usi il verbo **seguire**, come nell'esempio illustrato.*

> Il lunedì mattina, dalle otto alle nove meno dieci--seguo scienze politiche, dalle dieci alle undici meno dieci italiano e...

IL MIO ORARIO DELLE LEZIONI				
lunedì	martedì	mercoledì	giovedì	venerdì

MATTINA
dalle   alle

POMERIGGIO
dalle   alle

Attività 3. Una giornata tipica.

Cosa fa Luca, di solito, durante i giorni feriali (weekdays)? Osservi le illustrazioni e descriva la routine di Luca. Separi i diversi momenti della giornata come segue:

- La mattina, di solito, Luca...

- Il pomeriggio, di solito, Luca...

- La sera, di solito, Luca...

1

2

3

4

5

6

7

8

9

10

11

12

13

14

15

16

17

18

19

20

Attività 4. Il fine settimana.

*osa fa Lei di solito durante il fine settimana? Scriva sette (7) cose che Lei fa
—di solito— durante il fine settimana. Poi, parli con un(a) compagno/a.
Segua l'esempio.*

MOMENTI DEL FINE SETTIMANA

il venerdì	→ sera
il sabato	→ mattina
	→ pomeriggio
	→ sera
la domenica	→ mattina
	→ pomeriggio
	→ sera

Esempio: Il venerdì sera, di solito, vado al cinema.

Studente 1: Joe, cosa fai, di solito, il sabato mattina?

Studente 2: Il sabato mattina, di solito, faccio il bucato.

Attività 5. Che ore sono e cosa stanno facendo?

Dica che ore sono e cosa stanno facendo i nostri personaggi (characters).
Segua l'esempio.

Antonella: 7:15 AM

Esempio: *Sono le sette e un quarto: Antonella sta facendo colazione.*

1. Elena: 9:30 AM   2. Giovanna: 10:00 AM   3. Marco: 11:00 AM   4. Antonella: 1:00 PM

5. Marco: 7:00 PM   6. Giovanna e Roberto: 8:30 PM   7. Luca: 10:00 PM   8. Elena: 10:30 PM

Attività 6. Che giornata![1] ✏

Pensi a cosa ha fatto ieri mattina, ieri pomeriggio e ieri sera. Per ogni momento della giornata, faccia un elenco (list) dettagliato di cinque (5) attività. Ecco alcuni esempi.

andare a letto	fare merenda	leggere in biblioteca
andare al cinema	fare una passeggiata	pranzare
cenare	giocare a…	riposare un po'
depilarsi / farsi la barba	guardare la TV	studiare per un esame
dormire	lavarsi i capelli	svegliarsi
fare i compiti	lavorare	tornare a casa
farsi la doccia	leggere	uscire di casa

- Ieri mattina... *il banco assistante*
- Ieri pomeriggio... *classe*
- Ieri sera... *studiato e lib*

  sono e

---

1. The expression **Che giornata!** means *What a day!* The word **giornata**—which derives from the word **giorno**—refers to the period of time that goes from dawn to dusk. Please refer to the **Pagine verdi** for more information about the suffix **-ata.**

Le pagine verdi : Ricapitolazione

A. Talking about Daily Routine: Reflexive Verbs and Reflexive Pronouns

Please review the **Pagine verdi** in chapter 4.

B. Talking about Actions in Progress

Please review the **Pagine verdi** in chapter 4.

C. Talking about Past Actions: The Past Tense

Please review the **Pagine verdi** in chapter 5.

D. The suffix -ata

A suffix is a letter or group of letters added to the end of a word to modify its meaning or to indicate endearment or familiarity. A suffix can be used with nouns, adjectives, a few adverbs, and verbs. Suffixes exist in Italian and English, but exact equivalents between the two languages are rare. Here are a few examples of English suffixes.

I'll see you at one-**ish,** as soon as I get off work.
She was wearing a blu**ish** green dress that suited her perfectly.
Dad! Momm**y**'s home!

In Italian, you will find the suffix **-ata** added to the nouns **mattina** (*morning*), **sera** (*evening*), **giorno** (*day*), **notte** (*night*), and **anno** (*year*). As is the case of many other suffixes, **-ata** is added to the word—minus the final vowel.

mattina	→ mattin-	→ mattin**ata**
sera	→ ser-	→ ser**ata**
giorno	→ giorn-	→ giorn**ata**
notte	→ nott-	→ nott**ata**
anno	→ ann-	→ ann**ata**

The suffix **-ata** does not change the basic meaning of the original words; however, the derived words refer to each period of time with regards to its duration, to the way in which it is spent, or to its atmospheric conditions. Read the following examples carefully.

Che **mattinata**! Mi sono alzato tardi perché non ho sentito la sveglia, poi sono uscito di casa per prendere l'autobus, ma l'ho aspettato per più di mezz'ora, così sono arrivato all'università alla fine della lezione di storia.

What a morning! I got up late because I didn't hear my alarm clock, then I left home to take the bus, but I waited for it for over half an hour, so I arrived at school at the end of my history class.

Mamma:	Paola, Marina: vi siete divertite ieri sera?	*Paola, Marina: did you have fun last night?*
Paola:	Sì, molto! È stata una **serata** davvero speciale!	*Very much so! It was a really special evening!*
Anna:	È stata una **giornata** molto produttiva: ho parlato con due professori del mio piano di studi, ho assistito a tre lezioni, ho lavorato dalle tre alle sei e poi sono andata in palestra.	*It's been a very productive day: I talked to two professors about my program of study, I attended three classes, I worked from three to six, and then I went to the gym.*
Luca:	Io invece, ieri, ho passato la **nottata** a studiare, e adesso mi sento molto stanco.	*Instead, yesterday I spent the night studying, and now I feel very tired.*

È stata un'**annata** strana, atipica, per l'industria del vino: a causa delle alte temperature i proprietari dei vigneti hanno dovuto anticipare la vendemmia.

It's been a strange, atypical year for the wine industry: because of the high temperatures, vineyard owners have had to move up the grape harvest.

(Sono le nove e la prima lezione di italiano è finita.)

(It's 9 o'clock, and the first Italian class is over.)

Prof. ssa Corvetti:	Arrivederci, ragazzi, e buona **giornata**!	*See you later, class, and have a good day!*
Studenti:	ArrivederLa! Buona **giornata**!	*See you later! Have a good day!*

Esercizio 1. Completi le frasi.

1. Che _____ meravigliosa! Siamo andati a cena fuori, poi al cinema e dopo il cinema siamo andati in centro a prendere un gelato.

2. —Ciao Rosanna, come stai?
   —Sto bene, ma che _____! Abbiamo dormito malissimo, perché Carlo sta mettendo i denti (*teething*), e si è svegliato più di dieci volte, piangendo. Finalmente, verso le 5 si è addormentato, ma alle 7 noi ci siamo dovuti alzare...

3. È stata una bella _____, ma poi verso mezzogiorno ha cominciato a piovere.

4. I risultati del 60° *Festival internazionale del cinema di Venezia* hanno rivelato che è stata una buona _____ per il cinema italiano: tre dei venti film in concorso sono italiani!

5. Siamo partiti stamattina alle sei e siamo arrivati allo stadio verso le undici. La partita (*game*) è cominciata all'una e la mia squadra (*team*) ha vinto! Il viaggio (*trip*) di ritorno è stato molto piacevole: non abbiamo trovato traffico e siamo arrivati a casa in tre ore. Adesso siamo stanchi (*tired*), ma è stata una _____ bellissima.

Le pagine gialle : Ricapitolazione

La routine giornaliera: i verbi riflessivi
(The daily routine: reflexive verbs)

spazzolarsi	*to brush one's hair*
lavarsi i denti	*to brush (lit., to wash) one's teeth*
pettinarsi	*to comb one's hair*
asciugarsi	*to dry off*
addormentarsi	*to fall asleep*
vestirsi	*to get dressed*
alzarsi (presto/tardi)	*to get up (early/late)*
mettersi...	*to put on (clothes)*
il cappotto	*coat*
il pigiama	*pajamas*
la giacca a vento	*windbreaker*
mettersi il dopobarba	*to put on after-shave*
truccarsi	*to put on makeup*
mettersi il profumo	*to put on perfume*
farsi la barba	*to shave (one's beard)*
depilarsi	*to shave (one's body)*
farsi il bagno	*to take a bath*
farsi la doccia	*to take a shower*
spogliarsi	*to undress*
svegliarsi	*to wake up*
lavarsi i capelli	*to wash one's hair*
lavarsi	*to wash up*

Altri verbi riflessivi *(Other reflexive verbs)*

arricciarsi	*to curl (of hair)*
arrabbiarsi	*to get angry*
annoiarsi	*to get bored*
divertirsi	*to have fun, to enjoy oneself*
allenarsi	*to practice or train (for a sport)*
rilassarsi	*to relax*

Azioni giornaliere *(Daily actions)*

rispondere alla posta elettronica	*to answer e-mail*
arrivare	*to arrive*
assistere (a una lezione)	*to attend (a class)*
fare la spesa	*to buy groceries*
cucinare	*to cook*
bere	*to drink*
mangiare	*to eat*
tornare	*to get back, to be back*
andare a letto	*to go to bed*
andare in chiesa	*to go to church*
andare in sinagoga	*to go to synagogue*
andare in biblioteca	*to go to the library*
andare alla moschea	*to go to the mosque*
fare colazione	*to have breakfast*
cenare	*to have dinner*
pranzare	*to have lunch*
uscire	*to leave, to go out*
ascoltare la musica	*to listen to music*
ascoltare la radio	*to listen to the radio*
organizzare	*to organize*
parcheggiare (la macchina, il motorino)	*to park (the car, the moped)*
leggere	*to read*
rientrare	*to return (home)*
riposarsi	*to rest*
cantare	*to sing*
studiare	*to study*
prendere (l'autobus, il treno, l'aereo)	*to take (the bus, the train, the plane)*
prendere appunti	*to take notes*
parlare	*to talk*
accendere (la radio, lo stereo)	*to turn on (the radio, the stereo)*
aspettare	*to wait for*
guardare la televisione (TV)	*to watch television (TV)*
guardare il telegiornale	*to watch the news*

Le faccende domestiche (Household chores)

fare la spesa	to buy groceries	apparecchiare la tavola	to set the table
pulire il bagno	to clean the bathroom	spazzare il pavimento	to sweep the floor
sparecchiare la tavola	to clear the table	buttare l'immondizia	to take out the garbage
cucinare	to cook	mettere in ordine	to tidy up
fare il bucato	to do the laundry	passare l'aspirapolvere	to vacuum
spolverare	to dust	lavare la macchina	to wash the car
preparare la colazione / il pranzo / la cena	to make breakfast/lunch/ dinner	lavare i piatti	to wash the dishes
		lavare le finestre	to wash the windows
stirare	to iron	innaffiare (or annaffiare) le piante	to water the plants
fare il letto	to make the bed		
tagliare l'erba	to mow the lawn		

Altre cose da fare in casa (Other things to do at home)

cambiare una lampadina	to change a lightbulb	lavare a mano	to hand wash
arredare	to decorate, to furnish	stendere i panni	to hang clothes out to dry
fare giardinaggio	to garden		

Altre attività del tempo libero (Other leisure-time activities)[1]

stare all'aria aperta	to be outside	giocare	to play
ballare	to dance	a baseball	baseball
disegnare	to draw	a pallacanestro	basketball
pescare	to fish	a beach volley	beach volleyball
andare in campeggio	to go camping	a carte	cards
fare jogging	to go jogging	al football americano	football
uscire con amici	to go out with friends	a calcetto	indoor soccer
andare in barca a vela	to go sailing	a golf	golf
andare a fare spese	to go shopping	a hockey	hockey
andare a un concerto	to go to a concert	a rugby	rugby
andare a una festa	to go to a party	a calcio	soccer
andare al mare	to go to the beach	a ping-pong	table tennis
andare in palestra	to go to the gym	a tennis	tennis
andare al cinema	to go to the movies	a pallavolo	volleyball
andare al parco	to go to the park		
andare al teatro	to go to the theater		
partire	to leave (for a trip)		
fare un pupazzo di neve	to make a snowman		
fare meditazione	to meditate		
dipingere	to paint		

1. This list of leisure-time activities contains many of the activities studied in previous chapters. As you read the list, check the activities you remember well from chapters 1–6.

suonare — *to play*
  il *banjo* — *the banjo*
  la batteria — *the drums*
  la chitarra — *the guitar*
  il clarinetto — *the clarinet*
  il flauto — *the flute*
  il pianoforte — *the piano*
  il sassofono — *the saxophone*
  il trombone — *the trombone*
  la tromba — *the trumpet*
  il violino — *the violin*
leggere — *to read*
  un (buon) libro — *a (good) book*
  una rivista — *a magazine*
  il giornale — *the newspaper*
andare in bicicletta — *to ride one's bicycle*
pattinare — *to skate*

sciare — *to ski*
dormire — *to sleep*
dormire fino a tardi — *to sleep in (lit. until late)*
nuotare — *to swim*
navigare in Internet — *to surf the Internet*
fare la sauna — *to take a sauna*
fare una passeggiata — *to take a stroll, a walk*
fare l'idromassaggio — *to take a whirlpool bath*
fare fotografie — *to take photographs*
parlare al telefono — *to talk on the phone*
viaggiare — *to travel*
lavare la macchina — *to wash the car*
fare (lo) sci nautico — *to water-ski*
lavorare in giardino — *to work in the garden*
fare ginnastica — *to work out*
scrivere lettere — *to write letters*

Alcuni avverbi di tempo *(Some adverbs of time)*

prima — *first*
poi — *then*
più tardi — *later*

presto — *early*
tardi — *late*

Espressioni con il suffisso -ata

(Expressions with the suffix -ata)

Buona giornata! — *Have a good day!*
Buona serata! — *Have a good evening!*

Che giornata! — *What a day!*
Che mattinata! — *What a morning!*
Che nottata! — *What a night!*

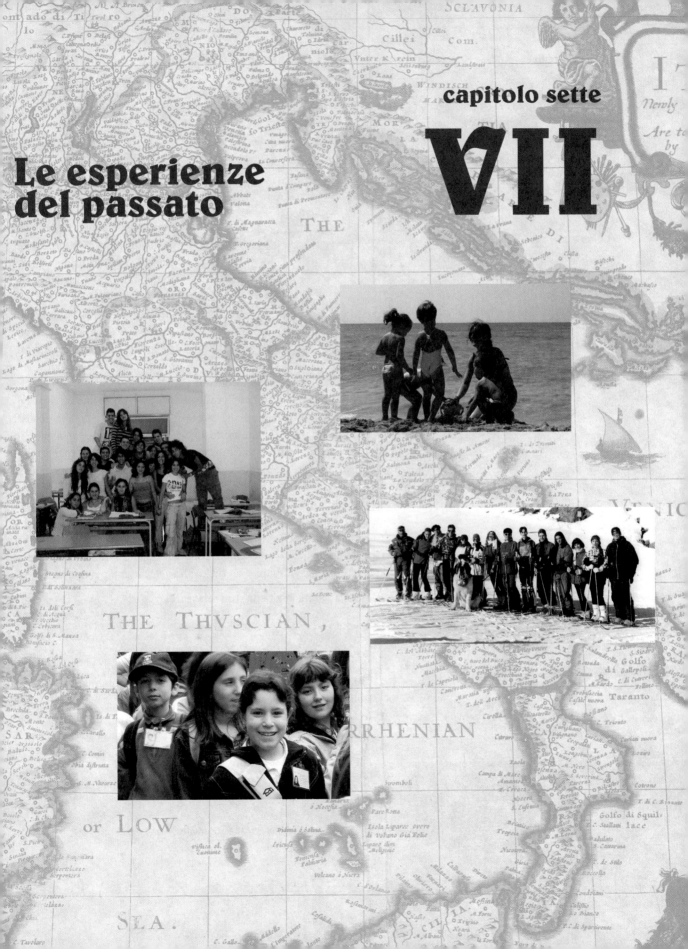

Le esperienze del passato

A. La vita da studenti

···

Attività 1. L'università, il lavoro, il tempo libero, la casa...

La vita da studente universitario può essere molto intensa. Legga cosa dice Chiara Bonomo e poi risponda alle domande con frasi complete.

Mi piace la vita da studentessa universitaria! A volte è molto intensa durante la settimana, ma poi recupero le energie il sabato e la domenica, e durante le feste.

Questa settimana, per esempio, è stata abbastanza complicata, perché non solo sono andata a lezione tutti i giorni, ma ho avuto anche un esame di calcolo ieri mattina... che[1] *stress!*

Al lavoro, poi, ho sostituito una collega che è partita per andare a casa di sua madre, che non sta bene, e così invece di lavorare solo lunedì, mercoledì e venerdì pomeriggio —le mie solite dodici ore settimanali— , ho lavorato anche martedì e giovedì. La mia amica Angela mi ha telefonato martedì per invitarmi al cinema, allo spettacolo delle otto e mezza, ma non sono potuta andare, perché sono rientrata dal lavoro alle nove e mezza.

Ovviamente, ho trascurato molto la casa: ho mangiato quasi sempre fuori, e la mattina ho lasciato sempre il letto disfatto. Per la fretta non ho mai lavato i piatti della colazione e così si sono accumulati tutti nel lavandino della cucina. La mia camera poi... beh, non ne parliamo nemmeno!

Per fortuna oggi è sabato, e ho tutto il fine settimana per riposarmi.

1. Piace a Chiara la vita da studentessa?

2. Quando recupera le energie Chiara?

3. Cosa dice della settimana che si sta concludendo?

4. Chiara utilizza un'espressione molto usata colloquialmente nella lingua italiana, ma che proviene dall'inglese. Qual è?

5. In quali giorni ha avuto lezione Chiara?

6. Quando (che giorno della settimana) ha fatto l'esame di calcolo?

7. Perché ha dovuto sostituire una collega di lavoro?

---

1. In this case **che** corresponds to the exclamative use of *what.*

8. Quanti giorni alla settimana lavora Chiara di solito?

9. Chi ha telefonato a Chiara martedì?

10. Perché non è potuta andare al cinema?

11. Cosa dice Chiara a proposito (*about*) della sua casa?

12. Secondo quello che dice Chiara, la sua stanza è in ordine o in disordine in questo momento?

Attività 2. Com'è la Sua vita da studente(ssa)   universitario/a?

Pensi ad una settimana recente particolarmente impegnativa (challenging). Cosa ha fatto esattamente? Scriva cinque (5) cose particolarmente difficili che Le sono capitate (occurred) —specificando quando esattamente— e poi parli con un(a) compagno/a. Cominci così:

1. Questa settimana è stata particolarmente impegnativa...

   oppure

2. La settimana scorsa è stata particolarmente impegnativa...

   oppure

3. Due settimane fa / Il mese scorso ho avuto una settimana particolarmente impegnativa...

B. L'infanzia e l'adolescenza

....

Attività 3. Un ricordo bello della scuola elementare.

Legga cosa racconta Elena Cecchetti di quando era alle elementari.[2] Poi legga le domande e risponda con frasi complete.

Quando ero alle elementari, vivevo a Roma con i miei genitori e mio fratello Maurizio. I miei nonni paterni —nonna Rosa e nonno Luciano— abitavano vicino a casa nostra e così li vedevamo spesso... praticamente tutti i giorni!

Mio padre e mia madre uscivano di casa molto presto la mattina, e così mio nonno ci accompagnava a scuola. Di solito nonno Luciano arrivava a casa mentre facevamo colazione, e verso le otto uscivamo: lui, mio fratello ed io.

Prima lasciavamo (*we would drop off*) Maurizio, che andava alla scuola media, e poi il nonno ed io camminavamo fino alla

mia scuola, che si chiamava (anzi, si chiama, perché esiste ancora!) "Scuola Elementare Carlo Collodi". Mi piaceva moltissimo andare a scuola con lui.

Le lezioni cominciavano alle otto e mezza e finivano all'una. Il mio ricordo più bello è che noi bambini uscivamo in fila per due, e appena (*as soon as*) io arrivavo fuori dal portone, vedevo nonno Luciano che mi aspettava, sorridente. Allora salutavo la maestra e i miei compagni di classe e correvo da lui.

1. Dove viveva Elena quando era alle elementari, e con chi?
2. I suoi nonni paterni abitavano vicino o lontano da casa sua?
3. Ogni quanto tempo (*how often*) vedevano i nonni Elena e Maurizio?
4. A che ora uscivano di casa i genitori di Elena?
5. Chi accompagnava Elena e Maurizio a scuola?
6. A che ora uscivano di casa i due bambini con il nonno?
7. Anche Maurizio frequentava (*attended*) la scuola elementare?
8. Come si chiamava la scuola che frequentava Elena?
9. Chi era Carlo Collodi?
10. Qual era l'orario di Elena alle elementari?
11. Come uscivano i bambini da scuola?
12. Cosa faceva Elena appena vedeva il nonno?

2. **Essere alle elementari** is a colloquial way to say *to attend elementary school.*

Attività 4. Elena, Chiara, Marco, Giovanna, Luca e Antonella. Cosa piaceva loro fare quando erano piccoli?

Interpreti le illustrazioni e scriva cosa piaceva fare a Chiara, Marco, Giovanna, Luca e Antonella quando erano piccoli. Poi parli con un(a) compagno/a. Segua l'esempio.

Esempio: 1. **Elena** (andare in bicicletta con suo fratello e suo padre)
Studente 1: Cosa **piaceva** fare a Elena quando era piccola?
Studente 2: **Le piaceva** andare in bicicletta con suo fratello e suo padre.

| 2. Chiara (ballare) | 3. Marco (giocare a baseball) | 4. Giovanna (giocare con il suo orsacchiotto) | 5. Luca (leggere) | 6. Antonella (giocare a palla) |

1. *A Elena piaceva andare in bicicletta con suo fratello e suo padre.*
2.
3.
4.
5.
6.

Attività 5. E Lei? Ricordi della scuola elementare.

Completi il brano (passage) con dati personali.

La scuola elementare

Quando ero alle elementari, _____ a _____,
                                    (abitare)   (città/paese)

in _____ con _____. _____ a scuola
      (stato)   (con chi?)   (andare)

tutti i giorni, dal _____ al _____. Le lezioni
                          (giorno)   (giorno)

_____ alle/all' _____ e _____ alle/
(cominciare)   (ora—in lettere)   (finire)

all' _____. Di solito, _____, _____,
        (ora—in lettere)   (pranzare)   (a scuola / a casa)

verso le / l' _____, _____. Nel pomeriggio,
                 (ora—in lettere)   (con chi?)

_____ molte attività. In particolare, ricordo che
(fare / non fare)

_____, _____ e _____. La sera, di
  (attività?)   (attività?)   (attività?)

solito, _____ verso le _____ e _____
          (cenare)   (ora—in lettere)   (andare a letto)

verso le _____. _____ alle _____
            (ora—in lettere)   (alzarsi)   (ora—in lettere)

tutte le mattine!

Attività 6. La scuola superiore: Giovanna e Luca.

*Legga cosa raccontano Giovanna Righi e Luca Gemma di quando erano alle
superiori.[3] Poi legga le affermazioni e dica se sono vere (V) o false (F). Se
sono false, spieghi —brevemente— perché.*

Giovanna racconta

Quando ero alle superiori, abitavo a
Modena, in Emilia Romagna. Vivevo
in un appartamento, in centro, con i
miei genitori, mio fratello Gianni e
mia sorella Silvia. Gianni e Silvia andavano ancora alle medie,[4] e la loro
scuola era a due passi[5] da casa no-

3. **Essere alle superiori** is a colloquial way to say *to attend high school.*

4. **Andare alle medie** is a colloquial way to say *to go to middle school.*

5. **A due passi** (lit., *at two steps*) corresponds to the English expression *a stone's throw
away.*

stra, ma la mia (il Liceo "Scientifico Galileo Galilei") era un po' distante, e io a quell'epoca non avevo ancora il motorino… e quindi dovevo prendere l'autobus. Comunque prendere l'autobus non era male, anzi. La fermata era vicino a casa nostra, e il viaggio durava solo un quarto d'ora… se non c'era traffico. Al ritorno, poi, il tempo passava in fretta: con me c'erano sempre tre o quattro dei miei compagni, e così mi divertivo, perché c'era sempre qualcosa di comico da commentare.

Una cosa che ricordo, in particolare, è che il giovedì, vicino a casa mia, c'era il mercato. Siccome (*Since*) quando tornavo da scuola era di solito l'ora di pranzo, non c'era più molta gente in giro, e i venditori, mentre si preparavano a chiudere bottega (*close up shop*) vendevano le ultime cose a pochi soldi. Io mi fermavo sempre al chiosco delle piante e dei fiori, e di solito compravo un po' di fiori per la mamma, o una pianta nuova da mettere sul balcone.

1. Giovanna abitava al nord quando era alle superiori.
2. Viveva a Modena, in centro.
3. Giovanna ha due sorelle.
4. Quando Giovanna frequentava le superiori, suo fratello Gianni era alle medie.
5. Secondo (*according to*) quello che dice Giovanna, Gianni e Silvia, probabilmente, andavano a scuola a piedi.
6. Il liceo scientifico di Giovanna si chiamava "Galileo Galilei".
7. Tutto sommato (*all things considered*), a Giovanna piaceva prendere l'autobus.
8. Probabilmente, secondo quello che dice, Giovanna sull'autobus leggeva.
9. Giovanna tornava a casa all'ora di pranzo.
10. Vicino a casa di Giovanna c'era il mercato tutti i giovedì.
11. Prima di chiudere bottega, i venditori del mercato vendevano le ultime cose a prezzi buoni.
12. A Giovanna piaceva comprare un piccolo regalo per sua madre al mercato.

Luca racconta

Quando avevo quattordici anni abitavo a Napoli con i miei genitori e le mie due sorelle, Anna e Graziella, e andavo a scuola a piedi perché il Liceo Classico Giuseppe Garibaldi era a due passi da casa mia, in pieno centro di Napoli. Anche se allora avrei (*I would have*) dato tutto per andare a scuola in motorino, adesso capisco che sono stato davvero fortunato. La maggior parte dei miei compagni di classe venivano a scuola in autobus, o addirittura in treno perché venivano dai paesi di tutta la provincia, ma io non perdevo energie nel viaggio, e la mattina potevo dormire almeno un'ora più di loro. Ho ricordi piacevoli della scuola superiore. Innanzitutto ricordo che mi piaceva molto l'edificio del liceo Garibaldi —un edificio di tre piani,

imponente, che si affacciava su piazza Carlo III— e mi piacevano anche le persone che lo frequentavano, sia i professori che i compagni. Dopo cinque anni, la nostra classe era davvero speciale: praticamente siamo cresciuti insieme!

Comunque c'è una cosa che ricordo con un certo disagio (*unease*), ed è la mia timidezza di allora, specialmente quando si trattava di parlare con le ragazze. Oggi posso confessarlo: mi piaceva molto Letizia, anzi, ero innamorato di lei sin dall'inizio, ma non sono riuscito a parlarle sinceramente fino al terzo anno. Ricordo che era ottobre (la scuola era cominciata da circa un mese), e un pomeriggio l'ho invitata al cinema. È stato un pomeriggio favoloso! Siamo stati benissimo, abbiamo parlato per tutta la sera, e ho scoperto (*I found out*) che anche io piacevo a lei!

1. Luca ha fatto le superiori nel sud d'Italia.
2. La scuola di Luca era vicino a casa sua.
3. Luca andava a scuola in motorino.
4. Gli studenti della scuola di Luca non erano solo ragazzi e ragazze di Napoli, ma venivano anche dai paesi vicini.
5. A Luca non piaceva andare a scuola perché non gli piaceva il posto.
6. Secondo quello che dice Luca, la sua classe era una piccola comunità.
7. Luca era un adolescente estroverso.
8. Quando era al primo anno delle superiori, Luca si è innamorato di una sua compagna di classe.
9. Quando Luca e Letizia sono andati al cinema per la prima volta, era inverno.
10. Uscire con Letizia è stata una bella esperienza per Luca.
11. A Letizia piaceva Luca, ma lui non lo sapeva.

Attività 7. E Lei? La scuola superiore.

Risponda alle cinque domande e poi dica a un(a) compagno/a cosa faceva
in queste situazioni quando era studente(ssa) alla scuola superiore. Segua
l'esempio.

Esempio: **Studente 1:**   Cosa facevi quando non volevi andare a scuola?

   Studente 2:   Quando non volevo andare a scuola...

1. Quando non volevo andare a scuola...
   a. dicevo: "mi sento male!"
   b. andavo al cinema, o al parco, e non dicevo niente a nessuno
   c. uscivo con il mio cane
   d. ?

2. Quando i miei non mi lasciavano guardare la televisione prima di
   fare i compiti...
   a. ascoltavo la radio
   b. facevo i compiti velocemente
   c. dicevo: "ma oggi non ho compiti da fare!"
   d. ?

3. Quando volevo comprarmi vestiti (*clothes*) nuovi e non avevo soldi...
   a. chiedevo soldi a mio padre / a mia madre / ai miei genitori
   b. aspettavo e nel frattempo (*in the meantime*) mettevo da parte un
      po' di soldi
   c. lavoravo
   d. ?

4. Quando volevo uscire con gli amici la sera e i miei non mi davano il
   permesso...
   a. Uscivo di casa quando tutti dormivano
   b. Litigavo con i miei genitori
   c. Andavo nella mia stanza e piangevo
   d. ?

5. Quando dovevo consegnare i compiti a un professore o a una
   professoressa e non li avevo fatti...
   a. Li facevo velocemente durante la lezione
   b. Inventavo una scusa
   c. Le/gli domandavo, ingenuamente: "C'erano compiti per oggi?"
   d. ?

Attività 8. Prepariamo un'intervista:
La scuola superiore.

Con le parole suggerite, crei una serie di domande da fare (usando il **tu**) *e poi scriva le Sue risposte personali. Faccia tutti i cambiamenti necessari.*

1. dove / vivere / essere alle superiori
   Dove vivevi quando eri alle superiori?
2. nome / scuola
3. abitare / lontano / vicino / e / come arrivare (mezzo di trasporto) / scuola
4. di solito / essere puntuale / arrivare in ritardo
5. materie preferite
6. studiare molto/poco / prendere / voti (*grades*) / bello/brutto
7. andare d'accordo / compagni di classe
8. nome / professore(ssa) / preferito / e / cosa / insegnare
9. fare / attività sportive / quali
10. cosa / fare / di solito / dopo / lezioni
11. uscire / spesso / tuoi amici / dove / andare
12. vedere / ancora (*still*) / compagni di classe / chi / in particolare
13. cosa / fare / adesso / x o y (ex compagni di classe)

Attività 9. Intervista. La scuola superiore.

Adesso intervisti un(a) compagno/a e prenda nota delle sue risposte. Poi, prendendo in considerazione le risposte del(la) Suo/a compagno/a, stabilisca se le vostre esperienze alla scuola superiore sono state simili o no.

Risposte di _____

(nome della persona intervistata)

                                           è stata quasi identica alla mia.

→ L'esperienza di _____ *è stata* simile alla mia.

                                           è stata totalmente diversa dalla mia.

→ Lettura ←

Un'italiana famosa in tutto il mondo: Maria Montessori
(Chiaravalle 1870–Noordwijk 1952)

Maria Montessori nacque[6] a Chiaravalle, in provincia di Ancona, il 31 agosto 1870. Quando aveva cinque anni, i suoi genitori si trasferirono a Roma, dove Maria trascorse (*spent*) l'infanzia e l'adolescenza. Nella capitale italiana si iscrisse alla facoltà di medicina contro il volere (*will*) dei genitori, e frequentò l'Università di Roma *La Sapienza*. Nel 1896 diventò la prima donna medico in Italia, con una specializzazione in psichiatria.

Oggigiorno (*nowadays*), Maria Montessori è conosciuta in tutto il mondo per le sue scoperte nel campo (*field*) della pedagogia. All'inizio della sua carriera, Maria Montessori lavorò in un ospedale psichiatrico romano, e lì cominciò ad interessarsi ai bambini affetti da disturbi comportamentali o da difficoltà psicofisiche. In questo periodo la scienziata cominciò ad elaborare un nuovo metodo di insegnamento per i bambini considerati "disabili", e poco a poco ottenne risultati straordinari. Più tardi, gli stessi principi pedagogici furono applicati all'istruzione dei bambini considerati "normali", e con loro la scienziata osservò lo stesso straordinario successo. Maria Montessori studiò i bambini come un entomologo studia gli insetti, o come un botanico studia gli organismi vegetali: lasciandoli cioè interagire (*interact*) liberamente in un ambiente "naturale" —ma preparato— e osservandoli. La pedagogista marchigiana ideò (*conceived*) un metodo di insegnamento totalmente diverso dai

continua...

6. From the verb **nascere** (*to be born*)

metodi di insegnamento tradizionali. Invece di (*instead of*) basarsi su esercizi di lettura e memorizzazione, il metodo Montessori si basava —e si basa ancora oggi— sull'uso di strumenti concreti che aiutano il bambino a sperimentare attivamente sia i principi matematici, fisici, biologici e naturali, sia i concetti astratti come l'autostima, o la generosità, o l'equilibrio nei rapporti con gli altri. Secondo la sua teoria, i bambini possiedono fasi di crescita (*growth*) e di apprendimento (*learning*) differenziate, di conseguenza, è necessario differenziare anche i programmi di studio, e costruirli sulle reali possibilità di ogni bambino. Per realizzare questo obbiettivo, gli insegnanti non possono semplicemente trasferire informazioni ed imporre un ritmo di istruzione unificato, ma devono promuovere un apprendimento personalizzato, secondo gli interessi e le capacità di ogni alunno.

Maria Montessori, oltre ad essere una psichiatra e una pedagogista, fu anche autrice di numerosi libri. Quello che diede alla scienziata fama internazionale è *Il metodo della pedagogia scientifica*, pubblicato nel 1909. Inoltre, viaggiò e visse (*lived*) in molti paesi del mondo, quindi (*therefore*) ebbe l'opportunità di occuparsi personalmente della fondazione di asili[7] infantili —simili alla "Casa dei bambini" da lei aperta a Roma nel 1907— e di numerose società nazionali Montessori. Al suo arrivo negli Stati Uniti, nel 1913, il New York Tribune la presentò come *"the most interesting woman of Europe"*. Morì nel 1952 a Noordwijk, una cittadina olandese, sul Mare del Nord.

Oggi Maria Montessori occupa un posto di gran prestigio fra i grandi educatori della storia. Infatti, il suo metodo —se applicato correttamente— ha avuto e continua ad avere un successo immediato in tutto il mondo, indipendentemente dalle differenze sociali, di clima, di razza e di religione.[8]

7. **Asilo** = *day care*

8. Information adapted from the following sites: http://www.marchenet.it/galeazzi/montessori.htm, http://biografieonline.it/biografia.htm?BioID=262&biografia=Maria%20Montessori, http://galileo.imss.firenze.it/milleanni/cronologia/biografie/montess.html

Attività 10. Maria Montessori. Vero o falso?

1. Maria Montessori era marchigiana, cioè originaria delle Marche.
2. Visse in un paese vicino ad Ancona fino all'età di cinque anni.
3. Suo padre e sua madre volevano che lei diventasse (*become*) medico.
4. Il primo ospedale in cui Maria Montessori lavorò fu un ospedale psichiatrico.
5. I metodi di insegnamento utilizzati con i bambini considerati "disabili" non funzionarono con i bambini "normali".
6. La ricerca di Maria Montessori si basava esclusivamente sul dialogo con i bambini.
7. Maria Montessori credeva in un metodo di insegnamento uniforme per tutti i bambini.
8. La pedagogista italiana viaggiò molto e collaborò personalmente alla diffusione del suo metodo all'estero (*abroad*).
9. Maria Montessori aprí la "Casa dei bambini" di Roma nel 1907.
10. Il metodo Montessori fu riconosciuto all'estero solo negli anni cinquanta.
11. Maria Montessori nacque in Italia, ma morì in Olanda.

IL SISTEMA SCOLASTICO ITALIANO

ETÀ →	ASILO NIDO[9]		SCUOLA MATERNA			SCUOLA ELEMENTARE					SCUOLA MEDIA			SCUOLA SUPERIORE (vari tipi si scuole, con finalità, durata e programmi specifici)					
	0	1	2	3	4	5	6	7	8	9	10	11	12	13	14	15	16	17	18

SCUOLA DELL'OBBLIGO[10]

U N I V E R S I T À / D O T T O R A T O

ISTRUZIONE UMANISTICA →

Liceo classico
Liceo scientifico
Liceo linguistico
Istituto magistrale

ISTRUZIONE ARTISTICA →

Accademia nazionale di arte drammatica
Accademia nazionale di danza
Conservatorio di musica
Liceo artistico

ISTRUZIONE TECNICA

Istituto aeronautico
Istituto agrario
Istituto tecnico commerciale
Istituto tecnico per geometri (*surveyors*)
Istituto tecnico per ragionieri (*accountants*)

ISTRUZIONE PROFESSIONALE

Istituto professionale per l'agricoltura
Scuola alberghiera (*hotel school*)
Istituto professionale per l'alimentazione (*nutrition*)
Istituto professionale per la cinematografia e la televisione
Istituto professionale per il commercio
Istituto professionale per l'industria e per l'artigianato

9. **Nido** = *nest*

10. Dall'anno accademico 2006–2007, il periodo di scolarità obbligatoria si è innalzato di due anni: in altre parole, sarà obbligatorio andare a scuola fino ai diciotto anni.

Attività 11. Vero o falso? 🖉

Legga le seguenti affermazioni e decida se sono vere o false—in base al diagramma a pagina 212. Se sono false spieghi perché con frasi complete.

Esempio: In Italia gli studenti possono iscriversi all'università all'età di quattordici anni.

Falso. In Italia gli studenti possono iscriversi all'università all'età di diciotto anni.

1. I bambini di sei mesi possono andare all'asilo nido.
2. I bambini di età inferiore ai tre anni possono frequentare la scuola materna.
3. La scuola materna è per i bambini dai tre ai cinque anni.
4. La scuola dell'obbligo va dal primo anno delle elementari fino al primo ciclo (cioè i primi tre anni) delle superiori.
5. La scuola media dura tre anni.
6. L'istituto magistrale è un tipo di scuola superiore.
7. Uno/a studente(ssa) che vuole diventare direttore/direttrice di un albergo (*hotel*) può frequentare la scuola alberghiera dopo la scuola media.
8. Uno/a studente(ssa) che è appassionato/a di contabilità (*bookkeeping*) e che non vuole andare all'università può frequentare l'Istituto tecnico per ragionieri.
9. Se uno studente frequenta il Liceo artistico non può poi iscriversi all'università.
10. Attualmente, la scuola dell'obbligo in Italia dura dieci anni.

Le pagine verdi : Capitolo 7

A. Relating More about the Past: The Imperfect Tense

The present tense (introduced in the **Pagine verdi** section of chapter 2) refers to actions that take or are taking place at the present time. For example,

(Marisa conosce Paolo alla mensa universitaria.)
—E tu, Paolo, cosa **studi?**
—**Studio** biologia.
—Quanti corsi **segui** questo semestre?
—**Seguo** quattro corsi: microbiologia, botanica, chimica e inglese.

(Marisa meets Paolo at the college dining hall.)
—And you, Paolo, what do you study?
—I study biology. (My major is biology.)
—How many classes are you taking this semester?
—I'm taking four classes: microbiology, botany, chemistry, and English.

You learned that there is a special kind of present tense that not only refers to actions that take place in the present but also stresses their nature, namely, that they are in progress.

(Marisa incontra Paolo in biblioteca.)
—Ciao Paolo, **che stai studiando?**
—**Sto studiando** botanica.

(Marisa runs into Paolo at the library.)
—Hi Paolo, what are you studying?
—I'm studying botany. (i.e., but right now I'm studying botany.)

The **passato prossimo** (introduced in chapter 5) is used to discuss what you or someone else did recently.

—A che ora **si è alzata** Giovanna ieri?
—**Si è alzata** alle sei e mezza.

—(At) what time did Giovanna get up yesterday?
—She got up at 6:30.

—Quest'estate **ho fatto** un viaggio bellissimo. **Sono andata** in Marocco. E tu, Lisa?
—Io **sono rimasta** qui a Napoli, ma **sono andata** al mare quasi tutti i giorni.

—This summer I took a great trip. I went to Morocco. And you, Lisa?
—I stayed here in Naples, but I went to the beach almost every day.

Of course, the **passato prossimo** is not the only past tense in Italian, just as the "simple past" is not the only past tense in English. There are six past tenses in English, which speakers use depending on the time frame they want to refer to. Let's review them quickly.

Simple past:	*I saw* a movie yesterday.
	Last year *I traveled* to Italy.
Past continuous:	*We were having* a picnic when it started to rain.
	I was taking a shower when the phone rang.
Present perfect:	Yes, *I have seen* that movie, many times.
	I have traveled by train only once.
Present perfect continuous:	*I have been studying* in college for two years.
	I have been feeling very tired lately.

Past perfect: *I had studied* English for five years before I came to the U.S.
                            She had tried to talk her into staying, but she left anyway.
Past perfect continuous: *They had been talking* for half an hour when his roommate returned.
                            She was tired because *she had been running.*

In this chapter, you will learn that there is no exact correspondence between the use of some past tenses in English and in Italian. One that is very frequently used in Italian is called the imperfect tense (**l'imperfetto**). As the name implies, the **imperfetto** expresses the idea that an action took place at an indeterminate time in the past—and that it was not "perfected" by a clear beginning or end. Generally speaking, the **imperfetto** refers to the specific nature of the actions in the past, that is, the habitual, repetitive, or ongoing nature of an action (something one *would usually* do, *used to* do, *generally* did, *was doing*, and so on).

To conjugate a verb in the **imperfetto**, remember the consonant **v** and start from the basic form of the verb: the infinitive. Drop the **-re** of all **-are**, **-ere**, or **-ire** verbs and add the following set of endings: **-vo**, **-vi**, **-va**, **-vamo**, **-vate**, **-vano**. Here are three verbs conjugated in the **imperfetto**. (The underlined vowels are the stressed vowels).

ANDARE	SEGUIRE	VOLERE
(*TO GO*)	(*TO FOLLOW, OR TO ATTEND* [*A COURSE*])	(*TO WANT*)
and**a**vo	segu**i**vo	vol**e**vo
and**a**vi	segu**i**vi	vol**e**vi
and**a**va	segu**i**va	vol**e**va
andav**a**mo	seguiv**a**mo	volev**a**mo
andav**a**te	seguiv**a**te	volev**a**te
and**a**vano	segu**i**vano	vol**e**vano

The following verbs are irregular in the **imperfetto**.

ESSERE	FARE	DIRE	BERE
ero	fac**e**vo	dic**e**vo	bev**e**vo
eri	fac**e**vi	dic**e**vi	bev**e**vi
era	fac**e**va	dic**e**va	bev**e**va
erav**a**mo	facev**a**mo	dicev**a**mo	bevev**a**mo
erav**a**te	facev**a**te	dicev**a**te	bevev**a**te
erano	fac**e**vano	dic**e**vano	bev**e**vano

B. Using the Imperfect Tense for Habitual Events throughout a Period of Time in the Past

The **imperfetto** is used to talk about things that *used to* happen: for example, last semester, or when you lived somewhere else, or when you were in high school, or when you were in elementary school. Study the following examples and notice how important it is to think about the specific nature of the action when deciding which kind of past tense you need to use. As you will see, the **imperfetto** often corresponds to the English simple past.

L'anno scorso **nuotavo** tutti i giorni, ma quest'anno no.	*Last year I swam every day, but this year I didn't.*
Il semestre scorso **avevo** lezione tutti i giorni, ma questo semestre ho lezione solo tre giorni alla settimana.	*Last semester I had class every day, but this semester I have class only three days a week.*
Quando **andavo** alla scuola elementare, la mia migliore amica **era** una bambina che **si chiamava** Anna.	*When I went to elementary school, my best friend was a girl named Anna.*
Da piccolo, Luca **abitava** con la sua famiglia in campagna, vicino alla casa dei suoi nonni.	*As a child, Luca lived with his family in the country, close to his grandparents' home.*

Esercizio 1.

Completi le frasi con la forma corretta dei verbi suggeriti.

andare   avere   mangiare   chiamarsi   essere   prendere (*to get*)

1. Alle superiori[1] io _____ a scuola in bicicletta, ma adesso, all'università, vado in autobus.
2. Il semestre scorso non _____ lezioni il lunedì, ma questo semestre sì.
3. Quando _____ piccola, la mia famiglia ed io _____ sempre in vacanza al mare.
4. —Giovanna, quando eri alle superiori, _____ voti (*grades*) belli o brutti?
   —Di solito _____ voti bellissimi!
5. —Elena, come _____ il professore di francese dell'anno scorso?
   —_____ Jean-Jacques Matin.
6. L'unica verdura che non mangio è il radicchio. Non lo mangio adesso e non lo _____ quando _____ piccola.

c. Expressing What We Used to Like and Dislike: The Verb *piacere* in the Imperfect Tense

Please review the verb **piacere** in the **Pagine verdi** of chapter 4 before you practice it here in the imperfect tense conjugation.

Esercizio 2. Mi piaceva o non mi piaceva?

Pensi a cosa Le piaceva e cosa non Le piaceva quando era piccolo/a e indichi le Sue preferenze. Segua gli esempi.

Esempi: Non mi piaceva il riso (rice).
      Mi piacevano i film di Walt Disney.
      Mi piaceva dormire a casa dei compagni di scuola.

1. andare in bicicletta	5. il programma *Sesame Street*	9. la/il maestra/o delle elementari	13. i dolci
2. andare a casa dei nonni	6. i cartoni animati	10. andare dal dentista	14. le macchinine
3. giocare a Nintendo	7. la scuola	11. andare in chiesa	15. le bambole
4. guardare la TV	8. andare all'asilo (*daycare*)	12. andare al cinema	16. andare al mare

---

1. **Essere alle superiori** is a colloquial way to say *to attend high school.*

Esercizio 3. Ricordi della scuola superiore.

Com'erano (What did . . . look like) *Marco e Chiara alle superiori? Cosa facevano? Cosa piaceva loro fare? Scriva frasi complete.*

Marco adesso

Marco alle superiori

1. (avere i capelli cortissimi)
   Marco aveva i capelli cortissimi.
2. (andare a scuola in bicicletta)
3. (nel pomeriggio, fare i compiti)
4. (durante il fine settimana, uscire con i compagni di scuola)
5. (piacergli leggere)
6. (piacergli andare al cinema)
7. (piacergli giocare a *baseball*)

Chiara adesso

Chiara alle superiori

8. Chiara (avere i capelli corti, ma non cortissimi)
9. (andare a scuola in motorino)
10. (fare i compiti la sera, dopo cena)
11. (durante il fine settimana, uscire con Carlotta, la sua migliore amica)
12. (piacerle fare teatro)
13. (piacerle andare a casa dei nonni)
14. (piacerle giocare a tennis)

Esercizio 4. E Lei?

Com'era alle superiori? Cosa faceva? Cosa (non) Le piaceva fare? Scriva frasi complete utilizzando i segmenti suggeriti. Segua l'esempio.

Esempio: Quando / essere / superiori / svegliarsi / presto / tardi / mattina
      Quando ero alle superiori, mi svegliavo tardi tutte le mattine.

1. Quando / essere / superiori / avere / capelli / lunghi / lunghissimi (*very long*) / corti / cortissimi (*very short*)
2. andare / scuola / in bicicletta / a piedi / in autobus / con la mia macchina / con la macchina di qualcuno (*somebody*)
3. pomeriggio / di solito / studiare / uscire / da solo / da sola / amici
4. durante / fine settimana / studiare / lavorare / andare al cinema / uscire con gli amici
5. In particolare, / piacere / ...
6. Invece, / non piacere / ...

D. Using the Imperfect Tense to Talk about a Specific Age in the Past

When discussing events that took place when one *was* a particular age, the verb **avere** is conjugated in the **imperfetto**. Read the following examples carefully.

Quando **avevo** otto anni, **mi piaceva** molto andare alle feste di compleanno dei miei compagni di scuola.

When I was eight, I really liked going to my classmates' birthday parties.

Quando **avevo** cinque anni, i miei genitori mi hanno comprato la mia prima bicicletta, e adesso andare in bicicletta è il mio passatempo preferito.

When I was five, my parents bought me my first bicycle, and now riding my bicycle is my favorite pastime.

Esercizio 5.

*Completi le frasi con la forma corretta del verbo **avere**.*

1. —Sei una ciclista eccellente, Antonella. Quando hai imparato ad andare in bicicletta?
   —Quando _____ quattro anni.
2. —Patrizia, quanti anni _____ quando hai finito la scuola elementare?
   —Io ho cominciato la scuola elementare tardi —quando _____ sette anni— ma poi ho recuperato, e l'ho finita in quattro anni.
3. —Nonna, nonno: quanti anni _____ quando vi siete conosciuti?
   — _____ tutti e due sedici anni. È stato settant'anni fa!

Esercizio 6. E Lei? Quanti anni aveva quando...

Risponda alle domande con frasi complete.

1. Quanti anni aveva quando ha imparato a leggere e scrivere?
2. Quanti anni aveva quando ha cominciato la scuola elementare?
3. Quanti anni aveva quando ha finito la scuola elementare?
4. Quanti anni aveva quando ha finito le medie?
5. Quanti anni aveva quando ha cominciato le superiori?

E. Using the Imperfect Tense for Parallel Actions in the Past

The **imperfetto** is also used to describe past actions occurring at the same time. Often, the parallel actions will be connected by the adverb **mentre** (*while*). Read the following examples.

*parallel and ongoing
(without interruptions)*

Abiamo messo in ordine l'appartamento in meno di mezz'ora! Mentre **io lavavo** i piatti e **pulivo** la cucina, Franco **faceva** i letti e **puliva** i pavimenti.

We tidied up the apartment in less than half an hour! While I washed the dishes and cleaned the kitchen, Franco made the beds and cleaned the floors.

However, to stress that an action was in progress when another interrupted it, one uses the equivalent of the present progressive in the past[2], that is, the imperfect progressive: the **stare** + **gerundio** construction, with **stare** conjugated in the **imperfetto**. Read the following examples carefully. The illustrations will help you visualize the scene.

Quando sono rientrato, ieri sera, il mio compagno di stanza **stava dormendo**, e il mio cane mi **stava aspettando.**

When I got back home last night, my roommate was sleeping, and my dog was waiting for me.

—Roberto, cosa **stavate facendo** tu e Giovanna quando è andata via la luce?

—Io **stavo guardando** la TV e Giovanna **si stava facendo** la doccia.

—*What were you doing when the power went out?*

—*I was watching TV, and Giovanna was taking a shower.*

2. You can review the present progressive tense in the **Pagine verdi** in chapter 4.

Esercizio 7.

Completi le frasi con la forma corretta dei verbi fra parentesi. (If no reference is made to an interrupting action, use the **imperfetto**; otherwise use the imperfect progressive.)

1. Incredibile! Ieri sera ho potuto leggere, in poltrona (*armchair*), per quasi due ore... e mentre io _____ (leggere), i bambini _____ (giocare) con il *Lego*, in silenzio.

2. Che sorpresa ieri sera! Io _____ (rispondere) alla posta elettronica e Giovanna _____ (finire) di scrivere un saggio, quando, all'improvviso, è arrivata Teresa con una pizza gigante!

3. Ieri pomeriggio Antonella, Marco, Susanna ed io siamo andati al cinema, ma io ero esausto perché mi ero svegliato alle 4,30; così, mentre loro _____ (guardare) il film io _____ (dormire).

4. È stato veramente un brutto momento. Io _____ (farsi la doccia), quando ho sentito la mamma urlare. _____ (esserci) un serpente sul pavimento della cucina!

5. —Maria, che _____ (fare) ieri, quando ti ho telefonato?
   —_____ (dormire), ovviamente. Era mezzanotte!

F. Using the Imperfect Progressive Tense for Interrupted Actions

The **imperfetto**, as we have learned, is used to describe an action that was going on when another interrupted it. Again, if the speaker wants to stress the fact that an action was in progress when something else happened, the imperfect progressive is chosen. Otherwise, the **imperfetto** will suffice. When studying the following examples, notice that the interrupting action is in the **passato prossimo**, while the ongoing-but-interrupted action is in the imperfect progressive. Notice also that the series of completed and uninterrupted actions that take place in sequence are expressed in the **passato prossimo**.

ongoing-but-interrupted

Ero nella mia stanza e **stavo facendo** i compiti quando Teresa mi **ha telefonato** per invitarmi a cena a casa sua. Così **ho finito** i compiti rapidamente e **sono uscito**.

I was in my room and I was doing my homework when Teresa called me to invite me to dinner at her house. So I finished my homework quickly and I left.

ongoing-but-interrupted

—**Stavo giocando** a tennis con Antonella quando **ha cominciato** a piovere a dirotto!

—Oh! E cosa avete fatto allora?

—Niente. **Siamo tornati** a casa mia e **abbiamo visto** un film.

—*I was playing tennis with Antonella when it started pouring!*

—*Oh! So what did you do?*

—*Nothing. We went back to my house and (we) watched a movie.*

Esercizio 8.

Completi le frasi con la forma corretta dei verbi fra parentesi.

1. Nel primo pomeriggio il tempo _____ (essere) bellissimo, ma poi, verso le cinque, _____ (scoppiare) un temporale!

   The weather was beautiful in the early afternoon, but then, at around five o'clock, a storm broke out.

2. _____ (andare) al supermercato quando _____ (incontrare) una vecchia compagna di scuola, e così ho deciso di invitarla a prendere un caffè.

   I was going to the supermarket when I ran into an old classmate of mine, so I decided to invite her for a coffee.

3. _____ (guidare) tranquillamente verso casa, quando _____ (vedere) del fumo uscire dal cofano (*hood*) della mia macchina, così _____ (fermarsi) immediatamente.

   I was driving home calmly when I saw some smoke coming out of the hood of my car, so I pulled over immediately.

4. Tutti i passeggeri _____ (aspettare) nervosamente l'annuncio degli impiegati dell'aerolinea, e quando finalmente l'assistente di volo (*flight*) _____ (annunciare) la partenza dell'aereo, tutti _____ (alzarsi) e _____ (avvicinarsi) all'uscita.

   All the passengers were waiting nervously for the airline employees' announcement, and when the flight attendant finally announced the departure of the airplane, everybody got up and approached the gate.

5. Lo ricordo ancora perfettamente: _____ (essere) in macchina e _____ (ascoltare) la radio quando ho sentito la notizia dell'attacco alle torri gemelle.

   I still remember it perfectly: I was in my car and I was listening to the radio when I heard the news of the attack on the Twin Towers.

G. Using the Imperfect Tense to Set the Stage When Telling a Story

Note the opening lines of fairy-tales, such as *Pinocchio*. "Once upon a time, there *was* an old carpenter who *wanted* to make a puppet out of wood. It *was* a cold winter though, and he *was wondering* whether to use the wood for his fireplace instead..." In our daily lives we also often start narrations by setting the stage, that is, by saying what time it was, or what the weather was like, or by describing how a person looked and why. In Italian, the **imperfetto** DE-SCRIBES things in the past, especially when we are setting the stage for—or giving the background of—a narration.

Read the following two examples.

Ricordo perfettamente la mia scuola elementare: **era** un edificio di mattoni rossi, a due piani. Vicino al cancello **c'era**[3] un grosso cartello che **diceva** "Scuola Elementare Galileo Galilei".

I remember my elementary school perfectly: it was a two-storied, red brick building. By the gate there was a sign that said "Galileo Galilei Elementary School."

La mia scuola superiore **si trovava** nel centro storico di Roma—in un palazzo antico. Le aule **avevano** tetti altissimi e finestre molto grandi. All'ultimo piano **c'era** una biblioteca spaziosa e luminosa.

My high school was located in the historic district in Rome—in an old palace. The classrooms had very high ceilings and large windows. On the top floor there was a spacious and well-lit library.

Esercizio 9. La scuola di Antonella.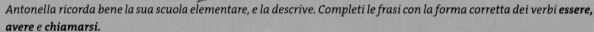

*Antonella ricorda bene la sua scuola elementare, e la descrive. Completi le frasi con la forma corretta dei verbi **essere**, **avere** e **chiamarsi**.*

1. La mia scuola *si chiamava* "Scuola Elementare Marco Polo".
2. La scuola _____ in un bellissimo palazzo storico, in centro.
3. Il palazzo _____ tre piani e una splendida facciata in stile barocco.
4. La mia aula _____ al secondo piano.
5. La nostra porta _____ la seconda a destra (*right*).
6. Il corridoio non _____ finestre.
7. Le luci (*lights*) in corridoio _____ sempre accese (*on*).
8. La nostra aula _____ il soffitto molto alto ornato di affreschi.
9. I colori degli affreschi _____ un po' sbiaditi (*faded*).
10. Nessuno di noi _____ idea di cosa rappresentavano.
11. C'era un angelo che _____ una sola ala e mi faceva pena.
12. La cattedra _____ di legno.
13. La nostra maestra _____ Cristina Molinetto.

---

3. The present tense of **c'era** is **c'è** (*there is*), from **esserci** (*to be there*).

Esercizio 10. Cinque (5) storie famose. ✎

Completi le frasi con la forma corretta dei verbi fra parentesi.

DA *PIPPI CALZELUNGHE*

1. In un vecchio giardino in rovina alla periferia di una piccola città, _____ (esserci) una vecchia casa. Nella casa _____ (abitare) una bambina di nove anni che _____ (stare) lì completamente sola: non _____ (avere) né mamma né papà.

DA *I VIAGGI DI GULLIVER*

2. _____ (esserci) una volta un dottore che _____ (adorare) viaggiare, e che _____ (andare) sempre per mare in cerca di avventure.

DA *HANSEL E GRETEL*

3. _____ (esserci) una volta due fratelli che _____ (chiamarsi) Hansel e Gretel, che _____ (vivere) con i loro genitori in una piccola casa vicino alla foresta.

DA *BIANCANEVE*

4. _____ (esserci) una volta una bella bambina che _____ (chiamarsi) Biancaneve. _____ (avere) i capelli neri come l'ebano, la bocca rossa come una rosa e la carnagione bianca come la neve. La sua cattiva matrigna, la regina (*queen*), _____ (possedere) uno specchio magico, a cui (*to which*) _____ (fare) sempre la stessa domanda: "Specchio, specchio delle mie brame: chi è la più bella del reame?"

DA *POLLICINA*

5. _____ (esserci) una volta una donna che non _____ (avere) figli, e _____ (sognare: *to dream*) tanto di avere una bambina. Ma il tempo _____ (passare), e il suo desiderio non _____ (avverarsi[4]).

H. Narrating Past Experiences: The Imperfect Tense vs. the Past Tense

In previous sections, you have seen that both the **imperfetto** and the **passato prossimo** describe past actions. You have also learned that these two tenses are not used the same way. As new learners of Italian, determining when to use one versus the other is not always straightforward, but can be learned with practice. Keep in mind that the choice of verb tense always depends on the specific idea the speaker wants to convey.

As a rule of thumb, when you need to decide which tense to use when telling or writing a story, keep in mind the following.

PASSATO PROSSIMO ↓	IMPERFETTO ↓
Usually used with action verbs, when you *only* want to emphasize that an action was *complete* (no matter how long it took to complete).	Usually used with verbs to describe actions that *used to go on*, that *went on* over a specific time period in the past, or that *were going on* at a particular moment in the past.

4. *Avverarsi* derives from the adjective **vero** (*true*). It means *to become true.*

Study the following examples. You may want to read the English version first, in order to have a good idea of the specific nature of the actions.

Quando **ero** alle medie **mi piaceva** molto la pallacanestro, ma poi, alle superiori, **ho conosciuto** molti ragazzi e ragazze che **giocavano** a calcio, e così **ho abbandonato** la pallacanestro. Adesso il calcio è il mio sport preferito.

When I was in middle school, I liked basketball a lot, but then, in high school, I met a lot of guys and girls who played soccer, so I abandoned basketball. Now soccer is my favorite sport.

Da piccoli **vivevamo** in campagna, a circa trenta chilometri da Roma, vicino alla casa dei nonni materni. Poi, quando io e mio fratello **avevamo** 5 e 7 anni mio padre e mia madre **hanno trovato** un lavoro interessante in città, e così **ci siamo trasferiti**[5] a Roma, dove **abbiamo abitato** per undici anni. Io ho ancora un sacco di amici lì!

As children, we lived in the country, about thirty kilometers from Rome, near my maternal grandparents' house. Then, when my brother and I were 5 and 7, my father and my mother found interesting work in the city, and so we moved to Rome, where we have lived for eleven years. I still have a bunch of friends there!

Now study the following passage, paying close attention to the verbs. Notice that the verbs that tell *what happened* are in the **passato prossimo**, while all the verbs that stress *the descriptive and ongoing nature of the action* are in the **imperfetto**, either in its simple or progressive form. First read the passage in English, then in Italian. Read the passage as often as needed.

(Marco sta parlando con la sua amica Antonella, pochi minuti dopo il loro esame di filosofia.)
—Non **era** male, vero, Marco? Come ti **è andato**?
—**È andato** bene, credo, ma all'inizio **ero** molto nervoso perché ieri sera **non ho potuto** ripassare molto. In effetti, **è stata** una serata strana.
—Perché? Cosa **è successo**?
—**Ero** a casa, e **stavo studiando** per l'esame. Il tempo **era** così brutto che i tuoni **mi distraevano** dalla lettura. Poi **è andata** via la luce, e mentre **cercavo** la torcia, la mia vicina —che è anche una mia buona amica— **ha bussato** alla porta: la sua bambina **stava piangendo** perché **aveva** la febbre, e lei **doveva** andare all'aeroporto a prendere suo marito. Insomma, io **ho passato** il resto della serata a giocare con un bambino di sei mesi, al buio!

(Marco is talking to his friend Antonella, minutes after their philosophy test.)
—It wasn't bad, right, Marco? How did it go for you?
—It went well, I think, but I was very nervous at first because I couldn't review much last night. Actually, it was a weird night.
—Why? What happened?
—I was in my room, and I was studying for the test. The weather was so bad that the thunder was distracting me from my reading. Then, the power went out, and while I was looking for my flashlight, my neighbor—who is also a good friend of mine— knocked at the door: her baby was crying because she had a fever, and she had to go to the airport to pick up her husband. In short, I spent the rest of the night entertaining a six-month-old baby, in the dark!

5. The equivalent of the verb *to move* is reflexive in Italian: **trasferirsi**.

Esercizio 11.

Legga il diagramma, poi usi le lettere per indicare il significato dei verbi nelle seguenti frasi. (Noti che solo le azioni del tipo (C) e (CS) vogliono il **passato prossimo.** *Tutte le altre vogliono l'***imperfetto.***)*

PASSATO PROSSIMO	IMPERFETTO
↓	↓
1. (*C*) *Complete*, and only asking/telling what happened	1. (*H*) Complete, but *habitual*, referring to things one used to do throughout a particular time in the past
2. (*CS*) A series of *completed* actions that take place in a *sequence*	2. (*A*) *Age* in the past
	3. (*D*) Background *descriptions* of places (time and weather), physical characteristics, mental and emotional states **IN ORDER TO SET THE STAGE** for a story/anecdote
	4. (*O*) Complete, but *ongoing* and/or (*P*) *Parallel* (that is, occurring at the same time as another action)
	5. (*I*) Complete, but *interrupted* (by another action in the **passato prossimo**)

1. Ieri faceva (__D__) freddo, per questo non sono uscito (__C__) di casa.
2. —Nonna, sei bellissima in questa foto!
   —Ma certo! Avevo (_____) vent'anni!
3. Ieri, mentre andavo (_____) al supermercato, ho incontrato (*I ran into*) (_____) il mio professore di chimica, e lui mi ha presentato (_____) sua moglie.
4. Ieri sono andata (_____) al supermercato e ho speso (_____) più di cento dollari!
5. Quando ero (_____) piccolo, mi svegliavo (_____) presto tutti i giorni della settimana... anche la domenica!
6. Cosa facevi (_____) mentre io ero (_____) a lezione?
7. Ieri sera, quando sono arrivata (_____) a casa, la mia compagna di stanza dormiva (_____), ma il nostro cane mi aspettava (_____) vicino alla porta.
8. —Scusi, che ora era (_____) quando è passato (_____) l'autobus?
   —Erano (_____) le otto in punto.
9. La cerimonia è stata (_____) lunga, ma bella. La sposa indossava (*was wearing*) (_____) un vestito (*dress*) bianco, e lo sposo un abito (*suit*) blu scuro. Erano (_____) veramente molto eleganti!
10. Stamattina il tempo era (_____) bellissimo: c'era (_____) il sole e nemmeno (*not even*) una nuvola in cielo. Ma verso mezzogiorno ha cominciato (_____) a piovere, e la temperatura si è abbassata (_____) improvvisamente.
11. —Giovanni, sapevi (_____) che Valentina si è sposata (_____) la settimana scorsa?
    —Sì, certo! Sono anche andato (_____) al matrimonio.
12. Ieri sera abbiamo cenato (_____) prima del solito.
13. —Signora, ricorda come era (_____) il ladro (*thief*)?
    —Sì, quasi perfettamente... era (_____) alto, magro, e aveva (_____) un paio di pantaloni (*pants*) neri.
14. Marco ha cominciato (_____) a giocare a calcio quando aveva (_____) quattro anni, e adesso è un calciatore professionista.

Esercizio 12.

Legga attentamente tutto il brano,[6] *e poi lo completi coniugando i verbi tra parentesi.*

Un'esperienza indimenticabile

_____ (1. compiere—Io: *to turn*) diciannove anni due mesi fa, il primo ottobre. Siccome il giorno del mio compleanno _____ (2. essere) domenica, _____ (3. trovarsi: *to find oneself*) a casa dei miei genitori, come tutti i fine settimana.

Ricordo che _____ (4. alzarsi) alle nove, e _____ (5. andare) subito in cucina perché _____ (6. avere) fame. I miei _____ (7. essere) già in piedi, e appena mi _____ (8. vedere), mi _____ (9. abbracciare: *to hug*) e mi _____ (10. fare) gli auguri.[7] Poi _____ (11. arrivare) anche mia sorella, Carla, e lei mi _____ (12. cantare) addirittura la canzoncina: "Tanti auguri a te, tanti auguri a te....".

Dopo colazione, _____ (13. andare) tutti a sederci sul divano, per chiacchierare un po' e perché io _____ (14. dovere) aprire il mio regalo. Carla _____ (15. interrompere) la conversazione quasi subito, perché _____ (16. dire) che non _____ (17. resistere) più. Così _____ (18. andare) in camera sua, ed _____ (19. tornare) dopo pochi minuti con una grossa scatola rossa, e me l'_____ (20. dare). Ricordo benissimo quel momento: la mamma e il papà _____ (21. sorridere: *to smile*), mentre mia sorella _____ (22. essere) seduta per terra con le gambe incrociate. Non _____ (23. immaginare) il contenuto di quel grosso pacco, e così _____ (24. cominciare) ad aprirlo, con curiosità. Ma che sorpresa! All'interno della scatola rossa, _____ (25. esserci) un'altra scatola, blu questa volta, e così _____ (26. continuare) ad aprire. Un'altra scatola ancora! Gialla, e molto più piccola della prima. "Sicuramente"— _____ (27. pensare)— "è un regalo molto piccolo". E infatti, nell'ultima scatolina, _____ (28. esserci) una medaglietta con un nome e una data:

ARTURO

5 SETTEMBRE 2005

Arturo???? Dopo tre secondi ho capito tutto... _____ (29. essere) il mio nuovo cane!!!! Mamma e papà _____ (30. sapere) che lo _____ (31. volere). Prima li _____ (32. abbracciare), e poi _____ (33. seguire: *to follow*) Carla che _____ (34. stare) uscendo di casa, diretta in garage. Arturo, un piccolo pastore maremmano, era lì, piccolo e vivace, bianco e morbido, e mi _____ (35. aspettare)!

Ho dei ricordi molto belli di tutti i miei compleanni, ma devo dire che questo _____ (36. essere) veramente indimenticabile.

---

6. A strategy that will help you carry out successfully this kind of exercise is to read the passage through *before* you attempt to distinguish between the two verb tenses. Remember that sometimes the English equivalent of the **imperfetto** is the simple past. You may want to look at the English translation on page 227 before you start conjugating the verbs.

7. **Auguri** significa *best wishes*.

An Unforgettable Experience

I turned nineteen two months ago, on October first. Since the day of my birthday was a Sunday, I was at my parents' house, like every weekend. I remember getting up at nine and going to the kitchen right away because I was hungry. My parents were already up and, as soon as they saw me, they gave me a hug and congratulated me. Then my sister Carla came, and she even sang "Happy Birthday" for me.

After breakfast, everybody sat on the couch in order to chat for a while and because I had to open my present. Almost immediately Carla interrupted the conversation, because she said she couldn't stand it any longer. So she went to her room and came back after a few minutes with a huge red box which she handed to me. I remember that moment so well: Mom and Dad were smiling while my sister was sitting on the floor with her legs crossed. I couldn't imagine what was inside that huge package, and so I started to open it, wondering. But what a surprise! Inside the red box there was another box, a blue one this time, and so I kept on opening. And still another box! A yellow one, and much smaller than the first one. "Surely," I thought, "it's a very small present." And in fact, in the last little box there was a small tag with a name and a date: ARTURO 5 SEPTEMBER 2005.

Arturo???? After three seconds, I understood everything . . . it was my new dog!!!! Mom and Dad knew that I wanted one. First, I hugged them and then I followed Carla, who was going outside toward the garage. There was Arturo, a little Maremma sheepdog, tiny and lively, white and soft, waiting for me! I have wonderful memories of all my birthdays, but this one was truly unforgettable.

I. Relating Historical or Remote Events: The Simple Past

Another type of past tense is called the **passato remoto**. Again, as the word indicates, this tense is used to recount remote and/or completed past actions. The **passato remoto** is not very common in spoken Italian: its use is limited to a few areas in the south of Italy and Tuscany, where it is used in lieu of the **passato prossimo**, or to those utterances in which the speaker wants to emphasize the fact that an event refers to a very remote period of time.

At the beginning and intermediate levels you will probably not find yourself using this tense when you speak Italian, but it is important that you learn to recognize it when you hear it and when you read it. The **passato remoto** is used frequently in formal written texts, in scholarly texts, and in literature.

Let's look at the forms of the **passato remoto** (the underlined vowels are the stressed vowels).

CAMMINARE	VENDERE	VESTIRSI
(*TO WALK*)	(*TO SELL*)	(*TO GET DRESSED*)
camminai	vendei	mi vestii
camminasti	vendesti	ti vestisti
camminò	vendé / vendette	si vestì
camminammo	vendemmo	ci vestimmo
camminaste	vendeste	vi vestiste
camminarono	venderono/vendettero	si vestirono

Many verbs have an irregular **passato remoto**, but usually there is a link between the **passato remoto** and the infinitive of the verb. Look, for example, at the following irregular conjugations.

FARE[8]	SCRIVERE	RISPONDERE	LEGGERE	DIRE[9]
(*TO DO/MAKE*)	(*TO WRITE*)	(*TO ANSWER*)	(*TO READ*)	(*TO SAY*)
feci	scrissi	risposi	lessi	dissi
facesti	scrivesti	rispondesti	leggesti	dicesti
fece	scrisse	rispose	lesse	disse
facemmo	scrivemmo	rispondemmo	leggemmo	dicemmo
faceste	scriveste	rispondeste	leggeste	diceste
fecero	scrissero	risposero	lessero	dissero

In contrast, the following four verbs do not seem to have a clear link with the infinitive.

AVERE	DARE	ESSERE	STARE
(*TO HAVE*)	(*TO GIVE*)	(*TO BE*)	(*TO BE / STAY*)
ebbi	diedi / detti	fui	stetti
avesti	desti	fosti	stesti
ebbe	diede / dette	fu	stette
avemmo	demmo	fummo	stemmo
aveste	deste	foste	steste
ebbero	diedero / dettero	furono	stettero

Esercizio 13. Cinque storie famose.

Legga i brani brevi e cerchi di (try to) determinare qual è l'infinito dei verbi sottolineati (underlined).

DA *I VIAGGI DI GULLIVER*

1. C'era una volta un dottore che adorava viaggiare, e che andava sempre per mare in cerca di avventure. Un giorno, all'improvviso, l'oceano si agitò (*agitarsi*) tanto che la sua nave (*ship*) naufragò (_____), e il dottor Gulliver —così si chiamava— nuotò (_____) fino a che le onde lo salvarono (_____), e lui si ritrovò (_____) su una grande spiaggia.

DA *HANSEL E GRETEL*

2. C'erano una volta due fratelli che si chiamavano Hansel e Gretel, che vivevano con i loro genitori in una piccola casa vicino alla foresta. Un giorno, si persero (_____) nella foresta e furono (_____) costretti a rimanere lì tutta la notte. Al mattino, ricominciarono (_____) a camminare, e dopo circa dieci minuti trovarono (_____), in mezzo agli alberi, una casa molto strana: aveva il tetto di cioccolato e le pareti piene di caramelle!

DA *BIANCANEVE*

3. C'era una volta una bella bambina che si chiamava Biancaneve. Aveva i capelli neri come l'ebano, la bocca rossa come una rosa e la carnagione bianca come la neve. La sua cattiva matrigna, la regina, possedeva uno specchio magico, a cui faceva sempre la stessa domanda: "Specchio, specchio delle mie brame: chi è la più

---

8. The archaic form of **fare** is **facĕre**.
9. The archaic form of **dire** is **dicĕre**.

bella del reame?". Un giorno, lo specchio le disse (_____) che Biancaneve era la più bella del reame, e la regina, infuriata, chiese (_____) ad un cacciatore di portarla nel bosco e di ucciderla. Il cacciatore obbedì (_____), ma quando arrivò (_____) ai confini del bosco, non ebbe (_____) il coraggio di ucciderla.

DA *POLLICINA*

4. C'era una volta una donna che non aveva figli, e sognava tanto di avere una bambina. Ma il tempo passava, e il suo desiderio non si avverava. Allora decise (_____) di ricorrere ad una maga, che le diede (_____) un semino (*a little seed*) e le disse (_____) di piantarlo in un vaso. Il giorno dopo, sbocciò (_____: *to bloom*) un fiore meraviglioso, simile a un tulipano, e la donna accarezzò (_____) i suoi petali e li baciò (_____) leggermente. Come per miracolo, i petali si aprirono (_____), e apparve (_____) una bambina minuscola, alta come un pollice (*thumb*). Per questo fu (_____) chiamata Pollicina.

Esercizio 14. Una fiaba italiana: *Pinocchio* di Carlo Collodi[10] (Firenze 1826–1890).

Legga la favola di Pinocchio in inglese e in italiano. Poi completi la versione in italiano coniugando i verbi indicati al passato remoto. A continuazione, risponda alle domande con frasi complete.

Once upon a time there was a carpenter called Geppetto who wanted to make a wonderful puppet and make it dance, sing, and jump. He wanted to travel around the world earning enough for a piece of bread and a glass of wine.

So he found himself a nice piece of pine wood and began to carve it. While he was carving, he heard a mysterious voice: "Ouch! You're hurting me!" To Geppetto's great surprise the wood was alive. Carefully he began to carve the face of the puppet, and as soon as he had finished the eyes he decided to call it Pinocchio. The carpenter worked without stopping for an entire day, and in the end he found himself with a live puppet which would not stop talking and asking questions. Since he did not have children, he decided to adopt him. Geppetto taught him to walk right away and soon he decided that it was time to send him to school. So Geppetto sold his coat to buy him his first book. The following day, Pinocchio left, very happy to be going to school, but on the way he passed a puppet theater. Immediately, he forgot the promise he had made to his father, sold the book and bought a ticket to go and see the show.

The marionettes noticed right away that, in the audience, there was a puppet just like themselves. "Come! Come up here with us," they shouted. Pinocchio obeyed right away and together they created such confusion that the puppeteer Mangiafuoco appeared and got very angry. Pinocchio told him his story and the story of his father Geppetto, and so Mangiafuoco forgave everybody and gave Pinocchio five golden coins.

On his way home two criminals attacked him, robbed him, and left him in the woods. Soon thereafter, fortunately, the Blue Fairy appeared and brought Pinocchio to her castle in order to nurse him back to health. After a few days, Pinocchio thanked the fairy and returned home to Geppetto, but to his great surprise, he couldn't find him anywhere.

So he decided to go and look for him, but again he met somebody who led him down the wrong path: it was Lampwick. "Why don't you come with me to Toyland where you never study and play all day long?" said Lampwick. Pinocchio again forgot his good intentions and went with his new friend. The two of them

10. Carlo Collodi è lo pseudonimo di Carlo Lorenzini. L'autore di *Pinocchio* adottò il nome del piccolo paese (*town*) toscano, Collodi, in cui era nata (*was born*) sua madre, Angela Orzali.

played all day long for several weeks, but one morning they woke up and had a horrible surprise: they were changing into donkeys.

After a couple of days, Pinocchio ended up in a circus, and then in a market where a musical instrument maker bought him to make a drum out of his skin. While the man was trying to drown him in the sea, the Blue Fairy appeared and changed him back into a puppet, and he started to swim in search of his father.

Almost immediately, however, a huge whale opened its mouth and swallowed him together with a school of fish. In the stomach of the whale Pinocchio saw a little bit of light: "Dad! You're here, too!", he exclaimed. "Pinocchio! My son! Is it you?", said Geppetto. Geppetto did not think he could escape from the situation, but Pinocchio made him change his mind and took him up to the mouth of the whale. The puppet and the carpenter plunged into the sea and the little one helped his father to swim all the way to shore.

Together, they returned home and from that day on Pinocchio proved that he had mended his ways: he always helped his father with his carpentry work, he studied, and he never neglected his responsibilities. One night, the puppet dreamed of the fairy with the turquoise hair who was telling him: "Pinocchio, you have become a good boy and you deserve a reward." The morning after, Pinocchio, astonished, felt his chest: his body was soft and rosy, and his head was no longer wooden. He had become a real boy!

Parole utili

1. il legno — *wood*
2. il falegname — *carpenter*
3. il burattino — *puppet*
4. intagliare — *to carve*
5. il burattinaio — *puppeteer*
6. la fata — *fairy*
7. i capelli — *hair*
8. l'asino — *donkey, ass*
9. il babbo — *dad (Tuscan variation on papà)*
10. la testa — *head*

Pinocchio all'entrata di un negozio di giocattoli, a Roma

Pinocchio

C'era una volta un falegname chiamato Geppetto che voleva costruire un burattino meraviglioso per farlo ballare, cantare e saltare. La sua idea era viaggiare per il mondo e guadagnarsi (*earn for himself*) un pezzo di pane e un bicchiere di vino. Così _____ (1. procurarsi: *to get*) un bel pezzo di legno di pino, e _____ (2. cominciare) a intagliarlo (*carve it*). Mentre lo intagliava, _____ (3. sentire: *to hear*) una voce misteriosa: "Ahi! Mi fai male!". Con grande meraviglia di Geppetto, il legno era animato. Delicatamente, _____ (4. cominciare) ad intagliare la faccia del burattino, e appena terminati gli occhi (*eyes*), _____ (5. pensare) di chiamarlo Pinocchio. Il falegname _____ (6. lavorare) senza interruzioni per una giornata intera, e fu così che _____ (7. ritrovarsi: *to find oneself*) con un burattino vivo (*alive*), che non smetteva di parlare e di fare domande.

Siccome non aveva figli, _____ (8. decidere) di adottarlo. Geppetto gli _____ (9. insegnare) subito a camminare, e presto _____ (10. decidere) che era arrivato il momento di mandarlo a scuola. Così _____ (11. vendere) la sua giacca per comprargli il suo primo libro. Il giorno seguente, Pinocchio _____ (12. uscire) di casa tutto contento di andare a scuola, ma lungo la strada (*street*) _____ (13. passare) vicino a un teatro di marionette. Immediatamente, _____ (14. dimenticare) le promesse fatte al padre, _____ (15. vendere) il libro e _____ (16. comprare) un biglietto (*ticket*) per andare a vedere lo spettacolo.

Le marionette _____ (17. notare) subito che nel pubblico c'era un burattino come loro. "Vieni! Vieni quassù (*up here*) con noi!", _____ (18. gridare) (*they shouted*). Pinocchio _____ (19. obbedire) immediatamente, e tutti insieme _____ (20. creare) una tale confusione che _____ (21. attirare: *to attract*) l'attenzione del burattinaio, Mangiafuoco, che _____ (22. arrivare) poco dopo, molto arrabbiato. Pinocchio gli _____ (23. raccontare) la sua storia e quella di suo padre Geppetto, e così Mangiafuoco, non solo _____ (24. perdonare) tutti, ma _____ (25. regalare) a Pinocchio cinque monete d'oro (*golden*).

Mentre ritornava a casa, due criminali lo _____ (26. assaltare), lo _____ (27. derubare) e lo _____ (28. abbandonare) nel bosco. Poco dopo, per fortuna, _____ (29. arrivare) la fata dai capelli turchini, che _____ (30. portare) Pinocchio nel suo castello per curarlo. Dopo qualche giorno, Pinocchio _____ (31. ringraziare) la fata e _____ (32. tornare) a casa da Geppetto, ma per sua grande sorpresa, non lo _____ (33. trovare: *to find*) da nessuna parte.

continua...

Decise allora di andare a cercarlo, ma di nuovo _____ (34. incontrare: *to run into*) qualcuno (*somebody*) che lo _____ (35. portare) sulla cattiva strada: era Lucignolo. "Perché non vieni con me nel paese dei balocchi (*Toyland*), dove non si studia mai e si gioca tutto il giorno?", _____ (36. dire) Lucignolo. E così Pinocchio _____ (37. dimenticare) un'altra volta i suoi buoni propositi, e _____ (38. partire) con il suo nuovo amico. I due _____ (39. giocare) tutto il giorno per varie settimane, ma una mattina si _____ (40. svegliarsi) ed _____ (41. avere) una sorpresa orribile: si stavano trasformando in asini.

Dopo alcuni giorni, Pinocchio _____ (42. finire) in un circo, e poi in un mercato, dove un fabbricante di strumenti musicali lo _____ (43. comprare) per fare con la sua pelle un tamburo (*drum*). Mentre l'uomo tentava di affogarlo (*drown him*) in mare, _____ (44. apparire) la fata dai capelli turchini che lo _____ (45. trasformare) di nuovo in burattino, e Pinocchio _____ (46. cominciare) a nuotare alla ricerca di suo padre.

Quasi subito, comunque, una grossa balena (*whale*) _____ (47. aprire) la bocca e lo _____ (48. inghiottire: *to swallow*) insieme a un banco (*school*) di pesci. Nello stomaco della balena, Pinocchio _____ (49. vedere) una piccola luce: "Babbo! Anche tu sei qui!" _____ (50. esclamare). "Pinocchio! Figlio mio! Sei tu?" _____ (51. dire) Geppetto. Geppetto non pensava di salvarsi da quella situazione, ma Pinocchio gli _____ (52. fare) cambiare idea e lo _____ (53. accompagnare) fino alla bocca della balena. Il burattino e il falegname si _____ (54. tuffarsi: *to plunge*) in mare e il piccolo _____ (55. aiutare) suo padre a nuotare fino alla spiaggia.

Insieme, _____ (56. tornare) a casa, e da quel giorno Pinocchio _____ (56. dimostrare) di essere molto cambiato: aiutava sempre il padre nel suo lavoro di falegname, studiava, e non si distraeva mai dalle sue responsabilità. Una notte, il burattino _____ (57. sognare: *to dream about*) la fata dai capelli turchini che gli diceva: "Pinocchio, sei diventato un bravo ragazzo, e meriti una ricompensa". La mattina dopo, _____ (58. toccarsi), incredulo: il suo corpo era delicato e roseo, e la sua testa non era più di legno. Era diventato un bambino vero!

Esercizio 15. *Pinocchio.*

Legga le domande e risponda con frasi complete.

1. Come si chiama il padre di Pinocchio?

2. Che tipo di legno usa il falegname per costruire il burattino?

3. Perché Geppetto decide di adottare Pinocchio?

4. Il burattinaio, Mangiafuoco, è un personaggio (*character*) buono o cattivo?

5. Di che colore sono i capelli della fata di Pinocchio?

6. Cosa succede a Pinocchio e a Lucignolo?

7. In che modo, alla fine della storia, Pinocchio dimostra di essere molto cambiato?

Le pagine gialle : Capitolo 7

Le età della vita (*Stages of life*)

l'infanzia	*childhood*
l'adolescenza	*adolescence*
l'età adulta	*adulthood*
la terza età	*retirement age*
la vecchiaia	*old age*
la vita	*life*

La scuola (*School*)

l'asilo nido	*day care (for infants)*
l'asilo (infantile)	*day care (from toddlers to three-year-olds)*
la scuola materna	*pre-school*
la scuola elementare	*elementary school*
la scuola media	*middle school*
la scuola superiore, il liceo	*high school*
l'università	*college/university*
il dottorato di ricerca	*research doctorate*

Altri verbi riflessivi (*Other reflexive verbs*)

accumularsi	*to accumulate*
concludersi	*to come to an end*
riposarsi	*to rest*

Verbi utili in questo capitolo
(*Useful verbs in this chapter*)

litigare	*to argue*
frequentare	*to attend*
piangere	*to cry*
dare il permesso	*to give permission*
salutare	*to greet*
durare	*to last*
trascurare	*to neglect*
recuperare	*to recuperate; to make up*
mettere da parte	*to set aside*
sorridere	*to smile*
trascorrere	*to spend (time)*

Avverbi utili (*Useful adverbs*)

quasi	*almost, nearly*
sempre	*always*
appena	*as soon as*
durante	*during*
presto	*early*
abbastanza	*fairly, quite*
tardi	*late*
molto	*a lot*
ovviamente	*obviously*
spesso	*often*
solo	*only, just*
particolarmente	*particularly*
praticamente	*practically*
velocemente	*quickly*
moltissimo	*a whole lot*

Espressioni utili quando si parla dell'infanzia e dell'adolescenza (*Useful expressions for talking about childhood and adolescence*)

ricordare	*to remember*
un ricordo bello / brutto / meraviglioso / terribile	*a beautiful / bad / wonderful / terrible recollection, memory*
quando ero piccolo/a	*when I was little*
quando ero alle elementari	*when I was in elementary school*
quando ero alla scuola media	*when I was in middle school*
quando ero alle superiori	*when I was in high school*
quando avevo dieci / quindici anni	*when I was ten / fifteen (years old)*

Altri vocaboli ed espressioni utili in questo capitolo
(*Other useful words and expressions in this chapter*)

in ordine	*tidy*
in disordine	*untidy*
i vestiti	*clothes*
il/la collega	*colleague*
il/la maestro/a	*elementary school teacher*
la gita scolastica	*field trip*
l'artigianato	*handicrafts*
le feste	*holidays*
il lavoro	*job/work*
la fila	*line*
il ricordo	*recollection, memory*
la camera / stanza	*room*
la fretta	*rush*
lo spettacolo	*show*

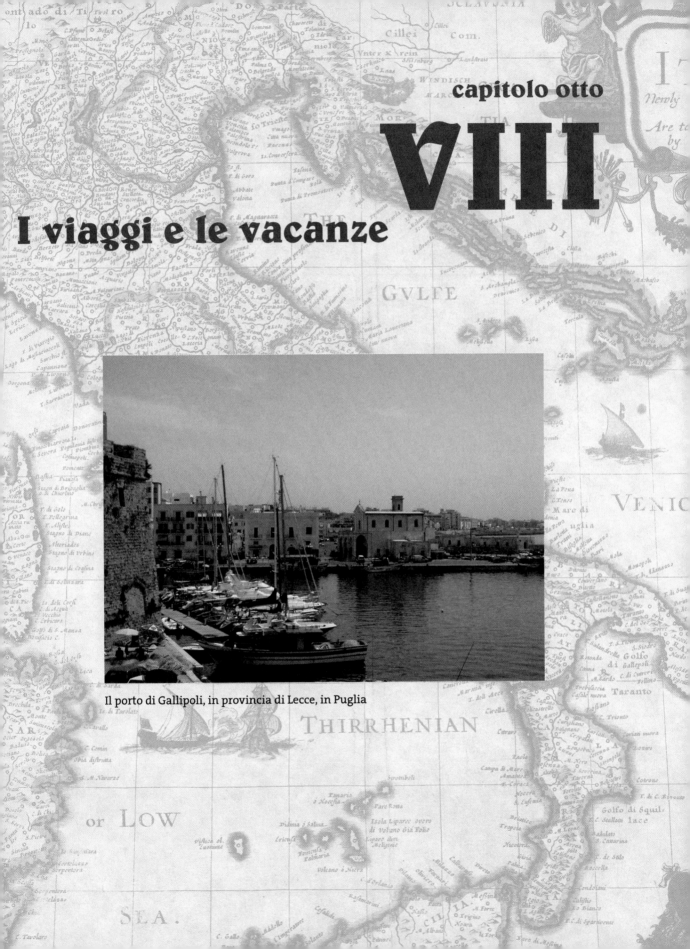

VIII

I viaggi e le vacanze

Il porto di Gallipoli, in provincia di Lecce, in Puglia

A. I mezzi di trasporto: la macchina

. . . .

Attività 1. Le parti dell'automobile.

Indichi il nome di ogni cosa. Poi parli con un(a) compagno/a. Segua l'esempio.

Esempio: **Studente A:**   Numero tre?
                 Studente B: Lo specchietto retrovisore.

Attività 2. La mia macchina.

Risponda alle domande.

1. Lei ha la macchina? Che tipo di macchina è? (utilitaria, berlina, familiare, sportiva, fuoristrada, monovolume?)
2. L'ha comprata Lei o è stata un regalo?
3. È una macchina nuova o di seconda mano?
4. Quanto è costata (più o meno)?
5. Può descriverla brevemente? (marca? modello? colore? tetto apribile? decappottabile[1]?)
6. Quanti posti (*seats*) ha?
7. I sedili sono comodi? Spaziosi? Sono di pelle (*leather*) o di stoffa (*fabric*)? Di che colore sono?
8. È una macchina silenziosa o rumorosa?
9. Se la Sua macchina ha un problema, cerca di risolverlo da solo/a o va dal meccanico?
10. Qual è stato l'ultimo problema che ha avuto la Sua macchina?
11. Dove parcheggia la Sua macchina la sera? In *garage*, in un parcheggio o in strada?
12. In generale, è contento/a della Sua macchina, o Le piacerebbe cambiarla? Se sì, quale Le piacerebbe avere?
13. Le piace guidare? (molto? poco?)
14. Quando viaggia, preferisce viaggiare di giorno o di notte?

Attività 3. Intervista. La mia macchina.

Adesso prepari le stesse (same) domande per intervistare un(a) compagno/a. Durante (during) l'intervista, prenda nota delle sue risposte.

Risposte di _____
                  (nome della persona intervistata)

Una Mercedes "Smart" parcheggiata all'angolo di una strada, a Roma. La "Smart" è l'automobile più piccola presente sul mercato italiano: ha solo due posti e un minuscolo bagagliaio.

---

1. **Marca** (*brand*), **tetto apribile** (*sunroof*), **decappottabile** (*convertible*).

B. I mezzi di trasporto: l'aereo

Attività 4. In aeroporto.

Indichi il nome di ogni cosa. Poi parli con un(a) compagno/a. Segua l'esempio.

Esempio: **Studente A:**   Numero uno?
                Studente B: La linea aerea

Attività 5. L'accettazione.

Cosa si fa durante il check-in, *in aeroporto? Mettere in ordine le seguenti azioni.*

- Consegno le valige grandi.
- Controllo il numero della porta d'imbarco e l'orario d'imbarco.
- Do il biglietto e il passaporto all'impiegato/a.
- Mi allontano[2] dal banco d'accettazione.
- Mi tengo[3] il bagaglio a mano.
- Prendo la carta d'imbarco e mi riprendo[4] il passaporto.

2. **Allontanarsi** = *to go away* (the adverb **lontano** means *far* or *distant*).

3. From the verb **tenersi** (*to hold on to something*): **mi tengo, ti tieni, si tiene, ci teniamo, vi tenete, si tengono.**

4. From the verb **riprendersi** (*to take back*): **mi riprendo, ti riprendi,** and so on.

Un *airbus 321* della flotta Alitalia

Attività 6. Un viaggio in aereo.

Quando si viaggia in aereo, cosa si fa dal momento in cui si arriva all'
aeroporto al momento in cui si arriva a bordo? Mettere in ordine le
seguenti azioni.

- Controllo il numero del mio posto e lo trovo.
- Controllo il numero della porta d'imbarco (*boarding*) e l'orario
  d'imbarco.
- Mi siedo al mio posto e mi allaccio la cintura di sicurezza.
- Mi siedo nella sala d'attesa, attento/a agli annunci.
- Passo per il "controllo passaporti".
- Quando annunciano l'imbarco del mio volo, mi metto in fila.
- Salgo [5] sull'aereo.
- Sistemo il bagaglio a mano.
- Vado al banco di accettazione della linea aerea e faccio il *check-in*.
- Vado alla porta d'imbarco.

---

5. From the verb **salire** (*to get on*): **salgo, sali, sale, saliamo, salite, salgono.**

c. Ricordi delle vacanze

....

Attività 7. Un bel⁶ viaggio. Giovanna ha fatto un viaggio in Scandinavia.

Giovanna parla del suo ultimo viaggio all'estero. Legga il brano e completi le attività che seguono.

Avevo messo da parte i soldi (*money*) da un anno intero, ma alla fine l'ho fatto! Sono partita due settimane fa, anzi "siamo partiti" perché sono venuti con me anche Roberto, Teresa e Bruno. In realtà io all'inizio avevo pensato di andare in un paese del sud d'Europa, come la Grecia, o il Portogallo, ma poi Teresa mi ha convinta... mi ha detto che sua sorella era già stata in Scandinavia, e aveva detto che era stato un viaggio meraviglioso.

Dunque, siamo partiti martedì mattina —quindici giorni fa— , con l'aereo delle otto da Bari a Roma (da Bari non ci sono voli diretti per il Nord Europa). Poi da Roma siamo andati a Copenhagen via Bruxelles. Il volo per Bruxelles è partito all'una e un quarto, quindi abbiamo aspettato circa tre ore a Fiumicino,⁷ ma non avevamo scelta perché il volo successivo a quello delle otto, da Bari, partiva alle undici, e non volevamo rischiare. Siamo arrivati a Copenhagen martedì sera, alle sette, e dall'aeroporto abbiamo preso un taxi e siamo andati in hotel.

Il giorno dopo siamo partiti per Stoccolma. Da Copenhagen a Stoccolma abbiamo viaggiato in traghetto (*ferry*), abbiamo attraversato la regione dei laghi, e abbiamo visto paesaggi spettacolari. Siamo arrivati a Stoccolma sabato sera, e abbiamo cenato in albergo (*hotel*). Siamo rimasti a Stoccolma quattro giorni. Avevo letto che è una delle città più belle del mondo... ed è vero. Si trova (*it is located*) nel punto in cui il Mar Baltico incontra il lago Malaren, e la chiamano la Venezia del Nord, perché è disposta su isole collegate da ponti (*bridges*). I ponti sono venti, e le isole sono quaranta.

Da Stoccolma siamo partiti per Oslo in autobus, costeggiando il Lago Varner, che è il lago più importante della Svezia. Siamo stati due giorni interi ad Oslo, e ho visto con i miei occhi (*eyes*) quello che dicono, e cioè (*that is*) che è una città "con due anime (*souls*)": una è ispirata dallo spirito marittimo dei vichinghi, e l'altra dall'amore per la montagna e per gli sport sulla neve.

Da Oslo siamo partiti alle cinque di pomeriggio, in una nave (*ship*) da crociera che ci ha riportato a Copenhagen attraverso il fiordo di Oslo. Non

6. The adjective **bello** drops the final syllable—**-lo**—before masculine nouns starting with a consonant, except s+ consonant, **-gn, ps,** or **z.**

7. L'aeroporto internazionale di Roma si chiama "Leonardo da Vinci", ma si conosce comunemente come "Fiumicino", dal nome della località dove è situato.

ero mai stata in crociera, e un po' mi preoccupava perché pensavo di soffrire di claustrofobia... più di dodici ore su una nave! Che abbiamo fatto? Beh, abbiamo cenato, abbiamo parlato un po', e poi siamo andati a dormire —in una cabina con quattro letti— e la mattina dopo abbiamo fatto colazione....

Una volta (*once*) arrivati a Copenhagen, non siamo ripartiti subito per l'Italia, perché abbiamo visitato la città per un paio di giorni, ovviamente abbiamo fatto anche una breve visita alla statua della Sirenetta (*Little Mermaid*)... si trova a soli dieci minuti dal centro, in riva (*shore*) al mare. La sera uscivamo, e poi, gli ultimi due giorni, abbiamo partecipato ad un'escursione ai Castelli del Nord. Ho finalmente visto il Castello di Kronborg a Elsinore, dove Shakespeare ha ambientato l'*Amleto!*

Sono state due settimane stupende. L'ultimo giorno, sabato, ci siamo alzati molto presto, perché l'aereo per Bruxelles partiva alle sette. Anche se abbiamo fatto gli stessi scali (*stops*) che avevamo fatto all'andata, il ritorno è stato più veloce, perché siamo arrivati a Bari all'una meno un quarto di pomeriggio, con una tonnellata di fotografie, e pronti per ricominciare a studiare!

Attività 8. Domande e risposte.

Risponda in modo conciso alle seguenti domande, poi parli con un(a) compagno/a per confrontare le risposte.

1. Giovanna ha comprato il biglietto aereo per il suo viaggio. Per quanto tempo (*how long*) aveva messo da parte i soldi?
2. Quante persone sono partite per la Scandinavia?
3. Giovanna in un primo momento aveva pensato di fare un viaggio nel Sud d'Europa. Chi le ha fatto cambiare idea?
4. Da quale città sono partiti i quattro amici? A che ora è partito l'aereo?
5. Dal momento in cui hanno preso il primo aereo, all'ora di arrivo a Copenhagen, quante ore sono passate?
6. Come sono arrivati i ragazzi dall'aeroporto di Copenhagen all'hotel?
7. Qual è stata la prima città che hanno visitato?
8. Stoccolma è situata su una laguna. Vero o falso?
9. Come sono arrivati i quattro amici dalla Svezia alla Norvegia?
10. Come si chiamava il popolo (*the people*) che invase il territorio dell'Europa del Nord nell'ottavo (VIII) secolo (*century*)?
11. Perché l'idea della crociera preoccupava un po' Giovanna?
12. Cosa ha finalmente visto Giovanna in Danimarca?
13. Quanti giorni è durata (*lasted*) la vacanza dei quattro amici?

Attività 9. Ricapitolando: un itinerario interessante.

Faccia un elenco (list) delle città sull'itinerario di Giovanna, includendo Bari due volte (twice), una come città di partenza e l'altra come città di arrivo. Poi, sulla cartina (map), indichi —con una matita— l'itinerario di Giovanna e dei suoi tre amici.

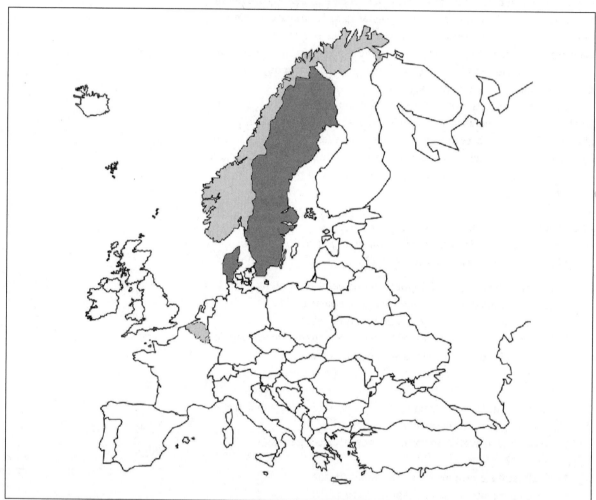

Attività 10. E Lei? I viaggi.

Risponda alle domande.

1. È mai andato/a in montagna? Dove? Cosa ha fatto lì? Le è piaciuta la montagna? Perché sì o perché no?
2. Quante volte è andato/a al mare negli ultimi sei mesi? Dov'è andato/a? Ha fatto il bagno? Com'era l'acqua: molto fredda o piacevole?
3. Conosce qualche lago o qualche fiume qui vicino? Come si chiama? Che si può fare lì? Va spesso Lei in questo posto? Perché sì o perché no?
4. Ha mai visto un deserto? Dove? Quando: molto tempo fa o recentemente? Cosa ha fatto lì? Le è piaciuto? Perché sì o perché no?
5. Ha mai visto una foresta pluviale? Dove? Quando? Le è piaciuta? Perché sì o perché no?
6. Ha mai visto un vulcano attivo? Dove? Quando? È stata una bella esperienza? Perché sì o perché no?

Attività 11. Intervista. I viaggi.

Adesso prepari le stesse (same) domande per intervistare un(a) compagno/a. Durante l'intervista, prenda nota delle sue risposte.

Risposte di _____
(nome della persona intervistata)

Attività 12. Qual è stato il Suo ultimo viaggio interessante?

Descriva il Suo ultimo viaggio utilizzando il diagramma.

L'ultimo viaggio interessante che ho fatto è stato a(d)/in[8] _____. Sono partito/a

_____ il _____, in _____
(da solo/a o con qualcuno?)   (quando?)   (mezzo di trasporto)

il viaggio è durato _____, fino al _____. Ho portato _____
                    (quanto tempo?)   (giorno e mese)   (molti o pochi bagagli?)

e ovviamente non ho dimenticato il mio / la mia _____
                                              (oggetto che porta sempre con sé quando viaggia)

il viaggio _____
           (mi è piaciuto molto / non mi è piaciuto molto)

perché _____ e _____
       (divertirsi? / rilassarsi? / vedere posti nuovi? / conoscere qualcuno? / riposarsi? ...)

8. Esempi: **A** San Francisco, **in** California; **ad** Atene, **in** Grecia; **a** Toronto, **in** Canada; **a** Venezia, **in** Italia. Alcune eccezioni: **a** Cuba, **a** Portorico, **ad** Haiti.

Attività 13. I mezzi di trasporto.

Legga le seguenti frasi e dica che mezzo di trasporto hanno usato i viaggiatori.

1. Marco, la settimana scorsa è andato a Roma. È partito da Firenze, dalla stazione di Santa Maria Novella ed è arrivato alla stazione Termini.

2. Elena, quando era piccola, andava sempre in vacanza in Sardegna con sua madre, suo padre e suo fratello. Partivano dal porto di Civitavecchia (nel Lazio), e arrivavano al porto di Olbia, in Sardegna.

3. Giovanna è partita dall'aeroporto di Palese, a Bari, ed è arrivata all'aeroporto Marco Polo, a Venezia. Da lì ha preso un volo per Budapest.

4. Laura e Franco sono andati a Ischia. Sono arrivati a Napoli in treno, poi hanno preso _____ e sono arrivati sull'isola.

5. Antonella abita a Roma e va all'università tutte le mattine. L'università è molto lontana da casa sua, ma lei ci arriva in meno di venti minuti, perché prende _____.

6. Roberto è dovuto andare da Bari a Lecce, ma non ha la macchina, detesta prendere il treno e non ha preso l'aereo perché a Lecce non c'è l'aeroporto. Probabilmente ha preso _____, perché il viaggio dura solo un paio d'ore.

Attività 14. Riferimenti geografici.

Basandosi sull'esercizio precedente, risponda alle seguenti domande.

1. Come si chiama la stazione ferroviaria di Roma?
2. Una delle città portuali del Lazio è...
3. Nel capoluogo veneto c'è un aeroporto internazionale. Come si chiama?
4. Un'isola che si trova vicino alle coste della Campania è Capri. L'isola vicina a Capri —meno famosa, ma ugualmente bella— si chiama...
5. In quale regione italiana si trova Lecce?

Adolescenti sul loro mezzo di trasporto preferito, a Bari

Il Palazzo della Civiltà Italiana,
a Roma (EUR)

→ **Lettura** ←

Viaggiatori antichi e moderni

A Roma, sulla facciata del Palazzo della Civiltà Italiana,[9] all'EUR,[10] è incisa una frase che definisce il popolo italiano come un "popolo di poeti, di artisti, di eroi, di santi, di scienziati e di navigatori". Le origini di questa frase risalgono (*date back*) a un periodo infelice della storia italiana, ma l'idea che esprime è, per molti italiani, solo un luogo comune che possiede, come tutti i luoghi comune, un fondo di verità.

Nel corso dei secoli (*centuries*), la penisola italiana è stata il luogo di nascita di molti esploratori illustri —primi fra tutti Marco Polo (1254–1324), Amerigo Vespucci (1451–1512) e Cristoforo Colombo (1451–1506)— , che portarono a termine le loro imprese in un'epoca in cui le mappe e le carte geografiche presentavano ancora (*still*) vaste aree identificate con la dicitura (*phrase*) "terra incognita". Nel 1867 —cioè nel secolo dello sviluppo industriale, del pensiero positivista e della politica coloniale— nacque a Firenze la Società Geografica Italiana, il cui obiettivo era quello di promuovere la cultura e le conoscenze geografiche e di sponsorizzare e sostenere numerose esplorazioni in terre lontane.

Attualmente, nella penisola esistono possibilità infinite per spostarsi (*to get about*), sia via terra che via mare, non solo all'interno del territorio nazionale, ma anche all'estero (*abroad*). Per muoversi da un capo all'altro delle città —grandi e piccole— ci sono **i tram**[11] e **gli autobus,** ai quali si aggiungono —a Roma, a Milano, a Genova, a Catania e a Napoli— **le metropolitane.**

Per gli spostamenti marittimi ci sono **i traghetti, gli aliscafi** e **le navi.** Le opzioni sono numerose, perché numerose sono anche le destinazioni. Oltre alla Sicilia e alla Sardegna, al territorio italiano appartengono non solo varie isole minori —fra cui Capri, Ischia e Procida in Campania; l'Isola d'Elba in Toscana; Ustica e Pantelleria in Sicilia— ma anche molti arcipelaghi sparsi (*scattered*) in tutti gli angoli della penisola, per un totale di 36 isole.

9. Il **Palazzo della Civiltà Italiana** fu costruito tra il 1938 e il 1940. Fin dall'epoca della sua progettazione, fu soprannominato il **Colosseo quadrato** per la sua struttura, che presenta nove archi per piano (*floor*), su tutti e quattro i lati. L'edificio è un parallelepipedo su base quadrata, a sei piani. Attualmente, ospita il MAV —il Museo dell'audiovisivo.

10. L'EUR (Esposizione Universale di Roma) è un quartiere della capitale, costruito in epoca fascista.

11. Derivazione da *tramway.*

Per andare da una città all'altra e/o da una regione all'altra ci sono **i pullman**, gli autobus delle **autolinee extraurbane, i treni,** e ovviamente **gli aerii**. Oggi, l'Italia è il terzo paese europeo con la rete ferroviaria (*railway*) più sviluppata, dopo la Germania e la Francia. In treno, si può arrivare dall'Italia in tutta Europa, attraverso le gallerie (*tunnels*) sotto le Alpi. Attraversando la galleria del Sempione,[12] per esempio, si può arrivare da Milano a Zurigo in quattro ore e mezza.

Per concludere, aggiungiamo che gli italiani non sono solo un popolo di trasmigratori e di navigatori, ma anche un popolo di "camminatori"! Anche se per molte persone **i piedi** (*feet*) non sono un mezzo di trasporto, bisogna considerare che in Italia, specialmente nelle grandi città, si può arrivare a percorrere decine di chilometri per visitare monumenti, piazze e luoghi di interesse.

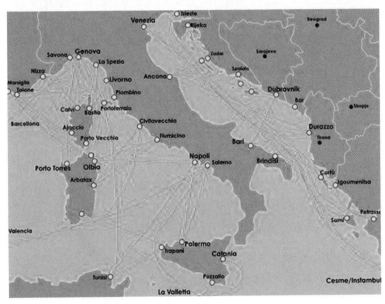

Principali rotte marittime in Italia e all'estero

L'ETR 470, chiamato comunemente "pendolino", fa parte della nuova generazione di elettrotreni progettati e costruiti in Italia. Il pendolino prende il nome dal particolare dispositivo di pendolamento di cui è dotato che gli permette di affrontare (*face*) le curve inclinandosi fino ad 8 gradi (*degrees*); questo indica che la velocità in curva può essere superiore fino al 30% rispetto ad un treno ordinario. Nella foto, il treno cisalpino.[13]

---

12. La galleria del Sempione, iniziata nel 1898 e inaugurata nel 1906, unisce il Piemonte alla Svizzera tedesca. La galleria del Sempione è la più lunga del mondo, dopo la ferrovia sotto il Canale della Manica (*the English Channel*) che unisce la Francia all'Inghilterra.

13. **Cisalpino** significa *situato dall'altra parte delle Alpi*. http://cisalpino.com

Attività 15. Viaggiatori antichi e moderni.

Risponda alle domande con frasi concise.

1. Cos'è l'EUR?
2. Chi sono, in ordine cronologico, gli "esploratori illustri" menzionati nella lettura?
3. Come erano identificati —nelle mappe e nelle carte geografiche antiche— i territori sconosciuti (*unknown*)?
4. Qual era l'obiettivo della Società Geografica Italiana?
5. Quali sono i mezzi di trasporto pubblici che si usano nelle città italiane?
6. Con quali mezzi si viaggia sulle rotte marittime in Italia e dall'Italia?
7. Oltre alla penisola a forma di stivale, quante (*how many*) isole fanno parte del territorio italiano?
8. Con quali mezzi di trasporto pubblici si può andare all'estero dall'Italia?
9. Come si chiama la galleria alpina che mette in comunicazione l'Italia con la Svizzera?
10. Qual è l'alternativa ai mezzi di trasporto nelle grandi città italiane?
11. Cos'è il "pendolino"? Perché si chiama "pendolino"?

A. More about Narrating Past Experiences: The Imperfect Tense vs. the Simple Past

When speaking about the past in English, you choose which past tense to use in a given context: *I swam, I did swim, I was swimming, I used to swim,* and so on. Similarly, many past actions in Italian may be expressed by either the **passato prossimo** and **remoto** or the **imperfetto,** and the choice between the two tenses depends on the speaker's perspective.

As you studied in chapter 7, the imperfect tense is used to talk about events that used to happen or habitually happened, no matter how long ago, to recall a specific age in the past, or to describe things in the past, especially when setting the stage for a narration. The simple past is used, instead, to say what happened at a specific moment in the past.

Please study the following examples.

Quando ero alle elementari, **vivevo** a Washington, D.C., ma poi, quando **ho cominciato** le superiori, **mi sono trasferito** a Miami con i miei genitori.

When I was in elementary school, I lived in Washington, D.C., but then, when I started high school, I moved to Miami with my parents.

Il semestre scorso **mi alzavo** alle sei e mezza tutti i giorni, ma questo semestre ho lezione solo di pomeriggio, e quindi mi sveglio molto più tardi. Ieri, però **mi sono svegliata** alle sei perché **sono andata** all'aeroporto a prendere mia sorella che **è venuta** a trovarmi.

Last semester I got up at 6:30 every day, but this semester I only have classes in the afternoon, so I wake up much later. Yesterday, however, I woke up at six because I went to the airport to pick up my sister who came to visit me.

Quando **avevo** sette anni **sono caduto** dalla bicicletta e **mi sono rotto** un dente.

When I was seven I fell off my bicycle and I broke my tooth.

Esercizio 1. Le vacanze di Elena in Sardegna.

Legga i brani prima in inglese[1] e poi in italiano. Nei brani in italiano, indichi qual è la forma corretta dei verbi.

When I was a child, my mother, my father, my brother, and I (1) spent every summer in Sardinia: not on the main island, but on La Maddalena, a little island in the archipelago of the same name, in the northeast part of the region. We (2) would stay at the house of a great-aunt of mine, Aunt Maria, my paternal grandfather's sister. Even though Aunt Maria (3) was single, she (4) lived in a very big house, and every year (5) she said that (6) she was very happy to see us in the summer, after a whole winter by herself.

Quando ero piccola, mia madre, mio padre, mio fratello ed io (1) **abbiamo passato / passavamo** tutte le estati in Sardegna: non sull'isola maggiore, ma a La Maddalena, un'isoletta nell'arcipelago omonimo, nel nord-est della regione. (2) **Abbiamo alloggiato / alloggiavamo** sempre a casa di una mia prozia, zia Maria, la sorella del mio nonno paterno. Anche se la zia Maria (3) **è stata / era** nubile, (4) **ha abitato / abitava** in una casa molto grande, e ogni anno (5) **ha detto / diceva** che (6) **è stata / era contentissima** di vederci in estate, dopo un inverno intero da sola.

I have great memories of those summers. The trip in itself (7) was always a lot of fun. (8) We would leave our home in Rome in the early afternoon, and (9) would go by car to Civitavecchia—the city with the biggest port in the Lazio region. There, (10) we would take an enormous ship that (11) would bring us—car included— to Olbia, another city with a big port, in Sardinia. Usually, (12) we would take the ship in the evening, the one that (13) left at 11:00 o'clock and (14) reached the coast of Sardinia eight hours later, at 7:00 a.m. the next day. At the port in Civitavecchia (15) we would line up with the other cars right in front of the "mouth" of the ship. Then, while we (16) waited for our turn, my brother and I (17) would watch the incredible maneuvers of the train that (18) boarded the ship. Later on, when our turn (19) would come, my brother, my mother, and I (20) would stay in the car with my father, silently, while he (21) would board the ship carefully following the sailors' directions. The sailors (22) were usually men and they (23) wore white pants and white cotton t-shirts with the shipping company logo. I remember that (24) I was almost afraid of them because they (25) would move their arms quickly, (26) would speak in a very loud voice, and (27) would always seem somewhat rude.

---

1. A strategy that will help you successfully carry out this kind of exercise is to read the passage through *before* you attempt to distinguish between the two verb tenses. Remember that sometimes the English equivalent of the **imperfetto** is the simple past.

Ho ricordi bellissimi di quelle vacanze. Il viaggio in sé (7) **è stato / era** sempre molto divertente. (8) **Siamo partiti / Partivamo** dalla nostra casa di Roma nel primo pomeriggio, in macchina, e (9) **siamo andati / andavamo** a Civitavecchia —la città con il porto più grande del Lazio. Lì (10) **abbiamo preso / prendevamo** una nave enorme, che ci (11) **ha portato / portava** —macchina inclusa— ad Olbia, un'altra città con un grande porto, in Sardegna. Di solito (12) **abbiamo preso / prendevamo** la nave di sera, quella che (13) **è partita / partiva** alle undici e (14) **ha toccato / toccava** la costa della Sardegna otto ore più tardi, alle sette di mattina, il giorno dopo. Al porto di Civitavecchia, (15) **ci siamo messi / ci mettevamo** in fila con le altre macchine proprio di fronte alla "bocca" della nave. Poi, mentre (16) **abbiamo aspettato / aspettavamo** il nostro turno, mio fratello ed io (17) **abbiamo guardato / guardavamo** la manovra incredibile del treno che (18) **è salito / saliva** sulla nave. Più tardi, quando (19) **è arrivato / arrivava** il nostro turno, mio fratello, mia madre ed io (20) **siamo rimasti / rimanevamo** in macchina con mio padre, in silenzio, mentre lui (21) **è salito / saliva** a bordo della nave, seguendo attentamente le indicazioni dei marinai. I marinai (22) **sono stati / erano** di solito uomini, e (23) **hanno indossato / indossavano** un paio di pantaloni bianchi, e una maglietta bianca a maniche corte con il logo della compagnia marittima. Ricordo che io (24) **ho avuto / avevo** quasi paura di loro, perché (25) **hanno mosso / muovevano** le braccia velocemente, (26) **hanno parlato / parlavano** a voce altissima, e (27) **mi sono sembrati / sembravano** sempre un po' sgarbati.

Last summer, however, (28) I went to Sardinia with my car—with three friends of mine—, so for the first time (29) I found myself in my father's position, at the steering wheel. Surprisingly, however, my impression (30) was very different from that of many years before. In fact, the sailors (31) did not appear rude to me—on the contrary! When it was time to board, I (32) was at the wheel. I (33) was driving slowly and (34) I was following the directions of one of the sailors when I suddenly (35) hit something. My right front tire (36) blew, and my car (37) stopped. I must say that not only (38) were the sailors not rude, but that two of them (39) changed the tire in less than a minute, so as to not slow down the whole boarding operation. Later on, while (40) we were already under sail at full speed off the coast of Lazio heading toward Sardinia, a cabin officer (41) approached me and (42) gave me a €100 bonus for the purchase of a new tire.

L'estate scorsa, comunque, (28) **sono andata / andavo** in Sardegna con la mia macchina —con tre miei amici— quindi per la prima volta (29) **mi sono trovata / mi trovavo** nella stessa situazione di mio padre, al volante. Sorprendentemente, però, la mia impressione (30) **è stata / era** molto diversa da quella di tanti anni fa. Infatti, i marinai non mi (31) **sono apparsi / apparivano** sgarbati, anzi! Al momento dell'abbordaggio, io (32) **sono stata / ero** al volante. (33) **Ho guidato / stavo guidando** lentamente, e (34) **ho seguito / stavo seguendo** le indicazioni di uno dei marinai, quando all'improvviso (35) **ho colpito / colpivo** qualcosa. La gomma anteriore destra (36) **si è squarciata / si squarciava** e la mia macchina (37) **si è fermata / si fermava**. Devo dire che, in quella occasione, non solo i marinai non (38) **sono stati / erano** sgarbati, ma due di loro (39) **hanno cambiato / cambiavano** la gomma in meno di un minuto, così da non rallentare l'intera operazione di abbordaggio. Più tardi, quando già (40) **abbiamo navigato / stavamo navigando** a tutto motore al largo della costa del Lazio verso la Sardegna, un ufficiale di bordo si (41) **è avvicinato / si stava avvicinando** a me e mi (42) **ha dato / dava** un buono di €100 per l'acquisto di una gomma nuova.

Esercizio 2. Come si dice in italiano?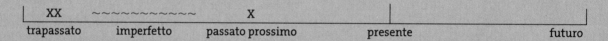

1. to spend (a period of time)
2. to stay (lodge) *alogare*
3. to be *essere*
4. to live *vivere*
5. to say *dire*
6. to leave, to depart
7. to take (a means of transportation) *predere*
8. to stand in line *farela*
9. to wait for *aspetare*
10. to watch *guadare*
11. to get on / board
12. to stay (remain) *reminare*
13. to wear *portare*
14. to move (e.g., a part of the body) *muovere*

15. to speak *parlare*
16. to seem *sembrare*
17. to go *andare*
18. to find oneself *trovarsi*
19. to appear *apparire*
20. to drive *guidare*
21. to follow *seguire*
22. to hit
23. to blow (a tire)
24. to stop *fermarsi*
25. to change *comparan*
26. to sail *navagare*
27. to approach *avichinarsi*
28. to give *dare*

B. More about the Past: The Past Perfect Tense

The past perfect tense (**il trapassato**) expresses the idea that something occurred before another action in the past. The following diagram will help you visualize the sequence of Italian past tenses.

X = completed action in the past
XX = action that preceded the action in the past
~ = ongoing/habitual/interrupted/parallel action or description in the past

XX	~~~~~~~~~~~~	X		
trapassato	imperfetto	passato prossimo	presente	futuro

Here are a couple of examples:

- John *arrived* (X) after his brother *had* already *left* (X).
- *I was not* (~) home when *you called* (X) me. *I had gone* (X) shopping!

Like the present perfect, the past perfect is a compound tense, which means that the tense consists of two parts: an auxiliary verb + a past participle. In chapter 5, when you studied the present perfect (**il passato prossimo**), you learned that some Italian verbs use the auxiliary **avere** and others use **essere**. The same rule applies to the **trapassato**. The only difference is that to form the **passato prossimo**, conjugate the auxiliary verb (**avere** or **essere**) in the present tense, and to form the **trapassato**, conjugate the auxiliary verb in the imperfect tense.

Please read the following examples carefully.

Il taxi **è arrivato** mezz'ora prima del previsto, ma io **avevo** già **finito** di fare le valige, e quindi siamo partiti subito.

The taxi arrived half an hour earlier than expected, but I had already finished packing my bags, and so we left right away.

Roberta **è** appena **tornata** da New York. **Ha detto** che non **aveva** mai **visto** una città così cosmopolita.

Roberta has just returned from New York. She said that she had never seen such a cosmopolitan city.

Giorgia e Vincenzo **sono arrivati** all'aeroporto in orario, ma il loro aereo **era** già **partito**. Comunque **non è stata** colpa loro: l'impiegato dell'agenzia **aveva stampato** il biglietto con l'orario sbagliato.

Giorgia and Vincenzo arrived at the airport on time, but their plane had already left. However, it wasn't their fault: the travel agent had printed out a ticket with the wrong schedule.

—Angela, com'è **andata** la crociera sul Mediterraneo?

—Angela, how did the Mediterranean cruise go?

—**È andata** bene, ma **avevo sottovalutato** il problema del mal di mare, e devo dire che **ho avuto** alcuni momenti difficili.

—It went well, but I had underestimated the sea sickness problem, and I must say that I had some difficult moments.

Esercizio 3. 🖉

Completi le seguenti frasi con la forma corretta dei verbi.

1. Quando Tommaso _____ (arrivare) negli Stati Uniti, nel 1983, non _____ mai (*never*) _____ (vedere) i grattacieli (*skyscrapers*).

2. L'estate scorsa _____ (andare: io) a Venezia per quindici giorni con due compagne dell'università. _____ (camminare: noi) molto e _____ (prendere: noi) il vaporetto (*waterbus*) varie volte. Non _____ (andare: noi) in gondola perché prima di partire i miei genitori ci _____ (dire) che erano molto care (*expensive*).

3. Marina: Angela, ieri sera ti _____ (telefonare: io), verso le sette, ma _____ (rispondere) la segreteria telefonica.[2]
   Dov' _____ (andare)?
   Angela: _____ (andare) a fare la spesa.

4. Ieri sera Angela non _____ (rispondere) al telefono perché non _____ (esserci): _____ (andare) a fare la spesa.

5. Alla fine, ieri sera _____ (decidere: io) di non andare al cinema perché quando _____ (tornare) a casa _____ (essere) le 8,00, e il film _____ già (*already*) _____ (cominciare). E a me piace vedere i film dall'inizio.

c. Making Comparisons: *The Most* or *the Least*

In English, to single out something or someone in a group as *the most,* you either use the suffix *-est* (*the tallest, the shortest*), or the word *most* (*the **most** intelligent, the **most** interesting*), usually depending on the length of the adjectives. To single out something or someone in a group as *the least,* you use the word *least* regardless of the adjective.

In Italian, one construction is used for all adjectives.

definite article + **più/meno** + adjective

As usual, the adjective and the article will agree in gender and number with the noun they modify.

---

2. **Segreteria telefonica** = *answering machine.*

Note that Italian uses **di** where English uses *in* or *of*. Read the following examples.

Giovanna è **la più alta della**[3] classe.	*Giovanna is the tallest in the class.*
Antonio è **il meno alto della** classe.	*Antonio is the least tall in the class.*
Gabriella è **la più intelligente** (**di** tutte le mie amiche).	*Gabriella is the most intelligent (of all my girlfriends).*
Silvia è **la meno intelligente** (**di** tutte le mie amiche).	*Silvia is the least intelligent (of all my girlfriends).*
Quando Maria Montessori arrivò negli Stati Uniti, nel 1913, il *New York Tribune* la presentò come **la** donna **più interessante** d'Europa.	*When Maria Montessori[4] arrived in the United States, in 1913, the New York Tribune introduced her as "the most interesting woman in Europe."*
La Valle d'Aosta è **la** regione **più piccola** d'Italia.	*Valle d'Aosta is the smallest region in Italy.*

Esercizio 4. Mezzi di trasporto.

Formi frasi complete seguendo l'esempio.

Esempio: Ferrari / caro / tutte le macchine italiane.
La Ferrari è **la più cara** di tutte le macchine italiane.

1. La Lamborghini "Diablo" / macchina / veloce / Italia / e / mondo.
2. Treno / veloce / mondo / il *Maglev*.[5]
3. Aereo / grande / mondo / l'Airbus A380.[6]
4. Il "pendolino" / treno / veloce / Italia.
5. La *Vespa* / *scooter* italiano / famoso / mondo.

Esercizio 5. Curiosità.

Con l'aiuto dell'Internet, risponda alle domande con frasi complete.

1. Qual è **la** montagna **più alta** d'Italia? In che regione si trova?[7]
2. Qual è **la** pianura (*plain*) **più estesa** d'Italia? In che regione si trova?
3. Qual è **il** lago **più grande** d'Italia? In che regione si trova?
4. Qual è **la** regione **più piccola** d'Italia? A quale regione appartiene?
5. Qual è **il** fiume **più lungo** d'Italia? Quali regioni attraversa?
6. Qual è **la** città **più grande** d'Italia? In che regione si trova?
7. Qual è **l'**università **più antica** d'Italia (e d'Europa)?[8] Dove si trova?

3. **Della** is an articulated preposition made up of the simple preposition **di** + the article **la.** For a diagram of all the combinations of prepositions with definite articles, please consult appendix B at the end of the book.

4. Maria Montessori, as you learned in chapter 7, was the first female doctor in Italy (b. 1870). Her research in pedagogy is known around the world today as the Montessori Method.

5. Maglev (magnetic levitation) is the train that connects Tokyo with the city of Tsuru, in Japan. It can reach speeds of 345 miles (552 kilometers) per hour. The same type of train, in China, connects Pudong airport with downtown Shanghai.

6. L'Airbus A380 è il risultato della cooperazione industriale europea (Francia, Germania, Gran Bretagna e Spagna). Può trasportare fino a 900 passeggeri.

7. La montagna più alta dell'America del Nord —il Monte Denali (o McKinley)— si trova in Alaska, ed è alta 20.320 piedi (*feet*), pari a 6.194 metri.

8. L'università più antica del mondo è l'università di *Al-Azhar,* che si trova a Il Cairo, in Egitto.

8. Qual è **il** museo **più rinomato d'**Italia?
9. Qual è **il** vulcano **più attivo d'**Italia?
10. Qual è **la** piazza **più grande di** Venezia?
11. Qual è **la** fontana **più famosa di** Roma?

D. Irregular Adjectives: *Good* and *Bad*

In English, as well as in Italian, the adjectives *good* (**buono**) and *bad* (**cattivo**) have irregular higher and highest degrees.

BUONO	→	**IL MIGLIORE**
GOOD		*THE BEST*
CATTIVO	→	**IL PEGGIORE**
BAD		*THE WORST*

E. Expressing *How Many* and *How Much*

Do you recall the difference between an adjective and an adverb? Which modifies a noun? Which modifies a verb, or another adjective? A word can be identified as an adjective or as an adverb by looking at the word that is modified. An adjective is a word that modifies a noun or a pronoun, whereas an adverb is a word that modifies an adjective, a verb, or another adverb.

Read the following examples and complete the chart below.

—Il concerto è stato **bellissimo.** Michael Stipe è stato **molto creativo,** ha cantato **molte** canzoni, **vecchie** e **nuove,** e le ha cantate **bene.**

—E **quanto** è durato?

—È durato **molto:** più di due ore!

—The concert was *great.* Michael Stipe was *very creative,* and sang *many* songs, *old* and *new,* and sang them *well.*

—And *how long* did it last?

—It lasted *a long time:* over two hours!

bellissimo	modifies a noun (**concerto**), therefore it is an . . .
creativo	modifies a noun (Michael Stipe), therefore it is an . . .
molto	modifies an adjective (**creativo**), therefore it is an . . .
molte	modifies a noun (**canzoni**), therefore it is an . . .
vecchie	modifies a noun (**canzoni**), therefore it is an . . .
nuove	modifies a noun (**canzoni**), therefore it is an . . .
bene	modifies a verb (**ha cantate**), therefore it is an . . .
quanto	modifies a verb (**è durato**), therefore it is an . . .
molto	modifies a verb (**è durato**), therefore it is an . . .

In Italian it is particularly important to distinguish adverbs from adjectives. Adverbs are invariable, but adjectives must agree in gender and number with the noun they modify.

The Italian words **molto/tanto** (*much/many*), **poco** (*little / a few*), and **troppo** (*too much / too many*) can be used either as adjectives or as adverbs—meaning, respectively *a lot, little* and *too.* Again, as adverbs, they are invariable; as adjectives, they must agree in gender and number with the noun they modify.

Esercizio 6. I viaggi e le vacanze.

Completi le seguenti frasi con gli aggettivi e gli avverbi suggeriti, modificandoli se necessario.

1. La macchina che mi piace è _____ ed _____. L'unico difetto che ha è che costa _____: più di trentamila dollari! (comodo/elegante/molto)

2. Il mio mezzo di trasporto preferito è l'aereo, perché —anche se è il più _____—è il più _____. (caro/veloce)

3. Io invece preferisco la nave, anche se non è _____ veloce. Da Roma a Barcellona ci sono volute (*it took*) diciotto ore, ma il mare è _____ e _____, e stare fuori a guardare le onde (*waves*) è un'esperienza unica. (immenso/silenzioso/troppo)

4. Il mezzo di trasporto _____ per i viaggi non programmati è la macchina. E la cosa più _____ è che si possono portare _____ bagagli. (bello/ideale/tanto)

5. Il nostro viaggio in Europa è stato indimenticabile. Abbiamo preso il treno _____ volte, e abbiamo conosciuto persone molto _____. (simpatico/tanto)

6. L'estate scorsa abbiamo passato una settimana sulle Alpi, e abbiamo scalato (*climbed*) la montagna più _____ d'Italia: il Monte Bianco. (alto)

7. Sono stata in Italia per tre mesi, ma ho lavorato in una compagnia statunitense, quindi (*therefore*) ho avuto _____ occasioni di parlare italiano. Comunque (*however*) adesso lo capisco _____ meglio (*better*). (molto/poco)

8. Io sono stata in Italia solo per un mese, ma ho avuto _____ occasioni di parlare italiano. Inoltre, ho visitato _____ musei _____ e ho mangiato _____ pizza. (interessante/molto/tanto × 2)

Le pagine gialle : Capitolo 8

I mezzi di trasporto (*Means of transportation*)

l'aereo	airplane
l'automobile	automobile
la bicicletta	bicycle
l'autobus, il *pullman*	bus
la macchina	car
il transatlantico	cruise liner
il traghetto	ferry
l'aliscafo	hydrofoil
il motorino	moped
la moto(cicletta)	motorcycle
la fuoristrada	off-road vehicle (SUV)
la nave	ship
il tram	streetcar
la metropolitana	subway
il treno	train
il camion	truck
il camioncino	van, pickup truck
il vaporetto	water-bus

In aereo (*By airplane*)

il *terminal*	air terminal
la linea aerea	airline
l'impiegato/a della linea aerea	airline employee
il corridoio	aisle
la carta d'imbarco	boarding pass
l'accettazione	check-in
il banco d'accettazione	check-in counter
l'assistente di volo	flight attendant
la porta d'imbarco	gate
il bagaglio a mano	carry-on luggage
l'atterraggio	landing
il/la passeggero/a	passenger
il passaporto	passport
il pilota	pilot
il posto	seat
le cinture di sicurezza	seat belts

lo scalo	stopover
il decollo	take off
la lista d'attesa	waiting list
la sala d'attesa	waiting room
il finestrino	window

In macchina (*By car*)

i freni	brakes
il paraurti	bumper
il cruscotto	dashboard
lo sportello	door
il motore	engine
la gomma a terra	flat tire
il serbatoio della benzina	gas tank
il cambio	gearshift
la maniglia	handle
il cofano	hood
la targa	license plate
i fari	lights
lo specchietto retrovisore	rearview mirror
i sedili	seats
lo specchietto laterale	side mirror
il volante	steering wheel
il tetto apribile	sunroof
il pneumatico, la gomma	tire
il bagagliaio	trunk
la ruota	wheel
il parabrezza	windshield
i tergicristalli	windshield wipers

Tipi di macchina (*Types of cars*)

decappottabile	convertible
utilitaria	economy car
monovolume	minivan
fuoristrada	off-road
berlina	sedan
sportiva	sportscar
familiare	station wagon

Vocaboli, verbi ed espressioni utili quando si parla di viaggi e di mezzi di trasporto (*Useful terms, verbs, and expressions when talking about trips and means of transportation*)

all'estero	*abroad*
annunciare	*(to) announce*
l'annuncio	*announcement*
avvicinarsi	*(to) approach, (to) go near*
arrivare	*(to) arrive*
l'arrivo	*arrival*
controllare	*(to) check*
fare l'accettazione, fare il *check-in*	*(to) check in*
scalare una montagna	*(to) climb a mountain*
il ritardo	*delay*
la partenza	*departure*
il volo diretto	*direct flight*
mettersi in fila	*(to) get in line*
dare	*(to) give*
passare per	*(to) go through*
consegnare	*(to) hand in*
sedersi	*(to) have a seat, (to) sit down*
tenersi	*(to) hold on to (something)*
tenere	*(to) keep*
partire	*(to) leave, (to) depart*
allontanarsi	*(to) leave, (to) go away*
il bagaglio	*luggage*
vietato fumare	*no smoking*
il biglietto di sola andata	*one-way ticket*
fare le valige	*(to) pack*
sistemare	*(to) place*
il biglietto di andata e ritorno	*round-trip ticket*
mettere da parte (soldi)	*(to) set aside (money)*
fare la fila	*(to) stand in line*
fare scalo	*(to) stop over*
lo scalo	*stopover*
la valigia	*suitcase*
riprendere	*(to) take again*
riprendersi (qualcosa)	*(to) take (something) back*
il biglietto	*ticket*
visitare un museo, una città	*(to) visit a museum, a city*

Noi e il nostro corpo

Leonardo da Vinci, *Uomo Vitruvano*, ca. 1492. Venezia, Gallerie dell'Accademia.

A. Le parti del corpo

· ·

Attività 1. La testa.

Indichi il nome di ogni cosa. Poi parli con un(a) compagno/a. Segua l'esempio.

Esempio: **Studente A:**   Numero tre?

                Studente B: Il sopracciglio.

                Studente A: Plurale?

                Studente B: Le sopracciglia.

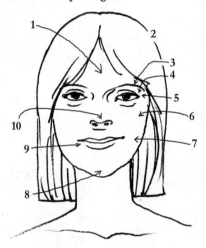

Attività 2. Le parti del corpo.

Cos'è? Scriva le parole che corrispondono alle definizioni, e poi parli con un(a) compagno/a.

Esempio: **Studente A:**   La muoviamo molto quando parliamo.

                Studente B: La bocca.

1. Sono le nostre estremità più lunghe.
2. Sono dieci e le muoviamo molto se suoniamo il pianoforte.
3. Sono due, e li usiamo per camminare e correre.
4. Alcune persone le colorano con lo smalto (*polish*).
5. È l'organo che ci permette di sentire gli odori.
6. A volte per farli funzionare bene sono necessari gli occhiali (*glasses*), o le lenti a contatto.
7. È l'organo interno più grande dell'addome.
8. Per farla "sparire" dobbiamo fare molti esercizi addominali.
9. È un punto che "decora" l'addome.
10. Si trova sotto il naso.
11. Si dice che gli italiani le muovono molto quando parlano.
12. Li usiamo per masticare.
13. È fra i capelli e le sopracciglia.

Attività 3. Le parti del corpo e i muscoli.

Cos'è? Scriva le parole che completano le definizioni, e poi parli con un(a) compagno/a. Segua l'esempio.

Esempio: **Studente A:** Il polpaccio è un muscolo della...

   Studente B: gamba

1. I tricipiti sono muscoli delle...
2. I quadricipiti sono muscoli delle...
3. Il trapezio è un muscolo della...
4. I deltoidi sono i muscoli delle...
5. I glutei sono i muscoli del...
6. Gli addominali sono i muscoli della...

Attività 4. Le parti del corpo e gli organi interni.

Cos'è? Scriva le parole che completano le definizioni, e poi parli con un(a) compagno/a. Segua l'esempio.

Esempio: **Studente A:** Il cervello si trova nella...

   Studente B: testa

1. I polmoni si trovano nel...
2. Lo stomaco si trova nell'...
3. L'esofago passa attraverso il...
4. Il sangue scorre nelle...
5. Nell'addome, nella parte superiore destra, vicino allo stomaco, c'è il...
6. Il muscolo del torace che è il centro della circolazione sanguigna è il...

Attività 5. Ha i riflessi pronti?

Ascolti il/la Suo/a insegnante e faccia ciò che dice.

1. Toccate la punta del naso con un dito della mano destra.
2. Toccate la fronte con la mano sinistra.
3. Mettete le mani sui fianchi.
4. Alzate il piede destro.
5. Toccate la coscia sinistra con la mano sinistra.
6. Chiudete gli occhi.
7. Muovete la testa prima a destra poi a sinistra.
8. Aprite e chiudete le dita della mano destra.
9. Toccate la coscia sinistra con la mano destra.
10. Toccate tutte e due le ginocchia con le mani.
11. ...

Attività 6. Adesso Lei.

Scriva tre movimenti (simili a quelli dell'esercizio precedente), e poi dica ai Suoi compagni di fare ciò che Lei dice!

Esempio: *Mettete la mano destra sulla guancia destra.*

1. _____
2. _____
3. _____

Attività 7. I muscoli.

Esercizi specifici per muscoli specifici. Combini gli esercizi suggeriti con i muscoli corrispondenti. **Attenzione:** *Lo stesso esercizio può interessare più di un muscolo.*

1. addominali (i muscoli dell'addome)
2. adduttori (i muscoli interni della coscia)
3. bicipiti (i muscoli delle braccia, fra l'avambraccio e la spalla)
4. deltoidi (i muscoli delle spalle)
5. glutei (i muscoli del sedere)
6. pettorali (i muscoli del petto)
7. polpacci (i muscoli posteriori della gamba, sotto le ginocchia
8. quadricipiti (i muscoli delle cosce)
9. tricipiti (i muscoli delle braccia, fra il gomito e la spalla)

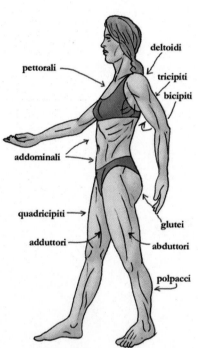

a. Schiena a terra, gambe divaricate, ginocchia piegate e piedi appoggiati al pavimento (*floor*). <u>Impugnare</u> (*hold*) un manubrio (*dumbbell*) in ogni mano. <u>Aprire</u> le braccia, in linea con le spalle e <u>piegare</u> (*bend*) i gomiti a 90°.[1] Poi <u>stendere</u> le braccia verso l'alto e <u>unire</u> i manubri. <u>Ripetere</u> 15 volte.

b. Schiena a terra, con le braccia lungo il corpo aderenti al pavimento. <u>Portare</u> (*bring*) i piedi vicino al sedere piegando le ginocchia. <u>Sollevare</u> (*lift*) i fianchi verso l'alto, senza inarcare la schiena, e <u>restare</u> in posizione per almeno 40 secondi, <u>scendere</u> (*go down*) lentamente, senza toccare terra con il sedere, e <u>risalire</u> (*go back up*). <u>Ripetere</u> 15 volte per 3 serie.

c. In piedi, con le braccia distese. Un manubrio in ogni mano. <u>Portare</u> la gamba destra leggermente in avanti e <u>appoggiare</u> (*lay*) i pesi sulle cosce. <u>Sollevare</u> il braccio frontalmente, fino all'altezza della spalla. <u>Ripetere</u> per dieci volte e poi <u>cambiare</u> braccio e gamba.

d. In piedi, su un solo piede. Se necessario, <u>toccare</u> il muro con le dita per mantenere l'equilibrio. <u>Sollevare</u> il tallone (*heel*) destro per venticinque volte, con la gamba distesa. <u>Ripetere</u> per tre volte. <u>Alternare</u> con la gamba sinistra.

1. 90° = **novanta gradi**

e. In piedi, con un manubrio in ogni mano. <u>Divaricare</u> le gambe, mantenendo i piedi in linea con le spalle. <u>Piegare</u> le ginocchia e <u>portare</u> i glutei paralleli al pavimento. <u>Ritornare</u> alla posizione di partenza e <u>ripetere</u> 10 volte.

f. Schiena a terra. Con le braccia piegate e le mani dietro la testa, <u>sollevare</u> il busto e <u>avvicinare</u> il gomito destro al ginocchio sinistro e viceversa. <u>Ritornare</u> nella posizione di partenza e <u>ripetere</u>.

g. In piedi, con un manubrio in ogni mano. Gambe leggermente divaricate, braccia lungo i fianchi. Con i polsi (*wrists*) verso l'alto, <u>piegare</u> le braccia e <u>portare</u> i pesi verso le spalle facendo un angolo di 90°. <u>Ritornare</u> alla posizione iniziale e <u>ripetere</u>.

h. Pancia a terra. Mani all'altezza del petto, gomiti verso l'esterno. <u>Premere</u> (*press*) le mani contro il pavimento e <u>sollevare</u> il corpo, mantenendo la schiena e le gambe dritte. Un'alternativa meno difficile: <u>sollevare</u> il corpo ma <u>mantenere</u> le ginocchia a terra. <u>Ripetere</u> 16 volte.

i. Questo è un esercizio isometrico. Schiena a terra, gambe flesse e piedi a terra. <u>Mettere</u> una palla (*ball*) di media grandezza fra le ginocchia. Facendo pressione sulla palla, <u>cercare</u> di avvicinare il più possibile le ginocchia. <u>Mantenere</u> la posizione per dieci secondi, e <u>ripetere</u>.

Attività 8. Consigli.

*Immagini di essere un allenatore (*trainer*) personale. Dica al(la) Suo/a cliente cosa deve fare. Riscriva gli esercizi dell'attività precedente, ma coniughi i verbi sottolineati all'**imperativo informale**.*

1. Per tonificare **gli addominali**
2. Per tonificare **gli adduttori**
3. Per tonificare **i bicipiti**
4. Per tonificare **i deltoidi**
5. Per tonificare **i glutei**
6. Per tonificare **i pettorali**
7. Per tonificare **i polpacci**
8. Per tonificare **i quadricipiti**
9. Per tonificare **i tricipiti**

B. L'armadio di Antonella

....

Attività 9. Cosa c'è nell'armadio di Antonella? ✏️

Osservi l'armadio di Antonella e crei frasi complete. Segua l'esempio.

NEL MODULO DI DESTRA, NELLA PARTE INFERIORE (DA DESTRA A SINISTRA)

1. C'è / ci sono / <u>vestito</u> / gonna / <u>azzurro</u> / bianco / <u>senza maniche</u> /
    a maniche lunghe / <u>corto</u> / lungo.
    C'è un vestito azzurro, senza maniche, corto.
2. C'è / ci sono / camicetta / vestito / bianco / beige / senza maniche /
    a maniche corte / corto / al ginocchio.
3. C'è / ci sono / vestito / gonna / rosa scuro / bianco / a maniche corte /
    senza maniche / lungo / corto.
4. C'è / ci sono / *tailleur*[2] / abito / viola / grigio / con giacca a maniche
    lunghe / con giacca a maniche corte / e minigonna / e gonna a
    pieghe.
5. C'è / ci sono / *tailleur* / completo giacca e pantaloni / verde / blu /
    con giacca a maniche lunghe / con giacca a maniche corte / e
    pantaloni / e gonna a pieghe.
6. C'è / ci sono / *tailleur* / cappotto / blu / marrone / con bordi di
    pelliccia chiara / con bordi di pelliccia scura / lungo /corto.
7. C'è / ci sono / due gonne: / due tute da ginnastica: / una rossa e
    una azzurra / una marrone chiaro e una celeste.

2. There are three Italian equivalents for the English word *suit*: **abito** (*suit—for men*),
tailleur (a French word for a jacket and skirt for women), and **completo** (a two-piece
dress/suit).

NEL MODULO DI SINISTRA, NELLA PARTE INFERIORE (DA SINISTRA A DESTRA)

8. C'è / ci sono / paio di pantaloni / gonna / bianco / marrone / corto / al ginocchio.

9. C'è / ci sono / quattro minigonne: / quattro giacche: / una blu, una rossa, una gialla, una verde / una blu, una rossa, una verde oliva, una celeste.

10. C'è / ci sono / paio di pantaloni / camicetta / viola / rosa / senza maniche / a maniche corte.

11. C'è / ci sono / camicia / camicetta / arancione / beige / a maniche lunghe / a maniche corte.

12. C'è / ci sono / due tute: / due giacche: / una azzurra e una verde chiaro / una marrone e una blu.

13. C'è / ci sono / paio di pantaloni / impermeabile / verde chiaro / grigio chiaro / marrone chiaro.

IN ALTO, NEL MODULO DI DESTRA, QUANTE PAIA DI PANTALONI CI SONO?

14.

IN ALTO, NEL MODULO CENTRALE, QUANTI MAGLIONI CI SONO?

15.

IN ALTO, NEL MODULO DI SINISTRA, QUANTE PAIA DI *BLUE-JEANS* CI SONO?

16.

c. L'armadio di Luca

Attività 10. Cosa c'è nell'armadio di Luca?

Osservi l'armadio di Luca e crei frasi completi. Segua l'esempio.

NEL MODULO DI DESTRA, NELLA PARTE INFERIORE (DA DESTRA A SINISTRA)

1. <u>C'è</u> / ci sono / giacca / <u>giubbetto</u> / beige / <u>marrone.</u>
   C'è un giubbetto marrone.
2. C'è / ci sono / camicia / impermeabile / bianco / beige.
3. C'è / ci sono / giacca di pelle / giubbotto di pelle / nero / marrone chiaro.
4. C'è / ci sono / giacca / cappotto / azzurro / verde.

NEL MODULO DI SINISTRA, NELLA PARTE INFERIORE (DA SINISTRA A DESTRA)

5. C'è / ci sono / due paia di pantaloni / due abiti / uno nero e uno grigio / uno grigio e uno beige.
6. C'è / ci sono / cinque paia di pantaloni: / uno... , uno... , uno... , uno... e uno... .

IN ALTO, NEI DUE MODULI DI DESTRA, CI SONO...

7.

IN ALTO, NEL MODULO CENTRALE, CI SONO... DI CHE COLORE?

8.

IN ALTO, NEI DUE MODULI DI SINISTRA, CI SONO...

9.

Attività 11. Cosa c'è nel cassetto (*drawer*) di Antonella? E in quello di Luca?

Scriva una descrizione completa.

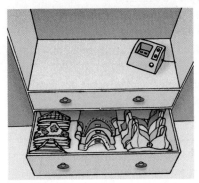

Modulo centrale dell'armadio di
Antonella

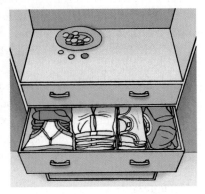

Modulo centrale dell'armadio di
Luca

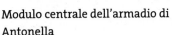

Nel cassetto di Antonella...
Nel cassetto di Luca...

Attività 12. Le parti del corpo e i capi di abbigliamento.

*Cos'è? Legga le definizioni ad un(a) compagno/a e ascolti la risposta. Se la
risposta Le sembra corretta, la scriva. Se è sbagliata, ripeta la definizione più
lentamente, aiutandosi con i gesti. Alla fine, controlli le risposte con il resto
dei compagni.*

STUDENTE 1

1. Le mettiamo ai piedi, per camminare. (l'articolo determinativo, più
   sei lettere)
2. Coprono le gambe delle donne in autunno e in inverno. (l'articolo,
   più cinque lettere)
3. Coprono le gambe degli uomini e delle donne, in tutte le stagioni.
   (l'articolo, più nove lettere)
4. Lo mettiamo per andare a letto. (l'articolo, più sette lettere)
5. Proteggono le mani dal freddo. (l'articolo, più sei lettere)
6. È una specie di vestaglia, ma la usiamo per asciugarci, quando ci
   facciamo il bagno o la doccia. (l'articolo, più undici lettere)
7. Può essere di molti colori, e la usiamo per proteggere il collo in
   inverno. (l'articolo, più sette lettere)
8. Le donne lo abbinano con le mutandine. (l'articolo, più nove lettere)

STUDENTE **2**

1. Li mettiamo ai piedi, di solito con le scarpe da ginnastica. (l'articolo determinativo, più sette lettere)
2. Lo mettiamo in testa. (l'articolo, più otto lettere)
3. Gli uomini d'affari (*business*) lo mettono per andare a lavorare. (l'articolo, più cinque lettere)
4. Lo indossiamo in spiaggia. (l'articolo, più tre parole: sette, due e cinque lettere)
5. Le donne la usano dalla vita (*waist*) in giù (*down*) come alternativa ai pantaloni. (l'articolo, più cinque lettere)
6. Può essere di lana (*wool*) o di cotone, e può avere il collo alto. (l'articolo, più otto lettere)
7. La possono usare tutti —adulti e bambini— con i pantaloni. Può essere a maniche corte o a maniche lunghe. (l'articolo, più nove lettere)
8. È un capo di abbigliamento maschile o femminile; ha le maniche, va dalle spalle fino ai fianchi e modella elegantemente il busto e la vita. (l'articolo, più sei lettere)

Attività 13. Cosa c'è nel Suo armadio?

Pensi a cosa c'è nel Suo armadio e scriva una descrizione completa. Poi risponda alle domande dell'intervista e parli con un(a) compagno/a.

Il mio armadio
Nel mio armadio ci sono / non ci sono molti vestiti...

1. Qual è il tuo capo di abbigliamento preferito?
2. L'/li/le hai comprato/a/i/e tu o te l'/li/le hanno regalato/a/i/e?
3. Te lo/la/li/le metti spesso?
4. È un capo costoso o no?
5. Ti piace comprare capi di abbigliamento?
6. Hai mai ricevuto in regalo un capo di abbigliamento che non ti piaceva per niente?
7. Cos'era e chi te l'ha regalato?
8. C'è qualcosa che metti tutti i giorni (o molto spesso)? Un accessorio? Un paio di scarpe?
9. Lo/la/li/le porti oggi?

→ **Lettura** ←

Lo *stress:* cos'è e come si combatte

Nel frenetico mondo moderno, combattere lo *stress* sembra a volte un lavoro faticoso e... stressante! Tuttavia (*however*) è necessario ascoltare attentamente il proprio corpo perché lo *stress* può essere all'origine di disturbi grandi e piccoli, e in molti casi può diventare una malattia (*illness*) seria.

   I sintomi che ci segnalano che siamo sotto *stress* possono essere numerosi, e di diversa natura. I più evidenti per noi sono di solito i **sintomi fisici** come il mal di testa, il mal di schiena, una tensione diffusa su collo e spalle, i problemi di sonno, uno stato di agitazione, la sudorazione nei palmi delle mani, oppure la perdita dell'appetito. D'altro canto (*on the other hand*), c'è una serie di sintomi che possono essere più visibili alle persone che ci circondano (*surround*) che a noi stessi. Si tratta dei **sintomi comportamentali** come l'aggressività, l'aumento dell'uso di alcolici, la tendenza a criticare gli altri, o l'impossibilità di terminare progetti professionali o compiti accademici. Dal punto di vista dei **sintomi emozionali,** è stato osservato che quando si è sotto *stress* si tende a piangere (*cry*) più frequentemente, si sente un enorme senso di pressione, accompagnato spesso da un forte nervosismo o dalla sensazione costante di essere sul punto di esplodere, e a volte un'infelicità totale, anche senza un motivo valido. Infine, è importante menzionare i **sintomi cognitivi** dello *stress,* che possono avere conseguenze immediate e dirette sulla nostra vita professionale ed essere la causa di ulteriori problemi, specialmente per chi ha responsabilità intellettuali precise. Infatti, quando una persona è sotto *stress,* può avere difficoltà a pensare in maniera chiara, e può sentire l'impossibilità di prendere decisioni. Inoltre, una persona "stressata" tende a preoccuparsi costantemente, a dimenticare le cose, e a perdere sia (*both*) la creatività che (*and*) il senso dell'umorismo.

   Lo *stress* può diventare una vera e propria malattia, ma fortunatamente, nella maggioranza dei casi, per recuperare la serenità e la gioia di vivere dobbiamo solo ascoltare il nostro corpo e trovare il tempo per rilassarci mentalmente e fisicamente. Non tutti hanno tempo di andare in palestra o di correre alla fine della giornata, ma tutti hanno la capacità di specializzarsi nell' "arte del rilassamento", e di praticarla nei momenti critici: prima di un discorso (*speech*) ufficiale, prima di un esame importante o durante ogni altro evento considerato stressante. Ecco —in sette semplici passi— una tecnica di rilassamento facile da capire e da mettere in pratica:

   Passo 1: Scegliete una frase, un'immagine o un ricordo piacevole su cui concentrarvi.

   Passo 2: Trovate un posto tranquillo dove sedervi o sdraiarvi (*lie down*).

   Passo 3: Chiudete gli occhi.

   Passo 4: Rilassate tutti i vostri muscoli.

   Passo 5: Respirate lentamente e in maniera naturale e concentratevi sulla vostra frase / immagine / ricordo.

   Passo 6: Quando notate che vi state distraendo, riportate gentilmente la vostra mente sul vostro obiettivo.

   Passo 7: Continuate per dieci minuti.

   Praticate questa tecnica una volta al giorno, e dite "addio" allo *stress!*

Attività 14. Vero o falso?

*Legga le seguenti affermazioni e indichi se sono vere o false. Se sono false,
spieghi —brevemente— perché.*

1. Lo *stress* può essere difficile da controllare, ma non può mai
   diventare un problema serio per la nostra salute.
2. I sintomi fisici dello *stress* possono includere il mal di testa e il mal
   di schiena.
3. Alcune persone, quando sono sotto *stress*, piangono più
   frequentemente.
4. Se una persona è "stressata" può essere molto nervosa, e può
   tendere a preoccuparsi costantemente, ma non può perdere la
   capacità creativa.
5. Nei periodi difficili, per recuperare uno stato fisico e mentale
   perfetto, è consigliabile (*advisable*) andare in palestra o andare a
   correre alla fine della giornata.
6. Secondo la tecnica di rilassamento presentata nella lettura, la prima
   cosa da fare è respirare lentamente e in maniera naturale.
7. Se seguiamo la tecnica di rilassamento illustrata nella lettura
   possiamo evitare (*avoid*) di pensare alle nostre responsabilità
   giornaliere per dieci minuti.

Le pagine verdi : Capitolo 9

A. Giving Commands and Making Suggestions: The Imperative

The imperative is a verb form used to give commands or to make suggestions, such as *Listen!, Don't be late!, Let's go out!* Affirmative commands tell someone to do something; negative commands tell someone not to do something.

In English, when the speaker addresses one or more persons, the dictionary form (infinitive) of the verb is used for affirmative commands (*listen!*), whereas the same form, preceded by *do not* or *don't* is used for negative commands (*don't answer the phone!*).

When the speaker gives a command or makes a suggestion that includes himself or herself and others, the phrase *let us* or *let's* is used (*let's watch a movie!, let's not stay home tonight*).

In Italian, the first thing to consider when giving a command or making a suggestion is your relationship to the person or persons you are addressing. The same social rule you learned about greetings applies to the use of the polite and informal forms of the imperative. As you remember, you can use **Ciao** when you greet or leave friends, family members, peers, children, or others you know well. You should use the polite forms **Buongiorno, Buona sera,** or **ArrivederLa** when addressing people you do not know well and who are not your peers, or when you are talking to people who are older than you.

B. Informal Commands: *tu, noi,* and *voi* Forms

Informal affirmative commands are based on the present indicative, the first verb tense that you studied in this textbook. Look at the following diagram, where the informal affirmative commands are highlighted. You will see that the only form not identical to the present indicative forms is the **tu** command form for **-are** verbs, which uses the third person singular form for the imperative.

	PARLARE	**PRENDERE**	**USCIRE**
	parlo	prendo	esco
	parli	**prendi!**	**esci!**
(tu)	**parla!**	prende	esce
(noi)	**parliamo!**	**prendiamo!**	**usciamo!**
(voi)	**parlate!**	**prendete!**	**uscite!**
	parlano	prendono	escono

Parla ad alta voce! Non ti sento.

Speak up! I can't hear you.

Prendi il mio ombrello! Ha cominciato a piovere.

Take my umbrella! It started raining.

Usciamo, per favore! Ho bisogno di un po' d'aria fresca.

Let's go out, please! I need some fresh air.

Ragazzi, prima di cominciare a rispondere alle domande **scrivete** il vostro nome e cognome, e la data di oggi!

Class, before you start answering the questions write your full name and today's date!

The informal, negative command is based on the present indicative when it involves more than one person (**noi, voi**). If it is used with a singular *you* (**tu**), the form is the same as the verb's infinitive.

	PARLARE	PRENDERE	USCIRE
(tu)	non parlare!	non prendere!	non uscire!
(noi)	non parliamo!	non prendiamo!	non usciamo!
(voi)	non parlate!	non prendete!	non uscite!

Non parlare ad alta voce, per favore! I bambini stanno dormendo.

Don't speak loudly, please! The children are sleeping.

Non prendere il mio ombrello perché è rotto!

Don't take my umbrella, because it's broken!

Non usciamo stasera! Sono stanco, e domani devo vegliarmi presto.

Let's not go out tonight! I'm tired, and tomorrow I have to wake up early.

Ragazzi, per favore **non scrivete** sul foglio dell'esame: usate i vostri fogli!

Class, please do not write on the test sheet: use your own paper!

c. Formal Commands: *Lei* and *Loro* Forms

The affirmative and negative formal commands resemble the informal **tu** commands, but the vowels in the endings are dropped and replaced as follows.

	-ARE: $A \rightarrow I$	-ERE / -IRE: $E/I \rightarrow A$	
(Lei)	(non) parl-i!	(non) prend-a!	(non) esc-a!
(Loro[1])	(non) parl-i-no!	(non) prend-a-no!	(non) esc-a-no!

Again, the affirmative and negative formal commands resemble the present indicative forms except for the vowel flip: the **a** of -**are** verbs switches to **i**, whereas the **e** and the **i** of -**ere**/-**ire** verbs switch to **a**.

Read the following examples.

(La signora Rosanna Cecchetti è nella sala d'attesa dello studio del dentista. L'assistente del dentista si avvicina a lei.)

(Ms. Rosanna Cecchetti is in the waiting room at the dentist's. The dental assistant approaches her.)

Assistente: Signora Cecchetti, **entri**, prego.[2]

Ms. Cecchetti, please come in.

Sig.ra Cecchetti: Grazie! Oggi siete in perfetto orario.

Thank you! Today you are right on schedule.

Dentista: Buongiorno, signora Cecchetti. **Si sieda**[3] e **mi spieghi** cosa è successo.

Good morning, Ms. Cecchetti. Have a seat and explain to me what happened.

---

1. The **Loro** form is used only when addressing more than one person in *extremely formal* situations. In other words, this form is rarely used in spoken Italian.

2. As you may remember, **prego** is the answer to **grazie** (it can also mean *this way, please*).

3. The verb **sedersi** means *to have a seat, to sit down.*

Sig.ra C.	Stavo mangiando una mela e ho sentito un grosso dolore nel molare inferiore... a destra. E adesso la mia guancia è leggermente gonfia. **Guardi!**	*I was eating an apple and I felt a sharp pain in my lower molar . . . on the right side. And now my cheek is slightly swollen. Look!*
Dentista:	Effettivamente sì, si nota. **Apra** la bocca. Le gengive sono infiammate. Oggi non possiamo fare niente: **prenda** questo antibiotico e **torni** la settimana prossima.	*Yes, in fact, it is noticeable. Open your mouth. Your gums are inflamed. Today we cannot do anything: take this antibiotic and come back next week.*

D. Imperative of Verbs with Irregular Present Tenses

Informal

If a verb has an irregular present tense, its imperative is also irregular. Look at the following conjugations and notice the informal imperative forms.

	BERE (*TO DRINK*)	SALIRE (*TO GO, GET ON, COME UP*)	USCIRE (*TO GO OUT, TO LEAVE*)	VENIRE (*TO COME*)
	bevo	salgo	esco	vengo
(tu)	**bevi!**	**sali!**	**esci!**	**vieni!**
	beve	sale	esce	viene
(noi)	**beviamo!**	**saliamo!**	**usciamo!**	**veniamo!**
(voi)	**bevete!**	**salite!**	**uscite!**	**venite!**
	bevono	salgono	escono	vengono

Formal

When forming the formal imperative of verbs with irregular present tense, recall the first person singular and then add the formal command endings.

	BERE	SALIRE	USCIRE	VENIRE
(Lei)	(non) beva	(non) salga	(non) esca	(non) venga
(Loro)	(non) bevano	(non) salgano	(non) escano	(non) vengano

E. Imperative of Reflexive Verbs

Reflexive verbs form the imperative exactly like other verbs. The important thing to note is the position of the reflexive pronoun. With formal commands, the pronoun always precedes the verb form (*Si alzi, prego!*). With informal commands, the reflexive pronoun is attached to the end of the verb form (**Alzati, per favore.**).

	ALZARSI	SEDERSI	VESTIRSI
(tu)	Alzati!	Siediti!	Vestiti!
(noi)	Alziamoci!	Sediamoci!	Vestiamoci!
(voi)	Alzatevi!	Sedetevi!	Vestitevi!

Esercizio 1. Consigli (*Suggestions*) informali e formali. ✏️

Scriva (1) consigli ad un/un'amico/a che vuole prendere una "a" nel corso di italiano; (2) consigli ad un(a) profes-sore/ssa che vuole essere un(a) bravo/a insegnante.

CONSIGLI AD UN(') AMICO/A CHE VUOLE PRENDERE UNA "A" NEL CORSO DI ITALIANO

1. (dormire in classe)
2. (frequentare le lezioni ogni giorno)
3. (ripassare gli appunti delle lezioni)
4. (parlare in inglese in classe)
5. (alzarsi in orario)
6. (arrivare in orario a lezione)
7. (uscire tutte le sere)
8. (scrivere un diario in italiano)
9. (leggere il giornale italiano su Internet)
10. (partecipare alle attività in classe)

CONSIGLI AD UN(A) PROFESSORE(SSA) CHE VUOLE ESSERE UN(A) BRAVO/A INSEGNANTE

1. (urlare [*to yell*] in classe)
2. (usare molto la lavagna)
3. (arrivare a lezione in orario)
4. (ascoltare gli studenti)
5. (preparare le lezioni ogni giorno)
6. (viaggiare molto durante l'anno accademico)
7. (divertirsi con gli studenti in classe)
8. (uscire con gli studenti la sera)
9. (restituire[4] gli esami corretti in tempi brevi)
10. (essere giusto/a con i voti [*grades*])

F. Imperative Forms of the Verbs *essere* and *avere*

The verbs **essere** and **avere** have irregular imperatives. Study the following chart.

	ESSERE		AVERE
(tu)	sii	(tu)	abbi
(Lei)	sia	(Lei)	abbia
(noi)	siamo	(noi)	abbiamo
(voi)	siate	(voi)	abbiate
(Loro)	siano	(Loro)	abbiano

---

4. **Restituire** (*to return*) is conjugated like **pulire**. Present tense: **restituisco, restituisci, restituisce, restituiamo, restituite, restituiscono.**

G. Irregular Imperatives

The following verbs have some irregular imperatives. Study the following chart.

	ANDARE (TO GO)	DARE (TO GIVE)	DIRE (TO SAY/TELL)	FARE (TO DO/MAKE)	SAPERE (TO KNOW)	STARE (TO BE/STAY)
(tu)	vai (va')	dai (da')	di'	fai (fa')	sappi	stai (sta')
(Lei)	vada	dia	dica	faccia	sappia	stia
(noi)	andiamo	diamo	diciamo	facciamo	sappiamo	stiamo
(voi)	andate	date	dite	fate	sappiate	state
(Loro)	vadano	diano	dicano	facciano	sappiano	stiate

Esercizio 2. Consigli informali e formali.

*Immagini di essere un **agente di viaggi**. Uno **studente di diciotto anni** e una **persona anziana** stanno per fare (are about to take) il loro primo viaggio in aereo. Con l'aiuto della lista, formuli dei comandi spiegando cosa fare dal momento dell'acquisto (purchase) del biglietto a quello dell'imbarco (boarding) sull'aereo.*

1. **comprare** un biglietto di andata e ritorno
2. **arrivare** in aeroporto in tempo
   (una o due ore prima.)
3. sui monitor, **verificare** qual è il banco di
   accettazione della linea aerea
4. **fare** il check-in / l'accettazione:
   a. **Dare** il passaporto all'impiegato/a
   b. **Consegnare** le valige (*suitcases*)
   c. **Tenersi**[5] il bagaglio a mano
   d. **Prendere** la carta d'imbarco e **riprendersi** il
      passaporto

5. **controllare** l'uscita e l'orario d'imbarco
6. **passare** per il "*controllo passaporti*"
7. **raggiungere** (*reach*) l'uscita
8. **sedersi**[6] nella sala d'attesa (*waiting*) vicino alla
   porta d'imbarco
9. **andare** in bagno (se necessario!)
10. **fare** attenzione agli annunci degli assistenti
    di volo
11. quando è il momento, **mettersi** in fila
12. **salire**[7] sull'aereo
13. **controllare** il numero del proprio posto e **trovarlo**
14. **sistemare** il bagaglio a mano
15. **sedersi** e **rilassarsi**
16. **allacciarsi** le cinture di sicurezza.

---

5. Tenersi (*to hold on to*). Present tense: **mi tengo, ti tieni, si tiene, ci teniamo, vi tenete, si tengono**

6. Sedersi (*to have/take a seat*). Present tense: **mi siedo, ti siedi, si siede, ci sediamo, vi sedete, si siedono**

7. Salire (*to get on*). Present tense: **salgo, sali, sale, saliamo, salite, salgono.**

H. The Verb *fare male* (to Hurt)

The English verb *to hurt* does not have a direct equivalent in Italian. To express the meaning of *to hurt*, one uses the phrasal verb **fare male,** which means *to be hurting.* Therefore, in Italian one doesn't say *My head hurts,* but literally *The head is hurting to me.* Look at the Italian sentence below, and think about the grammatical subject of the verb.

Mi fa male la testa.	*My head hurts. (The head is hurting me.)*

The subject of the verb **fare male** (*is hurting*) is *head,* a singular noun. **Fa male** is therefore in the third person singular form. The verb **fare male** can also have a plural subject, such as *feet,* or *legs,* or *knees.* In that case, the verb **fare male** must be in the plural to agree in number with those things that are hurting. The plural form of **fare male** is **fanno male.** You would then say, in Italian:

Mi fanno male i piedi.	*My feet hurt.*
Non mi fanno male le gambe, **mi fanno male** le ginocchia.	*My legs do not hurt, my knees hurt.*

As you may have noticed, the subject follows rather than precedes the verb **fare male.** This verb + subject construction is quite common, especially to put particular emphasis on the verb, instead of other parts of speech. Read the following situation carefully, paying attention to the use of **fare male.**

(Grazia sta parlando con l'oculista, il dottor Trento.)	*(Grazia is talking to the ophthalmologist, Dr. Trento.)*
Grazia: Qualcosa non va con i miei occhi, dottor Trento. Ogni volta che leggo o lavoro al computer, dopo circa mezz'ora non vedo più bene, e devo allontanare gli occhi dal libro, o dallo schermo.	*Something is not right with my eyes, Dr. Trento. Every time I read or work at the computer, after about half an hour I don't see well anymore, and I have to turn away from the book, or from the screen.*
Dott. T.: Facciamo subito un controllo della vista, ma mi dica prima se ha altri sintomi, come il mal di testa, o lacrimazione...	*Let's do an eye exam immediately, but first tell me if you have other symptoms, such as headache, or watery eyes . . .*
Grazia: Gli occhi non mi lacrimano facilmente, ma qualche volta **mi fanno male,** qui, sulle palpebre. E verso la fine della giornata, poi, spesso **mi fa male** la testa...	*My eyes do not tear up easily, but they sometimes hurt, here, on the eyelids. Then, often, toward the end of the day, my head hurts . . .*

Esercizio 3. Che sintomi ha quest'uomo?

Cosa gli fa male?

1

2

3

4

5

6

7

8

9

10

1. Gli fa male la testa.

Esercizio 4. In italiano.

Traduca (translate) *le seguenti frasi usando* **fare male**.

1. My head hurts.
2. Her head hurts.
3. My knees hurt.
4. Does your knee hurt? (Doctor is talking to patient)
5. My eyes hurt.
6. Our eyes hurt.
7. My right ear hurts.
8. His left ear hurts.
9. My muscles hurt.
10. Do your muscles hurt? (Speaker is talking to a few persons)

Esercizio 5. Consigli informali e formali.

Scriva per ogni problema.

CONSIGLI DI UN(')AMICO/A
↓

CONSIGLI DEL MEDICO
↓

1. Quando corro mi fanno male le ginocchia.
2. Quando leggo molto mi fanno male gli occhi.
3. Anche se vado a correre tutti i giorni, il giorno dopo mi fanno sempre male i muscoli delle gambe.
4. Sono sovrappeso (*overweight*).
5. Sono sottopeso.
6. Voglio smettere (*give up*) di fumare.
7. Quando bevo molta birra mi fa male la testa.
8. Alla fine della giornata mi fa sempre male la schiena.
9. Mi sento sempre un po' stanco/a.
10. Sono depresso/a.

Le pagine gialle : Capitolo 9

Il corpo umano (*The human body*)

il torace	*chest*
la testa	*head*
i fianchi	*hips*
gli arti (inferiori, superiori)	*limbs (lower, upper)*
il collo	*neck*
il tronco	*trunk, torso*
la vita	*waist*

Le parti del corpo (*Parts of the body*)

l'addome (m.)	*abdomen*
la caviglia	*ankle*
il braccio[1] (m.) (pl.: le braccia—f.)	*arm*
la schiena	*back*
la pancia	*belly*
il sedere (m.)	*bottom*
il seno	*breast*
la guancia	*cheek*
lo zigomo	*cheekbone*
il petto	*chest*
il mento	*chin*
l'orecchio[2] (m.) (pl.: le orecchie—f.)	*ear*
il gomito	*elbow*
l'occhio	*eye*
il sopracciglio (pl.: le sopracciglia—f.)	*eyebrows*
il ciglio (m.) (pl.: le ciglia—f.)	*eyelash*

la palpebra	*eyelid*
la faccia, il viso	*face*
il dito (m.) (pl.: le dita—f.)	*finger*
l'unghia	*fingernail*
il piede (m.)	*foot*
l'avambraccio	*forearm*
la fronte (f.)	*forehead*
il pelo	*hair (on body)*
i capelli (m. pl.)	*hair (on head)*
la mano[3] (pl.: le mani)	*hand*
il tallone (m.)	*heel*
il ginocchio (m.) (pl.: le ginocchia—f.)	*knee*
la gamba	*leg*
il labbro (m.) (pl.: le labbra—f.)	*lip*
la bocca	*mouth*
l'ombelico	*navel*
il naso	*nose*
la spalla	*shoulder*
la pelle (f.)	*skin*
lo stomaco	*stomach*
la tempia	*temple*
la coscia	*thigh*
il dito del piede	*toe*
l'unghia del piede	*toenail*
la lingua	*tongue*
il dente (m.)	*tooth*
il polso	*wrist*

1. The nouns **braccio, ciglio, dito, ginocchio, labbro,** and **sopracciglio** follow an irregular pattern in the plural: they take the feminine plural article (**le**) and end in **-a**.

2. The noun **orecchio** is feminine in the plural, takes the feminine plural article (**le**), and ends in **-e**.

3. The noun **mano** uses the feminine article in both the singular and the plural forms.

Alcuni organi interni (*A few internal organs*)

il sangue	*blood*
il cervello	*brain*
l'esofago	*esophagus*
il cuore (m.)	*heart*
l'intestino	*intestine*
il rene (m.)	*kidney*
il fegato	*liver*
il polmone	*lung*
lo stomaco	*stomach*
la vena	*vein*

I muscoli principali (*The main muscles*)

gli addominali	*abdominals*
gli abduttori	*abductors*
gli adduttori	*adductors*
i bicipiti	*biceps*
i polpacci	*calves*
i deltoidi	*deltoids*
i glutei	*glutei*
i pettorali	*pectorals*
i quadricipiti	*quadriceps*
il trapezio	*trapezius*
i tricipiti	*triceps*

Movimenti del corpo (*Movements of the body*)

alternare	*to alternate*
inarcare	*to arch*
piegare	*to bend*
avvicinare	*to bring closer*
cambiare	*to change*
contrarre	*to contract*
incrociare	*to cross*
allungare	*to elongate, to stretch out*
estendere, stendere	*to extend*
flettere	*to flex*
scendere	*to get down*
tornare	*to go back*
impugnare	*to hold tight, to grasp*
saltare	*to jump*

mantenere la posizione	*to keep the position*
appoggiare	*to lay, to rest*
sdraiarsi	*to lie down*
alzare, sollevare	*to lift*
guardare verso l'alto / il basso	*to look up/down*
allontanare	*to move away*
aprire	*to open*
divaricare	*to open wide, to spread apart*
premere	*to press*
spingere	*to push*
mettere	*to put*
ripetere	*to repeat*
ruotare	*to rotate*
correre	*to run*
sedersi	*to sit (down)*
alzarsi	*to stand up, to get up*
stirarsi	*to stretch*
portare	*to take, to bring*
fare una pausa	*to take a break*
inclinare	*to tilt*
tonificare	*to tone*
toccare	*to touch*
cercare	*to try*
camminare	*to walk*

Dal medico (*At the doctor's*)

il/la dottore/dottoressa[4]	*doctor*
il medico	*doctor*
il/la dentista	*dentist*
il dermatologo	*dermatologist*
il medico generico	*family doctor*
il ginecologo	*gynecologist*
l'ostetrico/a	*obstetrician*
l' (m./f.) oncologo	*oncologist*
l' (m./f.) oftalmologo	*ophthalmologist*
l' (m./f.) ortopedico	*orthopedist*
il/la pediatra	*pediatrician*
il radiologo	*radiologist*

4. The words **dottore** (m.) or **dottoressa** (f.) are used to address male or female physicians.

Alcuni problemi di salute (*Some health problems*)

il mal di schiena	*backache*	l'emicrania	*migraine*
il raffreddore	*cold*	il mal di gola	*sore throat*
la febbre	*fever*	il torcicollo	*stiff neck*
il mal di testa	*headache*	il mal di stomaco	*stomachache*

Espressioni utili per parlare dei problemi di salute (*Useful expressions for talking about health problems*)

Ho il torcicollo.	*I have a stiff neck.*
Mi fa male la gola. / Ho mal di gola.	*My throat hurts. / I have a sore throat.*
Mi fa male la schiena. / Ho mal di schiena.	*My back hurts. / I have a backache.*
Mi fa male la testa. / Ho mal di testa.	*My head hurts. / I have a headache.*
Mi fanno male gli occhi.	*My eyes hurt.*
Mi fanno male i muscoli.	*My muscles hurt.*

Capi di abbigliamento (*Items of clothing*)

l'accappatoio	*bathrobe*
la camicetta	*blouse*
i *jeans* (m. pl.)	*blue-jeans*
il cappotto	*coat, overcoat*
il vestito	*dress*
il cappello	*hat, baseball cap*
la giacca	*jacket*
la maglietta a maniche lunghe (f.)	*long-sleeve T-shirt*
le calze (f. pl.)	*long socks, pantyhose, stockings*
la camicia	*men's shirt*
la *salopette*[5] (f.)	*overalls*
il pigiama (m.)	*pajamas*
i pantaloni (m. pl.)	*pants*
la polo (f.)	*polo shirt*
la vestaglia	*robe*
la gonna	*skirt*
i calzini (m. pl.)	*sport socks, short socks*
l'abito	*suit*
la felpa	*sweatshirt*
la tuta	*sweatshirt and pants/jogging suit*
la maglietta a maniche corte (f.)	*t-shirt*
la cravatta	*tie*

5. **Salopette** is a French word.

I colori[6] (*Colors*)

beige	*beige, tan*
azzurro	*(primary) blue*
nero	*black*
marrone	*brown*
verde	*green*
grigio	*gray*
lilla	*lilac, lavender*
blu	*navy blue*
arancione	*orange*
colori pastello	*pastels*
rosa	*pink*
rosso	*red*
celeste	*sky blue*
viola	*violet, purple*
bianco	*white*
giallo	*yellow*

I vestiti estivi (*Summer clothes*)

il costume da bagno (m.)	*bathing suit*
il due pezzi (m.)	*bikini*
il costume intero (m.)	*one-piece bathing suit*
i pantaloni corti	*shorts*
la canotta	*tank top*

I vestiti invernali (*Winter clothes*)

il *cardigan* (m.)	*cardigan*
la pelliccia	*fur coat*
i guanti (m. pl.)	*gloves*
il cappotto	*overcoat*
l'impermeabile (m.)	*raincoat*
il giubbotto di pelle	*(short) leather jacket*
il giubbetto	*(short) sleeveless jacket*
il giubbotto	*(short) zippered or buttoned jacket*
il maglione (m.)	*sweater*
il maglione a collo alto (m.)	*turtleneck sweater*
la giacca a vento	*windbreaker*

La biancheria intima (f.) (*Underwear/lingerie*)

i *boxer* (m. pl.)	*boxer shorts*
il reggiseno	*bra*
le mutande	*briefs*
le mutandine	*panties*
la canottiera	*undershirt, camisole*

Calzature (*Footwear*)

gli stivali	*boots*
le ciabatte (m. pl.) / (infradito) (f. pl.)	*flip-flops*
i sandali	*sandals*
le scarpe	*shoes*
le pantofole	*slippers*
le scarpe da ginnastica	*tennis shoes, sneakers*

Accessori (*Accessories*)

la cintura	*belt*
il bracciale, il braccialetto (m.)	*bracelet*
gli orecchini (m. pl.)	*earrings*
la collana (f.)	*necklace*
la sciarpa (f.)	*scarf*
il *foulard* (m.)	*(silk) scarf*
l'orologio	*watch*

Verbi utili per parlare del vestiario (*Useful verbs for talking about clothing*)

abbottonare	*to button*
scegliere	*to choose*
lavare a secco	*to dry clean*
vestirsi	*to get dressed*
lavare a mano	*to hand wash*
abbinare	*to match*
mettersi	*to put on (clothes)*
spogliarsi	*to take off (clothes)*
allacciare	*to tie*
sbottonare	*to unbutton*
indossare	*to wear*
portare	*to wear (informal)*

---

6. Like all descriptive adjectives, colors agree in number and gender with the nouns they modify (and follow), with the exception of **blu, viola, rosa, beige, lilla,** and several others, which are invariable.

Cosa ci riserva il futuro?

Luigia Granata, *Il mondo nelle mani*

A. Il mondo fra cinquant'anni

Attività 1. Inchiesta (*Survey*). Come sarà il mondo fra cinquant'anni?

Lei è d'accordo o no con le seguenti affermazioni (statements)? Decida e poi parli con un(a) compagno/a.

A. DAL PUNTO DI VISTA DELLA POLITICA E DELL'ECONOMIA

1. Non ci saranno guerre nel mondo: ci sarà pace fra tutte le nazioni.
2. I Capi di Stato della maggior parte dei paesi di tutto il mondo saranno donne (attualmente solo poco più di una dozzina di Capi di Stato sono donne).
3. Nelle scuole di tutto il mondo i bambini riceveranno un'istruzione bilingue.
4. Nei paesi industrializzati le donne guadagneranno (*will earn*) salari competitivi, rispetto a quelli degli uomini.
5. Nei paesi industrializzati l'assistenza medica sarà accessibile a tutti i cittadini.

B. DAL PUNTO DI VISTA DELL'AMBIENTE (*ENVIRONMENT*)

6. La popolazione mondiale sarà diminuita. Da 6 miliardi e 300 milioni circa nel 2003, passerà a 5 miliardi, come alla fine degli anni '80.
7. I problemi ambientali saranno diminuiti. Lo strato di ozono nella stratosfera recupererà lo spessore (*thickness*) ottimale.
8. Gli esseri umani avranno colonizzato lo spazio, e abiteranno su altri pianeti, oltre alla Terra: forse la Luna, o Marte.
9. L'ottanta per cento delle macchine nelle grandi città funzionerà ad aria compressa.

C. DAL PUNTO DI VISTA DELLA MEDICINA

10. Il cancro sarà una malattia completamente curabile.
11. L'AIDS sarà una malattia completamente curabile.
12. Ci sarà una pillola anticoncezionale che gli uomini prenderanno.

D. DAL PUNTO DI VISTA DELLA VITA DI TUTTI I GIORNI

13. Nessuno userà più la carta (*paper*). Tutte le comunicazioni saranno elettroniche.
14. Poche (*few*) persone dovranno uscire di casa per andare a lavorare. Si lavorerà a casa, con i computer.
15. La moda (*fashion*) sarà meno audace, e imiterà, per esempio, quella degli anni '30.
16. Gli uomini preferiranno le gonne ai pantaloni.

"Eolo", la prima automobile del mondo ad utilizzare un motore ad aria compressa, è commercializzata in Italia dal luglio 2002. La macchina è stata progettata dall'ingegnere francese Guj Negre.

Dal di fuori "Eolo" sembra una delle tante monovolume che girano nelle nostre città, ma in realtà è molto diversa: dal tubo di scappamento (*exhaust*) esce solo aria pulita, ha un'autonomia di 200 chilometri (121.2 miglia) e percorre 100 chilometri (60.6 miglia) con €0,77 circa di elettricità— necessaria per comprimere l'aria. Il prezzo è di circa €10.000.

Attività 2. Altre probabilità.

Continui a pensare a come sarà la vita fra cinquanta o cent'anni. Come cambierà il mondo? Con un(a) compagno/a, scrivete due (2) probabilità usando il futuro per ogni categoria. Ecco alcuni temi su cui (upon which) potete riflettere.

l'acqua	la maternità
gli aerei	l'omosessualità
gli alberi	il petroleo
le automobili	i pregiudizi
la benzina	il razzismo
i boschi (*woods*)	il socialismo
la casa	lo sport
i cibi modificati geneticamente	i supermercati
il cinema	la tecnologia
la colonizzazione culturale	i telefoni cellulari
i computer	i telefoni fissi
la disoccupazione	la televisione
i DVD (*i di-vu-di*)	la temperatura della Terra
l'energia (elettrica, solare, nucleare)	i treni
la famiglia	l'università
l'immigrazione	le videocassette
i libri	i videotelefoni
le lingue indigene	la vita all'interno della casa
le lingue ufficiali	la vita all'aria aperta
le malattie	...

A. Dal punto di vista della politica e dell'economia...

B. Dal punto di vista dell'ambiente...

C. Dal punto di vista della medicina ...

D. Dal punto di vista della vita di tutti i giorni ...

Attività 3. E gli altri cosa dicono?

Adesso parli con un(a) terzo/a compagno/a delle Sue previsioni. Indichi le sue reazioni utilizzando i simboli indicati. Segua l'esempio.

REAZIONI POSSIBILI

✓✓	Sì, sono d'accordo.	Yes, I agree.
✓	Sì, può darsi...	Yes, maybe . . .
☹	Non credo che sarà possibile...	I don't believe it will be possible . . .
—	Non credo proprio.	I don't believe it.
☺	Interessante... non ci avevo pensato.	Interesting . . . I hadn't thought of that.
☺	Sarebbe bellissimo!	That would be great!

Esempio:

Domanda (**Studente 1**): *Cosa pensi che succederà dal punto di vista della politica e dell'economia?*

Risposta (**Studente 2**): *Penso che saranno abolite tutte le forme di embargo.*

Reazione (**Studente 1**): *Non credo che sarà possibile...* ☹

RISULTATO: QUANTI CONSENSI HA OTTENUTO?

1. Dal punto di vista della politica e dell'economia...
2. Dal punto di vista dell'ambiente (*environment*)...
3. Dal punto di vista della medicina...
4. Dal punto di vista della vita di tutti i giorni...

B. Il mio futuro

Attività 4. Il mio futuro.

Risponda alle domande.

VITA PROFESSIONALE

1. Continuerà a studiare dopo la laurea (*undergraduate degree*)?
2. Che lavoro farà, se potrà?
3. A quanti anni smetterà di lavorare?

VITA PERSONALE

4. Viaggerà? Dove Le piacerà andare?
5. Si sposerà[1] o convivrà con il Suo compagno / la Sua compagna?
6. Farà figli o no?

SITUAZIONE ECONOMICA

7. Cercherà di comprare una casa o preferirà restare in affitto (*rent*)?
8. Comprerà una macchina?
9. Avrà debiti?

---

1. **Sposarsi** = *to get married*

VITA PUBBLICA

10. Vivrà negli Stati Uniti o all'estero?
11. Aiuterà gli altri in qualche modo?
12. Si coinvolgerà [2] nella politica del Suo paese, o del mondo?

Attività 5. Intervista. Il nostro futuro.

*Adesso faccia le stesse (same) domande a un(a) compagno/a (usando il **tu**) e poi prenda nota delle sue risposte, in terza persona.*

Risposte di   _____
                     (nome della persona intervistata)

    1.
    2.
    3.
    ...

c. Situazioni e reazioni

Attività 6. Cosa farebbe Lei (*would you do*) in queste situazioni?

Legga le situazioni, completi tutte le frasi, scelga (choose) la Sua soluzione, e poi parli con un(a) compagno/a.

Esempio: **Studente A:**   Se perdessi il mio libro di italiano... farei le fotocopie dal libro di un amico. E tu?

                  Studente B: Anch'io.

                                 oppure

                                 Io, se perdessi il mio libro d'italiano, studierei con un'altra persona per il resto del semestre.

1. **Se perdessi (*if I lost*) il mio libro di italiano...**
   a. _____ (comprare) un altro libro immediatamente.
   b. _____ (arrabbiarsi—*to get angry*) molto.
   c. _____ (sentirsi—*to feel*) un po' stupido/a.
   d. _____ (fare) le fotocopie dal libro di un amico.
   e. _____ (studiare) con un'altra persona per il resto del semestre.

---

2. **Coinvolgersi** = *to get involved*

2. **Se un mio amico non potesse più tenere (*were not able to keep*) il suo cane in casa...**

    a. Lo _____ (aiutare—*to help*) a prendersi cura di lui.

    b. Lo _____ (adottare) io.

    c. _____ (cercare) anch'io di trovargli un altro padrone.

    d. _____ (domandare) a parenti ed amici se vogliono adottarlo.

    e. Gli _____ (dire) di portarlo (*take him*) alla Protezione Animali della nostra città.

3. **Se trovassi (*if I found*) un gattino (*kitten*) vicino alla porta di casa mia...**

    a. _____ (mettere) un annuncio sul giornale.

    b. _____ (telefonare) alla Protezione Animali.

    c. Lo _____ (portare—*to take*) a casa e lo _____ (tenere) con me.

    d. _____ (parlare) con i miei amici per vedere chi lo _____ (volere) adottare.

    e. _____ (non fare) assolutamente niente.

4. **Se trovassi una borsa (*purse*) piena di soldi nel parco...**

    a. La _____ (consegnare—*to hand over*) alla polizia.

    b. La _____ (portare) a casa mia e non lo _____ (dire) a nessuno.

    c. _____ (spendere) tutti i soldi.

    d. _____ (donare) tutti i soldi ad una associazione di beneficenza.

    e. La _____ (lasciare—*to leave*) dov'è.

5. **Se mi sentissi (*if I felt*) depresso/a...**

    a. _____ (andare) da uno psicologo.

    b. _____ (parlare) con i miei amici o con qualcuno della mia famiglia.

    c. _____ (prendere) dei giorni di vacanza.

    d. _____ (parlare) con un sacerdote (*clergyman*).

    e. _____ (non fare) niente in particolare.

6. **Se potessi (*if I could*) uscire con un attore famoso / un'attrice famosa...**

    _____ (uscire) con _____.

7. **Se potessi uscire con un atleta famoso / un'atleta famosa...**

    _____ (uscire) con _____.

8. **Se potessi vivere in un'altra città...**

    _____ (vivere) a _____.

9. **Se potessi andare a vivere all'estero...**

    _____ (andare) a vivere in _____.

Attività 7. Ipotesi: un mondo senza tecnologia.

Come vivremmo senza tante cose che diamo per scontate (take for granted)?
Legga le domande e risponda con frasi complete, usando il condizionale.

1. Senza il cellulare, come comunicheremmo con i nostri amici e parenti?
2. Senza Internet, come potremmo trovare le informazioni di cui abbiamo bisogno?
3. Senza la posta elettronica, come ci metteremmo in contatto con gli altri?
4. Senza i videogiochi, come ci rilasseremmo?
5. Senza il bancomat (*ATM*), come prenderemmo i nostri soldi?
6. Senza l'aereo, come andremmo da Roma a Boston?
7. Senza l'aria condizionata, come combatteremmo le alte temperature dell'estate?
8. Viceversa, senza un sistema di riscaldamento (*heating*), come sopporteremmo il freddo dell'inverno?
9. Senza le automobili, come ci sposteremmo (*would we move about*)?

Attività 8. Il gioco del "se fossi... sarei... "
(*If I were . . . I would be . . .*).

Completi le frasi.

1. Se fossi un animale, *sarei...*
2. Se fossi una bevanda,
3. Se fossi una canzone,
4. Se fossi un capo d'abbigliamento,
5. Se fossi un cibo particolare,
6. Se fossi un colore,
7. Se fossi un difetto,
8. Se fossi un'emozione,
9. Se fossi un frutto,
10. Se fossi un giorno della settimana,
11. Se fossi un luogo (*place*),
12. Se fossi una macchina,
13. Se fossi una materia accademica,
14. Se fossi un mese dell'anno,
15. Se fossi un mezzo di trasporto,
16. Se fossi un numero,
17. Se fossi un orario del giorno,
18. Se fossi un personaggio delle fiabe (*fairy tales*),
19. Se fossi un pianeta,
20. Se fossi un punto cardinale,
21. Se fossi uno sport,
22. Se fossi uno strumento musicale,

Attività 9. Intervista.

Intervisti un(a) compagno/a di classe e scriva le sue risposte. Per il formato dell'intervista, segua l'esempio dell'illustrazione.

1. un animale
2. una bevanda
3. una canzone
4. un capo d'abbigliamento
5. un cibo particolare
6. un colore
7. un difetto
8. un'emozione
9. un frutto
10. un giorno della settimana
11. un luogo
12. una macchina
13. una materia accademica
14. un mese dell'anno
15. un mezzo di trasporto
16. un numero
17. un orario del giorno
18. un personaggio delle fiabe
19. un pianeta
20. un punto cardinale
21. uno sport
22. uno strumento musicale

RISULTATI DELL'INTERVISTA

Se (*If*) _____ fosse... sarebbe...
          (nome della persona intervistata)

Attività 10. Perché?

Adesso spieghi —brevemente— il perché delle Sue risposte personali.

Esempi: 1. Se fossi un animale sarei un gatto: per la sua indipendenza.

15. Se fossi un mezzo di trasporto, sarei un motorino, perché potrei andare dappertutto.[3]

17. Se fossi un orario del giorno, sarei le sei di mattina, perché mi piacciono gli inizi.

18. Se fossi un personaggio delle fiabe, sarei il grillo parlante, perché sono molto loquace.

21. Se fossi uno sport, sarei il calcio, perché è uno sport veloce.

---

3. **Dappertutto** = *everywhere*

→ **Lettura** ←

La globalizzazione: presente, passato e futuro[4]

"Globalizzazione" è un termine che ha cominciato a circolare con insistenza all'inizio degli anni novanta (del XX secolo), ma che descrive un fenomeno economico, culturale e sociale iniziato molto tempo fa. In effetti, sarebbe storicamente appropriato affermare che il fenomeno della globalizzazione esisteva già nel XVI secolo, e cioè dopo l'incontro fra i paesi dell'Europa occidentale —Spagna e Portogallo— e le civiltà dell'America meridionale.

Oggigiorno (*nowadays*), il concetto di globalizzazione ha a che vedere con (*has to do with*) la tesi del "villaggio globale", il fortunato ossimoro con cui Marshall McLuhan ha spiegato la situazione contraddittoria in cui viviamo, e cioè l'idea che anche se apparteniamo al nostro spazio geografico particolare, siamo tutti abitanti di un unico, immenso mondo. È veramente valida questa idea? In che modo, esattamente? Siamo di fronte a un'ideologia o a una realtà tangibile? Cos'è la globalizzazione: un'opportunità o un rischio? Una forza positiva o distruttiva?

Per molte persone, la coscienza della "globalizzazione" suscita, contemporaneamente, entusiasmo e inquietudine. Da una parte suscita entusiasmo perché reitera la vitalità economica, culturale e tecnologica del mondo contemporaneo. Dall'altra suscita inquietudine perché implica l'idea di un'interazione mondiale decisamente vantaggiosa per alcuni (*some*), ma svantaggiosa per altri. In ogni caso, non si può essere contro o a favore della globalizzazione: ci troviamo, tutti insieme, di fronte a un processo di cambiamento che si può probabilmente accelerare o ritardare, ma non accettare o respingere. Senza dubbio, la globalizzazione è un fenomeno che non può essere ignorato perché presenta implicazioni importanti per il futuro di tutti noi.

4. Informazioni elaborate dal sito web http://www.globalizzazione2000.it/cos'è.htm

Molte persone considerano la globalizzazione un fenomeno quasi esclusivamente economico che indica il passaggio da una dimensione commerciale regionale, nazionale e continentale a una internazionale e intercontinentale. Il mercato globale, dicono gli esperti, è indifferente ai confini nazionali, e le nazioni sono, da questo punto di vista, solo una finzione. Sfortunatamente —osservano gli scettici— anche se in teoria si predicano i vantaggi di un'economia su scala mondiale, con profitti commerciali mutui e "globali", in realtà si continua a favorire la concentrazione della ricchezza nelle mani di pochi individui, o di società private.

Tuttavia, uno degli aspetti più importanti del dibattito è che la globalizzazione economica è solo una delle tante facce di un fenomeno caleidoscopico che è anche tecnologico, culturale, sociale, ambientale e politico —aspetti diversi suddivisi a loro volta (*in turn*) in tante sub-categorie. Si può parlare allora di globalizzazione biotecnologica, globalizzazione dell'informazione, globalizzazione religiosa, linguistica e gastronomica, globalizzazione musicale, cinematografica e sportiva, turistica e demografica, ecologica e climatica, ecc.

Siamo dunque tutti coinvolti non in un momento storico passeggero, ma in un nuovo sistema internazionale, maturo e allo stesso tempo lontano da essere concluso. Come si può, in effetti, parlare di globalizzazione quando la maggioranza degli uomini e delle donne nel mondo non ha mai toccato un computer, o fatto una telefonata? Sembra che la globalizzazione continuerà a disegnare il futuro del pianeta e di chi lo abita. La nostra sfida (*challenge*) non è solo quella di comprendere e risolvere le innegabili ingiustizie politiche ed economiche che le strategie globali di mercato tendono ad ignorare, ma è anche —come afferma il giornalista statunitense Thomas Friedman— quella di trovare un equilibrio fra la promessa di benessere annunciata dalla globalizzazione e il valore inalienabile dell'identità e delle differenze culturali, politiche e umane.

Attività 11. Vero o falso? 🖊️

Legga le seguenti affermazioni e indichi se sono vere o false. Se sono false, spieghi, brevemente, perché.

1. La parola "globalizzazione" è molto antica: infatti, ha più di quattro secoli.

2. Storicamente, si può affermare che il fenomeno della globalizzazione è cominciato dopo i viaggi di Cristoforo Colombo nel continente americano.

3. Il binomio "villaggio globale" è stato coniato dal canadese Marshall McLuhan.

4. La tesi del "villaggio globale" è che il mondo sembra grande, ma invece è piccolo.

5. Per molte persone, pensare alla globalizzazione significa pensare —in parte— alla vitalità economica dell'era moderna.

6. Non tutti gli individui sono obbligati ad accettare la realtà della globalizzazione.

7. La globalizzazione presenta implicazioni importanti per il futuro di tutti gli abitanti del pianeta.

8. Le strategie globali di mercato ignorano i confini nazionali.

9. La globalizzazione è un fenomeno esclusivamente economico.

10. Ci sono persone che affermano che i vantaggi di un'economia su scala mondiale sono solo apparentmente destinati alla collettività: in realtà i veri benefici rimangono nelle mani dei più ricchi.

11. La globalizzazione agisce (*acts*) a molti livelli, ed è anche presente nelle piccole cose della vita di tutti i giorni.

12. Esistono paesi ricchi e paesi poveri, ma la tecnologia è arrivata in tutti gli angoli della Terra.

13. La globalizzazione ha avuto origine nel passato, interessa il nostro presente, ma è anche una delle nostre responsabilità per il futuro: tutti dobbiamo contribuire a rendere il "villaggio globale" più abitabile e la globalizzazione un processo più giusto.

14. Secondo il giornalista statunitense Thomas Friedman, bisogna cercare di proteggere le identità culturali, politiche e umane particolari —nonostante (*notwithstanding*) la globalizzazione.

A. Talking about the Future: The Simple Future Tense

The future tense indicates that an action will take place after the time of speaking. In English, the future is a compound tense because it is formed with an auxiliary verb + the main verb, as in *I will go tomorrow*. In Italian, you do not need an auxiliary verb to indicate that an action will take place in the future.

In order to conjugate a verb in the future tense—**il futuro**—remember the consonant **r** (**erre**). Then, start from the basic form of the verb (the infinitive), drop the **-re**—of all **-are, -ere,** or **-ire** verbs—and add the following set of endings: **-rò, -rai, -rà, -remo, -rete, -ranno.** Read the sample conjugations, and see if you can spot the irregularity in one of them.

PORTARE	TRASCORRERE	PARTIRE
(TO TAKE / TO BRING)	*TO SPEND* (*TIME*)	*TO LEAVE* (*FOR A TRIP*)
porterò	trascorrerò	partirò
porterai	trascorrerai	partirai
porterà	trascorrerà	partirà
porteremo	trascorreremo	partiremo
porterete	trascorrerete	partirete
porteranno	trascorreranno	partiranno

As you may have noticed, the irregularity is that the **-a** of the **-are** verbs changes into **-e.** When conjugating **-are** verbs in the future tense, remember to change the **-a** into **-e** before adding the future tense endings.

Verbs ending in **-care** and **-gare** have to retain the hard sound of **-ca** and **-ga,** therefore, they add an **h** (**acca**) after the **-c** or the **-g.** Verbs ending in **-ciare** and **-giare** drop the **-i** of the stem.

To attain good pronunciation of verbs in the future tense, remember to stress the syllable that has the **r** of the ending. Go back to the conjugations of **portare, trascorrere,** and **partire** and read them aloud, making sure you stress the final syllable.

Esercizio 1. Occhio all'errore!
Completi le seguenti frasi scegliendo (choosing) la forma corretta dei verbi.

1. Alberto e Luca parlano della festa di domani.
   Alberto: Domani, dopo la festa, Paola e Tommaso dormeranno/dormiranno a casa mia.
   Luca: Perfetto, possono dormire nella stanza di tua sorella, no?
   Alberto: Certo! Lei tornarà/tornerà domenica prossima.

2. Marina e Carlo stanno ritirando (*picking up*) i loro biglietti in una agenzia di viaggi.
   Agente: È tutto a posto, signori: partirete/parterete alle 7,20 da Torino e arriverete/arriverete a Roma alle 8,30.
   Marina: E a che ora ripartiremo/riparteremo per Budapest?
   Agente: Alle 9,50, con il volo AZ-7524, che arriverà/arrivarà a Budapest alle 11,45.

3. Elena sta per (*is about to*) prendere il treno, e sta parlando con i suoi genitori, che l'hanno accompagnata alla stazione.

Elena: Mamma, non ti preoccupare. Tornarò/Tornerò a Natale, ma ti scriverò/scrivirò spesso!

Mamma: D'accordo, ma se hai bisogno telefona!

Papà: Ci scrivirai/scriverai per posta elettronica o per posta normale?

Elena: Vi scriverò/scrivirò per posta elettronica, ma vi manderò/mandarò fotografie per posta normale.

4. Teresa e Giovanna parlano del torneo di tennis.

Teresa: Non ci posso credere! Il torneo comincierà/comincerà fra meno di una settimana e io mi sento completamente rilassata.

Giovanna: Ma certo! Sei in forma perfetta: sono sicura che giocarai/giocherai benissimo!

Teresa: Grazie, Giovanna. Cercherai/Cercerai di venire a vedermi?

Giovanna: Ho già organizzato tutto: escerò/uscirò dall'ufficio tutti i giorni mezz'ora prima e recupererò/recuperarò le ore il mese prossimo.

Teresa: Grazie, Giovanna, sei una vera amica.

Esercizio 2.

Coniughi i seguenti quattro verbi al futuro.

CERCARE

(*TO LOOK FOR / TO TRY*)

io _____

tu _____

Lei/lei/lui _____

noi _____

voi _____

loro _____

MANGIARE

(*TO EAT*)

io _____

tu _____

Lei/lei/lui _____

noi _____

voi _____

loro _____

PERDERE

(*TO LOSE*)

io _____

tu _____

Lei/lei/lui _____

noi _____

voi _____

loro _____

FINIRE

(*TO FINISH*)

io _____

tu _____

Lei/lei/lui _____

noi _____

voi _____

loro _____

B. Verbs with Irregular Future Forms

A few verbs drop the **-a, -e,** or **-i** of the infinitive before the regular future endings are attached. They are: **andare** (*to go*), **avere** (*to have*), **dovere** (*to have to*), **potere** (*to be able to*), **sapere** (*to know*), **vedere** (*to see*), and **vivere** (*to live*). Since the vowels **-a, -e,** and **-i** are lost, you will be pronouncing sounds such as **-dr, -vr, -tr,** and **-pr.**

Read the following conjugations aloud.

andare →	**andr** →	andrò, andrai, andrà, andremo, andrete, andranno
avere →	**avr** →	avrò, avrai, avrà, avremo, avrete, avranno
dovere →	**dovr** →	dovrò, dovrai, dovrà, dovremo, dovrete, dovranno
potere →	**potr** →	potrò, potrai, potrà, potremo, potrete, potranno

sapere →	**sapr** →	saprò, saprai, saprà, sapremo, saprete, sapranno
vedere →	**vedr** →	vedrò, vedrai, vedrà, vedremo, vedrete, vedranno
vivere →	**vivr** →	vivrò, vivrai, vivrà, vivremo, vivrete, vivranno

Other verbs—mostly irregular -**ere** verbs—are characterized by a double **r**. Read the following conjugations aloud.

BERE	**RIMANERE**	**VOLERE**
(*TO DRINK*)	(*TO REMAIN*)	(*TO WANT*)
berrò	rimarrò	vorrò
berrai	rimarrai	vorrai
berrà	rimarrà	vorrà
berremo	rimarremo	vorremo
berrete	rimarrete	vorrete
berranno	rimarranno	vorranno

Other irregular verbs simply drop the final -**e** of the infinitive, and then add the regular future endings. Here are the conjugations of four important verbs, in the order in which you have learned them.

STARE	**FARE**	**DIRE**	**DARE**
(*TO BE / STAY*)	(*TO DO / MAKE*)	(*TO SAY / TELL*)	(*TO GIVE*)
starò	farò	dirò	darò
starai	farai	dirai	darai
starà	farà	dirà	darà
staremo	faremo	diremo	daremo
starete	farete	direte	darete
staranno	faranno	diranno	daranno

Last, but not least, remember that the verb **essere** forms the future tense using the stem **sar-**.

ESSERE	**ESSERCI**
(*TO BE*)	(*TO BE THERE*)
sarò	ci sarò
sarai	ci sarai
sarà	ci sarà
saremo	ci saremo
sarete	ci sarete
saranno	ci saranno

Esercizio 3.

Completi il brano coniugando i verbi fra parentesi al futuro.

Sono molto stanco, e non vedo l'ora[1] che arrivi il fine settimana. Ho grandi progetti per domenica prossima. _____ (svegliarsi) tardi, _____ (andare) a fare colazione fuori con un paio di amici, e il resto della giornata _____ (stare) a casa, e non _____ (fare) niente di speciale. Forse _____ (guardare) la televisione, o _____ (giocare) a carte con il mio compagno di stanza.

Esercizio 4.

Completi le conversazioni con le forme corrette dei verbi tra parentesi.

1. È il 23 dicembre, e Cristina chiama sua madre dall'aeroporto. Sono le quattro del pomeriggio.
   Cristina: Mamma, mi dispiace, ma non _____ (potere) essere a casa per cena.
   Mamma: Perché? Cosa è successo?
   Cristina: Hanno cancellato il volo delle 6,30, e quindi _____ (dovere) prendere quello delle 8.
   Mamma: Perché l'hanno cancellato?
   Cristina: Nessuno ci ha detto niente fino ad ora, ma lo _____ (sapere: noi) presto.
   Mamma: Va bene. Ci _____ (chiamare) appena _____ (sapere) qualcosa?
   Cristina: D'accordo. _____ (sentirsi[2]) più tardi.
   Mamma: Ciao, tesoro.

2. Elena e Mauro parlano del loro prossimo viaggio in Sicilia.
   Elena: Mancano solo cinque giorni alla partenza, Mauro. Non sei contento?
   Mauro: Non vedo l'ora!! _____ (vedere: tu), il viaggio _____ (essere) interessantissimo.
   Elena: Domani mattina _____ (andare: io) a prendere i biglietti.
   Mauro: Ricordati che l'impiegata dell'agenzia ci ha promesso anche uno sconto sul noleggio (*rent*) della macchina, se paghiamo tutto in anticipo (*advance*). Quindi _____ (dovere: tu) darle la carta di credito. Ah! E sicuramente _____ (volere: lei) un documento.
   Elena: Sì, sì, mi ricordo. Non ti preoccupare. Mi domando solo se _____ (potere: io) fare tutto in meno di un'ora... l'esame di storia è dopodomani, e domani io e Ludovica _____ (stare) tutto il giorno in biblioteca a studiare.
   Mauro: Ma sì, siamo in bassa stagione (*low season*), sicuramente _____ (esserci) poca gente.

3. Stefano ha sedici anni, e vuole andare a fare la settimana bianca[3] con un gruppo di amici, ma i suoi genitori non sono troppo (*too*) convinti...
   Stefano: L'anno scorso Mariella ha fatto due viaggi con le amiche. Perché io non posso andare?
   Mamma: Tua sorella ha tre anni più di te, Stefano, non insistere...
   Papà: Stefano, se _____ (avere) pazienza, quel momento _____ (arrivare) anche per te. Ricordati che l'estate prossima, tu _____ (andare) a casa della zia Teresa

---

1. **Non vedo l'ora** (lit., *I can't see the time*) corresponds to the English expression *I can't wait*.

2. **Sentirsi** (*to hear from one another*) is a reciprocal verb that is conjugated like a reflexive verb. In this sentence, use the first person plural (**noi**), but note that the English equivalent is *I'll talk to you later*.

3. **La settimana bianca** is a winter holiday week—**bianca** implies snow.

per quattro settimane, e _____ (divertirsi) un sacco[4], mentre Mariella _____ (rimanere) a casa a studiare.

Stefano: Ma non è questo il punto. Il punto è che io voglio imparare (*to learn*) a sciare.

Mamma: Allora _____ (fare) un viaggio in montagna tutti e quattro insieme! Tu che dici, Rodolfo, _____ (essere) possibile?

Papà: Tutti e quattro? Perché no? _____ (cercare: noi) l'offerta più conveniente! Hai avuto proprio una buona idea, Giulia!

c. A Substitute for the Future Tense

Sometimes, Italian speakers use the present tense to talk about future actions and events, especially regarding the immediate future or when speaking with certainty. Study the following examples.

—Sabato **vado** a vedere la partita. **Vieni** anche tu?
—*I'm going[5] to see the game on Saturday. Are you coming too?*

—A che ora comincia?
—*What time does it start?*

—Alle tre e mezza.
—*Three-thirty.*

—Va bene! **Ci vediamo** sabato!
—*Great! I'll see you on Saturday.*

—Preparati, perché sicuramente **perdiamo**.
—*Steel yourself, because we're going to lose, for sure.*

—Non credo proprio, ma **vedremo**...
—*I don't think so, but we'll see...*

Esercizio 5.

Completi le conversazioni coniugando al presente i verbi tra parentesi.

1. Michele e Patrizia parlano del fine settimana.

   Michele: Patrizia, che _____ (fare) domenica?

   Patrizia: Non lo so ancora, perché?

   Michele: Io _____ (andare) al mare con i miei, ma mio padre mi ha detto che se voglio posso invitare un paio di amici.

   Patrizia: Idea meravigliosa. Lo diciamo anche a Cristina?

   Michele: Per me va bene, ma sicuramente _____ (dire) di no... so che lunedì mattina ha un esame di latino.

2. La professoressa Corvetti è in classe con i suoi studenti.

   Prof.ssa Corvetti: Ragazzi, a che ora _____ (finire) questa lezione?

   Uno studente: Alle 12,20.

   Una studentessa: Fra 15 minuti.

   Prof.ssa Corvetti: Perfetto, allora _____ (potere: noi) cominciare l'ultima attività di oggi, e se non la _____ (finire: noi) in tempo, _____ (continuare: noi) domani. D'accordo?

---

4. **Un sacco** (lit., *a sack*) corresponds to the English expression *a lot*.

5. In this sentence, the forms *I am going* and *Are you coming?* express a future intention.

D. Future of Probability

In Italian, the future tense can also be used to convey the idea of probability, when the speaker thinks or feels that a fact is *probably* true. This use of the future tense does not have a direct English equivalent. In English, the idea of probability is expressed with verbs such as *must* or *to wonder,* and with adverbs such as *probably.* In the following example, study the difference between definite future events or facts and probable ones.

Marco e Antonella sono a una festa, dove conoscono l'amica di Bruno, Zara —una studentessa che viene dalla Polonia.	Marco and Antonella are at a party, where they meet Bruno's friend Zara—an exchange student from Poland.
Antonella: Marco, hai visto quella ragazza che stava parlando con Bruno?	Antonella: *Marco, did you see that girl who was talking to Bruno?*
Marco: Chi, quella che sembra straniera?	Marco: *Who, the one who looks like a foreigner?*
Antonella: Esatto. **Chi sarà?**	Antonella: *Exactly. I wonder who she is.*
Marco: **Sarà** Zara, la sua amica polacca! Bruno l'altro giorno ha detto che **rimarrà** a casa sua per due settimane, e poi **tornerà** all'inizio dell'anno e **andrà** all'università qui, a Roma, per un semestre.	Marco: *It must be Zara, his Polish friend! Bruno the other day said that she will stay at his home for two weeks, and then she'll come back at the beginning of the year and will go to the university here in Rome, for a semester.*
Antonella: Quanti anni **avrà?**	Antonella: *I wonder how old she is.*
Marco: **Avrà** la stessa età nostra, non credi?	Marco: *She is probably our age, don't you think?*
Antonella: Allora andiamo a conoscerla!	Antonella: *Then let's go meet her!*

Esercizio 6.

Traduca (translate) le seguenti frasi in italiano, usando il futuro.

1. I wonder what time it is.

2. It's probably 9:00.

3. Where can the neighbors be?

4. They must be on vacation.

5. I wonder where my keys are.

6. Giulia probably knows. Why don't you ask her?

7. I wonder how old Julia and Mark are. Julia must be thirty and Mark is probably the same age.

8. You are probably tired. Do you want to rest a little?

E. Expressing What You Would Do: Conditional Verb Forms

The concept of mood in relation to verbs was introduced in chapter 2 (see **Pagine verdi, capitolo 2,** G). Italian speakers choose a specific verb mood depending on the attitude they have toward what they are saying. So far, you have been using the indicative mood—in five different tenses[6]—and the imperative mood—in its polite and informal varieties. The indicative is used to indicate facts, whereas the imperative is used to give commands.

In this section, you will study the conditional mood. This verb form expresses an action, an event, or a situation that *would be* possible given a hypothetical condition. Here are some examples.

- I do not think the children *would enjoy* the movie: it is too long.
- If I won the lottery, I *would buy* a car.
- If you went to class every day, you *would learn* new concepts faster and you *would get* better grades.

The present conditional is formed by using the same stems as for the future tense. Again, remember the consonant **r** (**erre**), start from the basic form of the verb (the infinitive), and drop the **-re**—of all **-are, -ere,** or **-ire** verbs. Then, add the following set of endings: **-rei, -resti, -rebbe, -remmo, -reste, -rebbero.** As in the future tense, the **-a** of **-are** verbs changes to **-e** before you add the present conditional endings. Study the following conjugations.

AIUTARE	**TRASCORRERE**	**DORMIRE**
(*TO HELP*)	(*TO SPEND* [*TIME*])	(*TO SLEEP*)
aiuter**ei**	trascorrer**ei**	dormir**ei**
aiuter**esti**	trascorrer**esti**	dormir**esti**
aiuter**ebbe**	trascorrer**ebbe**	dormir**ebbe**
aiuter**emmo**	trascorrer**emmo**	dormir**emmo**
aiuter**este**	trascorrer**este**	dormir**este**
aiuter**ebbero**	trascorrer**ebbero**	dormir**ebbero**

The present conditional shares two other similarities with the future tense.

- Verbs ending in **-care** and **-gare** add an **h** (**acca**) after the **-c** or the **-g** in order to retain the hard sound of **-ca** and **-ga.**
- Verbs ending in **-ciare** and **-giare** drop the **-i** of the stem.

Finally, note the difference in verb endings between the **noi** form of the future (**-eremo**) and the **noi** form of the conditional (**-eremmo**).

---

6. These tenses are the present (**il presente**), the past (**il passato prossimo**), the remote past (**il passato remoto**), the imperfect (**l'imperfetto**), the past perfect (**il trapassato**), and the future (**il futuro**).

Esercizio 7. ✎

Coniughi i seguenti verbi al condizionale presente.

GIOCARE

(to play a sport)

io *giochrei*
tu *giochresti*
Lei/lei/lui *giochrebbe*
noi *giochremmo*
voi *giochreste*
loro *giochrebbero*

LASCIARE

(to leave [something or someone].)

io _____
tu _____
Lei/lei/lui _____
noi _____
voi _____
loro _____

PERDERE

(to lose)

io _____
tu _____
Lei/lei/lui _____
noi _____
voi _____
loro _____

PREFERIRE

(to prefer)

io _____
tu _____
Lei/lei/lui _____
noi _____
voi _____
loro _____

F. Verbs with Irregular Conditional Forms

Remember the following four categories of irregular verbs.

1. Verbs that drop the **-a, -e,** or **-i** of the infinitive before the regular conditional endings are attached.

andare →	**andr** →	andrei, andresti, andrebbe, andremmo, andreste, andrebbero
avere →	**avr** →	avrei, avresti, avrebbe, avremmo, avreste, avrebbero
dovere[7] →	**dovr** →	dovrei, dovresti, dovrebbe, dovremmo, dovreste, dovrebbero
potere →	**potr** →	potrei, potresti, potrebbe, potremmo, potreste, potrebbero
sapere →	**sapr** →	saprei, sapresti, saprebbe, sapremmo, sapreste, saprebbero
vedere →	**vedr** →	vedrei, vedresti, vedrebbe, vedremmo, vedreste, vedrebbero
vivere →	**vivr** →	vivrei, vivresti, vivrebbe, vivremmo, vivreste, vivrebbero

7. **Dovere,** the equivalent in the indicative mood of *must* or *to have to,* corresponds in the conditional mood to *should,* as in the following examples: *If your presentation is tomorrow, (then) you should go to the library and finish your research.* = **Se la tua presentazione è domani, dovresti andare in biblioteca e finire la ricerca.** *If your knee hurts, (then) you should not go running.* = **Se ti fa male il ginocchio, non dovresti andare a correre.**

2. Verbs—mostly irregular -**ere** verbs—that are characterized by a double **r**.

TENERE	RIMANERE	VOLERE
(*TO KEEP*)	(*TO REMAIN*)	(*TO WANT*)
terrei	rimarrei	vorrei
terresti	rimarresti	vorresti
terrebbe	rimarrebbe	vorrebbe
terremmo	rimarremmo	vorremmo
terreste	rimarreste	vorreste
terrebbero	rimarrebbero	vorrebbero

3. Verbs that simply drop the final -**e** of the infinitive, and then add the regular conditional endings.

STARE	FARE	DIRE	DARE
(*TO BE / TO STAY*)	(*TO DO / TO MAKE*)	(*TO SAY / TO TELL*)	(*TO GIVE*)
starei	farei	direi	darei
staresti	faresti	diresti	daresti
starebbe	farebbe	direbbe	darebbe
staremmo	faremmo	diremmo	daremmo
stareste	fareste	direste	dareste
starebbero	farebbero	direbbero	darebbero

4. The verb **essere**, which forms the conditional present tense using the stem **sar-**.

ESSERE	ESSERCI
(*TO BE*)	(*TO BE THERE*)
sarei	ci sarei
saresti	ci saresti
sarebbe	ci sarebbe
saremmo	ci saremmo
sareste	ci sareste
sarebbero	ci sarebbero

Esercizio 8. Cosa farebbe Lei nelle seguenti situazioni?

Risponda usando il condizionale.

1. Il/La mio/a compagno/a di stanza ascolta costantemente la musica a volume molto alto.
   a. _____ (dire a lui/lei) di usare le cuffie (*headphones*).
   b. _____ (cercare) un'altra stanza con una persona più considerata.
   c. _____ (parlare con lui/lei) e _____ (dire a lui/lei) di farlo solo quando io non sono in casa.

2. Io e un(a) mio/a amico/a siamo in aeroporto e il nostro volo è stato cancellato.
   a. _____ (aspettare: noi) in aeroporto fino al volo successivo, anche senza la certezza (*certainty*) di poterci imbarcare.
   b. _____ (accettare: noi) la proposta dell'impiegato della linea aerea: _____ (partire: noi) il giorno successivo, con lo stesso volo, e _____ (rimanere: noi) una notte nella città di partenza, a spese (*expense*) della linea aerea.
   c. _____ (cercare: noi) un posto con un'altra compagnia, anche se l'impiegato della linea aerea ci dice che il volo _____ (non essere) diretto.

3. Sono le undici di sera e sto guidando. Fra circa un'ora sarò a casa. Improvvisamente mi accorgo (*I realize*) di avere una gomma a terra e così mi fermo per cambiarla. Purtroppo, vedo che nel bagagliaio della macchina non c'è il cric (*jack*). La batteria del mio cellulare è scarica (*dead*) e quindi non posso chiamare nessuno.
   a. _____ (aspettare) e _____ (chiedere) aiuto alla prima persona che passa.
   b. _____ (continuare) a guidare con la gomma a terra.
   c. _____ (uscire) dalla macchina e _____ (camminare) fino a trovare un telefono di emergenza.

G. Using the Conditional to Be Polite and Diplomatic

In Italian, as in English, the conditional is also used to express polite wishes, requests, or preferences, such as in the following examples. Read them carefully.

Patrizia e Cristina sono nello spogliatoio (*locker room*) della palestra, e si stanno facendo la doccia.

Patrizia: Cristina, **mi presteresti** il tuo shampoo, per favore?	*Cristina, would you (please) lend me your shampoo?*
Cristina: Certo! Prendi anche un po' di balsamo, se vuoi.	*Of course! Take some conditioner, too, if you want.*

Maurizio è in una gelateria con la piccola Marianna, sua figlia.

Gelataio: Mi dica!	*Tell me!*
Maurizio: **Vorrei** un cono da due euro (€2,00): vaniglia e cioccolato.	*I'd like a €2.00 cone: vanilla and chocolate.*

Elena e Mauro sono in un negozio di abbigliamento. Mauro si sta provando (*is trying on*) un paio di pantaloni.

Mauro: Elena, che dici... li compro?	*Elena, what do you say . . . shall I buy them?*
Elena: Ehm... **non saprei**... perché non ti provi questi?	*Ehm . . . I don't know . . . why don't you try these on?*

Esercizio 9. Domande cortesi.

Riformuli le domande seguendo l'esempio.

CHIEDI A TUO PADRE...

1. di insegnarti a preparare la pizza. (insegnare)

   Mi insegneresti a preparare la pizza?

2. di spiegarti la sua filosofia della vita. (spiegare)

3. di raccontarti come è stata la sua prima esperienza romantica. (raccontare)

CHIEDI A TUA MADRE...

4. di darti 100 dollari. (dare)

5. di invitare a cena la tua ragazza / il tuo ragazzo. (invitare)

6. di venire a prenderti all'aeroporto a mezzanotte. (venire)

CHIEDI AI TUOI COMPAGNI / ALLE TUE COMPAGNE DI STANZA...

7. di fare il bucato con il detersivo che hai comprato tu. (fare)

8. di mettere il vino bianco in frigorifero. (mettere)

9. di tenere aperte le finestre quando cucinano. (tenere)

CHIEDI AL TUO PROFESSORE / ALLA TUA PROFESSORESSA...

10. di spiegarti di nuovo il condizionale. (spiegare: Lei)

11. di lasciarti finire l'esame nel suo ufficio. (lasciare: Lei)

12. di rimanere in ufficio ad aspettarti. (rimanere: Lei)

Previsioni per il futuro: sostantivi (*Predictions for the future: nouns*)

l'aria condizionata	*air conditioning*
il bancomat	*ATM*
la pillola anticoncezionale (f.)	*birth control pill*
la noia	*boredom*
il punto cardinale	*cardinal point*
il cellulare	*cell phone*
il cittadino	*citizen*
il sacerdote	*clergyman*
la colonizzazione (f.)	*colonization*
il comunismo	*communism*
il grillo	*cricket*
la democrazia	*democracy*
i paesi in via di sviluppo (m. pl.)	*developing countries*
la dittatura	*dictatorship*
l'istruzione (f.)	*education*
l'energia	*energy*
la fiaba	*fairy tale*
la moda	*fashion*
il capo di stato (m./f.)	*head of state*
l'assistenza medica	*health care*
il riscaldamento	*heat*
l'omosessualità	*homosexuality*
l'immigrazione (f.)	*immigration*
i paesi industrializzati (m. pl.)	*industrialized countries*
la vita	*life*
l'uomo	*man*
la maternità	*maternity*
gli uomini (m. pl.)	*men*
il petrolio	*oil (petroleum)*
lo spazio	*(outer) space*
la carta	*paper*
la pace (f.)	*peace*
il pianeta (m.)	*planet*
il pregiudizio	*prejudice*
la borsa	*purse*
la razza	*race*
il razzismo	*racism*

il socialismo	*socialism*
la stratosfera	*stratosphere*
lo spessore (m.)	*thickness*
l'albero (m.)	*tree*
la disoccupazione (f.)	*unemployment*
il videogioco	*videogame*
la guerra	*war*
la donna	*woman*
il bosco	*woods*
il mondo	*world*

Previsioni per il futuro: aggettivi (*Predictions for the future: adjectives*)

accessibile	*accessible*
audace	*audacious, daring*
bilingue	*bilingual*
noioso	*boring*
democratico	*democratic*
elettronico	*electronic*
gratuito	*free*
modificato geneticamente	*genetically modified*
ufficiale	*official*
loquace	*talkative*
mondiale	*world*

Previsioni per il futuro: verbi (*Predictions for the future: verbs*)

aumentare	*to augment, to increase*
colonizzare	*to colonize*
diminuire	*to diminish, to decrease*
guadagnare	*to earn*
funzionare	*to function, to work*
spostarsi	*to move (from one place to another)*
passare	*to pass; to change into*
preferire	*to prefer*
recuperare	*to recuperate*
dare per scontato	*to take for granted*

Previsioni per il futuro: espressioni (*Predictions for the future: expressions*)

all'estero	*abroad*
oltre a	*besides*
al chiuso	*indoors*
all'aria aperta	*outdoors*

La vita all'università
Responsabilità e tempo libero

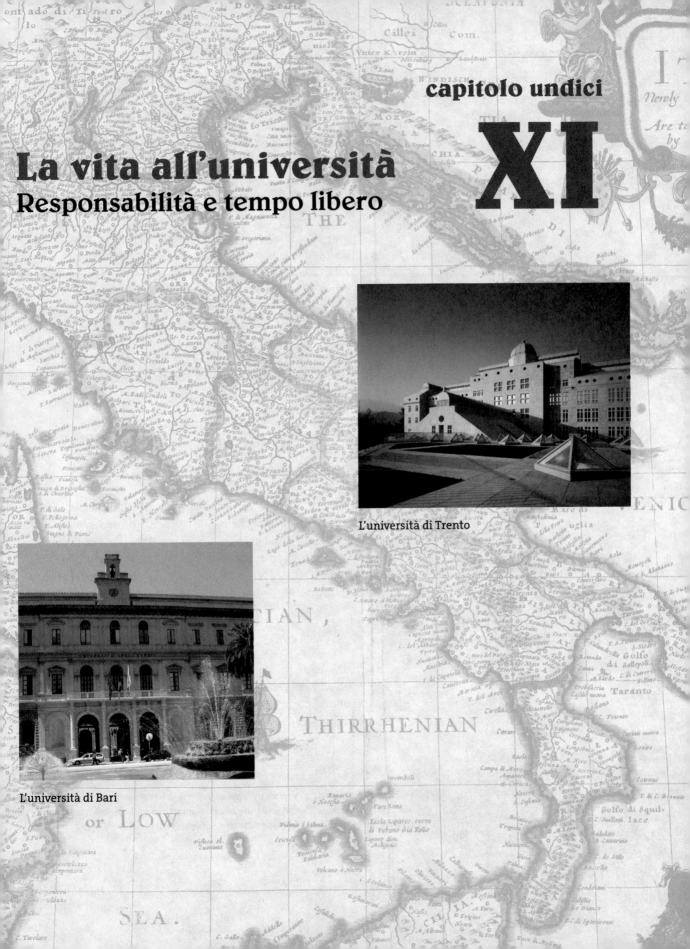

L'università di Trento

L'università di Bari

A. Responsabilità e possibilità

Attività 1. La vita all'università.

La vita all'università è divertente e dinamica, specialmente se l'università si trova (is located) in un bel posto, vivibile e pieno di stimoli. Allo stesso tempo, però, la vita degli studenti può essere stressante e intensa. Quali sono le Sue particolari responsabilità e possibilità in questo momento della Sua vita? Attenzione: crei frasi come quelle degli esempi utilizzando le espressioni indicate.[1]

Esempi: I miei genitori si **aspettano** che io **decida** immediatamente cosa voglio fare.

Mia madre **non vuole** che io **lavori** più di dodici ore alla settimana.

È **incredibile** che il governo **continui** a tagliare (cut) i fondi all'istruzione.

Non credo che il mio compagno di stanza **possa** continuare a studiare veterinaria: odia la chimica!

Sembra che le lingue straniere **siano** molto importanti per la vita professionale.

ESPRESSIONI CHE INDICANO INFLUENZA	ESPRESSIONI CHE INDICANO EMOZIONE	ESPRESSIONI CHE INDICANO INCERTEZZA E OPINIONE
↓	↓	↓
è necessario che...	essere contento/a/i/e che...	è (im)probabile che...
è importante che...	sperare che...	è impossibile che...
è preferibile che...	desiderare che...	è incredibile che...
è opportuno che...	mi dispiace che...	sembrare che...
(non) volere che...		(non) pensare che...
aspettarsi che...		(non) credere che
		dubitare che
		(non) essere sicuro/a/i/e che...

1. Responsabilità accademiche
2. Responsabilità lavorative ed economiche
3. Responsabilità familiari
4. Responsabilità e possibilità sociali o extrascolastiche

1. Remember that only when the subject in the main clause and the subject in the subordinate clause are different is the use of the subjunctive required: **Sono contento che tu venga a trovarmi** (*visit me*). / **Sono contento di venire a trovarti** (*visit you*).

Attività 2. Intervista. La vita all'università.

Adesso parli con un(a) compagno/a e prenda nota delle sue responsabilità.
Segua l'esempio.

Studente 1: Quali sono le tue responsabilità accademiche?

Studente 2: È necessario che prenda voti molto alti per mantenere la mia borsa di studio (*scholarship*).

Student 1: È necessario che _____ prenda voti alti per mantenere la sua borsa di studio.

1. Responsabilità accademiche
   di _____
   (nome della persona intervistata)

2. Responsabilità lavorative ed economiche
   di _____
   (nome della persona intervistata)

3. Responsabilità familiari
   di _____
   (nome della persona intervistata)

4. Responsabilità e possibilità sociali o extrascolastiche
   di _____
   (nome della persona intervistata)

Attività 3. Risultati dell'intervista.

Ci sono responsabilità e possibilità comuni fra Lei e la persona intervistata?

Esempi: Io e _____ speriamo che... **oppure**
I miei genitori e i genitori di _____ non vogliono che noi...
oppure
I nostri professori si aspettano che noi...

1. Responsabilità accademiche comuni
2. Responsabilità lavorative ed economiche comuni
3. Responsabilità familiari comuni
4. Responsabilità e possibilità sociali o extrascolastiche comuni

Attività 4. Consigli.

Scriva un consiglio per ogni situazione. Usi le espressioni suggerite nelle frasi
*principali e il **congiuntivo** nelle frasi subordinate.*

è **necessario** che...   è **probabile** che...   la cosa più
                                                                       importante è che...

i professori **si**   è **preferibile** che...   è **incredibile** che...
  aspettano che...

bisogna che...   è **consigliabile**   **penso** che...
                                 (*advisable*) che...

1. Ad un(a) compagno/a di classe che arriva sempre tardi a lezione.
2. Ad un(a) compagno/a di classe che vuole prendere una "A" nel corso
   di italiano.
3. Ad un(') amico/a per essere felice: cosa è importante fare?
4. Ad un(') amico/a per essere felice: cosa è importante NON fare?
5. Ad un(') amico/a che è preoccupato perché deve vivere all'estero per
   un semestre.
6. Ad un(') amico/a che sabato uscirà per la prima volta con un(a)
   ragazzo/a che gli/le piace molto. Cosa può fare per rendere (*make*) la
   giornata divertente e allo stesso tempo interessante?

B. Cosa fai per rilassarti?

. . . .

Attività 5. La vita universitaria. Cosa fanno Antonella, Marco, Luca, Giovanna e Roberto per divertirsi e rilassarsi?

Scriva frasi semplici usando il presente dell'indicativo, come nell'esempio.

ANTONELLA E MARCO...

1. ... *vanno al mare.*   2.   3.

LUCA...

4.

5.

6.

GIOVANNA...

7.

8.

9.

ROBERTO...

10.

11.

12.

ANTONELLA...

13.

14.

15.

Attività 6. E Lei? Cosa fa per divertirsi e rilassarsi? ✏

Esempio: Io, per divertirmi e rilassarmi...   DA SOLO/A

Leggo in giardino, sull'amaca   ☒

		DA SOLO/A	IN COMPAGNIA
1.	_____	☐	☐
2.	_____	☐	☐
3.	_____	☐	☐
4.	_____	☐	☐
5.	_____	☐	☐
6.	_____	☐	☐

Attività 7. Intervista. Cosa fate per divertirvi e per rilassarvi? ✏

Parli con un(a) compagno/a e prenda nota delle attività rilassanti che avete in comune.

Esempio: **Studente 1:**   Cosa fai per divertirti e per rilassarti?

Studente 2:   Per divertirmi e per rilassarmi suono la chitarra.

Io e _____ per divertirci e per rilassarci,...

c. Al cinema

Attività 8. Le piace andare al cinema? ✏

Risponda alle seguenti domande.

1. Lei va spesso al cinema?   ☐ sì   ☐ no
2. Quante volte all'anno?
   ☐ più di dieci   ☐ meno di dieci   ☐ circa un paio
3. Ricorda il titolo di un film che ha significato molto per Lei? Un film che Lo/La ha cambiato/a?

   _____

4. Che genere di film preferisce? Che genere non Le piace?

	MI PIACCIONO	NON MI PIACCIONO
i cartoni animati	☐	☐
i film d'avventura	☐	☐
i film dell'orrore	☐	☐
i film di fantascienza	☐	☐
i film di guerra	☐	☐

i film drammatici	☐	☐
i film fantastici/fiabeschi	☐	☐
i film gialli (*thriller*)	☐	☐
i film musicali	☐	☐
i film religiosi	☐	☐
i film sentimentali	☐	☐
i film storici/politici	☐	☐
i film *western*	☐	☐
i film comici	☐	☐

5. Le piacciono i film stranieri?

   ☐ no, per niente   ☐ non molto   ☐ sì   ☐ sì, molto

6. Ha un(a) regista preferito/a?

   ☐ No, non ho un(a) regista preferito/a.

   ☐ Sì. Il/la mio/a regista preferito/a è...

   ✎ _____

7. Ha un attore preferito?

   ☐ No, non ho un attore preferito.

   ☐ Sì. Il mio attore preferito è...

   ✎ _____

8. Ha un'attrice preferita?

   ☐ No, non ho un'attrice preferita.

   ☐ Sì. La mia attrice preferita è...

   ✎ _____

9. Pensi a tre (3) film che ha visto recentemente, scriva i titoli e indichi il Suo giudizio.

   ★   UN FILM MEDIOCRE

   ★★   UN BEL FILM

   ★★★   UN FILM ECCELLENTE

   ★★★★   UN CAPOLAVORO (*masterpiece*)

   TITOLO   **GIUDIZIO**

   _____   _____

   _____   _____

   _____   _____

Attività 9. Ti piace andare al cinema?

*Formuli le stesse domande dell' **Attività 8** usando il **tu** e poi intervisti un(a) compagno/a. Scriva le risposte del(la) compagno/a.*

→ **Lettura** ←

Un film storico

Titolo:	*Sacco e Vanzetti*[2]
Nazionalità:	italiana/francese
Anno:	1971
Regista:	Giuliano Montaldo
Sceneggiatura:	Fabrizio Onofri, Giuliano Montaldo
Colonna sonora:	Ennio Morricone, Joan Baez
Cast:	Riccardo Cucciolla, Gian Maria Volonté, Rosanna Fratello, Cyril Cusak, Milo O'Shea, Geoffrey Keen, Marisa Fabbri, Sergio Fantoni
Personaggi ed interpreti principali:	Nicola Sacco (Riccardo Cucciolla) Bartolomeo Vanzetti (Gian Maria Volonté) La signora Rosa Sacco (Rosanna Fratello) Il procuratore (*prosecutor*) Frederick Katzmann (Cyril Cusak) L'avvocato Moore, primo avvocato difensore (Milo O' Shea) Il giudice (*judge*) Webster Thayer (Geoffrey Keen) Una testimone (*witness*): Mary Splaine (Marisa Fabbri) Il console italiano Giuseppe Andrower (Sergio Fantoni)
Genere:	storico/politico/drammatico
Durata:	1h 51' (un'ora e cinquantun minuti)
Temi:	Emigrazione italiana negli Stati Uniti, razzismo, xenofobia, politica, movimenti sindacali (*labor union*), repressione dei gruppi di sinistra (*left wing*)
Premi:	Miglior attore al Festival di Cannes del 1971 (Riccardo Cucciolla)
Trama:	**Boston, 1920.** Due immigrati italiani, Nicola Sacco e Bartolomeo Vanzetti —o *Nick and Bart*, come li chiamavano negli Stati Uniti— sono arrestati il 5 maggio 1920 perché nei loro cappotti la polizia trova volantini (*flyers*) anarchici e due pistole. Dopo tre giorni, i due amici sono accusati anche di una rapina (*robbery*) avvenuta a *South Braintree*, un sobborgo di Boston, poche settimane prima del loro arresto. Durante (*during*) la rapina,

2. Nicola Sacco and Bartolomeo Vanzetti were Italian immigrants whose trial and execution in the 1920s gained widespread attention and caused an international outcry. The two men were arrested in May 1920 and charged with robbing and murdering the paymaster and another employee of a shoe company in South Braintree, Massachusetts. Although they had credible alibis and were never connected to the stolen money, both men were anarchists and had been carrying firearms when they were arrested. During the trial, the prosecution played on the public's fear of political radicals and its prejudice against Italians, and on July 14, 1921, the jury found Sacco and Vanzetti guilty. Many people, however, protested that the verdict was based on who they were rather than on the evidence, and a lengthy legal struggle ensued to save the two men. It continued until 1927, during which time much of the evidence against them was discredited, but repeated petitions for a retrial were denied. Despite mass demonstrations worldwide, Sacco and Vanzetti were executed by electric chair on August 23, 1927.

due uomini erano stati assassinati a colpi di pistola. Così, Sacco e Vanzetti sono accusati di rapina a mano armata e di duplice omicidio.

Quasi immediatamente appare evidente che i due imputati (*accused*) sono innocenti, ma che il tribunale li vuole condannare soltanto perché sono anarchici ed italiani. La difesa tenta (*tries*) disperatamente di demolire la falsa accusa, ma fallisce, e Sacco e Vanzetti sono condannati a morte.

Contemporaneamente, in tutto il mondo, c'è una mobilitazione intensa a favore dei due immigrati italiani, ma la richiesta di riaprire il caso è sistematicamente rifiutata, anche quando un altro detenuto, condannato alla pena di morte (*death penalty*), ammette di avere partecipato alla rapina e di non avere mai visto Sacco e Vanzetti.

Sette anni dopo la condanna a morte, Sacco e Vanzetti sono giustiziati sulla sedia elettrica. Era il 23 agosto 1927. Nicola Sacco morì alle ore 0,19 e Bartolomeo Vanzetti alle ore 0,26.

Contesto del film: Il film sottolinea il clima di repressione della comunità di immigrati italiani a Boston nel 1920. La rapida politicizzazione a sinistra —anarchici e socialisti—, la sindacalizzazione (*unionization*) di larghe masse di lavoratori di recente immigrazione e la fobia della Rivoluzione Russa (ottobre 1917)[3] avevano spaventato (*scared*) alcuni settori della borghesia statunitense e avevano generato la paura (*fear*) di imminenti rivolte sociali.

Il film vuole dimostrare che il destino dei due anarchici italiani fu la conseguenza di un'ondata (*wave*) repressiva contro la "sovversione". Sacco e Vanzetti furono le vittime di un'isteria collettiva che si era impadronita (*had seized*) dell'opinione pubblica conservatrice e delle istituzioni giudiziarie. Il ministro della giustizia, Mitchell Palmer, appare all'inizio del film esagerando il pericolo (*danger*) dei complotti dei "rossi". L'idea del film è che la condanna di Sacco e Vanzetti non fu un errore giudiziario, ma un omicidio legale deliberatamente perpetrato. Anni dopo, il presidente Franklin Delano Roosevelt lo definì "il delitto più atroce compiuto in questo secolo dalla giustizia umana".

Negli anni Settanta, esattamente il 23 agosto 1977 —cinquant'anni dopo la morte di Sacco e Vanzetti— Michael Dukakis, governatore democratico del Massachusetts, ha riconosciuto gli errori commessi nel processo in un documento ufficiale e ha riabilitato completamente la memoria dei due immigrati italiani. In quella data —chiamata *Nicola Sacco and Bartolomeo Vanzetti Day*— il regista Giuliano Montaldo fu invitato a Boston e ricevuto con tutti gli onori, perché con il suo film aveva contribuito alla giustizia, anche se postuma.[4]

3. The 1917 Bolshevik revolution in Russia greatly disturbed many U.S. citizens who feared that sympathizers would try the same thing in the United States. Many called these people "reds," after the color of the Russian communist flag. In the spring of 1919, A. Mitchell Palmer became attorney general of the United States under President Woodrow Wilson. Working with Bureau of Immigration officials, Palmer decided to launch a massive round-up of aliens (non-U.S. citizens) suspected of having revolutionary views. The purpose of these "Red Raids" was to arrest and deport so-called dangerous foreigners before they could bring about a violent revolution outside their countries of origin. <http://www.crf-usa.org/terror/PalmerRedRaids.htm>

4. **Postumo** = *posthumous*

Attività 10. Le è piaciuto il film?

1. **Giudizio personale:**   ☐ Mi è piaciuto.   ☐ Non mi è piaciuto.
2. **Perché:** _____

Il poster del film di Giuliano
Montaldo

Attività 11. *Sacco e Vanzetti.* Vero o falso?

1. Il film *Sacco e Vanzetti* racconta una storia realmente accaduta (*occurred*) negli anni Venti.
2. Negli anni Venti, negli Stati Uniti, c'era una forte paura del comunismo.
3. Mitchell Palmer era il presidente degli Stati Uniti al momento dell'arresto dei due anarchici italiani.
4. L'idea del film è di dimostrare che la condanna di Sacco e Vanzetti fu un omicidio legale perpetrato deliberatamente, e non un errore giudiziario.
5. Il presidente Roosevelt, anni dopo la morte (*death*) di Sacco e Vanzetti, giustificò il verdetto emesso nel 1927.
6. La memoria di Sacco e Vanzetti fu ufficialmente riabilitata —nel Massachusetts— negli anni Settanta.
7. Il regista del film, Giuliano Montaldo, fu invitato a Boston quando Michael Dukakis era governatore del Massachusetts.

Attività 12. *Sacco e Vanzetti.*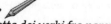
Completi le frasi con la forma corretta dei verbi fra parentesi.

1. Il ministro di giustizia Palmer vuole che gli immigrati socialisti _____ (essere) deportati.

2. Durante l'interrogatorio, il capo della polizia dubita che Sacco e Vanzetti _____ (dire) la verità.

3. In prigione, Sacco e Vanzetti hanno paura che il procuratore (*prosecutor*) Katzmann _____ (volere) accusarli di rapina (*robbery*) e omicidio.

4. Secondo una scena del film, Mary Splaine, una testimone, non è sicura che l'assassino _____ (essere) Nicola Sacco, ma afferma il contrario.

5. Rosa Sacco, la moglie di Nicola, spera fino alla fine che l'avvocato Moore _____ (potere) convincere i membri della giuria (*grand jury*).

Nicola Sacco e Bartolomeo Vanzetti

Attività 13. Una testimonianza storico.

Traduca in inglese.

LE ULTIME PAROLE DI BARTOLOMEO VANZETTI IN TRIBUNALE

Quando le Sue ossa (*bones*), signor Thayer, non saranno che (*anything but*) polvere (*dust*), e i vostri nomi, le vostre istituzioni, non saranno che il ricordo di un passato maledetto (*cursed*), il suo nome —il nome di Nicola Sacco— sarà ancora vivo nel cuore della gente. Noi dobbiamo ringraziarvi. Senza di voi saremmo morti come due poveri sfruttati (*exploited people*): un buon calzolaio, un bravo pescivendolo... E mai, in tutta la nostra vita, avremmo potuto sperare di fare tanto in favore della tolleranza, della giustizia, della comprensione fra gli uomini...

L'ULTIMA LETTERA DI NICOLA SACCO AL FIGLIO

Possono bruciare i nostri corpi oggi, ma non possono distruggere le nostre idee. Queste rimangono per i giovani come te. Ricorda, figlio mio, la felicità dei giochi... non tenerla tutta per te... Cerca di comprendere con umiltà il prossimo, aiuta il debole, aiuta quelli che piangono, aiuta il perseguitato, l'oppresso: loro sono i tuoi migliori amici.

Attività 14. Un film che ho visto. 🖊

Completi le frasi con la forma corretta dei verbi fra parentesi. Usi il congiuntivo solo dove è necessario.[5]

Esempio: Nel film *Sacco e Vanzetti*, l'avvocato difensore sa che gli imputati *sono* (essere) innocenti, ma non può fare niente per salvarli. La moglie di Nicola Sacco —Rosa— spera fino all'ultimo momento che il verdetto *sia* (essere) giusto.

1. Nel film *Alla ricerca di Nemo*, Marlin, il padre di Nemo, desidera che suo figlio _____ (tornare) a casa sano e salvo.

2. Nel film *The Hours*, Laura Brown è molto insoddisfatta della sua vita e pensa al suicidio. Tuttavia, sembra che la donna non _____ (avere) il coraggio del gesto estremo.

3. Nel film *Titanic*, il fidanzato di Rose —la protagonista— è geloso, e non vuole che lei _____ (parlare) con Jack.

4. Nel film *Il libro della giungla*, l'orso Baloo dice sempre che Mowgli non _____ (volere) andare al villaggio degli uomini.

5. Nel film *Nel nome del padre*, è importante che l'avvocato Gareth Peirce —interpretato da Emma Thompson— _____ (leggere) tutti i documenti riguardanti i veri terroristi dell'IRA.

6. Gli spettatori di *L'amore davvero* capiscono che Hugh Grant _____ (interpretare) il personaggio del primo ministro inglese Tony Blair.

7. I critici dicono —ed è evidente— che l'obiettivo del regista statunitense Michael Moore _____ (essere) la denuncia.

8. Nel film *Il favoloso mondo di Amelie*, il padre della protagonista, che è medico, crede che la sua bambina _____ (soffrire) di un'anomalia cardiaca, e quindi non permette che la piccola _____ (giocare) con gli altri bambini.

9. Nel film *Lizzy McGuire*, Liz spera di _____ (avere) molte avventure in Italia.

---

5. Remember the four requirements that trigger the use of the subjunctive mood: (1) the sentence usually consists of two parts, or clauses. (2) The two clauses are connected by the conjunction **che**. (3) The first clause contains a verb or a verb phrase indicating (a) *influence*, (b) *emotion*, or (c) *uncertainty*. (4) The subject in the main clause and the subject in the subordinate clause are different.

A. Talking about People and Objects Already Mentioned: Using Indirect and Direct Object Pronouns in the Same Sentence

In chapters 5 and 6, you studied direct and indirect object pronouns and learned where to place them in relation to verb(s).

Sometimes, both direct and indirect objects are used together in the same sentence, especially with double object verbs such as **dare** (*to give*), **scrivere** (*to write*), **dire** (*to tell*), **preparare** (*to prepare*), and **consegnare** (*to hand in*). For a more complete list of double object verbs, please review the **Pagine verdi** in chapter 6.

Please study the following examples.

Amanda: Jeff, when are you going to return the CDs that I let you borrow?
Jeff: I'll bring <u>them</u> back <u>to you</u> tomorrow in class. I promise!

David: Hey, Robert, when are we going to return the car keys to my dad?
Robert: We will return <u>them</u> <u>to him</u> tonight. Is that OK?

In Italian, there are a few basic rules you should keep in mind when two object pronouns are used together.

1. The indirect object pronoun always precedes the direct object pronoun.
2. When these pronouns are used together, the indirect object pronoun changes its spellings, except for **loro/Loro.**
3. When used together with a direct object pronoun, the indirect object pronouns **gli** (to/for him) or **le/Le** present the same spelling change, both becoming **glie-**. Besides this spelling change, notice that **glie-** is always attached to the direct object pronoun.
4. The indirect object pronouns **loro/Loro** (to/for them, to/for you) always follow the verb and cannot combine with a direct object pronoun. Remember, however, that the polite **Loro** is used only in highly formal social settings and that, in spoken Italian, **glie-** usually replaces **loro.**

These are the indirect object pronoun spelling changes.

mi	to/for me	→ **me**
ti	to/for you (inf.)	→ **te**
Le	to/for you (pol.)	⎫
gli	to/for him	→ **glie-**
le	to/for her	⎭
ci	to/for us	→ **ce**
vi	to/for you (inf.)	→ **ve**

These are the combinations of indirect object pronouns (IOPs) and direct object pronouns (DOPs).

IOP ↓ / DOP →	+ lo	+ la	+ li	+ le
mi	me lo	me la	me li	me le
ti	te lo	te la	te li	te le
le / gli / le	glielo	gliela	glieli	gliele
ci	ce lo	ce la	ce li	ce le
vi	ve lo	ve la	ve li	ve le

Now read the following examples, based on the English examples on page 323.

Amanda: Jeff, quando mi restituisci i CD che ti ho prestato?
Jeff: <u>Te li</u> porto domani, a lezione. <u>Te lo</u> prometto!

David: Robert, quando restituiamo le chiavi della macchina a mio padre?
Robert: <u>Gliele</u> restituiamo stasera, va bene?

Esercizio 1.

Sostituisca i nomi sottolineati con i pronomi adatti. Segua l'esempio.

Esempio: Consegno <u>il diario</u> <u>alla professoressa di italiano</u> tutti i lunedì.
Glielo consegno tutti i lunedì.

1. Chiedo sempre <u>gli appunti</u> <u>a Teresa</u>.
2. Faccio <u>le domande</u> <u>al professore</u> durante la lezione.
3. Preparo <u>una torta</u> <u>per il mio amico Antonio</u>.
4. Scrivo <u>una lettera</u> <u>alla mia amica Antonella</u>.
5. Restituisco <u>i libri</u> <u>a mio padre</u>.
6. Consegno <u>la versione finale del tema</u> <u>alla professoressa</u>.
7. Il professore restituisce <u>a noi studenti</u> <u>l'esame corretto</u>.
8. I miei genitori mandano <u>un regalo</u> <u>a me</u>.
9. Mia zia scrive <u>lettere</u> <u>a me e a mio fratello</u>.
10. Giovanna scrive <u>una lettera</u> <u>ai suoi genitori</u>.
11. Tommasino non dice <u>la verità</u> <u>a sua nonna</u>.
12. "Patrizia, presento <u>a te</u> <u>la mia amica Giulia,</u> se vuoi."
13. Vado in banca e il cassiere dà <u>i soldi</u> <u>a me</u>.
14. Il nonno legge <u>molte storie</u> <u>alla sua nipotina</u>.

Esercizio 2. Al ristorante. ✏

Sostituisca i nomi sottolineati con i pronomi adatti.

Esempio: Il cameriere porta le pietanze (*courses*) ai clienti.
Il cameriere le porta loro. *oppure* Il cameriere gliele porta.

1. Il cliente lascia la mancia (*tip*) ai camerieri.
2. Il cuoco prepara piatti deliziosi per i clienti.
3. I clienti fanno i complimenti al cuoco.
4. Il cameriere porta il conto alla cassiera del ristorante.
5. "Cameriere, porta il sale a noi, per favore?"
6. Il cameriere porta il sale alla signora del tavolo numero tre.
7. Il cameriere porta il resto (*change*) ai signori del tavolo numero cinque.
8. I signori del tavolo numero cinque lasciano la mancia al cameriere.
9. Il cameriere domanda ai clienti se tutto va bene.

B. Talking about People and Objects Already Mentioned: Combining Direct Object Pronouns with Reflexive Pronouns

When direct object pronouns and reflexive pronouns are used together, the reflexive pronouns change their spelling. The spelling changes are identical to the indirect object pronoun spelling changes, except for the reflexive pronoun **si**, which becomes **se** in a combined form. Please study the following chart.

	REFLEXIVE PRONOUNS	SPELLING CHANGES
myself	mi	→ me
yourself	ti	→ te
yourself (pol.), himself, herself	si	→ se
ourselves	ci	→ ce
yourselves	vi	→ ve
yourselves (pol.), themselves	si	→ se

In a sentence in which reflexive pronouns are combined with direct object pronouns, the order of pronouns is the same as in the indirect/direct object pronoun combination:

INDIRECT OBJECT PRONOUN	DIRECT OBJECT PRONOUN	VERB	
Me	lo	consegna	*(S)he turns it in to me.* (il tema)

REFLEXIVE PRONOUN	DIRECT OBJECT PRONOUN	VERB	
Se	le	lava	*(S)he washes them.* (le mani)

Esercizio 3. La routine giornaliera. ✎

Riscriva le frasi utilizzando due (2) pronomi. Segua l'esempio.

Esempio: Giovanna <u>si</u> lava <u>i capelli</u> tutti i giorni.
    Se li lava tutti i giorni.

1. Ti lavi le mani prima di mangiare?
2. Luca non si fa la barba tutti i giorni.
3. Elena si depila le gambe un giorno sì, un giorno no.
4. Roberto e Giovanna non si mettono mai le ciabatte (*flip-flops*) per uscire.
5. Mi lavo i denti tre volte al giorno.
6. Elena e Francesca si truccano gli occhi solo il sabato sera.
7. Tu e Marco vi fate la doccia tutte le sere, vero?
8. Ci mettiamo un vestito lungo per la festa di stasera?

c. Talking about People and Objects Already Mentioned: Combining Direct Object, Indirect Object, and Reflexive Pronouns in Imperative Forms

1. When combining an imperative form with a direct or indirect object pronoun or a reflexive pronoun, we must remember that the pronouns always precede the verb form in formal commands, but are attached to the verb form in informal commands. Please study the following two examples.

In un negozio di abbigliamento: la commessa propone un paio di pantaloni a una cliente.

Commessa: **Se li provi,**[1] signora, e vedra che le piaceranno!

Cliente: Grazie! Me li provo subito! Comunque vorrei vedere anche quelli della vetrina... **me li prenda!**

In a clothes store: the salesclerk suggests a pair of pants to a (female) customer.

Try them on (madam), and you'll see that you'll like them!

Thank you! I'll try them on right away! Anyway, I'd also like to see the ones in the window . . . (will you) get them for me!

Giovanna, Roberto, Teresa e Bruno stanno partendo, in macchina, per andare al mare.

Mamma di Giovanna: Ragazzi, per favore, **andate** piano... e **divertitevi** al mare!

Roberto: **Non si preoccupi,** signora Righi, guiderò io, e andrò piano!

Giovanna: Appena arriviamo ti telefoniamo, va bene, mamma?

Mamma di Giovanna: D'accordo! Anche se è tardi, non fa niente: **svegliatemi!**

Giovanna, Roberto, Teresa, and Bruno are driving to the beach.

Guys, please, drive safely . . . and have fun at the beach!

Don't worry, Mrs. Righi, I'll be driving, and I'll drive safely!

We'll call you as soon as we get there, OK, mom?

All right! Even if it's late, that's fine: wake me up!

---

1. **Provarsi** (*to try on*) is a reflexive verb.

2. Finally, note that when a pronoun is attached to a one-syllable **tu** form of the imperative of the irregular verbs you learned in chapter 9 (**da', fa', va', di',** and **sta'**) the apostrophe is dropped and the first consonant of the pronoun is doubled, except in the case of **gli.**

Giovanna, Roberto, Teresa e Bruno sono appena arrivati al mare.

Giovanna, Roberto, Teresa, and Bruno have just arrived at the beach.

Giovanna: Ci siamo, ragazzi... **aspettatemi** un momento... accendo la luce del giardino...

Here we are, guys . . . wait for me a moment . . . I'll turn the light on in the yard . . .

Roberto: **Dammi** la chiave del garage, Giovanna, così metto la macchina dentro...

Give me the garage key, Giovanna, so I can put the car inside . . .

Giovanna: Tieni...

Here you are . . .

Teresa: Giovanna, ti accompagno!

Giovanna, I'll go with you!

Giovanna: Grazie, Teresa... **Fammi** un favore, prendi la torcia dalla mia borsa...
***

Thank you, Teresa . . . do me a favor, take the flashlight from my purse . . .
***

Bruno: Appena parli con tua madre **ringraziala** da parte nostra, Giovanna... **dille** che questo posto è incredibile!

As soon as you talk to your mother thank her on our behalf, Giovanna . . . tell her that this place is incredible!

Esercizio 4.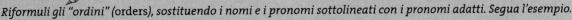

Riformuli gli "ordini" (orders), sostituendo i nomi e i pronomi sottolineati con i pronomi adatti. Segua l'esempio.

Esempio: Giovanna: lava<u>ti</u> <u>i capelli</u> tre volte alla settimana, non tutti i giorni!

      Lavateli!

1. Tommasino: lava<u>ti</u> <u>le mani</u>!
2. Luca: non <u>ti</u> fare <u>la barba</u> un giorno sì, un giorno no! Fat<u>ti</u> <u>la barba</u> tutti i giorni!
3. Roberto: metti<u>ti</u> <u>le ciabatte</u> per uscire!
4. Antonella: lava<u>ti</u> <u>i denti</u> tre volte al giorno!
5. Elena e Francesca: truccate<u>vi</u> <u>gli occhi</u> solo il sabato sera!
6. Alberto e Tommasino: non fate<u>vi</u> <u>il bagno</u> (bath) adesso, l'acqua è molto fredda!
7. Alberto e Tommasino: asciugate<u>vi</u> bene <u>i capelli</u> prima di andare a letto!
8. Alberto e Tommasino: mettete<u>vi</u> <u>il pigiama</u>! È ora di andare a letto!
9. Alberto: di' <u>la verità</u> <u>a me</u>.
10. Alberto: di' <u>la verità</u> <u>alla mamma</u>.
11. Antonella, per favore, di' <u>a Marco</u> <u>che abbiamo cambiato idea</u>: stasera non usciamo.
12. Elena, fa' un favore <u>a me</u>: presta <u>a me</u> <u>il tuo cellulare</u>.
13. Giovanna, appena arrivi al mare, fa' sapere <u>a noi</u> com'è andato il viaggio, d'accordo?
14. Bruno: da' una mano <u>a me</u>, per favore.

Esercizio 5. ✏️

Risponda alle domande usando due (2) pronomi e coniugando i verbi —al passato prossimo, al presente e al futuro— in modo appropriato. Segua l'esempio.

Esempio: Hai comprato il regalo a Giulia? (sì / ieri pomeriggio) (no / oggi pomeriggio) (no / domani)

Sì, gliel'ho comprato ieri pomeriggio.
No, glielo compro oggi pomeriggio.
No, glielo comprerò domani.

1. Hai restituito il dizionario al tuo professore?
2. Hai scritto una lettera ai tuoi amici italiani?
3. Hai dato la medicina al tuo cane?
4. Hai detto a Francesca che pensi di andare a trovarla (*see her*)?
5. Giovanna ti ha prestato (*lent*) questo CD?

Esercizio 6. ✏️

Trasformi le frasi usando l'imperativo formale e i pronomi adatti. Segua l'esempio.

Esempio: Lavatele, per favore. (le mani)
Se le lavi, per favore.

1. Non te la fare tutti i giorni. (la barba)
2. Non te le mettere per uscire. (le ciabatte)
3. Lavateli tre volte al giorno. (i denti)
4. Truccateli solo il sabato sera. (gli occhi)
5. Non te lo fare adesso, l'acqua è molto fredda! (il bagno)
6. Asciugateli bene prima di andare a letto! (i capelli)
7. Mettitelo. (il pigiama)
8. Dimmela. (la verità)
9. Digliela. (la verità)
10. Diglielo. (che abbiamo cambiato idea)
11. Fammi un favore: prestamelo. (il cellulare)
12. Faccelo sapere. (com'è andato il viaggio)
13. Dammela. (una mano)

D. The Subjunctive Mood: An Introduction

The subjunctive is a verb mood that is often used in Italian to stress feelings about a fact or idea. This mood is used to express a subjective point of view, and it is usually triggered by three conceptual categories: (1) influence: a command, a suggestion, or a necessity, (2) emotion: a feeling or a wish, and (3) uncertainty: a personal opinion or a doubt.

Although the subjunctive is rarely used—or recognized—in English,[2] this mood is frequently used in Italian. Called the **congiuntivo,** it has four tenses and is usually found in dependent (subordinate) clauses introduced by the conjunction **che** (*that*).

---

2. Some examples: *I wish he **were** here. / It is important that Jordan **call** me tonight. / So **be** it.*

Learn to recognize the four semantic[3] and syntactic[4] requirements that trigger the use of the subjunctive mood when all four conditions are present together.

1. The sentence consists of two parts, or clauses (with some exceptions). The main clause usually implies that additional information will follow. The subordinate clause depends on the main clause for its meaning: _It is important_ _that you understand what went wrong._ (The main clause is underlined)
2. The two clauses are connected by the conjunction **che.** Note that the conjunction _that_ is often optional in English, but is _always_ required in Italian: **Ho paura che sia troppo tardi.** _I am afraid (that) it is too late._
3. The first clause contains a verb or a verb phrase indicating (1) influence, (2) emotion, or (3) uncertainty: **Bisogna che lui arrivi in orario.** _It is necessary (that) he arrives on time._ **Spero che lui arrivi in orario.** _I hope (that) he arrives on time._ **Non sono sicuro che lui arrivi in orario.** _I doubt (that) he arrives on time._
4. The subject in the main clause and the subject in the subordinate clause are different. **Maria pensa che Iolanda sia distratta.** _Maria thinks that Iolanda is absentminded._ vs. **Maria pensa di essere distratta.** _Maria thinks that she (Maria) is distracted._

To learn the forms of the present subjunctive, review the commands of the formal imperative: all the singular forms of the present subjunctive are identical to the formal imperative.

Read each conjugation aloud, starting with the conjunction **che** (**che io parli, che tu parli, che Lei/lui/lei parli,** and so on).

	PARLARE	SCRIVERE	DORMIRE
che io	parl**i**	scriv**a**	dorm**a**
che tu	parl**i**	scriv**a**	dorm**a**
che Lei/lui/lei	parl**i**	scriv**a**	dorm**a**
che noi	parl**iamo**	scriv**iamo**	dorm**iamo**
che voi	parl**iate**	scriv**iate**	dorm**iate**
che Loro/loro	parl**ino**	scriv**ano**	dorm**ano**

Have you noticed the following?

- The **-ere** and **-ire** verbs have identical endings.
- The **io, tu,** and **Lei/lei/lui** forms (the three singular forms) are identical. If the context does not clarify the meaning, a subject pronoun is used.
- All the forms except **noi** and **voi** are based on the first person singular form (**io** form).
- The **noi** forms are identical to the present tense of the indicative mood.
- The **voi** forms all end in **-iate.**
- As with the future tense and the conditional mood, all verbs ending in **-care** and **-gare** add an **h** in order to keep the hard sound of the infinitive. Verbs in **-ciare** and **-giare** drop the **i** of the stem.

When you studied the formal command forms (the imperative mood), you learned that if a verb has an irregular present tense, its imperative is also irregular. The same is true in the case of the subjunctive mood. If a verb has an irregular present tense in the indicative mood, then its present subjunctive tense is also irregular. However, the

3. Relating to meaning.
4. Relating to sentence structure.

conjugations always follow the basic pattern of regular subjunctive endings shown in the chart above. Here are some of the most common verbs with irregular present tenses. Complete the chart with the **congiuntivo**.

INFINITO ↓	INDICATIVO PRESENTE ↓	CONGIUNTIVO PRESENTE ↓
andare	vado	che io vada, che tu vada, che Lei/lui/lei vada, che noi andiamo, che voi andiate, che loro vadano
bere	bevo	che io beva, che tu beva, che Lei/lui/lei beva, che noi beviamo, che voi beviate, che loro bevano
dire	dico	che io dica, che tu dica, che Lei/lui/lei dica, che noi diciamo, che voi diciate, che loro dicano
fare	faccio	
potere	posso	
pulire	pulisco	
rimanere	rimango	che io rimanga, che tu rimanga, che Lei/lui/lei rimanga, che noi rimaniamo, che voi rimaniate, che loro rimangano
tenere	tengo	che io tenga, che tu tenga, che Lei/lui/lei tenga, che noi teniamo, che voi teniate, che loro tengano
uscire	esco	
venire	vengo	
volere	voglio	

E. Present Subjunctive Forms of the Verbs *essere* and *avere*

	ESSERE		AVERE
che io	sia	che io	abbia
che tu	sia	che tu	abbia
che Lei/lui/lei	sia	che Lei/lui/lei	abbia
che noi	siamo	che noi	abbiamo
che voi	siate	che voi	abbiate
che loro	siano	che loro	abbiano

F. Present Subjunctive Forms of the Verbs *dare, sapere,* and *stare*

	DARE	SAPERE	STARE
	(TO GIVE)	*(TO KNOW)*	*(TO BE / TO STAY)*
che io	dia	sappia	stia
che tu	dia	sappia	stia
che Lei/lui/lei	dia	sappia	stia
che noi	diamo	sappiamo	stiamo
che voi	diate	sappiate	stiate
che loro	diano	sappiano	stiano

G. The Subjunctive Mood: Expressing Things We Want to Happen or That We Try to Get Others to Do—Commands, Suggestions, Necessity

Read the following examples carefully and identify the semantic and syntactic requirements that trigger the use of the subjunctive mood.

- Do the sentences consist of two clauses (a main clause and a subordinate clause)?
- Are the two clauses connected by the conjunction **che?**
- Does the concept of the verb in the main clause indicate influence, emotion, or uncertainty?
- Is the subject of the main clause different from the subject in the subordinate clause?

Prof.ssa Corvetti: Ragazzi, **voglio** che **prestiate** attenzione a quello che dicono i vostri compagni durante la presentazione, d'accordo? Cominciamo!

Class, I want that you (I want you to) pay attention to what your classmates say during their presentation, all right? Let's start!

Prof.ssa Corvetti: Ragazzi, **suggerisco** che **posticipiamo** la prova scritta a martedì prossimo. Siete d'accordo?

Class, I suggest that we postpone the written test until next Tuesday. Do you agree?

Prof.ssa Corvetti: Ragazzi, **è necessario** che **arriviate** in tempo per l'esame orale. D'accordo?

Class, it is necessary that you arrive on time for the oral exam. All right?

Esercizio 7. I consigli dei professori. ✏️

Completi le seguenti frasi.

Esempio: Parla un professore di italiano: "Ragazzi, **è necessario** *che formuliate* (formulare) sempre le domande
in italiano, e *che salutiate* (salutare) i vostri compagni —in italiano— quando arrivate a lezione e
quando andate via".

1. **È necessario** _____ gli studenti _____ (essere) puntuali a lezione, e
_____ ogni giorno _____ (preparare) i compiti assegnati.

2. **È importante** _____ tutti gli studenti di biologia _____ (andare) in
laboratorio una volta alla settimana.

3. **È fondamentale** _____ gli studenti iscritti ai corsi di lingue straniere _____
(assistere) alle lezioni tutti i giorni.

4. Inoltre, nei corsi di lingue straniere, i professori **insistono** _____ gli studenti _____
(studiare) il materiale assegnato ogni giorno, perché è impossibile assimilare più di tre o quattro regole
grammaticali in una sola volta.

5. In generale, per ottenere risultati accademici soddisfacenti, gli esperti **suggeriscono** _____
gli studenti _____ (partecipare) attivamente e intelligentemente alle lezioni e
_____, dopo le lezioni, _____ (ripassare) il materiale trattato in classe.

H. The Subjunctive Mood: Expressing How We Feel about Certain Events—Emotions, Feelings, and Wishes

Esercizio 8. ✏️

Completi le seguenti frasi.

1. **Mi dispiace** _____ Giovanni _____ (stare) così male. **È un** vero **peccato**
(*pity*) _____ non _____ (potere) uscire dall'ospedale fino a venerdì
prossimo.

2. La nonna di Patrizia ha quasi ottant'anni. **È incredibile** _____ non _____
(ammalarsi) mai, no?

3. Non mi piace l'inverno. **Non vedo l'ora** (*I can't wait*) _____ (arrivare) la primavera!

4. È tutto pronto (*ready*) per la festa in giardino! **Sono** davvero **contento** _____ (venire) anche
la mia ex-ragazza...**spero** solo _____ non _____ (piovere)!

5. Sono sicuro che non pioverà... ma **ho paura** _____ non _____ (esserci)
abbastanza da mangiare. Saremo più di venti e abbiamo ordinato solo quattro pizze!

6. "Roberto, la mamma ed io stiamo pensando ad un regalo per il tuo compleanno. **Preferisci** _____
ti _____ (regalare) un po' di soldi, così puoi fare quello che vuoi, o hai un'idea migliore?"

ı. The Subjunctive Mood: Expressing Beliefs—Personal Opinions and Doubts

Esercizio 9.

Completi le seguenti frasi.

1. (All'aeroporto Leonardo da Vinci, a Roma.)
   —È già arrivato il volo da Venezia?
   —Non ancora. **Penso** _____ (arrivare) alle cinque in punto.
2. Marco: La mia macchina non parte.
   Antonella: Conoscendoti,[5] **è probabile** _____ non _____ (esserci) benzina
         nel serbatoio... ha, ha!
   Marco: No, non credo. Questa volta **mi sembra** _____ (essere) un problema di batteria.
   Antonella: Non possiamo chiedere la macchina a tuo padre?
   Marco: Probabilmente è una buona idea! **Dubito** _____ (avere) impegni (*commitments*) per
         stasera...
3. Agente di viaggi: ...e poi potrete arrivare in Sardegna in nave.
   Signori Gemma: Ma non sarebbe meglio prendere un aereo da Roma a Cagliari?
   Agente di viaggi: Secondo me[6] **è meglio** _____ (prendere) la nave. È molto più economica
         dell'aereo, e sicuramente il viaggio vi piacerà.
   Signora Gemma: Tu che dici, Renato?
   Signor Gemma: Mi piace l'idea della nave. **Speriamo** _____ (fare) bel tempo!

ʝ. The Subjunctive Mood versus the Indicative Mood

Not all sentences that are made up of a main clause and a subordinate clause connected by the conjunction **che** require the use of the subjunctive mood in the subordinate clause. Watch out for specific cases in which the indicative—and not the subjunctive—is required.

A verb or an expression that denotes certainty (in other words, a verb or an expression that asserts) in the main clause does not require the use of the subjunctive, but requires the indicative mood in the subordinate clause. Study the following examples.

Il professori **dicono** che gli studenti di questa università **sono** molto motivati e preparati.

The professors say that students at this university are very motivated and prepared.

È ovvio che gli studenti **capiscono** l'importanza dello studio delle lingue straniere.

It is obvious that the students understand the importance of the study of foreign languages.

So che gli studenti **sentono** che lo studio delle lingue straniere **aumenta** la conoscenza della loro lingua madre.

I know that students feel that foreign language study increases their knowledge of their native language.

---

5. **Conoscere** = *to know*. **Conoscendoti** = *knowing you*
6. **Secondo me...** = *In my opinion . . .*

Esercizio 10. Le vacanze di Giovanna e Roberto. ✏️

Completi le seguenti frasi, usando il congiuntivo solo quando è necessario.

Esempio: Giovanna e Roberto sanno che *è* meglio partire la mattina presto.

1. Giovanna dice che Roberto _____ (volere) arrivare in aeroporto tre ore prima della partenza.
2. È probabile che Giovanna _____ (portare) una valigia molto grande.
3. Roberto spera che non _____ (esserci) la fila all'accettazione.
4. Giovanna vuole che l'impiegato della linea aerea le _____ (assegnare) un posto vicino al corridoio.
5. È necessario che Giovanna e Roberto _____ (fare) una telefonata rapida alle loro rispettive famiglie.
6. Giovanna dice che i bambini _____ (essere) dei viaggiatori perfetti, perché per loro tutto è un gioco.
7. L'assistente di volo non è sicura che il bagaglio a mano di Giovanna _____ (avere) le misure giuste per essere portato in cabina.
8. Roberto desidera solo che l'aereo _____ (partire) in orario.
9. Giovanna è contenta che Roberto _____ (dormire) un po', perché sa che lui non _____ (sentirsi[7]) mai bene quando viaggia in aereo.

Esercizio 11. Un viaggio in Italia. ✏️

Completi le seguenti frasi, usando il congiuntivo solo quando è necessario.

1. Mark e Roxanne partiranno per l'Italia fra un paio di settimane. Roxanne dice che i biglietti quest'anno _____ (essere) meno cari dell'anno scorso, e che non bisogna perdere l'opportunità.
2. Sia (*both*) Mark che (*and*) Roxanne hanno studiato l'italiano per un anno e sanno che un viaggio in Italia _____ (potere) offrire la possibilità di mettere in pratica tutte le cose imparate (*learned*) all'università.
3. La famiglia che ospiterà Mark vuole che lui _____ (andare) una settimana al mare con loro.
4. Roxanne frequenterà un corso avanzato di conversazione con studenti internazionali, ed è molto contenta perché pensa che studiare l'Italiano con altri stranieri _____ (facilitare) sempre l'apprendimento.
5. È probabile che Mark e Roxanne _____ (avere) il tempo di visitare tutte le città principali.
6. È necessario che Mark e Roxanne _____ (scrivere) ai loro genitori regolarmente.

7. **Sentirsi** = *to feel*

Le pagine gialle : Capitolo 11

Verbi ed espressioni che indicano influenza (*Verbs and expressions indicating influence*)

aspettarsi	*to expect*
bisognare [1]	*to be necessary*
preferire	*to prefer*
volere	*to want*
è consigliabile che	*it is advisable that*
è fondamentale che	*it is fundamental that*
è importante che	*it is important that*
è necessario che	*it is necessary that*
è opportuno che	*it is opportune that*
è preferibile che	*it is preferable that*

Verbi ed espressioni che indicano emozione (*Verbs and expressions indicating emotion*)

desiderare	*to wish, to desire*
dispiacere	*to be sorry*
essere contento	*to be happy*
sperare	*to hope*
temere / avere paura	*to fear, be afraid*

Verbi ed espressioni che indicano incertezza e opinione (*Verbs and expressions indicating uncertainty and opinion*)

è impossibile	*it's impossible*
è improbabile	*it is unlikely, improbable*
è incredibile	*it is incredible*
è possibile	*it is possible*
è probabile	*it is likely, probable*
(non) credere	*to (not) believe*
dubitare	*to doubt*
non essere sicuro/a	*to be unsure*
(non) pensare	*to (not) think*
sembrare	*to seem*

---

1. Used only in the third person: **Bisogna...**

Altri verbi riflessivi e reciproci (*Other reflexive and reciprocal verbs*)

divertirsi	*to have fun*
farsi un tatuaggio	*to get a tattoo*
impegnarsi	*to get involved*
rilassarsi	*to relax*
sposarsi	*to get married*

Al cinema (*At the movie theater*)

l'attore	*actor*
l'attrice	*actress*
la colonna sonora	*soundtrack*
il critico	*critic*
la durata	*duration*
il giudizio	*short review*
mediocre	*mediocre*
bello	*good*
ottimo	*excellent*
un capolavoro	*a masterpiece*
il personaggio	*character*
il personaggio principale	*main character*
il premio	*prize, award*
il produttore	*producer*
il/la protagonista	*protagonist*
la recensione	*review*
il/la regista	*director*
la sceneggiatura	*screenplay*

Appendix A: Numbers

I numeri da zero (0) a un miliardo (1.000.000.000)

1–20	21–40	41–60	61–80	81–100
uno (1)	**ventuno** (21)	**quarantuno** (41)	**sessantuno** (61)	**ottantuno** (81)
due (2)	ventidue (22)	quarantadue (42)	...	...
tre (3)	ventitré (23)	quarantatré (43)	sessantatré (63)	ottantatré (83)
quattro (4)	ventiquattro (24)	quarantaquattro (44)	...	...
cinque (5)	venticinque (25)	quarantacinque (45)	...	...
sei (6)	ventisei (26)	quarantasei (46)	...	...
sette (7)	ventisette (27)	quarantasette (47)	...	...
otto (8)	**ventotto** (28)	**quarantotto** (48)	**sessantotto** (68)	**ottantotto** (88)
nove (9)	ventinove (29)	quarantanove (49)	...	...
dieci (10)	trenta (30)	cinquanta (50)	settanta (70)	novanta (90)
undici (11)	**trentuno** (31)	**cinquantuno** (51)	**settantuno** (71)	**novantuno** (91)
dodici (12)	trentadue (32)	cinquantadue (52)	...	...
tredici (13)	trentatré (33)	cinquantatré (53)	settantatré (73)	novantatré (93)
quattordici (14)	trentaquattro (34)	cinquantaquattro (54)	...	...
quindici (15)	trentacinque (35)	cinquantacinque (55)	...	...
sedici (16)	trentasei (36)	cinquantasei (56)	...	...
diciassette (17)	trentasette (37)	cinquantasette (57)	...	...
diciotto (18)	**trentotto** (38)	**cinquantotto** (58)	**settantotto** (78)	**novantotto** (98)
diciannove (19)	trentanove (39)	cinquantanove (59)	...	...
venti (20)	quaranta (40)	sessanta (60)	ottanta (80)	**cento** (100)

100–1.000	2.000–10.000	20.000–1.000.000.000
cento (100)	due**mila** (2.000)	venti**mila** (20.000)
duecento (200)	tre**mila** (3.000)	trenta**mila** (30.000)
trecento (300)	quattro**mila** (4.000)	quaranta**mila** (40.000)
quattrocento (400)	cinque**mila** (5.000)	...
cinquecento (500)	sei**mila** (6.000)	...
seicento (600)	sette**mila** (7.000)	novanta**mila** (90.000)
settecento (700)	otto**mila** (8.000)	cento**mila** (100.000)
ottocento (800)	nove**mila** (9.000)	...
novecento (900)	dieci**mila** (10.000)	un milione (1.000.000)
mille (1.000)	...	un miliardo (1.000.000.000)

Appendix B: Simple and Compound Prepositions

Le preposizioni semplici e articolate[1]

PREPOSIZIONI →	di[2]	a	da	in[3]	con	su	per	tra/fra
SEMPLICE	*of*	*to/at*	*from*	*in*	*with*	*on/ over*	*for*	*between/ among*
ARTICOLI DETERMINATIVI ↓								
il	del	al	dal	nel	col	sul	—	—
lo	dello	allo	dallo	nello	—	sullo	—	—
la	della	alla	dalla	nella	—	sulla	—	—
i	dei	ai	dai	nei	coi	sui	—	—
gli	degli	agli	dagli	negli	—	sugli	—	—
le	delle	alle	dalle	nelle	—	sulle	—	—

1. Learning how to translate prepositions is one of the trickiest aspects of foreign language acquisition. Even though translations are provided in this section, you should not try to translate prepositions literally. Prepositions acquire meaning from the way they are used.

2. Notice that **di** becomes **de** when combined.

3. Notice that **in** becomes **ne** when combined.

Appendix C: Verbs in -isco

Several **-ire** verbs follow the same pattern as **pulire**. They are called **verbi in -isco** because they end in **-isco** in the first person singular of the present indicative tense. In fact, as you have seen in the case of the verb **pulire**, they require the insertion of **-isc** in the three singular persons (**io, tu/Lei, lei/lui**) and the third plural person (**loro/Loro**) of the present tense.

Please refer to the table below for sample conjugations of a few verbs in **-isco**.

		INDICATIVO PRESENTE
capire	*to understand*	capisco, capisci, capisce, capiamo, capite, capiscono
chiarire	*to clarify*	chiarisco...
colpire	*to hit*	colpisco...
concepire	*to conceive*	concepisco...
contribuire	*to contribute*	contribuisco
costruire	*to build, to construct*	costruisco, costruisci, costruisce, costruiamo, costruite, costruiscono
definire	*to define*	definisco...
dimagrire	*to lose weight*	dimagrisco...
diminuire	*to diminish*	diminuisco, diminuisci, diminuisce, diminuiamo, diminuite, diminuiscono
disobbedire/disubbidire	*to disobey*	disobbedisco...
distribuire	*to distribute*	distribuisco...
fallire	*to fail*	fallisco...
finire	*to finish*	finisco, finisci, finisce, finiamo, finite, finiscono
garantire	*to guarantee*	garantisco...
obbedire/ubbidire	*to obey*	obbedisco...
preferire	*to prefer*	preferisco, preferisci, preferisce, preferiamo, preferite, preferiscono
proibire	*to prohibit*	proibisco...
pulire	*to clean*	pulisco, pulisci, pulisce, puliamo, pulite, puliscono
restituire	*to give back, to return*	restituisco, restituisci, restituisce, restituiamo, restituite, restituiscono
scolpire	*to sculpt*	scolpisco...
sostituire	*to substitute*	sostituisco, sostituisci, sostituisce, sostituiamo, sostituite, sostituiscono
stabilire	*to estabilish*	stabilisco...
suggerire	*to suggest*	suggerisco, suggerisci, suggerisce, suggeriamo, suggerite, suggeriscono
unire	*to unite*	unisco...

Appendix D: Verbs with Irregular Past Participles

ammettere	**ammesso**	*to admit*	conoscere	**conosciuto**	*to know*
rispondere	**risposto**	*to answer*			*(a person)*
chiedere	**chiesto**	*to ask for*	ridere	**riso**	*to laugh*
assistere	**assistito**	*to attend /*	vivere	**vissuto**	*to live*
		to assist	perdere	**perso**	*to lose*
stare	**stato**	*to be*	muovere	**mosso**	*to move*
essere	**stato**	*to be*			*(an object)*
nascere	**nato**	*to be born*	offendere	**offeso**	*to offend*
scommettere	**scommesso**	*to bet*	offrire	**offerto**	*to offer*
rompere	**rotto**	*to break*	aprire	**aperto**	*to open*
scegliere	**scelto**	*to choose*	dipingere	**dipinto**	*to paint*
chiudere	**chiuso**	*to close*	produrre	**prodotto**	*to produce*
venire	**venuto**	*to come*	promettere	**promesso**	*to promise*
convincere	**convinto**	*to convince*	mettere	**messo**	*to put*
cuocere	**cotto**	*to cook*	leggere	**letto**	*to read*
coprire	**coperto**	*to cover*	riconoscere	**riconosciuto**	*to recognize*
piangere	**pianto**	*to cry*	richiedere	**richiesto**	*to require /*
decidere	**deciso**	*to decide*			*to request*
morire	**morto**	*to die*	riprendere	**ripreso**	*to resume*
scoprire	**scoperto**	*to discover*	correre	**corso**	*to run*
discutere	**discusso**	*to discuss*	dire	**detto**	*to say*
distinguere	**distinto**	*to distinguish*	vedere	**visto**	*to see*
dividere	**diviso**	*to divide*	parere	**parso**	*to seem*
fare	**fatto**	*to do / to make*	sorridere	**sorriso**	*to smile*
bere	**bevuto**	*to drink*	risolvere	**risolto**	*to solve*
accludere	**accluso**	*to enclose*	rimanere	**rimasto**	*to stay*
iscriversi	**iscritto**	*to enroll*	soffrire	**sofferto**	*to suffer*
esistere	**esistito**	*to exist*	sorprendere	**sorpreso**	*to surprise*
esprimere	**espresso**	*to express*	prendere	**preso**	*to take*
scendere	**sceso**	*to get/go off/*	tradurre	**tradotto**	*to translate*
		down/out	spegnere	**spento**	*to turn off*
dare	**dato**	*to give*	accendere	**acceso**	*to turn on (the*
succedere	**successo**	*to happen*			*light, a car,*
assumere	**assunto**	*to hire*			*appliances)*
interrompere	**interrotto**	*to interrupt*	vincere	**vinto**	*to win*
uccidere	**ucciso**	*to kill*	scrivere	**scritto**	*to write*

Appendix E: Verbs That Express Reciprocal Actions

Some verbs—depending on the context of the sentence—may express reciprocal actions when they are conjugated in their plural forms and preceded by the pronouns -ci, -vi, and -si. Notice that almost all of these verbs have transitive or intransitive meaning when they are not accompanied by reciprocal or reflexive pronouns. The concept that you need to remember is that they can *also* express reflexive and/or reciprocal actions. As always, context will clarify their meaning.

TRANSITIVE OR INTRANSITIVE		REFLEXIVE		RECIPROCAL	
abbracciare	to hug	—		abbracciarsi	to hug each other
aiutare	to help	aiutarsi	to help oneself	aiutarsi	to help each other
amare	to love	amarsi	to love oneself	amarsi	to love each other
baciare	to kiss	—		baciarsi	to kiss (each other)
capire	to understand	capirsi	to understand oneself	capirsi	to understand each other
conoscere	to know	conoscersi	to know oneself	conoscersi	to know each other
dare la mano	to shake hands	—		darsi la mano	to shake (each other's) hands
—		fidanzarsi	to become engaged	fidanzarsi	to become engaged
guardare	to look	guardarsi	to look at oneself	guardarsi	to look at each other
ignorare	to ignore	ignorarsi	to ignore oneself	ignorarsi	to ignore each other
incontrare	to meet	—		incontrarsi	to meet (each other)
—		innamorarsi	to fall in love	innamorarsi	to fall in love (with each other)
lasciare	to leave	—		lasciarsi	to break up
odiare	to hate	odiarsi	to hate oneself	odiarsi	to hate each other
prendere in giro	pull someone's leg	prendersi in giro	pull one's leg	prendersi in giro	pull each other's leg
scrivere	to write	scriversi	to write to oneself	scriversi	to write to each other
somigliare	to look like	—		somigliarsi	to look like each other
sposare	to marry	sposarsi	to get married	sposarsi	to get married
telefonare	to phone	—		telefonarsi	to phone each other
vedere	to see	vedersi	to see oneself	vedersi	to see each other
volere bene	to care for	volersi bene	to care for oneself	volersi bene	to care for each other

Appendix F: Chart of Verb Moods and Tenses (sample verbs: parlare, andare, scrivere, mettere, dormire, divertirsi)

Tempi →
Modi¹ ↓

indicativo — *indica fatti.*

Presente	Passato (prossimo)	Passato (remoto)	Imperfetto	Trapassato	Futuro	Futuro anteriore
parlo	ho parlato	parlai	parlavo	avevo parlato	parlerò	
vado	sono andato/a	andai	andavo	ero andato/a	andrò	
scrivo	ho scritto	scrissi	scrivevo	avevo scritto	scriverò	
metto	ho messo	misi	mettevo	avevo messo	metterò	
dormo	ho dormito	dormii	dormivo	avevo dormito	dormirò	
mi diverto	mi sono divertito/a	mi divertii	mi divertivo	mi ero divertito/a	mi divertirò	

gerundio — *serve per formare i tempi progressivi.*

Presente	Imperfetto
sto parlando	stavo parlando
sto andando	stavo andando
sto scrivendo	stavo scrivendo
sto mettendo	stavo mettendo
sto dormendo	stavo dormendo
mi sto divertendo	mi stavo divertendo

imperativo — *è il modo dei comandi.*

Presente
parla! / parli!
va'! / vada!
scrivi! / scriva!
metti! / metta!
dormi! / dorma!
divertiti! / si diverta!

condizionale — *esprime azioni che potrebbero essere vere... a certe condizioni.*

Presente	Passato (prossimo)
parlerei	avrei parlato
andrei	sarei andato/a
scriverei	avrei scritto
metterei	avrei messo
dormirei	avrei dormito
mi divertirei	mi sarei divertito/a

congiuntivo — *congiunge frasi subordinate e frasi principali.*

Presente	Passato (prossimo)	Imperfetto
che (io) parli	che (io) abbia parlato	che (io) parlassi
che (io) vada	che (io) sia andato/a	che (io) andassi
che (io) scriva	che (io) abbia scritto	che (io) scrivessi
che (io) metta	che (io) abbia messo	che (io) mettessi
che (io) dorma	che (io) abbia dormito	che (io) dormissi
che (io) mi diverta	che (io) mi sia divertito/a	che (io) mi divertissi

Appendix G: Past Subjunctive and Imperfect Subjunctive

A. The Subjunctive Mood in Its Past Tenses: The Past Subjunctive

In chapter 11, you learned that compound sentences may present the semantic and syntactic characteristics that require the use of the subjunctive mood in dependent (subordinate) clauses.

Specifically, you learned that if the main clause contains a verb or a verb phrase that indicates influence/emotion/uncertainty—concepts such as: (1) a command / a suggestion / a necessity, (2) an emotion / a feeling / a wish, or (3) a weak personal opinion / a doubt—the subjunctive is required in the subordinate clause.

Chapter 11 featured sentences whose verbs, in both the main and the subordinate clauses, are in the present tense. The main-clause verbs were in the indicative mood, while the subordinate-clause verbs were in the subjunctive mood.

This appendix outlines how to recognize and use two of the past tenses of the subjunctive mood (the **passato prossimo** and the **imperfetto**), and how to determine when to use a present or a past subjunctive in the subordinate clause of a sentence by evaluating whether the verb tense in the main clause or the sequence of the actions in the sentence calls for a present or past subjunctive.

Il congiuntivo passato (the past subjunctive) is a compound tense (it consists of more than one word). In Italian, the past subjunctive is formed by combining the auxiliary verb, **essere** or **avere,** in the present subjunctive with the past participle of the verb. Basically, it is the formal equivalent of the **passato prossimo,** only in the subjunctive mood.

Read each conjugation aloud, starting with the conjunction **che** (**che io sia andato/andata, che tu sia andato/andata, che Lei/lui/lei sia andato/andata,** and so on)

	ANDARE	SCRIVERE	DIVERTIRSI
che io	sia andato/a	abbia scritto	mi sia divertito/a
che tu	sia andato/a	abbia scritto	ti sia divertito/a
che Lei/lui/lei	sia andato/a	abbia scritto	si sia divertito/a
che noi	siamo andati/e	abbiamo scritto	ci siamo divertiti/e
che voi	siate andati/e	abbiate scritto	vi siate divertiti/e
che Loro/loro	siano andati/e	abbiano scritto	si siano divertiti/e

All the rules that apply to the formation and the conjugation of the **passato prossimo** also apply to the **congiuntivo passato**. Practice by completing the following chart.

INFINITO	PASSATO PROSSIMO (INDICATIVO)	CONGIUNTIVO PASSATO
↓	↓	↓
parlare	ho parlato	*che io abbia parlato, che tu abbia parlato, che Lei/lui/lei abbia parlato, che noi abbiamo parlato, che voi abbiate parlato, che loro abbiano parlato*
bere	ho bevuto	
dire	ho detto	*che io abbia detto, che tu abbia detto, che Lei/lui/lei abbia detto, che noi abbiamo detto, che voi abbiate detto, che loro abbiano detto*
fare	ho fatto	
partire	sono partito/a	
rimanere	sono rimasto/a	
alzarsi	mi sono alzato/a	
vestirsi	mi sono vestito/a	
uscire	sono uscito/a	
stare	sono stato/a	
avere	ho avuto	

The **congiuntivo passato** is used when the action of the subordinate clause occurred *before* the action of the main clause. Read the following examples.

Prof.ssa Corvetti: Ragazzi, **sembra** che **abbiate capito** le regole del congiuntivo perfettamente. Siete sicuri di non avere altre domande?

Prof.ssa Corvetti: Marta, **è un peccato** che Lei non **sia arrivata** in tempo. Abbiamo appena corretto i compiti per oggi.

Class, it seems that you understood the subjunctive rules perfectly. Are you sure you do not have any other questions?

Marta, it's a pity that you didn't arrive on time. We have just corrected today's homework.

Esercizio 1.

Completi le seguenti frasi.

1. Penso che Justin _____ _____ (vivere) in Italia per almeno un anno. Parla molto bene l'italiano!

2. Mi dispiace che tu non _____ _____ (vedere) la partita domenica scorsa. È stata eccezionale!

3. —È probabile che Patrizia e Giovanna _____ _____ (divertirsi) domenica scorsa al mare, perché hanno detto che ci torneranno anche domenica prossima.

   —C'era anche Francesca con loro?

   —No, sembra che non le _____ _____ (dire: loro) niente, e che Francesca si sia un po' offesa.

4. Antonella:　Marco, ma dove corri?

   Marco:　　Vado a prendere l'autobus. Ciao, Antonella, ti chiamo stasera!

   Antonella:　Se vuoi ti accompagno con la mia macchina... penso che l'autobus _____ già _____ (passare).

B. The Subjunctive Mood in Its Past Tenses: The Imperfect Subjunctive

Il **congiuntivo imperfetto** (the imperfect subjunctive) is a simple tense (because it consists of one word). Its use is triggered by the same influence/emotion/uncertainty factors that trigger the present and the past subjunctive, but it is used in subordinate clauses when there is a past indicative (**passato prossimo** or **imperfetto**) or a conditional verb in the main clause.

The **congiuntivo imperfetto** has a fairly regular conjugation. It is formed by dropping the **-are**, **-ere**, and **-ire** endings from the infinitive and by adding the following endings.

	ANDARE	PRENDERE	PULIRE
che io	and**assi**	prend**essi**	pul**issi**
che tu	and**assi**	prend**essi**	pul**issi**
che Lei/lui/lei	and**asse**	prend**esse**	pul**isse**
che noi	and**assimo**	prend**essimo**	pul**issimo**
che voi	and**aste**	prend**este**	pul**iste**
che Loro/loro	and**assero**	prend**essero**	pul**issero**

Have you noticed the following?
The **io** and **tu** forms are identical. If the context does not clarify the meaning, a subject pronoun is used.

Some of the verbs that have an irregular imperfect subjunctive are **essere, dare,** and **stare,** and verbs with contracted infinitives (such as **bere**—which derives from the archaic *bevĕre;* **dire**—Latin *dicĕre;* and **fare**—Latin *facĕre*).

	ESSERE	DARE	STARE	BERE	DIRE	FARE
che io	fossi	dessi	stessi	bevessi	dicessi	facessi
che tu	fossi	dessi	stessi	bevessi	dicessi	facessi
che Lei/lui/lei	fosse	desse	stesse	bevesse	dicesse	facesse
che noi	fossimo	dessimo	stessimo	bevessimo	dicessimo	facessimo
che voi	foste	deste	steste	beveste	diceste	faceste
che Loro/loro	fossero	dessero	stessero	bevessero	dicessero	facessero

Esercizio 2. Immagini di essersi già laureato/a (*graduated*), e pensi a com'era la vita all'università.
Completi le seguenti frasi.

Esempio: Durante i corsi di italiano, i professori dicevano che **era necessario** *che formulassimo* (formulare: noi) sempre le domande in italiano, e *che salutassimo* (salutare: noi) i nostri compagni —in italiano— quando arrivavamo a lezione e quando andavamo via.

1. **Era necessario** _____ gli studenti _____ (essere) puntuali a lezione, e _____ ogni giorno _____ (preparare) i compiti assegnati.

2. **Era importante** _____ tutti gli studenti di biologia _____ (andare) in laboratorio una volta alla settimana.

3. **Era fondamentale** _____ gli studenti iscritti ai corsi di lingue straniere _____ (assistere) alle lezioni tutti i giorni.

4. Inoltre, nei corsi di lingue straniere, i professori **insistevano** _____ noi studenti _____ (studiare) il materiale assegnato ogni giorno, perché dicevano che era impossibile assimilare più di tre o quattro regole grammaticali in una sola volta.

5. In generale, per ottenere risultati accademici soddisfacenti, i professori **suggerivano** _____ noi studenti _____ (partecipare) attivamente e intelligentemente alle lezioni e _____, dopo le lezioni, _____ (ripassare) il materiale trattato in classe.

Esercizio 3.

Completi le seguenti frasi.

1. **Mi è dispiaciuto** _____ Giovanni _____ (stare) così male da non poter venire alla festa.

2. La nonna di Patrizia è deceduta (*deceased*) all'età di ottant'anni. **Era incredibile** _____ non _____ (ammalarsi) mai, no?

3. Quando ero piccolo/a non mi piaceva l'inverno. A scuola **non vedevo l'ora** (*I couldn't wait*) _____ _____ (arrivare) la primavera!

4. La festa è andata benissimo, ma **avevo paura** _____ non _____ (esserci) abbastanza da mangiare.

5. (All'aeroporto Leonardo da Vinci, a Roma. Sono le cinque e quarantacinque—17,45) Che strano... Il volo da Venezia non è ancora arrivato. **Pensavo** _____ _____ (arrivare) alle cinque in punto.

6. Marco:　　—Stamattina la mia macchina non è partita.
   Antonella:　—Sei rimasto un'altra volta senza benzina?
   Marco:　　—No. Al meccanico **è sembrato** _____ _____ (essere) un problema di batteria.

Esercizio 4. La vita all'università. Desideri e speranze.

Completi le frasi.

Esempio:　Nora è la mia migliore amica. Vorrei tanto che *venisse* (venire) a studiare alla mia università. Ci divertiremmo moltissimo!

1. Mi piace questa università. L'unica cosa che vorrei è che tutte le aule _____ (avere) le finestre.

2. I miei genitori vorrebbero che io _____ (seguire) un corso di lingua straniera ogni semestre, ma io non ho tempo.

3. Luca:　Laura, ti piacerebbe che l'amministrazione dell'università _____ (decidere) che da quest'anno in poi il lunedì non ci saranno lezioni?
   Laura:　Che esagerato! A me piacerebbe solo che i professori non _____ (assegnare) compiti da fare durante il fine settimana.

4. I professori sarebbero molto contenti se _____ (esserci) un computer in ogni aula.

5. Ma la cosa che desidererebbero di più è che gli studenti _____ (frequentare) tutte le lezioni.

Esercizio 5. Le vacanze di Giovanna e Roberto.

Completi le seguenti frasi, usando il congiuntivo solo quando è necessario.

Esempio: Giovanna e Roberto sapevano che *era* meglio partire la mattina presto: per questo hanno preso il volo delle sette.

1. Giovanna ha detto che Roberto _____ (volere) arrivare in aeroporto tre ore prima della partenza.
2. Era prevedibile che Giovanna _____ (portare) una valigia molto grande.
3. Roberto sperava che non _____ (esserci) la fila all'accettazione.
4. Giovanna voleva che l'impiegato della linea aerea le _____ (assegnare) un posto vicino al corridoio.
5. È stato necessario che Giovanna e Roberto _____ (fare) una telefonata rapida alle loro rispettive famiglie.
6. Giovanna, sull'aereo, diceva che i due bambini nel posto vicino _____ (essere) dei viaggiatori perfetti.
7. L'assistente di volo non era sicura che il bagaglio a mano di Giovanna _____ (avere) le misure giuste per essere portato in cabina.
8. Roberto desiderava solo che l'aereo _____ (partire) in orario.
9. Giovanna era contenta che Roberto _____ (dormire) un po', perché sapeva che non _____ (sentirsi[1]) bene.

1. **Sentirsi** = *to feel*

Appendix H: Dizionario italiano-inglese

This Italian-English dictionary contains most of the words that appear in the text. Please remember the following:

- **Nouns** appear in their noninflected form, that is, in their singular form.
- **Gender** is indicated only in nouns ending in -e or in nouns that are irregular, such as **radio** (*f.*).
- **Plural of nouns** is not specified if regular.
- **Feminine words or nouns** are listed when they constitute headwords in their own right, for example, **sorella** (sister).
- **Adjectives** also appear in their noninflected forms—masculine and singular.
- **Verbs** appear in the infinitive.
- **Past participles** are listed as separate entries only if they are used as adjectives, such as **complicato** (*complicated*).
- For a list of **numbers**, consult Appendix A.

ABBREVIATIONS:

adj. adjective
adv. adverb
conj. conjunction
d. o. pron. direct object pronoun
f. feminine
for. foreign origin
i. o. pron. indirect object pronoun
inf. informal
inv. invariable

inv. pron. invariable pronoun
interj. interjection
irreg. irregular
m. masculine
n. noun
pl. plural
pol. polite
prep. preposition
pron. pronoun

refl. pron. reflexive pronoun
sub. pron. subject pronoun
trunc. truncated
u. uncountable noun
v. verb
v. intr. intransitive verb
v. rec. reciprocal verb
v. refl. reflexive verb
v. tr. transitive verb

a (*prep.*) to
abbandonare (*v. tr.*) to abandon
abbastanza (*adv.*) fairly, quite
abbigliamento (*n.*) clothing
abbinare (*v. tr.*) to match
abbottonare (*v. tr.*) to button
abbracciare (*v. tr.*) to hug, embrace
abduttore (*adj., n. m.*) abductor
abitare (*v. tr.*) to live, to dwell
abitazione (*n.*) house
abito (*n.*) suit
accappatoio (*n.*) bathrobe
accarezzare (*v. tr.*) to caress
accendere (*v. tr.*) to turn on (the radio, lights, etc.)
acceso (*adj.*) lit
accessibile (*adj.*) accessible
accettazione (*n. f.*) check-in
accompagnare (*v. tr.*) to accompany

accorgersi (*v. tr.*) to realize
accumularsi (*v. refl.*) to accumulate, to pile up
aceto (*n.*) vinegar
acqua (*n.*) water
acquisto (*n.*) purchase
addio! goodbye, farewell
addirittura (*adv.*) even
addome (*n. m.*) abdomen
addominale (*adj., n. m.*) abdominal
addormentarsi (*v. refl.*) to fall asleep
adduttore (*adj., n. m.*) adductor
adesso (*adv.*) now
adolescenza (*n.*) adolescence
adottare (*v. tr.*) to adopt
aereo (*n.*) airplane
aerobica (*n.*) aerobics
affacciarsi (*v. tr.*) to look over

affermazione (*n. f.*) statement
affettare (*v. tr.*) to slice
affitto (*n.*) rent
affollato (*adj.*) crowded
affresco (*n.*) fresco
affrontare (*v. tr.*) to face
afgano (*adj.*) Afghan
agente di viaggi (*n. m./f.*) travel agent
aggiungere (*v. tr.*) to add
aggressivo (*adj.*) aggressive
agile (*adj.*) agile, nimble
agitazione (*n. f.*) agitation
agli (*prep.*) to the
agosto (*n.*) August
agricoltore (*n. m.*) farmer
agrume (*n. m.*) citrus fruit
ai (*prep.*) to the
aiutare (*v. tr.*) to help

aiuto (*n.*) help
al (*prep.*) to the
al chiuso (*inv.*) indoors
ala (*n.*) wing
albanese (*adj.*) Albanian
albergo (*n.*) hotel
albero (*n.*) tree
albicocca (*n.*) apricot
albume (*n. m.*) egg white
algerino (*adj.*) Algerian
alimentazione (*n. f.*) nutrition
aliscafo (*n.*) hydrofoil
all'aria aperta (*inv.*) outdoors
all'estero (*inv.*) abroad
alla (*prep.*) to the
allacciare (*v. tr.*) to tie, to fasten
alle (*prep.*) to the
allegro (*adj.*) cheerful
allenare (*v. tr.*) to train
allenarsi (*v. refl.*) to practice or train (for a sport)
allenatore (*n. m.*) trainer, coach
allo (*prep.*) to the
alloggiare (*v. intr.*) to stay, lodge
allontanare (*v. tr.*) to move st. away
allontanarsi (*v. refl.*) to go (farther) away, to leave
allora (*adv.*) then, at that moment
allungare (*v. tr.*) to elongate, to stretch out
almeno (*adv.*) at least
alternare (*v. tr.*) to alternate
alternativa (*n.*) alternative
alto (*adj.*) tall
altro (*adj.*) other, else
alzare (*v. tr.*) to lift, to raise
alzarsi (*v. refl.*) to get up
amalgamare (*v. tr.*) to mix
ambiente (*n. m.*) environment
americano (*adj.*) American
amico (*n. m.*) friend
ammalarsi (*v. refl.*) to become ill
ananas (*n. m.*) pineapple
anche (*inv.*) also

anche se (*conj.*) even if
ancora (*adv.*) still
andare (*v. intr.*) to go
andare a trovare (*v. intr.*) to go see/ visit (someone)
angelo (*n.*) angel
anguria (*n.*) watermelon
anima (*n.*) soul
annaffiare (*or* **innaffiare**) (*v. tr.*) to water (plants)
annata (*n.*) (whole) year
anno (*n.*) year
annoiare (*v. tr.*) to bore
annoiarsi (*v. refl.*) to get bored
annunciare (*v. tr.*) to announce
annuncio (*n.*) announcement
ansioso (*adj.*) anxious
anteriore (*adj.*) previous
antibiotico (*n.*) antibiotic
anticipare (*v. intr.*) to anticipate
antico (*adj.*) antique
antipatico (*adj.*) unpleasant
antropologia (*n.*) anthropology
anzi (*adv.*) on the contrary, rather
aperto (*adj.*) open
apparecchiare la tavola (*v. tr.*) to set the table
appartamento (*n.*) apartment
appartenere (*v. intr.*) to belong to
appena (*adv.*) as soon as
appoggiare (*v. tr.*) to lay, to rest
appunto (*n.*) note
aprile (*n.*) April
aprire (*v. tr.*) to open
arabo (*adj.*) Arab, Arabic
arancia (*n.*) orange
arancione (*adj.*) orange
architetto (*n. m./f.*) architect
architettura (*n.*) architecture
architettura d'interni (*n.*) interior design
archivio (*n.*) file cabinet
arcipelago (*n.*) archipelago
argentino (*adj.*) Argentinian

aria (*n.*) air
aria condizionata (*adj.*) air conditioned
armadietto (*n.*) cabinet
armadio (*n.*) armoire
armadio a muro (*n.*) built-in closet
arrabbiarsi (*v. refl.*) to get angry
arrabbiato (*adj.*) angry
arredamento (*n.*) furniture
arredare (*v. tr.*) to decorate, to furnish
arricciarsi (*v. refl.*) to curl (of hair)
arrivare (*v. intr.*) to arrive
arrivederci (*inv.*) see you, goodbye, so long (to more than one person, *pol.* or *inf.*; to one person, *inf.*),
arrivederLa (*inv.*) see you, goodbye, so long (*pol.*)
arrivo (*n.*) arrival
arrostire (*v. tr.*) to roast, to grill
arte drammatica (*n. f.*) drama
arti inferiori (*n. m. pl.*) lower limbs
arti superiori (*n. m. pl.*) upper limbs
artigianato (*n.*) handicrafts
artigiano (*n.*) craftsman
ascensore (*n. m.*) elevator
asciugapanni (*n. m. inv.*) dryer
asciugarsi (*v. refl.*) to dry off
ascoltare (*v. tr.*) to listen to
asilo (infantile) (*n.*) day-care
asilo nido (*n.*) daycare (for infants)
asino (*n.*) donkey
aspettare (*v. tr.*) to wait for
aspettarsi (*v. refl.*) to expect
aspirapolvere (*n. m. inv.*) vacuum cleaner
assaltare (*v. tr.*) to assault
assegno (*n.*) check
assistente di volo (*n. m./f.*) flight attendant
assistente sociale (*n. m./f.*) social worker

assistenza medica (*n.*) healthcare

assistere (a una lezione) (*v.*) to attend (a class)

assolutamente (*adv.*) absolutely

astronomia (*n.*) astronomy

atipico (*adj.*) atypical

atroce (*adj.*) horrible, atrocious, awful

attaccapanni (*n. m. inv.*) coat rack

atterraggio (*n.*) landing

attirare (*v. tr.*) to attract

attivo (*adj.*) active

attore (*n. m.*) actor

attraversare (*v. tr.*) to cross, to go through

attrice (*n. f.*) actress

attualmente (*adv.*) at the moment

audace (*adj.*) audacious, daring

auguri (*n. m. pl.*) best wishes

aula (*n.*) classroom

aumentare (*v. intr.*) to increase, to augment

australiano (*adj.*) Australian

autista (*n. m./f.*) driver, chauffeur

autobus (*n.*) bus

automobile (*n. f.*) automobile

autore (*n. m.*) author

autrice (*n. f.*) (female) author

autunnale (*adj.*) (of) autumn, fall

autunno (*n.*) autumn, fall

avambraccio (*n.*) forearm

avere (*v. tr.*) to have

avere caldo (*v. tr.*) to be hot

avere fame (*v. tr.*) to be hungry

avere freddo (*v. tr.*) to be cold

avere fretta (*v. tr.*) to be in a hurry

avere paura (*v. tr.*) to be afraid, scared

avere ragione (*v. tr.*) to be right

avere sete (*v. tr.*) to be thirsty

avere sonno (*v. tr.*) to be sleepy

avere torto (*v. tr.*) to be wrong

avere... anni (*v. tr.*) to be ... years old

avventura (*n.*) adventure

avvicinare (*v. tr.*) to bring closer

avvicinarsi (*v. refl.*) to go near, to approach

avvocato (*n.*) lawyer

azzurro (*adj.*) (primary) blue

babbo (*n.*) dad

baciare (*v. tr.*) to kiss

bacio (*n.*) kiss

bagagliaio (*n.*) trunk

bagaglio (*n.*) luggage

bagaglio a mano (*n.*) hand luggage

bagnare (*v. tr.*) to wet, to moisten

bagno (*n.*) bathroom

balcone (*n. m.*) balcony

balena (*n.*) whale

ballare (*v. tr.*) to dance

balsamo (*n.*) conditioner (for hair)

bambino (*n. m.*) child

banana (*n.*) banana

banco (*n.*) student's desk

banco d'accettazione (*n.*) check-in counter

banco di lavoro (*n.*) kitchen (work) counter

bancomat (*n.*) ATM

bar (*n. inv.*) café

barbabietola (*n.*) beet

barca a vela (*n.*) sailboat

barocco (*n.*) baroque

basare (*v. tr.*) to base on

basso (*adj.*) short (not tall)

beige (*adj. for.*) beige, tan

bello (*adj.*) beautiful, good-looking, nice

bene (*adv.*) fine, all right

benissimo (*adv.*) great

benone (*adv.*) terrific

benvenuto (*adj., n.*) welcome

benzina (*n.*) gasoline

bere (*v. tr.*) to drink

berlina (*n.*) sedan

bevanda (*n.*) drink

biancheria intima (*n.*) underwear, lingerie

bianco (*adj.*) white

bibita (*n.*) soft drink

biblioteca (*n.*) library

bibliotecario (*n.*) librarian

bicchiere per il vino (*n. m.*) wine glass

bicchiere per l'acqua (*n. m.*) glass

bicicletta (*n.*) bicycle

bicipite (*n. m.*) biceps

bidet (*n. m. inv. for.*) bidet

biglietteria (*n.*) ticket office

biglietto (*n.*) ticket

biglietto di andata e ritorno (*n.*) round-trip ticket

biglietto di sola andata (*n.*) one-way ticket

bilingue (*adj.*) bilingual

binario (*n.*) platform

biologia (*n.*) biology

birra (*n.*) beer

bisnonna (*n.*) great grandmother

bisnonno (*n.*) great grandfather

bisognare (*v. intr.*) to be necessary

bisogno (*n.*) need, necessity

bistecca (*n.*) steak

blu (*adj. inv.*) navy blue

bocca (*n.*) mouth

boliviano (*adj.*) Bolivian

bordo (*n.*) edge

borsa (*n.*) purse, handbag

borsa di studio (*n. f.*) scholarship

bosco (*n.*) woods, forest

bosniaco (*adj.*) Bosnian

boxer (*n. m. pl. inv. for.*) boxer shorts

bracciale (*n. m.*) bracelet

braccio (*n. m.; pl.: le braccia f.*) arm

brama (*n.*) longing

breve (*adj.*) short (not long)

broccoli (*n. m. pl.*) broccoli

brutto (*adj.*) bad, ugly

bucato (*n.*) laundry

buccia (*n.*) peel

bufera di neve (*n.*) blizzard

buio (*adj.*) dark

buongiorno (*inv.*) good morning
buono (*adj.*) good
burattinaio (*n.*) puppeteer
burattino (*n.*) puppet
burro (*n.*) butter
bussare (*v. intr.*) to knock
busto (*n.*) bust
buttare l'immondizia (*v. tr.*) to take out the garbage

c'è il cielo coperto it's overcast
cabina doccia (*n.*) shower stall
cacciatore (*n. m.*) hunter
cadere (*v.intr.*) to fall
caffetteria (*n.*) (public) cafeteria
caffettiera (*n.*) coffee maker
calcolatrice (*n. f.*) calculator
calcolo (*n.*) calculus, calculation
caldo (*adj.*) warm
calorifero (*n.*) radiator
calzature (*n. f. pl.*) shoes
calze (*n. f. pl.*) long socks, pantyhose, stockings
calzino (*n.*) sport sock, short sock
cambiare (*v. tr.*) to change
cambio (*n.*) gearshift
camera (*n.*) room
camera da letto (*n.*) bedroom
cameriere/a (*n.*) waiter, waitress
camicetta (*n.*) blouse
camicia (*n.*) men's shirt
camion (*n. m. inv.*) truck
camioncino (*n.*) van, pickup truck
camminare (*v. tr.*) to walk
camoscio (*n.*) suede
campagna (*n.*) country, countryside
campeggio (*n.*) camping, campground
campo (*n.*) country, field
cancello (*n.*) gate
cancro (*n.*) cancer
cane (*n. m.*) dog
canotta (*n.*) tank top
canottiera (*n.*) undershirt, camisole
cantare (*v. tr.*) to sing

canto (*n.*) voice
canzone (*n. f.*) song
capacità (*n. inv.*) capacity
capelli (*m. pl.*) hair (on head)
capire (*v. tr.*) to understand
capitale (*n. f.*) capital (city)
capitare (*v. intr.*) to happen, to occur
capo (*n.*) item
capo di stato (*n. m./f.*) head of state
capolavoro (*n.*) masterpiece
cappa aspirante (*f.*) vent hood
cappello (*n.*) hat, cap
cappotto (*n.*) (over)coat
caraffa (*n.*) caraffe, pitcher
cardigan (*n. m. for.*) cardigan
carino (*adj.*) cute
carne (*n. f.*) meat
carne di maiale (*n. f.*) pork
carne di manzo (*n. f.*) beef
caro (*adj.*) expensive, dear
carota (*n.*) carrot
carrello portavivande (*n.*) food cart
carriera (*n.*) career
carrozza (*n.*) railway car
carta (*n.*) paper, map
carta d'imbarco (*n.*) boarding pass
cartello (*n.*) notice, sign
cartoni animati (*n. m. pl.*) cartoons
casa (*n.*) house, home
casale (*n. m.*) farmhouse
cassapanca (*n.*) chest
casseruola (*n.*) casserole
cassiere/a (*n.*) cashier
castagna (*n.*) chestnut
castello (*n.*) castle
cattedra (*n.*) teacher's desk
cattivo (*adj.*) bad, wicked
caviglia (*n.*) ankle
cavolfiore (*n. m.*) cauliflower
ceci (*n. m. pl.*) chickpeas
celeste (*adj.*) sky blue
celibe (*adj.*) single (of male)
cellulare (*adj.*) cellular
cellulare (*n. m.*) cell phone

cena (*n.*) dinner
cenare (*v.*) to have dinner
centro (*n.*) center
cercare (*v. tr.*) to look for, to try
cereali (*n. m. pl.*) grains, cereal
cerimonia (*n.*) ceremony
certezza (*n.*) certainty
certo (*adj.*) certain, sure
cervello (*n.*) brain
cetriolini sott'aceto (*n. m. pl.*) pickles
cetriolo (*n.*) cucumber
che (*conj.*) that
che (*adj. inv.*) what
che (*pron.*) who, which
chef (*n. m. inv. for.*) chef
chi (*pron.*) who, whom
chiacchierare (*v. intr.*) to chat
chiamarsi (*v. intr.*) to be called
chiara (*n.*) egg white
chiave (*n. f.*) key
chiesa (*n.*) church
chilometro (*n.*) kilometer
chimica (*n.*) chemistry
chiudere (*v. tr.*) to close
chiuso (*adj.*) closed
ciabatte (infradito) (*n. f. pl.*) flip-flops
ciao! (*inv.*) hi!, bye! (*inf.*)
cibo (*n.*) food
ciclista (*n. m./f.*) cyclist
cieco (*adj.*) blind
cielo (*n.*) sky
cielo coperto (*inv.*) overcast
ciglio (*n.; pl.:* **le ciglia** *f.*) eyelash
ciliegia (*n.*) cherry
cinema (*n. m. inv. trunc.*) the movies, movie theater
cinematografia (*n.*) cinematography
cinese (*adj.*) Chinese
cintura (*n.*) belt
cinture di sicurezza (*n. f. pl.*) seat belts
cioccolato (*n.*) chocolate

cioè (*adv.*) that is
ciotola (*n.*) bowl
cipolla (*n.*) onion
circa (*prep.*) about, approximately
città (*n. inv.*) city
cittadino (*n.*) citizen
classe (*n. f.*) class (group of students)
claustrofobia (*n.*) claustrophobia
clementino (*n.*) clementine
clima (*n.*) climate
cocco (*n.*) coconut
cocomero (*n.*) watermelon
cofano (*n.*) hood
cognata (*n.*) sister-in-law
cognato (*n.*) brother-in-law
cognome (*n. m.*) last name
coincidenza (*n.*) connection
coinvolgere (*v. tr.*) to involve
colazione (*n. f.*) breakfast
collaborare (*v. intr.*) to contribute
collana (*n.*) necklace
collega (*n. m./f.*) colleague
collo (*n.*) neck
colloquiale (*adj.*) colloquial
colombiano (*adj.*) Colombian
colonizzare (*v. tr.*) to colonize
colonizzazione (*n.*) colonization
colonna sonora (*n.*) soundtrack
colori pastello (*n. m. pl.*) pastels
colpire (*v. tr.*) to hit, strike
coltello (*n.*) knife
coltello per il pesce (*n. m.*) fish knife
combattere (*v. tr.*) to fight
come (*adv.*) how
comico (*adj.*) funny
cominciare (*v. tr.*) to begin, to start
commentare (*v. tr.*) to comment on
commercialista (*n. m.*) financial advisor
commerciante (*n. m.*) merchant, shopkeeper
commesso/a (*n.*) salesperson

comò (*n. inv.*) dresser
comodino (*n.*) night table
compagno/a di classe (*n.*) classmate
compiere (*v. tr.*) to turn, to complete
compiti (*n. m. pl.*) homework
compleanno (*n.*) birthday
completare (*v. tr.*) to complete
completo (*n.*) two-piece suit
complicato (*adj.*) complicated
comportamento (*n.*) behavior
comprare (*v. tr.*) to buy
computer (*n. inv. for.*) computer
comunismo (*n.*) communism
comunità (*n.*) community
comunque (*conj.*) however, nevertheless
con (*prep.*) with
concerto (*n.*) concert
concludersi (*v. intr.*) to come to an end
condannare (*v. tr.*) to sentence
condiment (*n. m.*) condiment
condominio (*n.*) condominium
confessare (*v. tr.*) to confess
confinare (*v.*) to border (on)
congelatore (*n. m.*) freezer
congolese (*adj.*) Congolese
consegnare (*v. tr.*) to hand in
conservatorio (*n.*) conservatory
consigliabile (*adj.*) advisable
consiglio (*n.*) advice
contento (*adj.*) content, happy
conto (*n.*) check
contrarre (*v. tr.*) to contract
controllare (*v. tr.*) to check
controllore (*n.*) controller, conductor
conveniente (*adj.*) cheapest
coraggio (*n.*) courage
coreano (*adj.*) Korean
corpo (*n.*) body
correre (*v. tr.*) to run, to go jogging/running

corretto (*adj.*) correct
corridoio (*n.*) aisle
corto (*adj.*) short (not long)
cosa (*n.*) thing
cosa? (*conj.*) what?
coscia (*n.*) thigh
coscia di pollo (*n.*) chicken thigh
così (*adv.*) so
costare (*v. intr.*) to cost
costaricano (*adj.*) Costa Rican
costeggiare (*v. tr.*) to sail along the shore of
costoletta di maiale (*n.*) pork chop
costruire (*v. tr.*) to build
costume da bagno (*n. m.*) bathing suit
costume intero (*n. m.*) one-piece bathing suit
cotto (*adj.*) cooked
cravatta (*n.*) tie
creare (*v. tr.*) to create
creativo (*adj.*) creative
credenza (*n.*) sideboard, buffet
credere (*v. tr.*) to believe
crescere (*v. intr.*) to grow up
cric (*n.*) jack
criminale (*n., adj.*) criminal
criticare (*v. tr.*) to criticize
critico (*n.*) film/theater critic
croato (*adj.*) Croatian
crociera (*n.*) cruise
cronologico (*adj.*) chronological
crudo (*adj.*) not cooked, raw
cruscotto (*n.*) dashboard
cubano (*adj.*) Cuban
cucchiaino (*n.*) teaspoon
cucchiaio (*n.*) tablespoon
cucina (*n.*) kitchen
cucinare (*v. tr.*) to cook
cuffia (*n.*) headphone
cugino/a (*n.*) cousin
cui (*i. o. pron*) whom
cuoco/a (*n.*) cook
cuore (*n. m.*) heart

cura (*n.*) care, cure
curabile (*adj.*) curable

d'accordo! (*interj.*) all right!
da (*prep.*) from
dagli (*prep.*) from the
dai (*prep.*) from the
dal (*prep.*) from the, since
dalla (*prep.*) from the
dalle (*prep.*) from the
dallo (*prep.*) from the
danese (*adj.*) Danish
danza (moderna) (*n.*) (modern) dance
danza classica (*n.*) ballet
dare (*v. tr.*) to give
dare il permesso (*v. tr.*) to give permission
data (*n.*) date
davvero (*adv.*) really
debito (*n.*) debt
decappottabile (*adj.*) convertible
decidere (*v. tr.*) to decide
decollo (*n.*) take-off
degli (*prep.*) of the
dei (*prep.*) of the
del (*prep.*) of the
delitto (*n.*) crime
della (*prep.*) of the
delle (*prep.*) of the
dello (*prep.*) of the
deltoidi (*n. m. pl.*) deltoids
democratico (*adj.*) democratic
democrazia (*n.*) democracy
demolire (*v. tr.*) to demolish
dente (*n. m.*) tooth
dentista (*n. m./f.*) dentist
depilarsi (*v. refl.*) to shave one's body
depresso (*adj.*) depressed
deprimere (*v. tr.*) to depress
deprimersi (*adj.*) to get depressed
dermatologo (*n.*) dermatologist
derubare (*v. tr.*) to rob
deserto (*n.*) desert

desiderare (*v. tr.*) to wish, to desire
destra (*n.*) right
detersivo (*n.*) (laundry) detergent
detestare (*v. tr.*) to detest
di (*prep.*) of
di chi (*pron. inv.*) whose
di solito (*adv.*) usually
diagramma (*n. m.*) diagram
dicembre (*n.*) December
dicitura (*n.*) wording, words
difetto (*n.*) fault, flaw
difficile (*adj.*) difficult
dimenticare (*v. tr.*) to forget
diminuire (*v. intr.*) to diminish, to decrease
dipingere (*v. tr.*) to paint
diploma di maturita (*n.*) high school diploma
dire (*v. tr*) to say, to tell
diritto internazionale (*n.*) international law
disabile (*adj.*) disabled
disagio (*n.*) discomfort
discorso (*n.*) speech
disegnare (*v. tr.*) to draw
disfatto (*adj.*) undone
disoccupazione (*n. f.*) unemployment
disordine (*n. m.*) disorder
dispiacere (*v. intr.*) to be sorry
distante (*adj.*) distant
distesa (*n.*) expanse
dito (*n.; pl.: **le dita** f.*) finger
dito del piede (*n.*) toe
dittatura (*n.*) dictatorship
divano (*n.*) sofa
divano-letto (*n.*) sofa bed
divaricare (*v. tr.*) to open wide, to spread apart
diverso (*adj.*) different from
divertirsi (*v. refl.*) to have fun, to enjoy oneself
divorziato (*adj.*) divorced
dizionario (*n.*) dictionary

dolce (*n. m.*) dessert, sweet
dolce (*adj.*) sweet
dolcificante (*n. m.*) sweetener
domanda (*n.*) question
domandare (*v. tr.*) to ask
domani (*adv.*) tomorrow
domenica (*n.*) Sunday
dominicano (*adj.*) Dominican
donna (*n.*) woman
donna d'affari businesswoman
dopo (*adv.*) afterward, after
dopobarba (*n. m.*) aftershave
dopodomani (*adv.*) the day after tomorrow
dormire (*v. intr.*) to sleep
dottorato (*n.*) doctorate
dottorato di ricerca research doctorate
dottore/dottoressa (*n. m./f.*) doctor
dove (*adv.*) where
dovere (*v.*) to have to
dozzina (*n.*) dozen
dubitare (*v. intr.*) to doubt
due pezzi (*n. m.*) bikini
dunque (*conj.*) therefore
durante (*prep.*) during
durare (*v. intr.*) to last
durata (*n.*) duration

ebano (*n.*) ebony
ebraico (*adj.*) Hebrew
eccellente (*adj.*) excellent
eccetto (*prep.*) except, apart from
economia (*n.*) economics
economia e commercio (*n.*) economics, business, marketing
ecuadoriano (*adj.*) Equadorian
edificio (*n.*) building
educazione fisica (*n.*) physical education
effettivamente (*adv.*) in fact
egiziano (*adj.*) Egyptian
egoista (*adj. inv.*) selfish
elaborare (*v. tr.*) to elaborate

elettricista (*n. m./f.*) electrician
elettronico (*adj.*) electronic
emicrania (*n.*) migraine
energia (*n.*) energy
energico (*adj.*) energetic
enorme (*adj.*) enormous, huge
enoteca (*n.*) wine shop
entomologia (*n.*) entomology
entomologo (*n.*) entomologist
epoca (*n.*) age, era, epoch
equilibrio (*n.*) balance, equilibrium
eritreo (*adj.*) Eritrean
eroe (*n. m.*) hero
esame (*n. m.*) exam
esatto (*adj.*) exact, correct
esausto (*adj.*) exhausted
esempio (*n.*) example
esile (*adj.*) slender
esistere (*v. intr*) to exist
esofago (*n.*) esophagus
esperienza (*n.*) experience
espressione (*n. f.*) expression
esserci (*v. rec.*) to be there
essere (*v. intr.*) to be
est (*n.*) east
estate (*n. f.*) summer
estendere (*v. tr.*) to extend
estero (*adj.*) foreign (**all'estero:** abroad)
esteso (*adj.*) extensive
estivo (*adj.*) (of) summer
estroverso (*adj.*) extroverted
età (*n.*) age
età adulta (*n.*) adulthood
evitare (*v. tr.*) to avoid

fa (*adv.*) ago
fabbrica (*n.*) factory
facchino (*n.*) porter
faccia (*n.*) face
facciata (*n.*) façade
facoltà (*n.*) department
fagioli (*n. m. pl.*) beans
fagiolini (*n. m. pl.*) green beans
falegname (*n. m.*) carpenter

fame (*n. f.*) hunger
famiglia (*n.*) family
familiare (*n. f.*) station wagon
famoso (*adj.*) famous
fantascienza (*n.*) science fiction
far bollire (*v. tr.*) to boil
far riposare (*v. tr.*) to set aside, to let rest
far vedere (*v. tr.*) to show
fare (*v. tr.*) to do, make
fare colazione (*v. tr.*) to have breakfast
fare fotografie (*v. tr.*) to take photographs
fare giardinaggio (*v. tr.*) to garden
fare ginnastica (*v. tr.*) to work out, to exercise
fare il bucato (*v. tr.*) to do laundry
fare il check-in (*v. tr.*) to check in
fare il letto (*v. tr.*) to make the bed
fare *jogging* (*v. tr.*) to go jogging
fare l'accettazione (*v. tr.*) to check in
fare l'idromassaggio (*v. tr.*) to take a whirlpool bath
fare la fila (*v. tr.*) to stand in line
fare la sauna (*v. tr.*) to take a sauna
fare la spesa (*v. tr.*) to do the grocery shopping
fare le valige (*v. tr.*) to pack
fare male (*v. tr.*) to hurt
fare meditazione (*v. tr.*) to meditate
fare merenda (*v. tr*) to have a snack
fare scalo (*v. tr.*) to stop over
fare sci nautico (*v. tr.*) to water-ski
fare spese (*v. tr.*) to go shopping
fare una passeggiata (*v. tr.*) to take a stroll
fare una pausa (*v. tr.*) to take a break
farmacia (*n.*) pharmacy
farmacista (*n. m./f.*) pharmacist
faro (*n.*) (head)light

farsi il bagno to take a bath
farsi la barba to shave (one's beard)
farsi la doccia (*v. refl.*) to take a shower
farsi un tatuaggio (*v. refl.*) to get a tattoo
fast food (*n. m. inv. for.*) fast-food restaurant
fata (*n.*) fairy
fattibile (*adj.*) feasible
favoloso (*adj.*) fabulous
febbraio (*n.*) February
febbre (*n. f.*) fever
fegato (*n.*) liver
felice (*adj.*) happy
felpa (*n.*) sweatshirt
fermata (*n.*) stop
ferramenta (*n. m.*) hardware store
ferro (*n.*) iron
festa (*n.*) party, holiday
fetta (*n.*) slice
fiaba (*n.*) fairy tales
fianchi (*n. m. pl.*) hips
fiasco (*n.*) flop
fico (*n.*) fig
fidanzata (*n.*) fiancée
fidanzato (*n.*) fiancé
figlia (*n.*) daughter
figlio (*n.*) son
fila (*n.*) line
filo per stendere i panni (*n. m.*) clothesline
filippino (*adj.*) Philippine, Filipino
filosofia (*n.*) philosophy
finalmente (*adv.*) at last, finally
fine settimana (*n. m.*) weekend
finestra (*n.*) window
finestrino (*n.*) window (train, car)
finire (*v. intr.*) to finish, to end
finlandese (*adj.*) Finnish
fino (*prep.*) until
fioraio (*n.*) flower shop, florist
fiore (*n. m.*) flower
fisica (*n.*) physics

fisico (*adj.*) physical
fiume (*n. m.*) river
flettere (*v. tr.*) to flex
foglio (*n.*) sheet, leaf
folla (*n.*) crowd
fondamentale (*adj.*) fundamental
fondazione (*n.*) foundation
fontana (*n.*) fountain
forchetta (*n.*) fork
forchettina (*n.*) dessert fork
foresta pluviale (*n.*) rain forest
formaggio (*n.*) cheese
forno (*n.*) oven
forno a microonde (*n.*) microwave (oven)
forse (*adv.*) perhaps, maybe
fortunatamente (*adv.*) fortunately
fortunato (*adj.*) fortunate
fotocopia (*n.*) photocopy
fotografia (*n.*) photography
fotografo/a (*n.*) photographer
foulard (*m. inv. for.*) (silk) scarf
fra (*prep.*) between, among
fragola (*n.*) strawberry
francese (*adj.*) French
frase (*n. f.*) sentence
fratello (*n.*) brother
fratello gemello (*n.*) twin brother
frattempo (*adv.*) in the meantime
freddo (*adj.*) cold
frenetico (*adj.*) frenetic
freno (*n.*) brake
frequentare (*v. tr.*) to attend
fresco (*adj.*) fresh, cool
fretta (*n.*) rush
frigo[rifero] (*n.*) refrigerator
fronte (*n. f.*) forehead
frullatore (*n. m.*) blender
frutta (*n.*) fruit
frutta secca (*n.*) nuts, dried fruit
fruttivendolo (*n.*) fruit and vegetable shop
fulmine (*n. m.*) lightning
fulmini (*n. m. pl.*) bolts of lightning
fumo (*n.*) smoke

fungo (*n.*) mushroom
funzionare (*v. intr.*) to function, to work
fuori (*adv.*) out(side)
fuoristrada (*n.*) off-road vehicle (SUV)

galleria (*n.*) tunnel
gamba (*n.*) leg
garage (*n. m. inv. for.*) garage
gattino (*n.*) kitten
gelateria (*n.*) ice-cream parlor
gelato (*n.*) ice cream
gemello (*n.*) twin
genere (*n. m.*) kind, type, sort
genero (*n.*) son-in-law
generoso (*adj.*) generous
gengiva (*n.*) gum
genitori (*n. m. pl.*) parents
geneticamente (*adv.*) genetically
gennaio (*n.*) January
gente (*n. f.*) people
geografia (*n.*) geogaphy
gestire (*v. tr.*) to manage, run
ghanese (*adj.*) Ghanaian
già (*adv.*) already
giacca (*n.*) jacket
giacca a vento (*n.*) windbreaker
giallo (*adj.*) yellow
giallo (*adj.*) thriller
giardino (*n.*) garden, yard
ginecologo (*n.*) gynecologist
ginocchio (*n.; pl.: **le ginocchia** f.*) knee
giocare (*v. intr.*) to play
 a *baseball* baseball
 a *beach volley* beach volleyball
 a calcetto indoor soccer
 a calcio soccer
 a *football* americano football
 a *golf* golf
 a *hockey* hockey
 a pallacanestro basketball
 a pallavolo volleyball
 a *ping-pong* table tennis

 a *rugby* rugby
 a *tennis* tennis
giocare a carte (*v. intr.*) to play cards
giocattolo (*n.*) toy
gioia (*n.*) joy
giornale (*n. m.*) newspaper
giornalismo (*n.*) journalism
giornalista (*n. m./f.*) journalist
giorno (*n.*) day
giornata (*n.*) (whole) day
giovedì (*n. m.*) Thursday
girasole (*n. m.*) sunflower
giro (*n.*) stroll, turn
gita scolastica (*n.*) field trip
giubbetto (*n.*) (short) sleeveless jacket
giubbotto (*n.*) (short) zippered or buttoned jacket
giubbotto di pelle (*n.*) (short) leather jacket
giudice (*n. m.*) judge
giudizio (*n.*) short review
giugno (*n.*) June
giurisprudenza (*n.*) law, jurisprudence
giustizia (*n.*) justice
giusto (*adj.*) just, fair
gluteo (*n.*) gluteus, buttock
gomito (*n.*) elbow
gomma (*n.*) eraser
gomma a terra (*n.*) flat tire
gommista (*n. m.*) tire repairman
gonfio (*adj.*) swollen
gonna (*n.*) skirt
grandine (*n. f.*) hail
gradevole (*adj.*) pleasant
grassi (*n. m. pl.*) fats
grasso (*adj.*) fat
grattacielo (*n.*) skyscraper
gratuito (*adj.*) free
grazie (*interj.*) thank you
gridare (*v. intr.*) to shout
grigio (*adj.*) grey
grigliare (*v. tr.*) to grill

grillo (*n.*) cricket
guadagnare (*v. tr.*) to earn
guadagnarsi (*v. refl.*) to earn for oneself
guancia (*n.*) cheek
guanto (*n.*) glove
guardare (*v. tr*) to watch
guerra (*n.*) war

ideale (*adj.*) ideal
idealista (*n. m./f.*) idealist
ideare (*v. intr.*) to conceive
idraulico (*n.*) plumber
ieri (*adv.*) yesterday
illustrazione (*n.*) illustration
immenso (*adj.*) immense
immigrato (*n.*) immigrant
immigrazione (*n. f.*) immigration
imparare (*v. tr.*) to learn
impegnarsi (*v. refl.*) to get involved, to commit oneself
impegnativo (*adj.*) challenging
impegno (*n.*) commitment
imperatore (*n. m.*) emperor
impermeabile (*n. m.*) raincoat
impiegato/a (*n.*) employee
impiegato/a della linea aerea (*n.*) airline employee
imponente (*adj.*) imposing, impressive
imporre (*v. tr.*) to impose
importante (*adj.*) important
impressione (*n.*) impression
improbabile (*adj.*) unlikely
improvvisare (*v. tr.*) to improvise
impugnare (*v. tr.*) to hold tight, to grasp
impulsivo (*adj.*) impulsive
impulsività (*n.*) impulsiveness
in (*prep.*) in
in disordine (*inv.*) untidy
in orario (*inv.*) on time
in ordine (*inv.*) tidy
inarcare (*v. tr.*) to arch
inchiesta (*n.*) survey

inclinare (*v. tr.*) to tilt
includere (*v. tr.*) to enclose, to include
incrociare (*v. tr.*) to cross
indiano (*adj.*) Indian
indimenticabile (*adj.*) unforgettable
indipendentemente (*adv.*) independently
indirizzo (*n.*) address
indossare (*v. tr.*) to wear
industria (*n.*) industry
industrializzato (*adj.*) industrialized
infanzia (*n.*) childhood
infelicità (*n.*) unhappiness
infermiere/a (*n.*) nurse
infissi (*n. m. pl.*) door frames
informatica (*n.*) computer science
ingegnere (*n. m.*) engineer
ingegnere informatico (*n. m.*) computer engineer
ingegneria (*n.*) engineering
inghiottire (*v. tr.*) to swallow
inglese (*adj.*) English
ingresso (*n.*) hall
iniziare (*v. tr.*) to begin, to start
inizio (*n.*) beginning, start
innaffiare (*or* **annaffiare**) **le piante** (*v. tr.*) to water the plants
innamorare (*v. tr.*) to charm, to fall in love
inoltre (*adv.*) besides, moreover
insegnante (*n. m./f.*) teacher
insegnare (*v. tr.*) to teach
insicuro (*adj.*) insecure
insieme (*adv.*) together
insomma (*adv.*) in summary
intagliare (*v. tr.*) to carve, engrave
intelligente (*adj.*) intelligent
intenso (*adj.*) intense
interagire (*v. intr.*) to interact
interpretare (*v. tr.*) to interpret

intervista (*n.*) interview
intero (*adj.*) entire, whole
intestino (*n.*) intestine
invece (*adv.*) instead
invernale (*adj.*) (of) winter
inverno (*n.*) winter
invitare (*v. tr.*) to invite
io (*sub. pron.*) I
iracheno (*adj.*) Iraqi
iscriversi (*v. tr.*) to enroll
isola (*n.*) island
israeliano (*adj.*) Israeli
istituto (*n.*) institute
istruzione (*n. f.*) education
italiano (*adj.*) Italian
itinerario (*n.*) itinerary

jeans (*n. m. pl. for.*) blue-jeans

ketchup (*n. m. inv. for.*) ketchup
kiwi (*n. m. inv. for.*) kiwi

l'altro ieri (*adv.*) the day before yesterday
labbro (*n.; pl.:* **le labbra** *f.*) lip
ladro (*n.*) thief
lago (*n.*) lake
lampada (*n.*) (floor, desk) lamp
lampadina (*n.*) light bulb
lampone (*n. m.*) raspberry
lasciare (*v. tr.*) to leave (somebody/something)
lasciarsi (*v. refl.*) to break up
lattina (*n.*) can
lattuga (*n.*) lettuce
laurea (*n.*) undergraduate degree
lavabo (*n.*) bathroom sink
lavagna (*n.*) blackboard, white board
lavanderia (*n.*) laundry room
lavandino (*n.*) kitchen sink
lavare (*v. tr.*) to wash
lavare a mano (*v. tr.*) to hand wash
lavare a secco (*v. tr.*) to dry clean

lavare i piatti (*v. tr.*) to wash the dishes
lavarsi (*v. refl.*) to wash up
lavastoviglie (*n. f. inv.*) dishwasher
lavatrice (*n. f.*) washing machine
lavorare (*v. intr.*) to work
lavoro (*n.*) job, work
leggere (*v. tr.*) to read
  il giornale the newspaper
  un (buon) libro a (good) book
  una rivista a magazine
leggerezza (*n.*) lightness, nimbleness
leggero (*adj.*) light
legna (*n.*) firewood
legno (*n.*) wood
legumi (*n. m. pl.*) legumes
lei (*sub. pron.*) she
Lei (*sub. pron.*) you (*pol.*)
lentamente (*adv.*) slowly
lenticchie (*n. f. pl.*) lentils
lettera (*n.*) letter
letteratura (*n.*) literature
letterature comparate (*n. f.*) comparative literature
letto (*n.*) bed
lettore di cd (*n. m.*) CD player
lettura (*n.*) reading
lezione (*n. f.*) class, lesson
lezione di italiano (*n. f.*) Italian class
libero (*adj.*) free
libreria (*n.*) bookstore, bookshelf
libro (*n.*) book
liceo (*n.*) secondary school, high school
lilla (*adj. inv.*) lilac, lavender
limone (*n. m.*) lemon
linea aerea (*n.*) airline
lingua (*n.*) tongue, language
lingua straniera (*n.*) foreign language
lista d'attesa (*n.*) waiting list
litigare (*v. intr.*) to argue
locomotiva (*n.*) locomotive

lontano (*adj.*) faraway, distant
loquace (*adj.*) talkative
luce (*n. f.*) light
luglio (*n.*) July
lui (*sub. pron.*) he
lumetto (*n.*) bedside lamp
luminoso (*adj.*) luminous
luna (*n.*) moon
lunedì (*n.*) Monday
lungo (*adj.*) long
luogo (*n.*) place, site

ma (*conj.*) but
macchina (*n.*) car
macellaio (*n.*) butcher shop
madre (*n. f.*) mother
maestro/a (*n.*) elementary school teacher
maggio (*n.*) May
maggiore (*adj.*) larger
magico (*adj.*) magic
maglietta a maniche corte (*n.*) T-shirt
maglietta a maniche lunghe (*n.*) long-sleeve shirt
maglione (*n. m.*) sweater
maglione a collo alto (*n. m.*) turtleneck sweater
magro (*adj.*) thin
mai (*adv.*) never
maionese (*n. f.*) mayonnaise
mais (*n. m. inv.*) corn
malattia (*n.*) illness
mal di gola (*n. m. inv.*) sore throat
mal di schiena (*n. m. inv.*) backache
mal di stomaco (*n. m. inv.*) stomachache
mal di testa (*n. m. inv.*) headache
mamma (*n.*) mom
mancare (*v. tr.*) to be lacking
mancia (*n.*) tip
mandare (*v. tr.*) to send
mandarino (*n.*) mandarin orange
mandorla (*n.*) almond
mangiare (*v. tr.*) to eat

mango (*n.*) mango
maniglia (*n.*) handle
mano (*n. f.; pl.:* **le mani**) hand
manovra (*n.*) maneuver
mantenere (*v. tr.*) to keep
manubrio (*n.*) dumbbell, handle
mare (*n. m.*) sea, seaside
marinaio (*n.*) sailor
marito (*n.*) husband
marionetta (*n.*) puppet
marocchino (*adj.*) Moroccan
marrone (*adj. inv.*) brown
Marte (*n.*) Mars
martedì (*n.*) Tuesday
marzo (*n.*) March
maschile (*adj.*) masculine
matematica (*n.*) mathematics
materia (*n.*) subject
maternità (*n.*) maternity
materno (*adj.*) maternal
matita (*n.*) pencil
matrigna/madrigna (*n.*) stepmother
mattina (*n.*) morning
mattinata (*n.*) (whole) morning
mattone (*n. m.*) brick
meccanico (*n.*) mechanic
medaglietta (*n.*) medal
medicina (*n.*) medicine
medico (*n.*) doctor
medico generico (*n.*) family doctor
mediocre (*adj.*) mediocre
mela (*n.*) apple
melanzana (*n.*) eggplant
meno (*adv.*) less
mensa (*n.*) school or business cafeteria
mensola (*n.*) shelf
mento (*n.*) chin
mentre (*conj.*) while
meraviglioso (*adj.*) wonderful
mercato (*n.*) (street) market
mercoledì (*n.*) Wednesday
merenda (*n.*) snack
mese (*n. m.*) month

messicano (*adj.*) Mexican
metodo (*n.*) method
metropolitana (*n.*) subway
mettere (*v. tr.*) to put, to place
mettere da parte (e.g., **soldi**) (*v. tr.*) to set aside (e.g., money)
mettere i denti (*n.*) to teethe
mettere in ordine (*v. tr.*) to tidy up
mettersi (*v. refl.*) to put on (clothes, perfume)
mettersi in fila (*v. refl.*) to get in line
mezzo (*adj.*) half
mezzo (*n.*) means, way
mezzogiorno (*n.*) noon
mi sembra it seems to me
microbiologia (*n.*) microbiology
miele (*n. m.*) honey
miniappartamento (*n. m.*) efficiency apartment
minigonna (*n.*) miniskirt
mirtillo (*n.*) blueberry
misterioso (*adj.*) mysterious
mitologia (*n.*) mythology
mobili (*n. m. pl.*) furniture
moda (*n.*) fashion
moderno (*adj.*) modern
modificare (*v. tr.*) to modify
modo (*n.*) way, manner
modulo (*n.*) form
moglie (*n. f.; pl.:* **le mogli**) wife
moltissimo (*adj., adv.*) a whole lot
molto (*adj., adv.*) very, a lot
momento (*n.*) moment
mondiale (*adj.*) world
mondo (*n.*) world
monolocale (*n. m.*) studio apartment
monovolume (*n. f. inv.*) minivan
montagna (*n.*) mountain
moquette (*n. f. inv. for.*) wall-to-wall carpet
morbido (*adj.*) soft
moschea (*n.*) mosque
mostarda (*n.*) mustard

mostrare (*v. tr.*) to show
moto[cicletta] (*n.*) motorcycle
motore (*n. m.*) engine
motorino (*n.*) moped
multa (*n.*) ticket
muro (*n.*) wall
museo (*n.*) museum
musica (*n.*) music
mutande (*n. f. pl.*) briefs
mutandine (*n. f. pl.*) panties

naso (*n.*) nose
Natale (*n. m.*) Christmas
naufragare (*v. intr.*) to be shipwrecked
nave (*n. f.*) ship
navigare in Internet (*v. intr.*) to surf the Internet
nazionalità (*n.*) nationality
nebbia (*n.*) fog
necessario (*adj.*) necessary
negozio (*n.*) store
negli (*prep.*) in the
nei (*prep.*) in the
nel (*prep.*) in the
nella (*prep.*) in the
nelle (*prep.*) in the
nello (*prep.*) in the
nessuno (*adj.*) no, not any
nero (*adj.*) black
neve (*n. f.*) snow
nido (*n.*) nest
niente (*indef. pron.*) nothing
nigeriano (*adj.*) Nigerian
nipote (*n. m./f.*) nephew, niece, grandson, granddaughter
nocciola (*n.*) hazelnut
nocciolina (*n.*) peanut
noce (*n. f.*) walnut
noleggiare (*v. tr.*) to rent
noleggio (*n.*) rental
nome (di battesimo) (*n. m.*) first name
non creativo (*adj.*) uncreative
nonna (*n.*) grandmother

nonni (*n. m. pl.*) grandparents
nonno (*n.*) grandfather, grandmother
nord (*n. m.*) north
nostalgia (*n.*) homesickness, nostalgia
nottata (*n.*) (whole) night
notte (*n. f.*) night
novembre (*n.*) November
nubile (*adj.*) single (of female)
nuora (*n.*) daughter-in-law
nuotare (*v. intr.*) to swim
nuovo (*adj.*) new
nuvola (*n.*) cloud
nuvoloso (*adj.*) cloudy

obbedire (*or* **ubbidire**) (*v. intr and tr.*) to obey
obbligo (*n.*) obligation
obiettivo (*n.*) objective
occhio (*n.*) eye
occuparsi (*v. refl.*) to be involved, to take care of
oftalmologo (*n.*) ophthalmologist
oggi (*adv.*) today
oggigiorno (*adv.*) nowadays
ogni (*adj.*) every, each
olio (*n.*) oil
olio di oliva (*n.*) olive oil
olio di semi (*n.*) vegetable oil
oliva (*n.*) olive
oltre a (*prep.*) besides
ombelico (*n.*) navel
ombrello (*n.*) umbrella
omonimo (*n., adj.*) homonym
omosessualità (*n.*) homosexuality
oncologo (*n.*) oncologist
onda (*n.*) wave
operaio/a (*n.*) factory worker
oppure (*conj.*) or, otherwise
ora (*n.*) hour, time
orario (*n.*) schedule
oretta (*n.*) hour or so
ordine (*n. m.*) order
orecchino (*n.*) earring

orecchio (*n.; pl.:* **le orecchie** *f.*) ear
organizzare (*v. tr.*) to organize
oro (*n.*) gold
orologio (*n.*) watch, clock
orribile (*adj.*) horrible
orrore (*n. m.*) horror
orsacchiotto (*n.*) teddy bear
ortaggio (*n.*) vegetable
ortopedico (*n.*) orthopedist
ospedale (*n. m.*) hospital
osservare (*v. tr.*) to observe
ostetrico/a (*n.*) obstetrician
ottenere (*v. tr.*) to obtain
ottimista (*n. m./f.*) optimist
ottimo (*adj.*) excellent
ottobre (*n.*) October
ovest (*n. m.*) west
ovviamente (*adv.*) obviously

pacco (*n.*) package
pace (*n. f.*) peace
pachistano (*adj.*) Pakistani
pacifico (*adj.*) peaceful
padella (*n.*) (frying) pan
padre (*n. m.*) father
paesaggio (*n.*) landscape
paese (*n. m.*) country, town
pagare (*v. tr.*) to pay
paio (*n.*) pair
palazzo (*n.*) apartment building, palace
palestra (*n.*) gym
palla (*n.*) ball
palpebra (*n.*) eyelid
palmo (*n.*) palm
panamense (*adj.*) Panamanian
pancetta (*n.*) bacon
pancia (*n.*) belly
pane bianco (*n. m.*) white bread
pane integrale (*n. m.*) whole grain bread
panificio (*n.*) bakery
paninoteca (*n.*) sandwich shop
panna (*n.*) whipping cream
pantaloni (*n. m. pl.*) pants

pantaloni corti (*n. m. pl.*) shorts
pantofola (*n.*) slipper
Papa (*n. m.*) Pope
papà (*n. m.*) dad
parabrezza (*n. m. inv.*) windshield
paraurti (*n. m. inv.*) bumper
parcheggiare (*v. tr.*) to park
parcheggio (*n.*) parking lot
parco (*n.*) park
parente (*n. m./f.*) relative
parete (*n. f.*) wall
parlare (*v. intr./tr.*) to talk
parmigiano (*n.*) parmesan
parquet (*n. m. inv. for.*) hardwood floor
parrucchiere/a (*n.*) hair stylist
parte (*n. f.*) part
partenza (*n.*) departure
particolarmente (*adv.*) particularly
partire (*v. intr.*) to leave (for a trip), to depart
partita (*n.*) game
Pasqua (*n.*) Easter
passaporto (*n.*) passport
passare l'aspirapolvere (*v. tr.*) to vacuum
passare per (*v. intr.*) to go through
passatempo (*n.*) past time
passeggero/a (*n.*) passenger
passivo (*adj.*) passive
pasta (*n.*) pasta
pasticceria (*n.*) pastry shop
patata (*n.*) potato
patente (*n. f.*) driver's license
patrigno/padrigno (*n.*) stepfather
pattinare (*v. intr.*) to skate
paura (*n.*) fear
pavimento (*n.*) floor
peccato (*interj.*) too bad
pedagogia (*n.*) pedagogy (education)
pediatra (*n. m./f.*) pediatrician
peggiore (*adj.*) worse
pelle (*n. f.*) skin

pelliccia (*n.*) fur coat
pelo (*n.*) hair (on body)
pena (*n.*) sorrow
peninsola (*n.*) peninsula
penna (*n.*) pen
pennarello (*n.*) marker
pensare (*v. intr.*) to think
pensilo (*n.*) kitchen cabinet
pensionato (*adj.*) retired
pensione (*n. f.*) retirement
pentola (*n.*) pot
pepe (*n. m.*) (black) pepper
per (*prep.*) for
pera (*n.*) pear
perché (*adv.*) why
perché (*conj.*) because
perdere (*v. tr.*) to lose, to waste
perdersi (*v. refl.*) to get lost
perfezionismo (*n.*) perfectionism
pericoloso (*adj.*) reckless, dangerous
periferia (*n.*) periphery
permesso (*n.*) permission
però (*conj.*) yet, but, however
persiano (*adj.*) Persian
persona (*n.*) person
personaggio (*n.*) character
peruviano (*adj.*) Peruvian
pesante (*adj.*) heavy
pesca (*n.*) peach
pescare (*v. tr.*) to fish
pesce (*n. m.*) fish
pescheria (*n.*) fishmonger's
peso (*n.*) weight
pessimista (*n. m./f.*) pessimist
petrolio (*n.*) oil (petroleum)
pettegolezzo (*n.*) piece of gossip
pettinarsi (*v. refl.*) to comb one's hair
petto (*n.*) chest
petto di pollo (*n.*) chicken breast
pettorali (*n. m. pl.*) pectorals
piacevole (*adj.*) pleasing
pianeta (*n. m.*) planet
pieno (*adj.*) full

piangere (*v. intr.*) to cry

piano di studi (*n.*) program of study

piantare (*v. tr.*) to plant

pianura (*n.*) plain

piastrella (*n.*) (ceramic) tile

piattino (*n.*) saucer

piatto fondo (*n.*) soup bowl

piatto piano (*n.*) plate

piccolo (*adj.*) small

piede (*n. m.*) foot

piegare (*v. tr.*) to bend

pieno (*adj.*) full

pigiama (*n. m.*) pajamas

pigro (*adj.*) lazy

pillola anticoncezionale (*n.*) birth control pill

pilota (*n. m./f.*) pilot

pino (*n.*) pine (tree)

pioggia (*n.*) rain

piovere a dirotto (*v. intr.*) to pour (rain)

piovere (*v. intr.*) rain

piovigginare (*v. intr.*) to drizzle

pirofila (*n.*) glass baking dish

piscina (*n.*) swimming pool

pisello (*n.*) pea

pista (*n.*) track, trail

pistola (*n.*) pistol

pittura (*n.*) painting

più (*adv.*) more

più tardi (*adv.*) later

piuttosto (*adv.*) rather

pizzeria (*n.*) pizza parlor

pneumatico (*n.*) tire

poco (*adv.*) little, not much

poesia (*n.*) poetry

poi (*adv.*) then

polacco (*adj.*) Polish

polizia (*n.*) police

poliziotto (*n.*) policeman

pollice (*n. m.*) thumb

pollo (*n.*) chicken

polmone (*n. m.*) lung

polo (*n. f. inv.*) polo shirt

polpaccio (*n.*) calf

polso (*n.*) wrist

poltrona (*n.*) arm chair

pomeriggio (*n.*) afternoon

pomodoro (*n.*) tomato

pompelmo (*n.*) grapefruit

ponte (*n. m.*) bridge

popolazione (*n.*) population

popolo (*n.*) people

porta (*n.*) door

porta d'imbarco (*n.*) gate

porta d'ingresso (*n.*) main or front door

portabiancheria (*n. m. inv.*) clothes hamper

portare (*v. tr.*) to take, to bring; to wear (*inf.*)

portasciugamani (*n. m. inv.*) towel rack

portoghese (*adj.*) Portuguese

portone (*n. m.*) entrance

posizione (*n. f.*) position

posta elettronica (*n.*) e-mail

postino (*n.*) mail carrier

posto (*n.*) place, seat, job (position)

potere (*v.*) can, to be able to

pranzare (*v. intr.*) to have lunch

pranzo (*n.*) lunch

praticamente (*adv.*) practically

precedente (*adj.*) previous

preferibile (*adj.*) preferable

preferire (*v. tr.*) to prefer

pregiudizio (*n.*) prejudice

prego! (*interj.*) Don't mention it! You're welcome! Please come in!

prego? (*interj.*) May I help you? Say again?

premere (*v. tr.*) to press

premio (*n.*) prize, award

prendere (*v. tr.*) to take

preparare (*v. tr.*) to prepare, to make, to pack (suitcase)

presentare (*v. tr.*) to present, to introduce

pressione (*n. f.*) pressure

prestare attenzione (*v. tr.*) to pay attention

presto (*adv.*) early, soon

previsto (*n.*) expected

prezzo (*n.*) price

prima (*adv.*) first

primo (*adj.*) first

primavera (*n.*) spring

primaverile (*adj.*) (of) spring

principale (*adj.*) main

probabile (*adj.*) likely, probable

procrastinazione (*n.*) procrastination

produttore (*n. m.*) producer

professore (*n. m.*) professor (male)

professore(ssa) di scuola media middle-school teacher

professore(ssa) di scuola superiore high-school teacher

professor(essa) universitario/a college professor

professoressa (*n.*) professor (female)

profumeria (*n.*) perfume shop

profumo (*n.*) perfume

programma (*n.*) program, plan

programmatore (*n. m.*) programmer

proiettore (*n. m.*) overhead projector

promuovere (*v. tr.*) to promote

pronipote (*n. m./f.*) great granddaughter, great grandson

proprietario (*n.*) owner

proprio (*adj.*) own

prosciutto cotto (*n.*) ham

prosciutto crudo (*n.*) prosciutto (cured ham)

prossimo (*adj.*) next

protagonista (*n. m./f.*) protagonist

prova scritta (*n.*) written test

provenire (*v. intr.*) to come from

provincia (*n.*) province

provino (*n.*) audition

provolone (*n. m.*) provolone

psicologia (*n.*) psychology
pubblicare (*v. tr.*) to publish
pubblico (*adj.*) public
puericultura (*n.*) child development
pulire (*v. tr.*) to clean
punto cardinale (*n.*) cardinal direction
puntuale (*adj.*) punctual
pupazzo di neve (*n. m.*) snowman
purtroppo (*adv.*) unfortunately

quaderno (*n.*) notebook
quadricipiti (*n. m. pl.*) quadriceps
qualche volta (*adv.*) sometimes
qualcosa (*n.*) something
qualcuno (*n.*) anybody, somebody
quale (*adj., pron.*) which
quando (*adv.*) when
quanto (*adj., pron.*) how much, how many
quasi (*adv.*) almost, nearly
qui (*adv.*) here
quindi (*conj.*) therefore

raccoglitore (*n. m.*) three-ring folder
raccontare (*v. tr.*) to tell about
radicchio (*n.*) radicchio
radio (*n. f. inv.*) radio
radiologo (*n.*) radiologist
radiosveglia (*n.*) radio alarm clock
raffreddore (*n. m.*) cold
ragazzo (*n.*) boy
raggiungere (*v. tr.*) to reach, catch up with
ragioniere (*n. m.*) accountant
rallentare (*v. tr.*) to slow down
rame (*n. m.*) copper
rapidamente (*adv.*) rapidly
rapina (*n.*) robbery
rapporto (*n.*) connection, relationship
rappresentare (*v. tr.*) to depict, portray

raramente (*adv.*) hardly ever, rarely
ravanello (*n.*) radish
razza (*n.*) race
razzismo (*n.*) racism
realista (*n. m./f.*) realist
reame (*n. m.*) kingdom, realm
recensione (*n. f.*) film/play review
recente (*adj.*) recent
recuperare (*v. tr.*) to take back, to get back, to recuperate
regalo (*n.*) present
reggiseno (*n.*) bra
regina (*n.*) queen
regione (*n.*) region
regista (*n. m./f.*) director
relazioni pubbliche (*n. f. pl.*) public relations
religione (*n. f.*) religion
rene (*n. m.*) kidney
residenza universitaria (*n.*) residence for college students, dorm, sorority, fraternity
resistere (*v. intr.*) to resist
respirare (*v. intr.*) to breathe
responsabilità (*n.*) responsibility
restare (*v. intr.*) to stay
restituire (*v. tr.*) to return
resto (*n.*) change
ricerca (*n.*) research
richiesta (*n.*) request
ricoprire (*v. tr.*) to cover
ricordare (*v. tr.*) to remember
ricordo (*n.*) recollection
ricotta (*n.*) ricotta cheese
ridurre (*v. tr.*) to reduce
rientrare (*v. intr.*) to get back, to return (home)
riflessivo (*adj.*) thoughtful
riflettere (*v. intr.*) to reflect
rifugio (*n.*) shelter, refuge
rilassarsi (*v. refl.*) to relax
rimandare (*v. tr.*) to postpone
rimanere (*v. intr.*) to remain, to stay
ringraziare (*v. tr.*) to thank

rinomato (*adj.*) renowned
ripetere (*v. tr.*) to repeat
riposare (*v. intr.*) to rest
riposarsi (*v. refl.*) to rest
riprendere (*v. tr.*) to take again
riprendersi (*v. refl.*) to take back
riscaldamento (*n.*) central heating
rischiare (*v. tr.*) to risk
riservare (*v. tr.*) to reserve, to put aside
riservato (*adj.*) reserved
riso (*n.*) rice
rispondere (*v. tr.*) to respond
risposta (*n.*) answer, reply
ristorante (*n. m.*) restaurant
risultato (*n.*) result
ritardo (*n.*) delay
ritirare (*v. tr.*) to pick up
ritmo (*n.*) rhythm
riva (*n.*) shore
rivista (*n.*) magazine
robusto (*adj.*) heavyset
rompere (*v. tr.*) to break
rosa (*adj. inv.*) pink
rosso (*adj.*) red
rotta (*n.*) route
rovina (*n.*) ruin
rumeno (*adj.*) Romanian
rumoroso (*adj.*) noisy
ruota (*n.*) wheel
ruotare (*v. intr.*) to rotate
russo (*adj.*) Russian

sabato (*n.*) Saturday
sacco (*n.*) a bunch
sacerdote (*n.*) priest, clergyman
saggio (*n.*) essay
sala d'attesa (*n.*) waiting room
sala da pranzo (*n.*) dining room
salame (*n. m.*) salami
sale (*n. m.*) salt
salire (*v. tr.*) to climb
salopette (*n. f. inv. for.*) overalls
salsiccia (*n.*) sausage
saltare (*v. intr.*) to jump

salutare (*v. tr.*) to greet

sandali (*n. m. pl.*) sandals

sangue (*n. m.*) blood

santo (*n.*) saint

sapere (*v. tr.*) to know

sbadigliare (*v. intr.*) to yawn

sbagliare (*v. tr.*) to make a mistake

sbattere (le uova) (*v. tr.*) to beat (eggs)

sbiadito (*adj.*) faded

sbocciare (*v. intr.*) to bloom

sbottonare (*v. tr.*) to unbutton

scaffale (*n. m.*) bookshelf

scalare (*v. tr.*) to climb

scalo (*n.*) stopover

scarico (*adj.*) empty

scarpa (*n.*) shoe

scarpe da ginnastica (*n. f. pl.*) tennis shoes, sneakers

scarpiera (*n.*) shoe rack

scegliere (*v. tr.*) to choose

scendere (*v. intr.*) to get down

sceneggiatura (*n.*) screenplay

schermo (*n.*) screen

schiena (*n.*) back

sciare (*v. intr.*) to ski

sciarpa (*n.*) scarf

scienze dell'alimentazione (*n. f. pl.*) food science

scienze della comunicazione (*n. f. pl.*) communication science

scienze politiche (*n. f. pl.*) political science

scolare (*v. tr.*) to drain

sconosciuto (*adj.*) unknown

scoperto (*adj.*) uncovered, bare

scoppiare (*v. intr*) to explode

scoprire (*v. tr.*) to discover, find out

scorso (*adj.*) last

scorza (*n.*) zest (of lemon)

scrivania (*n.*) desk

scrivere (*v. tr.*)

scultura (*n.*) sculpture

scuola (*n.*) school

scuola elementare (*n.*) elementary school

scuola materna (*n.*) preschool

scuola media (*n.*) middle school

scuola superiore (*n.*) high school

scuro (*adj.*) dark

scusa (*n.*) apology

sdraiarsi (*v. refl.*) to lie down

secolo (*n.*) century

secondo (*n.*) second

secondo (*adj.*) second

secondo (*prep.*) according to

sedentario (*adj.*) sedentary

sedere (*n. m.*) bottom

sedersi (*v. refl.*) to sit (down)

sedia (*n.*) chair

sedile (*n. m.*) seat

segreteria telefonica (*n.*) answering machine

seguente (*adj.*) following

seguire (*v. tr.*) to take (a course), to follow

sembrare (*v. intr.*) to seem

seme (*n. m.*) seed

semestre (*n. m.*) semester

semplicemente (*adv.*) simply, in a simple way

sempre (*adv.*) always

senegalese (*adj.*) Senegalese

seno (*n.*) breast

sentire (*v. tr.*) to feel, to hear

sentirsi (*v. refl.*) to feel, to hear from one another

senza (*prep.*) without

separato (*adj.*) separated

sera (*n.*) evening

serata (*n.*) (whole) evening

serbatoio della benzina (*n.*) gas tank

serenità (*n.*) peace

serio (*adj.*) serious

serpente (*n. m.*) snake

servire (*v. intr.*) to be for

servire (*v. tr.*) to serve

sesta (*adj.*) sixth

seta (*n.*) silk

settembre (*n. m.*) September

settimana (*n.*) week

settimanale (*adj.*) weekly

sgarbato (*adj.*) rude

sgradevole (*adj.*) unpleasant

sì (*adv.*) yes

sia... che (*conj.*) both . . . and

siccome (*conj.*) since

sicuramente (*adv.*) surely

sicuro (*adj.*) sure, safe

sicuro di sé (*adj.*) self-confident

silenzio (*n.*) silence

simile (*adj.*) similar

simpatico (*adj.*) nice

sinagoga (*n.*) synagogue

sinceramente (*adv.*) sincerely

sinistra (*n.*) left

sintomo (*n.*) symptom

sistemare (*v. tr.*) to place

smettere (*v. tr.*) to stop

sobborgo (*n.*) suburb

socialismo (*n.*) socialism

sociologia (*n.*) sociology

soffitto (*n.*) ceiling

soffriggere (*v. tr.*) to sauté

soffrire (*v. tr.*) to suffer

soggiorno (*n.*) living or family room

sognare (*v. tr.*) to dream about

soldato (*n; donna soldato n. f.*) soldier

soldi (*n. m. pl.*) money

sole (*n. m.*) sun

sollevare (*v. tr.*) to lift

solo (*adj.*) alone, lonely

solo/solamente (*adv.*) only, just

somalo (*adj.*) Somali

sopracciglio (*n.; pl.: le sopracciglia f.*) eyebrow

sorella (*n.*) sister

sorella gemella (*n.*) twin sister

sorprendentement (*adv.*) surprisingly

sorpresa (*n.*) surprise

sorridente (*adj.*) smiling

sorridere (*v. intr.*) to smile

sostenere (*v. tr.*) to support

sostituire (*v. tr.*) to substitute

sotterraneo (*adj.*) underground

sotto (*prep.*) under, beneath

sottolineare (*v. tr.*) to underline

sottopeso (*adj.*) underweight

sovrappeso (*adj.*) overweight

spagnolo (*adj.*) Spanish

spalla (*n.*) shoulder

sparecchiare la tavola (*v. tr.*) to clear the table

sparso (*adj.*) scattered

spazio (*n.*) (outer) space

spazioso (*adj.*) spacious, roomy

spazzare (*v. tr.*) to sweep (the floor)

spazzolare (*v. tr.*) to brush

spazzolarsi (*v. refl.*) to brush one's hair

specchiarsi (*v. refl.*) to look at oneself in the mirror

specchietto laterale (*n.*) side mirror

specchietto retrovisore (*n.*) rearview mirror

specchio (*n.*) mirror

specializzazione (*n.*) specialization

spedire (*v. tr.*) to send, dispatch

spendere (*v. tr.*) to spend

sperare (*v. tr.*) to hope

sperimentale (*adj.*) experimental

spesa (*n.*) expense

spesso (*adv.*) often

spessore (*n. m.*) thickness

spettacolo (*n.*) show

spiacevole (*adj.*) not pleasing, unpleasant

spiaggia (*n.*) beach

spicchio (*n.*) a section (of an orange, an apple, garlic)

spiegare (*v. tr.*) to explain

spinaci (*n. m. pl.*) spinach

spingere (*v. tr.*) to push

splendido (*adj.*) magnificent, splendid

spogliarsi (*v. refl.*) to take off one's clothes, to get undressed

spolverare (*v. tr.*) to dust

sport (*n. m. inv. for.*) sport

sportello (*n.*) ticket window

sportivo (*adj.*) sports-minded

sposa (*n.*) bride, spouse

sposarsi (*v. refl.*) to get married

sposato (*adj.*) married

sposo (*n.*) groom, spouse

spostarsi (*v. refl.*) to get about, to move around

sprecare (*v. tr.*) to waste

squadra (*n.*) team

squarciarsi (*v. refl.*) to burst (a tire)

stadio (*n.*) stadium

stagione (*n. f.*) season

stamattina (*adv.*) this morning

stampare (*v. tr.*) to print

stanco (*adj.*) tired

stanza (*n.*) room

stanzino (*n.*) utility room

stare (*v. intr.*) to be

stare all'aria aperta (*v. intr.*) to be outside

stare per (*v. tr.*) to be about to

statistica (*n.*) statistics

stazione (ferroviaria) (*n. f.*) train station

stendere (*v. tr.*) to extend

stendere i panni (*v. tr.*) to hang clothes out to dry

stendino (*n.*) clothesrack

stereo (*n. inv.*) stereo

stesso (*adj.*) same

stile (*n. m.*) style

stilista di moda (*n. m./f.*) fashion designer

stirare (*v. tr.*) to iron

stirarsi (*v. refl.*) to stretch

stivale (*n. m.*) boot

stoffa (*n.*) material

stomaco (*n.*) stomach

storia (*n.*) history

storia dell'arte (*n.*) art history

strada (*n.*) road

straniero (*n.*) foreigner

straniero (*adj.*) foreign

strano (*adj.*) strange

strato di ozono (*n.*) ozone layer

stratosfera (*n.*) stratosphere

strumento (*n.*) tool, instrument

studente (*n. m.*) student (male)

studentessa (*n.*) student (female)

studiare (*v. tr.*) to study

studio (*n.*) study

stupido (*adj.*) stupid

su (*adv.*) up

su (*prep.*) on, above

subito (*adv.*) immediately

succedere (*v. intr.*) to happen

successivo (*adj.*) following, next

successo (*n.*) success

sud (*n.*) south

sudafricano (*adj.*) South African

sudorazione (*n.*) perspiration

suggerire (*v. tr.*) to suggest

sugli (*prep.*) on the, above the

sui (*prep.*) on the, above the

sul (*prep.*) on the, above the

sulla (*prep.*) on the, above the

sulle (*prep.*) on the, above the

sullo (*prep.*) on the, above the

suocera (*n.*) mother-in-law

suocero (*n.*) father-in-law

suonare (*v. tr.*) to play

    il banjo the banjo

    la batteria the drums

    la chitarra the guitar

    il clarinetto the clarinet

    il flauto the flute

    il pianoforte the piano

    il sassofono the saxophone

    la tromba the trumpet

    il trombone the trombone

    il violino the violin

supermercato (*n.*) supermarket

svedese (*adj.*) Swedish

svegliarsi (*v. refl.*) to wake up

sviluppo (*n.*) development

svizzero (*adj.*) Swiss

tabaccaio (*n.*) tobacco shop

tacchino (*n.*) turkey

tagliaerba (*n. m. inv.*) lawn mower

tagliare (*v. tr.*) to cut

tagliare l'erba (*v. tr.*) to mow the lawn

tailandese (*adj.*) Thai

tailleur (*n. m. inv. for.*) suit (for women)

tallone (*n. m.*) heel

tamburo (*n.*) drum

tanto (*adj.*) a lot

tappeto (*n.*) area rug

tardi (*adv.*) late

targa (*n.*) license plate

tassista (*n. m./f.*) taxi driver

tavola calda (*n.*) buffet restaurant

tavolino (*n.*) small table

tavolo (*n.*) table

tazza da tè (*n.*) tea cup, mug

tazzina (da caffè) (*n.*) demitasse cup

teatro (*n.*) theater

tecnico di laboratorio (*n.*) lab technician

tedesco (*adj.*) German

tegame (da forno) (*n. m.*) baking dish

telefonare (*v. intr.*) to telephone

telefono (*n.*) telephone

telegiornale (*n. m.*) TV news

telescopio (*n.*) telescope

televisione (*n. f.*) television

televisore (*n. m.*) TV set

tema (*n. m.*) composition

temere (*v. tr.*) to fear, to be afraid

temperatura (*n.*) temperature

tempia (*n.*) temple (part of body)

tempo (*n.*) weather, time

temporale (*n. m.*) storm

tenda (*n.*) curtain

tendenza (*n.*) tendency

tenere (*v. tr.*) to keep

tenersi (*v. refl.*) to hold on to (something)

tentare (*v. tr.*) to try

teoria (*n.*) theory

teoria della musica (*n.*) music theory

tergicristalli (*n. m. pl.*) windshield wipers

terminal (*n. m. inv. for.*) air terminal

Terra (*n.*) Earth

terribile (*adj.*) terrible

terrina (*n.*) mixing bowl

territorio (*n.*) territory

terza età (*n.*) retirement age

terzo (*adj.*) third

testa (*n.*) head

tetto (*n.*) roof

timidezza (*n.*) shyness, timidity

timido (*adj.*) shy, timid

tirocinio (*n.*) internship

toccare (*v. tr.*) to touch

tonno (*n.*) tuna

torace (*n. m.*) chest

torcia (*n.*) torch, flashlight

torcicollo (*n.*) stiff neck

tornare (*v. intr.*) to be back, to come back, to get back, to go back, to return

torre (*n. f.*) tower

torta (*n.*) tart, cake, pie

tostapane (*n. m.*) toaster

tovagliolo (*n.*) napkin

tra (*prep.*) between, among

tradurre (*v. tr.*) to translate

traduttore (*n. m.*) translator (male)

traduttrice (*n. f.*) translator (female)

traffico (*n.*) traffic

traghetto (*n.*) ferry

tram (*n. m. inv. for.*) streetcar

tramandare (*v. tr.*) to hand down

tranquillo (*adj.*) calm

transatlantico (*n.*) cruise liner

trapezio (*n.*) trapezius

trascorrere (*v. tr.*) to spend

trascurare (*v. tr.*) to neglect

trasferire (*v. tr.*) to transfer

trasferirsi (*v. refl.*) to move

trattare di (*v. tr.*) to deal with, discuss

trattoria (*n.*) family-style restaurant

treno (*n.*) train

tricipiti (*n. m. pl.*) triceps

tritare (*v. tr.*) to chop

tronco (*n.*) trunk, torso

troppo (*adj.*) too much

trovare (*v. tr.*) to find

trovarsi (*v. refl.*) to be located

truccarsi (*v. refl.*) to put on makeup

tubo di scappamento (*n.*) exhaust

tulipano (*n.*) tulip

tunisino (*adj.*) Tunisian

tuono (*n.*) thunder

tuorlo (*n.*) yolk

turno (*n.*) turn

tuta (*n.*) sweat shirt and pants, jogging suit

tuttavia (*conj.*) however, yet, nevertheless

tutto (*adj.*) all, every, whole

tutto (*adv.*) everything

ubbidire (*or* **obbedire**) (*v. intr.*) to obey

uccidere (*v. tr.*) to kill

ufficiale (*n. m.*) official

ugualmente (*adv.*) equally

ultimo (*adj.*) last

umido (*adj.*) damp, muggy

un altro po' (*adv.*) some more

un po' (*adv.*) a bit, a little

un po' di... a bit of . . . , some

un pochino (*adv.*) a little bit

una volta (*adv.*) once

unghia (*n.*) fingernail

unghia del piede (*n.*) toenail

unico (*adj.*) only, sole

unire (*v. tr.*) to unite
università (*n.*) college, university
uomo (*n. m.; plur.:* **gli uomini**) man
uomo d'affari (*n.*) buinessman
uovo (*n.; pl.:* **le uova** *f.*) egg
urlare (*v. intr.*) to scream, yell
usare (*v. tr.*) to use
uscire (*v. intr.*) to leave, to go out
utilitaria (*n.*) economy car
uva (*n. u.*) grapes

va bene (*interj.*) okay
vacanza (*n.*) holiday, vacation
vagone (*n. m.*) railway car
vagone letto (*n. m.*) sleeping car
valigetta (*n.*) briefcase
valigia (*n.*) suitcase
vaniglia (*n.*) vanilla
vaporetto (*n.*) water-bus, ferry
vasca da bagno (*n.*) bathtub
vaso di terracotta (*n.*) terracotta
   flowerpot
vecchiaia (*n.*) old age
vecchio (*adj.*) old
vedere (*v. tr.*) to see
vedovo/a (*n.*) widow, widower
veicolo (*n.*) vehicle
veloce (*adj.*) quick, rapid
velocemente (*adv.*) quickly
vena (*n.*) vein
vendemmia (*n.*) grape harvest
vendere (*v. tr.*) to sell
venditore (*n.*) seller, vendor

venerdì (*n. m.*) Friday
venezuelano (*adj.*) Venezuelan
venire (*v. intr.*) to come
venticello (*n.*) breeze
vento (*n.*) wind
veramente (*adv.*) really
verde (*adj.*) green
verdura (*n.*) vegetables
verificare (*v. tr.*) to verify
verità (*n.*) truth
verso (*prep.*) toward(s), about
vespa (*n.*) Vespa scooter
vestaglia (*n.*) robe
vestirsi (*v. refl.*) to get dressed
vestiti (*n. m. pl.*) clothes
vestito (*n.*) dress
veterinaria (*n.*) veterinary
   medicine/science
veterinario (*n.*) veterinarian
vetrina (*n.*) china cabinet
viaggiare (*v. intr.*) to travel
viaggio (*n.*) trip, journey
vicino (*n.*) neighbor
vicino (*adj.*) near
videogiochi (*n.*) video games
videoregistratore (*n. m.*) VCR
vietato fumare (*inv.*) no smoking
vietnamita (*adj. m./f.*)
   Vietnamese
vigile urbano (*n. m.*) municipal
   policeman or woman
vigneto (*n.*) vineyard
villa (*n.*) house

villa bifamiliare (*n.*) townhouse
villetta (*n.*) small house
villetta a schiera (*n.*) row house
vincere (*v. tr.*) to win
vino (*n.*) wine
viola (*adj. inv.*) violet, purple
visitare (*v. tr.*) to visit (a museum, a
   city, a patient)
viso (*n.*) face
vita (*n.*) life, waist
vivaio (*n.*) nursery, garden shop
vivere (*v. intr.*) to live
vivo (*adj.*) alive, living
voce (*n. f.*) voice
volante (*n. m.*) steering wheel
volare (*v. intr.*) to fly
volere (*v. tr.*) to want
volo diretto (*n.*) direct flight
volta (*n.*) time
voti (*n. pl.*) grades
vulcano (*n.*) volcano

water (*n. m. inv. for.*) toilet

yogurt (*n. m. inv. for.*) yogurt

zaino (*n.*) backpack
zia (*n.*) aunt
zigomo (*n.*) cheekbone
zio (*n.*) uncle
zucchero (*n.*) sugar
zucchine (*n. f. pl.*) zucchini

Appendix I: Dizionario inglese-italiano

This English-Italian dictionary contains most of the words that appear in the text. Please remember the following:

- **Nouns** appear in their noninflected form, that is, in their singular form.
- **Gender** is indicated only in nouns ending in **-e** or in nouns that are irregular, such as **radio** (f.).
- **Plural of nouns** is not specified if regular.
- **Feminine words or nouns** are listed when they constitute headwords in their own right, for example, **sorella** (*sister*).
- **Adjectives** also appear in their noninflected forms—masculine and singular.
- **Verbs** appear in the infinitive.
- **Past participles** are listed as separate entries only if they are used as adjectives, such as "complicato" (*complicated*).
- For a list of **numbers,** consult Appendix A.

ABBREVIATIONS

adj. adjective
adv. adverb
conj. conjunction
d. o. pron. direct object pronoun
f. feminine
for. foreign origin
i. o. pron. indirect object pronoun
inf. informal
inv. invariable

inv. pron. invariable pronoun
interj. interjection
intr. intransitive
irreg. irregular
m. masculine
n. noun
pl. plural
pol. polite
prep. preposition

pron. pronoun
rec. reciprocal
refl. reflexive
refl. pron. reflexive pronoun
sub. pron. subject pronoun
tr. transitive
trunc. truncated
u. uncountable noun
v. verb

to abandon (*v.*) **abbandonare** (*tr.*)
abdomen (*n.*) **addome** (*m.*)
abdominal (*adj., n.*) **addominale** (*m.*)
abductor (*adj., n.*) **abduttore** (*m.*)
about, approximately (*prep.*) **circa**
above (*prep.*) **su**
abroad (*adv.*) **all'estero**
absolutely (*adv.*) **assolutamente**
accessible (*adj.*) **accessibile**
to accompany (*v.*) **accompagnare** (*tr.*)
according to (*prep.*) **secondo**
accountant (*n.*) **ragioniere** (*m.*)
to accumulate, to pile up (*v.*) **accumularsi** (*refl.*)
active (*adj.*) **attivo**
actor (*n.*) **attore** (*m.*)
actress (*n.*) **attrice** (*f.*)

to add (*v.*) **aggiungere** (*tr.*)
address (*n.*) **indirizzo**
adductor (*adj., n.*) **adduttore** (*m.*)
adolescence (*n.*) **adolescenza**
to adopt (*v.*) **adottare** (*tr.*)
adulthood (*n.*) **età adulta**
adventure (*n.*) **avventura**
advice (*n.*) **consiglio**
advisable (*adj.*) **consigliabile**
aerobics (*n.*) **aerobica**
Afghan (*adj.*) **afgano**
afternoon (*n.*) **pomeriggio**
after-shave (*n.*) **dopobarba** (*m.*)
afterwards, after (*adv.*) **dopo**
age (*n.*) **età, epoca** (era)
aggressive (*adj.*) **aggressivo**
agile, nimble (*adj.*) **agile**
agitation (*n.*) **agitazione** (*f.*)
ago (*adv.*) **fa**

air (*n.*) **aria**
air-conditioned (*adj.*) **aria condizionata**
air terminal (*n.*) **terminal** (*m. inv. for.*)
airline (*n.*) **linea aerea**
airline employee (*n.*) **impiegato/a della linea aerea**
airplane (*n.*) **aereo**
aisle (*n.*) **corridoio**
Albanian (*adj.*) **albanese**
Algerian (*adj.*) **algerino**
alive, living (*adj.*) **vivo**
all (*adj.*) **tutto**
all right! (*interj.*) **d'accordo!**
almond (*n.*) **mandorla**
almost, nearly (*adv.*) **quasi**
alone, lonely (*adj.*) **solo**
already (*adv.*) **già**

also (adv.) **anche**
to alternate (v.) **alternare** (tr.)
alternative (n.) **alternativa**
always (adv.) **sempre**
American (adj.) **americano**
angel (n.) **angelo**
angry (adj.) **arrabbiato**
ankle (n.) **caviglia**
to announce (v.) **annunciare** (tr.)
announcement (n.) **annuncio**
answer, reply (n.) **risposta**
answering machine (n.) **segreteria
    telefonica**
anthropology (n.) **antropologia**
antibiotic (n.) **antibiotico**
to anticipate (v.) **anticipare** (tr.)
antique (adj.) **antico**
anxious (adj.) **ansioso**
anybody (n.) **qualcuno**
apartment (n.) **appartamento**
apartment building, palace (n.)
    palazzo
apology (n.) **scusa**
apple (n.) **mela**
to approach (v.) **avvicinarsi (refl.)**
apricot (n.) **albicocca**
April (n.) **aprile**
Arabic (adj.) **arabo**
to arch (v.) **inarcare** (tr.)
archipelago (n.) **arcipelago**
architect (n.) **architetto** (m./f.)
architecture (n.) **architettura**
area rug (n.) **tappeto**
Argentinian (adj.) **argentino**
to argue (v.) **litigare** (intr.)
arm (n.) **braccio** (m.); **le braccia**
    (f. pl.)
armchair (n.) **poltrona**
armoire (n.) **armadio**
arrival (n.) **arrivo**
to arrive (v.) **arrivare** (intr.)
art history (n.) **storia dell'arte**
as soon as (adv.) **appena**
to ask (v.) **domandare** (tr.)

to assault (v.) **assaltare** (tr.)
astronomy (n.) **astronomia**
at last, finally (adv.) **finalmente**
at least (adv.) **almeno**
at the moment (adv.) **attualmente**
ATM (n.) **bancomat** (m.)
atrocious (adj.) **atroce**
to attend (v.) **frequentare** (tr.)
to attend (a class) (v.) **assistere (a
    una lezione)**
attract (v.) **attirare** (tr.)
atypical (adj.) **atipico**
audacious, daring (adj.) **audace**
audition (n.) **provino**
August (n.) **agosto**
aunt (n.) **zia**
Australian (adj.) **australiano**
author (n.) **autore** (m.), **autrice** (f.)
automobile (n.) **automobile** (f.)
autumn, fall (n.) **autunno**
autumn, fall (of) (adj.) **autunnale**
to avoid (v.) **evitare** (tr.)
awful (adj.) **atroce, terribile**
award (n.) **premio**

back (n.) **schiena**
backache (n.) **mal di schiena**
    (m. inv.)
backpack (n.) **zaino**
bacon (n.) **pancetta**
bad (adj.) **brutto, cattivo**
bakery (n.) **panificio**
baking dish (n.) **tegame (da forno)**
    (m.)
balance (n.) **equilibrio**
balcony (n.) **balcone** (m.)
ball (n.) **palla**
ballet (n.) **danza classica**
banana (n.) **banana**
baroque (n.) **barocco**
to base (on) (v.) **basare** (tr.)
bathing suit (n.) **costume da
    bagno** (m.)
bathrobe (n.) **accappatoio**

bathroom (n.) **bagno**
bathroom sink (n.) **lavabo**
bathtub (n.) **vasca da bagno**
to be (v.) **essere, stare** (intr.)
to be . . . years old (v.) **avere...
    anni** (tr.)
to be about to (v.) **stare per** (tr.)
to be afraid, scared (v.) **avere paura**
    (tr.)
to be back (v.) **tornare** (intr.)
to be cold (v.) **avere freddo** (tr.)
to be for (v..) **servire per** (intr.)
to be hot (v.) **avere caldo** (tr.)
to be hungry (v.) **avere fame** (tr.)
to be in a hurry (v.) **avere fretta** (tr.)
to be involved (v.) **occuparsi** (refl.)
to be lacking (v.) **mancare** (tr.)
to be located (v.) **trovarsi** (refl.)
to be necessary (v.) **bisognare** (intr.)
to be right (v.) **avere ragione** (tr.)
to be shipwrecked (v.) **naufragare**
    (intr.)
to be sleepy (v.) **avere sonno** (tr.)
to be sorry (v.) **dispiacere** (intr.)
to be there (v.) **esserci** (intr.)
to be thirsty (v.) **avere sete** (tr.)
to be wrong (v.) **avere torto** (tr.)
beach (n.) **spiaggia; mare** (seaside)
    (m.)
beans (n.) **fagioli** (m. pl.)
to beat (eggs) (v.) **sbattere (le uova)**
    (tr.)
beautiful, good-looking, nice (adj.)
    bello
because (conj.) **perché**
to become ill (v.) **ammalarsi** (refl.)
bed (n.) **letto**
bedroom (n.) **camera da letto**
bedside lamp (n.) **lumetto**
beef (n.) **carne di manzo** (f.)
beer (n.) **birra**
beet (n.) **barbabietola**
to begin, to start (v.) **cominciare,
    iniziare** (tr.)

beginning, start (*n.*) **inizio**

behavior (*n.*) **comportamento**

beige, tan (*adj.*) ***beige*** (*for.*)

to believe (*v.*) **credere** (*tr.*)

belly (*n.*) **pancia**

to belong to (*v.*) **appartenere** (*intr.*)

belt (*n.*) **cintura**

to bend (*v.*) **piegare** (*tr.*)

beneath (*prep.*) **sotto**

besides (*prep.*) **oltre a**

besides, moreover (*adv.*) **inoltre**

best wishes (*n.*) **auguri** (*m. pl.*)

between, among (*prep.*) **fra, tra**

biceps (*n.*) **bicipite** (*m.*)

bicycle (*n.*) **bicicletta**

bidet (*n.*) ***bidet*** (*m. inv. for.*)

bikini (*n.*) **due pezzi** (*m.*)

bilingual (*adj.*) **bilingue**

biology (*n.*) **biologia**

birth control pill (*n.*) **pillola anticoncezionale**

birthday (*n.*) **compleanno**

a bit, a little (*adv.*) **un po'**

a bit of . . . , some **un po' di...**

black (*adj.*) **nero**

blender (*n.*) **frullatore** (*m.*)

blind (*adj.*) **cieco**

blizzard (*n.*) **bufera di neve**

blood (*n.*) **sangue** (*m.*)

bloom (*v.*) **sbocciare** (*intr.*)

blouse (*n.*) **camicetta**

blue (primary) (*adj.*) **azzurro**

blueberry (*n.*) **mirtillo**

blue-jeans (*n.*) ***jeans*** (*m. pl. for.*)

boarding pass (*n.*) **carta d'imbarco**

body (*n.*) **corpo**

to boil (*v.*) **bollire, far(e) bollire** (*tr.*)

Bolivian (*adj.*) **boliviano**

bolts of lightning (*n.*) **fulmini** (*m. pl.*)

book (*n.*) **libro**

bookshelf (*n.*) **scaffale** (*m.*)

bookstore, bookshelf (*n.*) **libreria**

boot (*n.*) **stivale** (*m.*)

to border (*v.*) **confinare** (*intr.*)

to bore (*v.*) **annoiare** (*tr.*)

Bosnian (*adj.*) **bosniaco**

both . . . and (*conj.*) **sia**

bottom (*n.*) **sedere** (*m.*)

bowl (*n.*) **ciotola**

boxer shorts (*n.*) ***boxer*** (*m. pl. inv. for.*)

boy (*n.*) **ragazzo**

bra (*n.*) **reggiseno**

bracelet (*n.*) **bracciale** (*m.*)

brain (*n.*) **cervello**

brake (*n.*) **freno**

break (*n.*) **pausa**

to break (*v.*) **rompere** (*tr.*)

to break up (*v.*) **lasciarsi** (*refl.*)

breakfast (*n.*) **colazione** (*f.*)

breast (*n.*) **seno**

to breathe (*v.*) **respirare** (*intr.*)

breeze (*n.*) **venticello**

brick (*n.*) **mattone** (*m.*)

bride (*n.*) **sposa**

bridge (*n.*) **ponto**

briefcase (*n.*) **valigetta**

briefs (*n.*) **mutande** (*f. pl.*)

to bring closer (*v.*) **avvicinare** (*tr.*)

broccoli (*n.*) **broccoli** (*m. pl.*)

brother (*n.*) **fratello**

brother-in-law (*n.*) **cognato**

brown (*adj.*) **marrone** (*inv.*)

to brush (*v.*) **spazzolare** (*tr.*)

buffet restaurant (*n.*) **tavola calda**

to build (*v.*) **costruire** (*tr.*)

building (*n.*) **edificio**

built-in closet (*n.*) **armadio a muro**

bumper (*n.*) **paraurti** (*m. inv.*)

a bunch (*n.*) **sacco**

burst (of a tire) (*v.*) **squarciarsi** (*refl.*)

bus (*n.*) **autobus** (*m.*)

businessman (*n.*) **uomo d'affari**

businesswoman (*n.*) **donna d'affari**

bust (*n.*) **busto**

but (*conj.*) **ma, però**

butcher shop (*n.*) **macellaio**

butter (*n.*) **burro**

buttock (*n.*) **gluteo**

to button (*v.*) **abbottonare** (*tr.*)

to buy (*v.*) **comprare** (*tr.*)

cabinet (*n.*) **armadietto**

café (*n.*) **bar** (*m. inv.*)

cafeteria (*n.*) **caffetteria, mensa**

calculator (*n.*) **calcolatrice** (*f.*)

calculus, calculation (*n.*) **calcolo**

calf (anat.) (*n.*) **polpaccio**

called (*v.*) **chiamarsi** (*intr.*)

calm (*adj.*) **tranquillo**

camping, campground (*n.*) **campeggio**

can (*n.*) **lattina**

can (*to be able to*) (*v.*) **potere**

cancer (*n.*) **cancro**

capacity (*n.*) **capacità** (*inv.*)

capital city (*n.*) **capitale** (*f.*)

car (*n.*) **macchina**

caraffe, pitcher (*n.*) **caraffa**

cardigan (*n.*) ***cardigan*** (*m. for.*)

cardinal direction (*n.*) **punto cardinale**

care (*n.*) **cura**

career (*n.*) **carriera**

to caress (*v.*) **accarezzare** (*tr.*)

carpenter (*n.*) **falegname** (*m.*)

carrot (*n.*) **carota**

cartoons (*n.*) **cartoni animati** (*m. pl.*)

to carve, to engrave (*v.*) **intagliare** (*tr.*)

cashier (*n.*) **cassiere/a**

casserole (*n.*) **casseruola**

castle (*n.*) **castello**

cauliflower (*n.*) **cavolfiore** (*m.*)

CD player (*n.*) **lettore di cd** (*m.*)

ceiling (*n.*) **soffitto**

cell phone (*n.*) **cellulare** (*m.*)

cellular (*adj.*) **cellulare**

center (*n.*) **centro**

central heating (*n.*) **riscaldamento**

century (*n.*) **secolo**

ceremony (*n.*) **cerimonia**

certain, sure (*adj.*) **certo**

certainty (*n.*) **certezza**

chair (*n.*) **sedia**

challenging (*adj.*) **impegnativo**

change (money) (*n.*) **resto**

to change (*v.*) **cambiare** (*tr.*)

character (*n.*) **personaggio**

to chat (*v.*) **chiacchierare** (*intr.*)

cheapest (*adj.*) **conveniente**

check (*n.*) **assegno, conto** (at a restaurant)

to check (*v.*) **controllare** (*tr.*)

to check in (*v.*) **fare il check-in, fare l'accettazione** (*tr.*)

check-in (*n.*) **accettazione** (*f.*)

check-in counter (*n.*) **banco d'accettazione**

cheek (*n.*) **guancia**

cheekbone (*n.*) **zigomo**

cheerful (*adj.*) **allegro**

cheese (*n.*) **formaggio**

chef (*n.*) **chef** (*m. inv. for.*)

chemistry (*n.*) **chimica**

cherry (*n.*) **ciliegia**

chest (box) (*n.*) **cassapanca**

chest (anat.) (*n.*) **petto,** (*m.*) **torace**

chestnut (*n.*) **castagna**

chickpeas (*n.*) **ceci** (*m. pl.*)

chicken (*n.*) **pollo**

chicken breast (*n.*) **petto di pollo**

chicken thigh (*n.*) **coscia di pollo**

child (*n.*) **bambino** (*m.*)

child development (*n.*) **puericultura**

childhood (*n.*) **infanzia**

chin (*n.*) **mento**

china cabinet (*n.*) **vetrina**

Chinese (*adj.*) **cinese**

chocolate (*n.*) **cioccolato**

to choose (*v.*) **scegliere** (*tr.*)

to chop (*v.*) **tritare** (*tr.*)

Christmas (*n.*) **Natale** (*m.*)

chronological (*adj.*) **cronologico**

church (*n.*) **chiesa**

cinematography (*n.*) **cinematografia**

citizen (*n.*) **cittadino**

citrus fruit (*n.*) **agrume** (*m.*)

city (*n.*) **città** (*inv.*)

class (*n.*) **lezione** (*f.*), **classe** (group of students) (*f.*)

classmate (*n.*) **compagno/a di classe**

classroom (*n.*) **aula**

claustrophobia (*n.*) **claustrofobia**

to clean (*v.*) **pulire** (*tr.*)

to clear the table (*v.*) **sparecchiare la tavola** (*tr.*)

clementine (*n.*) **clementino**

climate (*n.*) **clima**

to climb (*v.*) **salire, scalare** (*tr.*)

clock (*n.*) **orologio**

to close (*v.*) **chiudere** (*tr.*)

closed (*adj.*) **chiuso**

clothes (*n.*) **vestiti** (*pl.*)

clothes hamper (*n.*) **portabiancheria** (*m. inv.*)

clothes rack (*n.*) **stendino**

clothesline (*n.*) **filo per stendere i panni** (*m.*)

clothing (*n.*) **abbigliamento**

cloud (*n.*) **nuvola**

cloudy (*adj.*) **nuvoloso**

coast (*n.*) **costa**

to coast (*v.*) **costeggiare** (*tr.*)

coat (overcoat) (*n.*) **cappotto**

coat rack (*n.*) **attaccapanni** (*m. inv.*)

coconut (*n.*) **cocco**

coffee maker (*n.*) **caffettiera**

cold (*adj.*) **freddo**

cold (*n.*) **raffreddore** (*m.*)

colleague (*n.*) **collega** (*m./f.*)

college, university (*n.*) **università**

college professor (*n.*) **profes-sor(essa) universitario/a**

colloquial (*adj.*) **colloquiale**

Colombian (*adj.*) **colombiano**

colonization (*n.*) **colonizzazione**

to colonize (*v.*) **colonizzare** (*tr.*)

to comb one's hair (*v.*) **pettinarsi** (*refl.*)

to come (*v.*) **venire** (*intr.*)

to come back (*v.*) **tornare** (*intr.*)

to come to an end (*v.*) **concludersi** (*intr.*)

to comment on (*v.*) **commentare** (*tr.*)

to commit oneself (*v.*) **impegnarsi** (*refl.*)

commitment (*n.*) **impegno**

communism (*n.*) **comunismo**

community (*n.*) **comunità**

comparative literature (*n.*) **letterature comparate** (*f.*)

to complete (*v.*) **completare** (*tr.*)

complicated (*adj.*) **complicato**

composition (*n.*) **tema** (*m.*)

computer (*n.*) **computer** (*inv. for.*)

computer engineer (*n.*) **ingegnere informatico** (*m.*)

computer science (*n.*) **informatica**

to conceive (*v.*) **ideare** (*intr.*)

concert (*n.*) **concerto**

condiments (*n.*) **condimenti** (*m. pl.*)

conditioner (hair) (*n.*) **balsamo**

condominium (*n.*) **condominio**

conductor (*n.*) **controllore**

to confess (*v.*) **confessare** (*tr.*)

Congolese (*adj.*) **congolese**

connection (travel) (*n.*) **coincidenza**

connection, relationship (*n.*) **rapporto**

conservatory (*n.*) **conservatorio**

content, happy (*adj.*) **contento**

to contract (*v.*) **contrarre** (*tr.*)

to contribute (*v.*) **collaborare** (*intr.*)

controller (*n.*) **controllore** (*m./f.*)

convertible (*adj.*) **decappottabile**

cook (*n.*) **cuoco/a**

to cook (*v.*) **cucinare** (*tr.*)

cooked (*adj.*) **cotto**

cool (*adj.*) **fresco**

copper (*n.*) **rame** (*m.*)

corn (*n.*) **mais** (*m. inv.*)

correct (*adj.*) **corretto**

to cost (*v.*) **costare** (*intr.*)

Costa Rican (*adj.*) **costaricano**

country, countryside (*n.*)
campagna

country, town (*n.*) **paese** (*m.*)

courage (*n.*) **coraggio**

cousin (*n.*) **cugino/a**

to cover (*v.*) **coprire, ricoprire** (*tr.*)

craftsman (*n.*) **artigiano**

to create (*v.*) **creare** (*tr.*)

creative (*adj.*) **creativo**

cricket (*n.*) **grillo**

crime (*n.*) **delitto, crimine** (*m.*)

criminal (*n., adj.*) **criminale**

to criticize (*v.*) **criticare** (*tr.*)

Croatian (*adj.*) **croato**

to cross (*v.*) **attraversare, incrociare**
(*tr.*)

cruise (*n.*) **crociera**

cruise liner (*n.*) **transatlantico**

cry (*v. intr.*) **piangere** (*intr.*)

Cuban (*adj.*) **cubano**

cucumber (*n.*) **cetriolo**

curable (*adj.*) **curabile**

to curl (of hair) (*v.*) **arricciarsi** (*refl.*)

curtain (*n.*) **tenda**

to cut (*v.*) **tagliare** (*tr.*)

cute (*adj.*) **carino**

cyclist (*n.*) **ciclista** (*m./f.*)

dad (*n.*) **papà, babbo**

damp, muggy (*adj.*) **umido**

dance (*n.*) (modern) **danza**
(moderna)

to dance (*v.*) **ballare** (*intr.*)

dangerous (*adj.*) **pericoloso**

Danish (*adj.*) **danese**

dark (*adj.*) **buio, scuro**

dashboard (*n.*) **cruscotto**

date (*n.*) **data**

daughter (*n.*) **figlia**

daughter-in-law (*n.*) **nuora**

day (*n.*) **giorno, giornata** (whole
day)

the day after tomorrow (*adv.*)
dopodomani

the day before yesterday (*adv.*)
l'altro ieri

day-care (*n.*) **asilo (infantile)** (for
infants); **asilo nido**

to deal with (*v.*) **trattare di/con** (*tr.*)

debt (*n.*) **debito**

December (*n.*) **dicembre**

to decide (*v.*) **decidere** (*tr.*)

to decorate (*v.*) **arredare** (*tr.*)

to decrease (*v.*) **diminuire** (*intr.*)

delay (*n.*) **ritardo**

deltoids (*n.*) **deltoidi** (*m. pl.*)

demitasse cup (*n.*) **tazzina**
(da caffè)

democracy (*n.*) **democrazia**

democratic (*adj.*) **democratico**

to demolish (*v.*) **demolire** (*tr.*)

dentist (*n.*) **dentista** (*m./f.*)

to depart (*v.*) **partire** (*intr.*)

department (*n.*) **facoltà**

departure (*n.*) **partenza**

to depict (*v.*) **rappresentare** (*tr.*)

to depress (*v.*) **deprimere** (*tr.*)

depressed (*adj.*) **depresso**

dermatologist (*n.*) **dermatologo**

desert (*n.*) **deserto**

desk (*n.*) **scrivania**

dessert, sweet (*n.*) **dolce** (*m.*)

detergent (*n.*) **detersivo**

development (*n.*) **sviluppo**

diagram (*n.*) **diagramma**

dictatorship (*n.*) **dittatura**

dictionary (*n.*) **dizionario**

different (*adj.*) **diverso**

difficult (*adj.*) **difficile**

to diminish (*v.*) **diminuire** (*intr.*)

dining room (*n.*) **sala da pranzo**

dinner (*n.*) **cena**

direct (*adj.*) **diretto**

directly, right away (*adv.*)
addirittura

director (*n.*) **regista** (*m./f.*)

disabled (*adj.*) **disabile**

discomfort (*n.*) **disagio**

to discover (*v.*) **scoprire** (*tr.*)

to discuss (*v.*) **trattare di** (*tr.*),
discutere (*intr.*)

distant (*adj.*) **lontano**

dishwasher (*n.*) **lavastoviglie**
(*f. inv.*)

disorder (*n.*) **disordine** (*m.*)

divorced (*adj.*) **divorziato**

to do (*v.*) **fare** (*tr.*)

to do laundry (*v.*) **fare il bucato** (*tr.*)

to do the grocery shopping (*v.*) **fare**
la spesa (*tr.*)

doctor (*n.*) **dottore/dottoressa**
(*m./f.*)

doctor (*n.*) **medico**

doctorate (*n.*) **dottorato**

dog (*n.*) **cane** (*m.*)

Dominican (*adj.*) **dominicano**

don't mention it!, you're welcome!
prego!

donkey (*n.*) **asino**

door (*n.*) **porta**

door frames (*n.*) **infissi** (*m. pl.*)

dorm (*n.*) **residenza universitaria**

to doubt (*v.*) **dubitare** (*intr.*)

dozen (*n.*) **dozzina**

to drain (*v.*) **scolare** (*tr.*)

drama (*n.*) **arte drammatica** (*f.*)

to draw (*v.*) **disegnare** (*tr.*)

to dream (*v.*) **sognare** (*tr.*)

dress (*n.*) **vestito**

dresser (*n.*) **comò** (*inv.*)

drink (*n.*) **bevanda**

to drink (*v.*) **bere** (*tr.*)

driver, chauffeur (*n.*) **autista**
(*m./f.*)

driver's license (*n.*) **patente** (*f.*)

to drizzle (*v.*) **piovigginare** (*intr.*)

drum (*n.*) **tamburo**

to dry clean (*v.*) **lavare a secco** (*tr.*)

to dry off (*v.*) **asciugarsi** (*refl.*)

dryer (*n.*) **asciugapanni** (*m. inv.*)

dumbbell, handle (*n.*) **manubrio**

duration (*n.*) **durata**

during (*prep.*) **durante**
to dust (*v.*) **spolverare** (*tr.*)

each (*adj.*) **ogni**
ear (*n.*) **orecchio** (*pl.* **le orecchie** *f.*)
early, soon (*adv.*) **presto**
to earn (*v.*) **guadagnare** (*tr.*)
to earn for oneself (*v.*) **guadagnarsi** (*refl.*)
earring (*n.*) **orecchino**
earth (*n.*) **terra**
east (*n.*) **est** (*m.*)
Easter (*n.*) **Pasqua**
to eat (*v.*) **mangiare** (*tr.*)
ebony (*n.*) **ebano**
economics (*n.*) **economia**
economics, business, marketing (academic) (*n.*) **economia e commercio**
economy car (*n.*) **utilitaria**
edge (*n.*) **bordo**
education (*n.*) **istruzione** (*f.*)
efficiency apartment (*n.*) **miniappartamento** (*m.*)
egg (*n.*) **uovo** (*pl.* **le uova** *f.*)
egg white (*n.*) **albume** (*m.*), **chiara** (*f.*)
eggplant (*n.*) **melanzana**
Egyptian (*adj.*) **egiziano**
to elaborate (*v.*) **elaborare** (*tr.*)
elbow (*n.*) **gomito**
electrician (*n.*) **elettricista** (*m./f.*)
electronic (*adj.*) **elettronico**
elementary school (*n.*) **scuola elementare**
elementary school teacher (*n.*) **maestro/a**
elevator (*n.*) **ascensore** (*m.*)
to elongate (*v.*) **allungare** (*tr.*)
else (*adj., adv.*) **altro**
e-mail (*n.*) **posta elettronica**
emperor (*n.*) **imperatore**
employee (*n.*) **impiegato/a**
empty (*adj.*) **scarico**
to enclose (*v.*) **includere** (*tr.*)

to end (*v.*) **finire** (*intr.*)
energetic (*adj.*) **energico**
energy (*n.*) **energia**
engine (*n.*) **motore** (*m.*)
engineer (*n.*) **ingegnere** (*m.*)
engineering (*n.*) **ingegneria**
English (*adj.*) **inglese**
to enjoy oneself (*v.*) **divertirsi** (*refl.*)
enormous (*adj.*) **enorme**
to enroll (*v.*) **iscriversi** (*tr.*)
entire (*adj.*) **intero**
entomologist (*n.*) **entomologo**
entomology (*n.*) **entomologia**
entrance (*n.*) **portone** (*m.*)
environment (*n.*) **ambiente** (*m.*)
Equadorian (*adj.*) **ecuadoriano**
equally (*adv.*) **ugualmente**
equilibrium (*n.*) **equilibrio**
eraser (*n.*) **gomma**
Eritrean (*adj.*) **eritreo**
esophagus (*n.*) **esofago**
essay (*n.*) **saggio**
even (*adv.*) **addirittura**
even if (*conj.*) **anche se**
evening (*n.*) **sera, serata** (whole evening)
every, each (*adj.*) **ogni**
everything (*adv.*) **tutto**
exact, correct (*adj.*) **esatto**
exam (*n.*) **esame** (*m.*)
example (*n.*) **esempio**
excellent (*adj.*) **eccellente, ottimo**
except, apart from (*prep.*) **eccetto**
to exercise (*v.*) **fare ginnastica** (*intr.*)
exhaust (*n.*) **tubo di scappamento**
exhausted (*adj.*) **esausto**
to exist (*v.*) **esistere** (*intr.*)
expanse (*n.*) **distesa**
to expect (*v.*) **aspettarsi** (*refl.*)
expected (*adj., n.*) **previsto**
expense (*n.*) **spesa**
expensive (*adj.*) **caro**
experience (*n.*) **esperienza**
experimental (*adj.*) **sperimentale**

to explain (*v.*) **spiegare** (*tr.*)
to explode (*v. intr*) **scoppiare**
expression (*n.*) **espressione** (*f.*)
to extend (*v.*) **estendere, stendere** (*tr.*)
extensive (*adj.*) **esteso**
extroverted (*adj.*) **estroverso**
eye (*n.*) **occhio**
eyebrow (*n.*) **sopracciglio** (*pl.* **le sopracciglia** *f.*)
eyelash (*n.*) **ciglio** (*pl.* **le ciglia** *f.*)
eyelid (*n.*) **palpebra**

fabulous (*adj.*) **favoloso**
façade (*n.*) **facciata**
face (*n.*) **faccia, viso**
to face (*v.*) **affrontare** (*tr.*)
factory (*n.*) **fabbrica**
factory worker (*n.*) **operaio/a**
faded (*adj.*) **sbiadito**
fairly, quite (*adv.*) **abbastanza**
fairy (*n.*) **fata**
fairy tale (*n.*) **fiaba**
to fall (*v.*) **cadere** (*intr.*)
to fall asleep (*v.*) **addormentarsi** (*refl.*)
to fall in love (*v.*) **innamorarsi** (*refl.*)
family (*n.*) **famiglia**
family doctor (*n.*) **medico generico**
family-style restaurant (*n.*) **trattoria**
famous (*adj.*) **famoso**
faraway, distant (*adj.*) **lontano**
far away from (*adj.*) **distante**
farmer (*n.*) **agricoltore** (*m.*)
farmhouse (*n.*) **casale** (*m.*)
fashion (*n.*) **moda**
fashion designer (*n.*) **stilista di moda** (*m./f.*)
fast-food restaurant (*n.*) *fast food* (*m. inv. for.*)
fat (*adj., n.*) **grasso**
father (*n.*) **padre** (*m.*)
father-in-law (*n.*) **suocero**
fault, flaw (*n.*) **difetto**

fear (*n.*) **paura**
to fear, to be afraid (*v.*) **temere** (*tr.*)
feasible (*adj.*) **fattibile**
February (*n.*) **febbraio**
to feel (*v., refl.*) **sentire, sentirsi** (*tr.*)
ferry (*n.*) **traghetto**
fever (*n.*) **febbre** (*f.*)
fiancé (*n.*) **fidanzato** (*m.*)
fiancée (*n.*) **fidanzata** (*f.*)
field (*n.*) **campo**
field trip (*n.*) **gita scolastica**
fig (*n.*) **fico**
to fight (*v.*) **combattere** (*tr.*)
file cabinet (*n.*) **archivio**
film/play review (*n.*) **recensione** (*f.*)
film/theater critic (*n.*) **critico**
financial advisor (*n.*)
    commercialista (*m.*)
to find (*v.*) **trovare** (*tr.*)
to find out (*v.*) **scoprire** (*tr.*)
fine, all right (*adv.*) **bene**
finger (*n.*) **dito; le dita** (*f. pl.*)
fingernail (*n.*) **unghia**
to finish (*v.*) **finire** (*intr.*)
Finnish (*adj.*) **finlandese**
first (*adj.*) **primo**, (*adv.*) **prima**
first name (*n.*) **nome di battesimo**
    (*m.*)
fish (*n.*) **pesce** (*m.*)
to fish (*v.*) **pescare** (*tr.*)
fish knife (*n.*) **coltello per il pesce**
    (*m.*)
fishmonger's (*n.*) **pescheria**
flat tire (*n.*) **gomma a terra**
to flex (*v.*) **flettere** (*tr.*)
flight (*n.*) **volo**
flight attendant (*n.*) **assistente di**
    volo (*m./f.*)
flip-flops (*n.*) **ciabatte (infradito)**
    (*f. pl.*)
floor (*n.*) **pavimento**
flop (*n.*) **fiasco**
flower (*n.*) **fiore** (*m.*)
flower shop (*n.*) **fioraio**
to fly (*v.*) **volare** (*intr.*)

fog (*n.*) **nebbia**
to follow (*v.*) **seguire** (*tr.*)
following (*adj.*) **seguente**
food (*n.*) **cibo**
food cart (*n.*) **carrello portavivande**
food science (*n.*) **scienze**
    dell'alimentazione (*f. pl.*)
foot (*n.*) **piede** (*m.*)
for (*prep.*) **per**
forearm (*n.*) **avambraccio**
forehead (*n.*) **fronte** (*f.*)
foreign (*adj.*) **straniero, estero**
foreign languages (*n.*) **lingue**
    straniere (*f. pl.*)
foreigner (*n.*) **straniero**
forest (*n.*) **bosco**
to forget (*v.*) **dimenticare** (*tr.*)
fork (*n.*) **forchetta**
form (*n.*) **modulo**
fortunate (*adj.*) **fortunato**
fortunately (*adv.*) **fortunatamente**
foundation (*n.*) **fondazione**
fountain (*n.*) **fontana**
fraternity house (*n.*) **residenza**
    studentesca
free (*adj.*) **gratuito, libero**
freezer (*n.*) **congelatore** (*m.*)
French (*adj.*) **francese**
frenetic (*adj.*) **frenetico**
fresco (*n.*) **affrescho**
fresh (*adj.*) **fresco**
Friday (*n.*) **venerdì** (*m.*)
friend (*n.m.*) **amico** (*m.*)
from (*prep.*) **da**
from the (*prep.*) **dal, dalla, dallo,**
    dalle, dagli, dai
fruit (*n.*) **frutta**
fruit and vegetable shop (*n.*)
    fruttivendolo
full (*adj.*) **pieno**
function (*v.*) **funzionare** (*intr.*)
fundamental (*adj.*) **fondamentale**
funny (*adj.*) **comico**
fur coat (*n.*) **pelliccia**
to furnish (*v.*) **arredare** (*tr.*)

furniture (*n.*) **arredamento, mobili**
    (*m. pl.*)

game (*n.*) **partita**
garage (*n.*) **garage** (*m. inv. for.*)
garden, yard (*n.*) **giardino**
to garden (*v.*) **fare giardinaggio**
    (*tr.*)
gas tank (*n.*) **serbatoio della**
    benzina
gasoline (*n.*) **benzina**
gate (*n.*) **cancello**
gate (airport) (*n.*) **porta d'imbarco**
gearshift (*n.*) **cambio**
generous (*adj.*) **generoso**
genetically (*adv.*) **geneticamente**
geogaphy (*n.*) **geografia**
German (*adj.*) **tedesco**
to get about (*v.*) **spostarsi** (*refl.*)
to get angry (*v.*) **arrabbiarsi** (*refl.*)
to get back (*v.*) **tornare, rientrare**
    (*intr.*)
to get bored (*v.*) **annoiarsi** (*refl.*)
to get depressed (*v.*) **deprimersi**
    (*refl.*)
to get down (*v.*) **scendere** (*intr.*)
to get dressed (*v.*) **vestirsi** (*refl.*)
to get in line (*v.*) **mettersi in fila**
    (*refl.*)
to get involved (*v.*) **impegnarsi**
    (*refl.*)
to get lost (*v.*) **perdersi** (*refl.*)
to get married (*v.*) **sposarsi** (*refl.*)
to get up (*v.*) **alzarsi** (*refl.*)
to get a tattoo (*v.*) **farsi un**
    tatuaggio (*refl.*)
Ghanaian (*adj.*) **ghanese**
to give (*v.*) **dare** (*tr.*)
to give back (*v.*) **restituire** (*tr.*)
to give permission (*v.*) **dare il**
    permesso (*tr.*)
glass (*n.*) **bicchiere per l'acqua** (*m.*)
glass baking dish (*n.*) **pirofila**
glove (*n.*) **guanto**
glutei (*n.*) **glutei** (*m. pl.*)

to go (farther) away (*v.*) **allontanarsi** (*refl.*)

to go (*v.*) **andare** (*intr.*)

to go back (*v.*) **tornare** (*intr.*)

to go jogging (*v.*) **fare *jogging*** (*tr.*)

to go near (*v.*) **avvicinarsi** (*refl.*)

to go out (*v.*) **uscire** (*intr.*)

to go see (someone) (*v.*) **andare a trovare** (*intr.*)

to go shopping (*v.*) **fare spese** (*tr.*)

to go through (*v.*) **passare per, attraversare** (*intr.*)

gold (*n.*) **oro**

good (*adj.*) **buono**

good morning (*inv.*) **buongiorno**

good-bye, farewell **addio**

gossip (piece of) (*n.*) **pettegolezzo**

grades (*n.*) **voti** (*pl.*)

grains, cereal (*n.*) **cereali** (*m. pl.*)

granddaughter (*n.*) **nipote** (*f.*)

grandfather (*n.*) **nonno**

grandmother (*n.*) **nonna**

grandparents (*n.*) **nonni** (*m. pl.*)

grandson (*n.*) **nipote** (*m.*)

grape harvest (*n.*) **vendemmia**

grapefruit (*n.*) **pompelmo**

grapes (*n.*) **uva** (*u.*)

great (*adv.*) **benissimo**

great-granddaughter, great-grandson (*n.*) **pronipote** (*m./f.*)

great grandfather (*n.*) **bisnonno**

great grandmother (*n.*) **bisnonna**

green (*adj.*) **verde**

green beans (*n.*) **fagiolini** (*m. pl.*)

to greet (*v.*) **salutare** (*tr.*)

grey (*adj.*) **grigio**

to grill (*v.*) **grigliare, arrostire** (*tr.*)

groom (*n.*) **sposo**

to grow up (*v.*) **crescere** (*intr.*)

gum (*n.*) **gengiva**

gym (*n.*) **palestra**

gynecologist (*n.*) **ginecologo**

hail (*n.*) **grandine** (*f.*)

hair (on body) (*n.*) **pelo**

hair (on head) (*n.*) **capelli** (*m. pl.*)

hair stylist (*n.*) **parrucchiere/a**

half (*adj.*) **mezzo**

hall (*n.*) **ingresso, corridoio**

ham (*n.*) **prosciutto cotto**

hand (*n.*) **mano; le mani** (*f. pl.*)

to hand down (*v.*) **tramandare** (*tr.*)

to hand in (*v.*) **consegnare** (*tr.*)

hand luggage (*n.*) **bagaglio a mano**

to hand wash (*v.*) **lavare a mano** (*tr.*)

handicrafts (*n.*) **artigianato**

handle (*n.*) **maniglia**

to hang clothes out to dry (*v.*) **stendere i panni** (*tr.*)

to happen (*v.*) **capitare, succedere** (*intr.*)

happy (*adj.*) **felice**

hardly ever, rarely (*adv.*) **raramente**

hardware store (*n.*) **ferramenta** (*m.*)

hardwood floor (*n.*) **parquet** (*m. inv. for.*)

hat, cap (*n.*) **cappello**

to have (*v.*) **avere** (*tr.*)

to have breakfast (*v.*) **fare colazione** (*tr.*)

to have dinner (*v.*) **cenare**

to have fun (*v.*) **divertirsi** (*refl.*)

to have lunch (*v.*) **pranzare** (*intr.*)

to have a snack (*v.*) **fare merenda** (*tr.*)

to have to (*v.*) **dovere**

hazelnut (*n.*) **nocciola**

he (*sub. pron.*) **lui**

head (*n.*) **testa**

head of state (*n.*) **capo di stato** (*m./f.*)

headache (*n.*) **mal di testa** (*m. inv.*)

headlight (*n.*) **faro** (*m.*)

headphone (*n.*) **cuffia**

healthcare (*n.*) **assistenza medica**

to hear (*v.*) **sentire** (*tr.*)

to hear from one another (*v. rec.*) **sentirsi**

heart (*n.*) **cuore** (*m.*)

heavy (*adj.*) **pesante**

heavyset (*adj.*) **robusto**

Hebrew (*adj.*) **ebraico**

heel (*n.*) **tallone** (*m.*)

help (*n.*) **aiuto**

to help (*v.*) **aiutare** (*tr.*)

here (*adv.*) **qui**

hero (*n.*) **eroe** (*m.*)

hi , bye! **ciao!** (*inf.*) (*inv.*)

high school (*n.*) **scuola superiore**

high school diploma (*n.*) **diploma di maturita**

high-school teacher (*n.*) **professore(ssa) di scuola superiore**

hips (*n.*) **fianchi** (*m. pl.*)

history (*n.*) **storia**

to hit, strike (*v.*) **colpire** (*tr.*)

to hold on to (something) (*v.*) **tenersi** (*refl.*)

to hold tight, to grasp (*v.*) **impugnare** (*tr.*)

holiday (*n.*) **festa, vacanza**

holidays (*n.*) **feste** (*f. pl.*)

home (*n.*) **casa**

homesickness (*n.*) **nostalgia**

homework (*n.*) **compiti** (*m. pl.*)

homonym (*n.*) **omonimo**

homosexuality (*n.*) **omosessualità**

honey (*n.*) **miele** (*m.*)

hood (car) (*n.*) **cofano**

to hope (*v.*) **sperare** (*tr.*)

horrible (*adj.*) **orribile**

horror (*n.*) **orrore** (*m.*)

hospital (*n.*) **ospedale** (*m.*)

hotel (*n.*) **albergo**

hour, time (*n.*) **ora**

an hour or so (*n.*) **un'oretta**

house (*n.*) **abitazione, casa, villa**

how (*adv.*) **come**

how much, how many (*adj., pron.*) **quanto**

however (*conj.*) **comunque, tuttavia, però**

to hug, embrace (*v.*) **abbracciare** (*tr.*)

huge (*adj.*) **enorme**
hunger (*n.*) **fame** (*f.*)
hunter (*n.*) **cacciatore** (*m.*)
to hurt (*v.*) **fare male** (*tr.*)
husband (*n.*) **marito**
hydrofoil (*n.*) **aliscafo**

I (*sub. pron.*) **io**
ice cream (*n.*) **gelato**
ice-cream parlor (*n.*) **gelateria**
ideal (*adj.*) **ideale**
idealist (*n.*) **idealista** (*m./f.*)
illness (*n.*) **malattia**
illustration (*n.*) **illustrazione**
immediately (*adv.*) **subito**
immense (*adj.*) **immenso**
immigrant (*n.*) **immigrato**
immigration (*n.*) **immigrazione** (*f.*)
important (*adj.*) **importante**
to impose (*v.*) **imporre** (*tr.*)
imposing, impressive (*adj.*)
    imponente
impression (*n.*) **impressione**
to improvise (*v.*) **improvvisare** (*tr.*)
impulsive (*adj.*) **impulsivo**
impulsiveness (*n.*) **impulsività**
in (*prep.*) **in**
in fact (*adv.*) **effettivamente**
in summary (*adv.*) **insomma**
in the (*prep.*) **nel, nella, nello,**
    nelle, negli, nei
in the meantime (*adv.*) **nel**
    frattempo
to increase, to augment (*v.*)
    aumentare (*intr.*)
independently (*adv.*)
    indipendentemente
Indian (*adj.*) **indiano**
indoors (*inv.*) **al chiuso**
industrialized (*adj.*)
    industrializzato
industry (*n.*) **industria**
insecure (*adj.*) **insicuro**
instead (*adv.*) **invece**
institute (*n.*) **istituto**

instrument (*n.*) **strumento**
intelligent (*adj.*) **intelligente**
intense (*adj.*) **intenso**
to interact (*v.*) **interagire** (*intr.*)
interior design (*n.*) **architettura**
    d'interni
international law (*n.*) **diritto**
    internazionale
internship (*n.*) **tirocinio**
to interpret (*v.*) **interpretare** (*tr.*)
interview (*n.*) **intervista**
intestine (*n.*) **intestino**
to introduce (*v.*) **presentare** (*tr.*)
to invite (*v.*) **invitare** (*tr.*)
to involve (*v.*) **coinvolgere** (*tr.*)
Iraqi (*adj.*) **iracheno**
iron (*n.*) **ferro**
to iron (*v.*) **stirare** (*tr.*)
island (*n.*) **isola**
Israeli (*adj.*) **israeliano**
Italian (*adj.*) **italiano**
Italian class (*n.*) **lezione di italiano**
    (*f.*)
item (*n.*) **capo**
itinerary (*n.*) **itinerario**

jack (*n.*) **cric**
jacket (*n.*) **giacca**
January (*n.*) **gennaio**
job, work (*n.*) **lavoro**
journalism (*n.*) **giornalismo**
journalist (*n.*) **giornalista** (*m./f.*)
journey (*n.*) **viaggio**
joy (*n.*) **gioia**
judge (*n.*) **giudice** (*m./f.*)
July (*n.*) **luglio**
to jump (*v.*) **saltare** (*intr.*)
June (*n.*) **giugno**
just, fair (*adj.*) **giusto**
justice (*n.*) **giustizia**

to keep (*v.*) **mantenere, tenere** (*tr.*)
ketchup (*n.*) **ketchup** (*m. inv.*)
key (*n.*) **chiave** (*f.*)
kidney (*n.*) **rene** (*m.*)

to kill (*v.*) **uccidere** (*tr.*)
kilometer (*n.*) **chilometro**
kind, type, sort (*n.*) **genere** (*m.*)
kingdom, realm (*n.*) **reame** (*m.*)
kiss (*n.*) **bacio**
to kiss (*v.*) **baciare** (*tr.*)
kitchen (*n.*) **cucina**
kitchen cabinet (*n.*) **pensilo**
kitchen counter (*n.*) **banco di**
    lavoro
kitchen sink (*n.*) **lavandino**
kitten (*n.*) **gattino**
kiwi (*n.*) **kiwi** (*m. inv.*)
knee (*n.*) **ginocchio** (*pl.* **le**
    ginocchia *f.*)
knife (*n.*) **coltello**
to knock (*v.*) **bussare** (*intr.*)
to know (*v.*) **sapere** (*tr.*)
Korean (*adj.*) **coreano**

lab technician (*n.*) **tecnico di**
    laboratorio
lake (*n.*) **lago**
lamp (floor, desk) (*n.*) **lampada**
landing (*n.*) **atterraggio**
landscape (*n.*) **paesaggio**
larger (*adj.*) **maggiore**
to last (*v.*) **durare** (*intr.*)
last (*adj.*) **scorso, ultimo**
last name (*n.*) **cognome** (*m.*)
late (*adv.*) **tardi**
later (*adv.*) **più tardi**
laundry (*n.*) **bucato**
laundry room (*n.*) **lavanderia**
law, jurisprudence (*n.*)
    giurisprudenza
lawn mower (*n.*) **tagliaerba**
    (*m. inv.*)
lawyer (*n.*) **avvocato**
to lay, to rest (*v.*) **appoggiare** (*tr.*)
lazy (*adj.*) **pigro**
to learn (*v.*) **imparare** (*tr.*)
leather jacket (short) (*n.*) **giubbotto**
    di pelle
to leave (for a trip) (*v.*) **partire** (*intr.*)

to leave (*v.*) **allontanarsi** (*refl.*)

to leave, to go out (*v.*) **uscire** (*intr.*)

to leave (somebody/something) (*v.*) **lasciare** (*tr.*)

left (*n.*) **sinistra**

leg (*n.*) **gamba**

legumes (*n.*) **legumi** (*m. pl.*)

lemon (*n.*) **limone** (*m.*)

lentils (*n.*) **lenticchie** (*f. pl.*)

less (*adv.*) **meno**

lesson (*n.*) **lezione** (*f.*)

letter (*n.*) **lettera**

lettuce (*n.*) **lattuga**

librarian (*n.*) **bibliotecario**

library (*n.*) **biblioteca**

license plate (*n.*) **targa**

to lie down (*v.*) **sdraiarsi** (*refl.*)

life (*n.*) **vita**

to lift (*v.*) **alzare, sollevare** (*tr.*)

light (*adj.*) **leggero**

light (*n.*) **luce** (*f.*)

light bulb (*n.*) **lampadina**

lightness, nimbleness (*n.*) **leggerezza**

lightning (*n.*) **fulmine** (*m.*)

likely (*adj.*) **probabile**

lilac, lavender (color) (*adj. inv.*) **lilla**

line (*n.*) **fila**

lingerie (*n.*) **biancheria intima**

lip (*n.*) **labbro; le labbra** (*f. pl.*)

to listen to (*v.*) **ascoltare** (*tr.*)

lit (*adj.*) **acceso**

literature (*n.*) **letteratura**

little, not much (*adv.*) **poco**

a little bit (*adv.*) **un pochino**

to live (*v.*) **vivere** (*intr.*)

to live, to dwell (*v.*) **abitare** (*tr.*)

liver (*n.*) **fegato**

living/family room (*n.*) **soggiorno**

locomotive (*n.*) **locomotiva**

to lodge (*v.*) **alloggiare** (*intr.*)

long (*adj.*) **lungo**

long socks, pantyhose, stockings (*n.*) **calze** (*f. pl.*)

longing (*n.*) **brama**

long-sleeve shirt (*n.*) **maglietta a maniche lunghe**

to look at oneself in the mirror (*v.*) **specchiarsi** (*refl.*)

to look for (*v.*) **cercare** (*tr.*)

to lose (*v.*) **perdere** (*tr.*)

a lot (*adj.*) **tanto;** a whole lot (*adj., adv.*) **moltissimo**

lower limbs (*n.*) **arti inferiori** (*m. pl.*)

luggage (*n.*) **bagaglio**

luminous (*adj.*) **luminoso**

lunch (*n.*) **pranzo**

lung (*n.*) **polmone** (*m.*)

magazine (*n.*) **rivista**

magic (*adj.*) **magico**

magnificent, splendid (*adj.*) **splendido**

mail carrier (*n.*) **postino**

main (*adj.*) **principale**

main/front door (*n.*) **porta d'ingresso**

to make (*v.*) **fare** (*tr.*)

to make the bed (*v.*) **fare il letto** (*tr.*)

to make a mistake (*v.*) **sbagliare** (*tr.*)

man (*n.*) **uomo** (*m.*); **gli uomini** (*pl.*)

to manage, run (*v.*) **gestire** (*tr.*)

mandarin orange (*n.*) **mandarino**

mango (*n.*) **mango**

maneuver (*n.*) **manovra**

map (*n.*) **carta**

March (*n.*) **marzo**

marker (*n.*) **pennarello**

market (street) (*n.*) **mercato**

married (*adj.*) **sposato**

Mars (*n.*) **Marte**

masculine (*n.*) **maschile**

masterpiece (*n.*) **capolavoro**

to match (*v.*) **abbinare** (*tr.*)

material (*n.*) **stoffa**

maternal (*adj.*) **materno**

maternity (*n.*) **maternità**

mathematics (*n.*) **matematica**

May (*n.*) **maggio**

maybe (*adv.*) **forse**

mayonnaise (*n.*) **maionese** (*f.*)

means, way (*n.*) **mezzo**

meat (*n.*) **carne** (*f.*)

mechanic (*n.*) **meccanico**

medal (*n.*) **medaglietta**

medicine (*n.*) **medicina**

mediocre (*adj.*) **mediocre**

to meditate (*v.*) **fare meditazione** (*tr.*)

men's shirt (*n.*) **camicia**

merchant, shopkeeper (*n.*) **commerciante** (*m.*)

method (*n.*) **metodo**

Mexican (*adj.*) **messicano**

microbiology (*n.*) **microbiologia**

microwave (oven) (*n.*) **forno a microonde**

middle school (*n.*) **scuola media**

middle-school teacher (*n.*) **professore(ssa) di scuola media**

migraine (*n.*) **emicrania**

miniskirt (*n.*) **minigonna**

minivan (*n.*) **monovolume** (*f. inv.*)

mirror (*n.*) **specchio**

to mix (*v.*) **amalgamare, mischiare** (*tr.*)

mixing bowl (*n.*) **terrina**

modern (*adj.*) **moderno**

to modify (*v.*) **modificare** (*tr.*)

mom (*n.*) **mamma**

moment (*n.*) **momento**

Monday (*n.*) **lunedì**

money (*n.*) **denaro, soldi** (*m. pl.*)

month (*n.*) **mese** (*m.*)

moon (*n.*) **luna**

moped (*n.*) **motorino**

more (*adv.*) **più**

morning (*n.*) **mattina,** this morning (*adv.*) **stamattina**

morning (whole) (*n.*) **mattinata**

Moroccan (*adj.*) **marocchino**

mosque (*n.*) **moschea**

mother (*n.*) **madre** (*f.*)

mother-in-law (*n.*) **suocera**

motorcycle (*n.*) **moto[cicletta]**

mountain (*n.*) **montagna**

mouth (*n.*) **bocca**

to move (*v.*) **trasferirsi** (*refl.*)

to move (something) away (*v.*)
allontanare (*tr.*)

movies (movie theater) (*n.*) **cinema**
(*m. inv. trunc.*)

to mow the lawn (*v.*) **tagliare l'erba**
(*tr.*)

municipal policeman or woman
(*n.*) **vigile urbano** (*m.*)

museum (*n.*) **museo**

mushroom (*n.*) **fungho**

music (*n.*) **musica**

music theory (*n.*) **teoria della**
musica

mustard (*n.*) **mostarda**

mysterious (*adj.*) **misterioso**

mythology (*n.*) **mitologia**

name (*n.*) **nome** (*m.*)

napkin (*n.*) **tovagliolo**

nationality (*n.*) **nazionalità**

navel (*n.*) **ombelico**

navy blue (*adj.*) **blu** (*inv.*)

near (*adj.*) **vicino**

necessary (*adj.*) **necessario**

neck (*n.*) **collo**

necklace (*n.*) **collana**

need, necessity (*n.*) **bisogno**

to neglect (*v.*) **trascurare** (*tr.*)

neighbor (*n.*) **vicino**

nephew (*n.*) **nipote** (*m.*)

nest (*n.*) **nido**

never (*adv.*) **mai**

nevertheless (*conj.*) **comunque**

new (*adj.*) **nuovo**

newspaper (*n.*) **giornale** (*m.*)

next (*adj.*) **prossimo, successivo**

nice (*adj.*) **simpatico**

niece (*n.*) **nipote** (*f.*)

Nigerian (*adj.*) **nigeriano**

night (*n.*) **notte** (*f.*)

night (whole) (*n.*) **nottata**

night table (*n.*) **comodino**

no smoking (*inv.*) **vietato fumare**

no, not any (*adj.*) **nessuno**

noisy (*adj.*) **rumoroso**

noon (*n.*) **mezzogiorno**

north (*n.*) **nord** (*m.*)

nose (*n.*) **naso**

not cooked, raw (*adj.*) **crudo**

note (*n.*) **appunto**

notebook (*n.*) **quaderno**

nothing (*pron., adj., adv.*) **niente**

notice, sign (*n.*) **cartello**

November (*n.*) **novembre**

now (*adv.*) **adesso**

nowadays (*adv.*) **oggigiorno**

nurse (*n.*) **infermiere/a**

nursery, garden shop (*n.*) **vivaio**

nutrition (*n.*) **alimentazione** (*f.*)

nuts, dried fruit (*n.*) **frutta secca**

to obey (*v.*) **obbedire, ubbidire** (*tr.,
intr.*)

objective (*n.*) **obiettivo**

obligation (*n.*) **obbligo**

to observe (*v.*) **osservare** (*tr.*)

obstetrician (*n.*) **ostetrico/a**

to obtain (*v.*) **ottenere** (*tr.*)

obviously (*adv.*) **ovviamente**

to occur (*v.*) **capitare, succedere,**
venire in mente (*intr.*)

October (*n.*) **ottobre**

of (*prep.*) **di, del, della, dello, delle,**
degli, dei

official (*n.*) **ufficiale** (*m.*)

off-road vehicle (SUV) (*n.*)
fuoristrada

often (*adv.*) **spesso**

oil (*n.*) **olio**

oil (petroleum) (*n.*) **petrolio**

okay (*interj.*) **va bene**

old (*adj.*) **vecchio**

old age (*n.*) **vecchiaia**

olive (*n.*) **oliva**

olive oil (*n.*) **olio di oliva**

on (*prep.*) **su**

on the, above the (*prep.*) **sul, sulla,**
sullo, sulle, sugli, sui

on the contrary (*adv.*) **anzi**

on time (*adv.*) **in orario**

once (*adv.*) **una volta**

oncologist (*n.*) **oncologo**

one-piece bathing suit (*n.*) **costume**
intero (*m.*)

one-way ticket (*n.*) **biglietto di sola**
andata

onion (*n.*) **cipolla**

only, just (*adv.*) **solo, solamente**

only, sole (*adj.*) **unico**

open (*adj.*) **aperto**

to open (*v.*) **aprire** (*tr.*)

to open wide, to spread apart (*v.*)
divaricare (*tr.*)

ophthalmologist (*n.*) **oftalmologo**

optimist (*n.*) **ottimista** (*m./f.*)

or, otherwise (*conj.*) **oppure**

orange (*adj.*) **arancione**

orange (*n.*) **arancia**

order (*n.*) **ordine** (*m.*)

to organize (*v.*) **organizzare** (*tr.*)

orthopedist (*n.*) **ortopedico**

other (*adj.*) **altro**

out (side) (*adv.*) **fuori**

outdoors (*inv.*) **all'aria aperta**

outer space (*n.*) **spazio**

oven (*n.*) **forno**

overalls (*n.*) *salopette* (*f. inv. for.*)

overcast (*inv.*) **cielo coperto**

overhead projector (*n.*) **proiettore**
(*m.*)

to overlook (*v.*) **affacciarsi** (*tr.*)

overweight (*adj.*) **sovrappeso**

own (*adj.*) **proprio**

owner (*n.*) **proprietario**

ozone layer (*n.*) **strato di ozono**

to pack (*v.*) **fare le valige** (*tr.*)

package (*n.*) **pacco**

to paint (*v.*) **dipingere** (*tr.*)

painting (*n.*) **pittura**

pair (*n.*) **paio**

pajamas (*n.*) **pigiama** (*m.*)

Pakistani (*adj.*) **pachistano**

palm (*n.*) **palmo**

pan (frying) (*n.*) **padella**

Panamanian (*adj.*) **panamense**

panties (*n.*) **mutandine** (*f. pl.*)

pants (*n.*) **pantaloni** (*m. pl.*)

paper, map (*n.*) **carta**

parents (*n.*) **genitori** (*m. pl.*)

park (*n.*) **parco**

to park (*v.*) **parcheggiare** (*tr.*)

parking lot (*n.*) **parcheggio**

parmesan (*n.*) **parmigiano**

part (*n.*) **parte**

particularly (*adv.*) **particolarmente**

party (*n.*) **festa**

passenger (*n.*) **passeggero/a**

passive (*adj.*) **passivo**

passport (*n.*) **passaporto**

past time (*n.*) **passatempo**

pasta (*n.*) **pasta**

pastels (*n.*) **colori pastello** (*m. pl.*)

pastry shop (*n.*) **pasticceria**

to pay (*v.*) **pagare** (*tr.*)

to pay attention (*v.*) **prestare
    attenzione** (*tr.*)

pea (*n.*) **pisello**

peace (*n.*) **pace, serenità** (*f.*)

peaceful (*adj.*) **pacifico**

peach (*n.*) **pesca**

peanut (*n.*) **nocciolina**

pear (*n.*) **pera**

pectorals (*n.*) **pettorali** (*m. pl.*)

pedagogy (education) (*n.*)
    pedagogia

pediatrician (*n.*) **pediatra** (*m./f.*)

peel (*n.*) **buccia**

pen (*n.*) **penna**

pencil (*n.*) **matita**

peninsula (*n.*) **penisola**

people (*n.*) **popolo**

people (*n.*) **gente** (*f.*)

pepper (black) (*n.*) **pepe** (*m.*)

perfume (*n.*) **profumo**

perfume shop (*n.*) **profumeria**

perhaps, maybe (*adv.*) **forse**

periphery (*n.*) **periferia**

permission (*n.*) **permesso**

Persian (*adj.*) **persiano**

person (*n.*) **persona**

perspiration (*n.*) **sudorazione**

Peruvian (*adj.*) **peruviano**

pessimist (*m./f.*) **pessimista**

pharmacist (*n.*) **farmacista** (*m./f.*)

pharmacy (*n.*) **farmacia**

Philippine (*adj.*) **filippino**

philosophy (*n.*) **filosofia**

photocopy (*n.*) **fotocopia**

photographer (*n.*) **fotografo/a**

photography (*n.*) **fotografia**

physical (*adj.*) **fisico**

physical education (*n.*) **educazione
    fisica** (*f.*)

physics (*n.*) **fisica**

to pick up (*v.*) **raccogliere, prendere**
    (*tr.*)

pickles (*n.*) **cetriolini sott'aceto**
    (*m. pl.*)

pickup truck (*n.*) **camioncino**

pilot (*n.*) **pilota** (*m./f.*)

pineapple (*n.*) **ananas** (*m.*)

pink (*adj. inv.*) **rosa**

pistol (*n.*) **pistola**

pizza parlor (*n.*) **pizzeria**

to place (*v.*) **sistemare** (*tr.*)

place, seat, job (position) (*n.*) **posto**

place, site (*n.*) **luogo**

plain (*n.*) **pianura**

planet (*n.*) **pianeta** (*m.*)

to plant (*v.*) **piantare** (*tr.*)

plate (*n.*) **piatto piano**

platform (*n.*) **binario**

to play (*v.*) **giocare** (*intr.*)

    baseball **a baseball**

    basketball **a pallacanestro**

    beach volleyball **a beach volley**

    cards **a carte**

    football **a football americano**

    golf **a golf**

    hockey **a hockey**

    indoor soccer **a calcetto**

    rugby **a rugby**

    soccer **a calcio**

    table tennis **a ping-pong**

    tennis **a tennis**

    volleyball **a pallavolo**

to play (music) (*v.*) **suonare** (*tr.*)

pleasant (*adj.*) **gradevole**

pleasing (*adj.*) **piacevole**

plumber (*n.*) **idraulico**

poetry (*n.*) **poesia**

police (*n.*) **polizia**

policeman (*n.*) **poliziotto**

Polish (*adj.*) **polacco**

political science (*n.*) **scienze
    politiche** (*f. pl.*)

polo shirt (*n.*) **polo** (*f. inv.*)

population (*n.*) **popolazione**

pork (*n.*) **carne di maiale** (*f.*)

pork chop (*n.*) **costoletta di
    maiale**

porter (*n.*) **facchino**

to portray (*v.*) **rappresentare** (*tr.*)

Portuguese (*adj.*) **portoghese**

position (*n.*) **posizione** (*f.*)

to postpone (*v.*) **rimandare** (*tr.*)

pot (*n.*) **pentola**

potato (*n.*) **patata**

to pour (rain) (*v.*) **piovere a dirotto**
    (*intr.*)

practically (*adv.*) **praticamente**

to practice or train (for a sport) (*v.*)
    allenarsi (*refl.*)

to prefer (*v.*) **preferire** (*tr.*)

preferable (*adj.*) **preferibile**

prejudice (*n.*) **pregiudizio**

to prepare, to make (e.g., breakfast,
    lunch.) (*v.*) **preparare** (*tr.*)

preschool (*n.*) **scuola materna**

present (*n.*) **regalo**

to present, to introduce (*v.*)
    presentare (*tr.*)

to press (*v.*) **premere**

pressure (n.) **pressione** (f.)

previous (adj.) **anteriore**

previous (adj.) **precedente**

price (n.) **prezzo**

prize, award (n.) **premio**

priest (n.) **sacerdote** (m.)

to print (v.) **stampare** (tr.)

procrastination (n.) **procrastinazione**

producer (n.) **produttore** (m.)

professor (female) (n.) **professoressa**

professor (male) (n.) **professore** (m.)

program of study (n.) **piano di studi**

program, plan (n.) **programma** (m.)

programmer (n.) **programmatore** (m.)

to promote (v.) **promuovere** (tr.)

prosciutto (cured ham) (n.) **prosciutto crudo**

protagonist (n.) **protagonista** (m./f.)

province (n.) **provincia**

provolone (n.) **provolone** (m.)

psychology (n.) **psicologia**

public (adj.) **pubblico**

public relations (n.) **relazioni pubbliche** (f. pl.)

to publish (v.) **pubblicare** (tr.)

punctual (adj.) **puntuale**

puppet (n.) **burattino, marionetta**

puppeteer (n.) **burattinaio**

purchase (n.) **acquisto**

purple (adj.) **viola** (inv.)

purse, handbag (n.) **borsa**

to push (v.) **spingere** (tr.)

to put (v.) **mettere** (tr.)

to put on (clothes, perfume) (v.) **mettersi** (refl.)

to put on makeup (v.) **truccarsi** (refl.)

quadriceps (n.) **quadricipiti** (m. pl.)

queen (n.) **regina**

question (n.) **domanda**

quick, rapid (adj.) **veloce**

quickly (adv.) **velocemente**

quite (adv.) **abbastanza**

race (n.) **razza**

racism (n.) **razzismo**

radiator (n.) **calorifero**

radicchio (n.) **radicchio**

radio alarm clock (n.) **radiosveglia**

radio (n.) **radio** (f. inv.)

radiologist (n.) **radiologo**

radish (n.) **ravanello**

railway car (n.) **carrozza, vagone** (m.)

rain (n.) **pioggia**

to rain (v.) **piovere** (intr.)

rain forest (n.) **foresta pluviale**

raincoat (n.) **impermeabile** (m.)

to raise (v.) **alzare, sollevare** (tr.)

rapid (adj.) **veloce**

rapidly (adv.) **rapidamente**

raspberry (n.) **lampone** (m.)

rather (adv.) **anzi, piuttosto**

to reach, catch up with (v.) **raggiungere** (tr.)

to read (v.) **leggere** (tr.)

a (good) book **un (buon) libro**

a magazine **una rivista**

the newspaper **il giornale** (m.)

reading (n.) **lettura**

realist (n.) **realista** (m./f.)

to realize (v.) **accorgersi, capire** (tr.)

really (adv.) **davvero, veramente**

rearview mirror (n.) **specchietto retrovisore**

recent (adj.) **recente**

reckless, dangerous (adj.) **pericoloso**

recollection (n.) **ricordo**

red (adj.) **rosso**

to reduce (v.) **ridurre** (tr.)

to reflect (v.) **riflettere** (intr.)

refrigerator (n.) **frigo[rifero]**

region (n.) **regione** (f.)

relative (n.) **parente** (m./f.)

to relax (v.) **rilassarsi** (refl.)

religion (n.) **religione** (f.)

to remain (v.) **rimanere, restare** (intr.)

to remember (v.) **ricordare** (tr.)

renowned (adj.) **rinomato**

to rent (v.) **noleggiare** (tr.)

rental (n.) **noleggio**

rent (n.) **affitto**

to repeat (v.) **ripetere** (tr.)

request (n.) **richiesta**

research (n.) **ricerca**

research doctorate (n.) **dottorato di ricerca** (m.)

to reserve (v.) **riservare** (tr.)

reserved (adj.) **riservato**

residence for college students, dorm (n.) **residenza universitaria**

to resist (v.) **resistere** (intr.)

to respond (v.) **rispondere** (tr.)

responsibility (n.) **responsabilità** (f. inv.)

restaurant (n.) **ristorante** (m.)

to rest (v.) **riposare, riposarsi** (refl.)

result (n.) **risultato**

retired (adj.) **pensionato**

retirement (n.) **pensione** (f.)

retirement age (n.) **terza età**

to return (v.) **tornare** (intr.)

to return, to give back (v.) **restituire** (tr.)

rhythm (n.) **ritmo**

rice (n.) **riso**

ricotta cheese (n.) **ricotta**

right (n.) **destra**

to risk (v.) **rischiare** (tr.)

river (n.) **fiume** (m.)

road (n.) **strada**

to rob (v.) **derubare** (tr.)

robbery (n.) **rapina**

robe (n.) **vestaglia**

Romanian (adj.) **rumeno**

roof (*n.*) **tetto**

room (*n.*) **camera, stanza**

to rotate (*v.*) **ruotare** (*intr.*)

round-trip ticket (*n.*) **biglietto di andata e ritorno**

route (*n.*) **rotta**

row house (*n.*) **villetta a schiera**

rude (*adj.*) **sgarbato**

ruin (*n.*) **rovina**

to run, to go jogging/running (*v.*) **correre** (*tr.*)

rush (*n.*) **fretta**

Russian (*adj.*) **russo**

sailboat (*n.*) **barca a vela**

sailor (*n.*) **marinaio**

saint (*n.*) **santo**

safe (*n.*) **sicuro**

salami (*n.*) **salame** (*m.*)

salesperson (*n.*) **commesso/a**

salt (*n.*) **sale** (*m.*)

same (*adj.*) **stesso**

sandals (*n.*) **sandali** (*m. pl.*)

sandwich shop (*n.*) **paninoteca**

Saturday (*n.*) **sabato**

saucer (*n.*) **piattino**

sausage (*n.*) **salsiccia**

to sauté (*v.*) **soffriggere** (*tr.*)

to say (*v. tr*) **dire** (*tr.*)

scarf (*n.*) **sciarpa**

scarf (silk) (*n.*) *foulard* (*m. inv. for.*)

scattered (*adj.*) **sparso**

schedule (*n.*) **orario**

scholarship (*n.*) **borsa di studio** (*f.*)

school (*n.*) **scuola**

science fiction (*n.*) **fantascienza**

to scream, yell (*v.*) **urlare** (*intr.*)

screen (*n.*) **schermo**

screenplay (*n.*) **sceneggiatura**

sculpture (*n.*) **scultura**

season (*n.*) **stagione** (*f.*)

seat (*n.*) **sedile** (*m.*)

seat belts (*n.*) **cinture di sicurezza** (*f. pl.*)

second (*adj., n.*) **secondo**

secondary school, high school (*n.*) **liceo**

section (of an orange, an apple, garlic) (*n.*) **spicchio**

sedan (*n.*) **berlina**

sedentary (*adj.*) **sedentario**

to see (*v.*) **vedere** (*tr.*)

see you, goodbye, so long (*formal inv.*) **arrivederLa**

see you, good-bye, so long **arrivederci** (*inv.; to more than one person, pol. or inf.; to one person, inf.*)

seed (*n.*) **seme** (*m.*)

to seem (*v.*) **sembrare** (*intr.*)

self-confident (*adj.*) **sicuro di sé**

selfish (*adj.*) **egoista** (*inv.*)

to sell (*v.*) **vendere** (*tr.*)

seller, vendor (*n.*) **venditore**

semester (*n.*) **semestre** (*m.*)

to send (*v.*) **mandare, inviare, spedire** (dispatch) (*tr.*)

Senegalese (*adj.*) **senegalese**

sentence (*n.*) **frase** (*f.*)

to sentence (*v.*) **condannare** (*tr.*)

separated (*adj.*) **separato**

September (*n.*) **settembre** (*m.*)

serious (*adj.*) **serio**

to serve (*v.*) **servire** (*tr.*)

to set aside (e.g., money) (*v.*) **mettere da parte** (e.g., **soldi**) (*tr.*)

to set aside, to let rest (*v.*) **far riposare** (*tr.*)

to set the table (*v.*) **apparecchiare la tavola** (*tr.*)

to shave (*v.*) **farsi la barba** (*refl.*)

to shave one's body (*v.*) **depilarsi** (*refl.*)

she (*sub. pron.*) **lei**

sheet, leaf (*n.*) **foglio**

shelf (*n.*) **mensola**

shelter, refuge (*n.*) **rifugio**

ship (*n.*) **nave** (*f.*)

shirt (*n.*) **camicia**

shoe rack (*n.*) **scarpiera**

shoes (*n.*) **calzature** (*f. pl.*), **scarpe** (*f. pl.*)

shore (*n.*) **riva**

short (*adj.*) **basso** (not tall), **corto** (not long)

short review (*n.*) **giudizio**

shorts (*n.*) **pantaloni corti** (*m. pl.*)

shoulder (*n.*) **spalla**

to shout (*v.*) **gridare** (*intr.*)

show (*n.*) **spettacolo**

to show (*v.*) **mostare, far(e) vedere** (*tr.*)

shower stall (*n.*) **cabina doccia**

shy, timid (*adj.*) **timido**

shyness, timidity (*n.*) **timidezza**

side mirror (*n.*) **specchietto laterale**

sideboard, buffet (*n.*) **credenza**

sign (*n.*) **cartello**

silence (*n.*) **silenzio**

silk (*n.*) **seta**

similar (*adj.*) **simile**

simply, in a simple way (*adv.*) **semplicemente**

sin (*n.*) **peccato**

since (*conj.*) **siccome**

sincerely (*adv.*) **sinceramente**

to sing (*v.*) **cantare** (*tr.*)

single (of female) (*adj.*) **nubile**

single (of male) (*adj.*) **celibe**

sister (*n.*) **sorella**

sister-in-law (*n.*) **cognata**

to sit (down) (*v.*) **sedersi** (*refl.*)

sixth (*adj.*) **sesto**

to skate (*v.*) **pattinare** (*intr.*)

to ski (*v.*) **sciare** (*intr.*)

skin (*n.*) **pelle** (*f.*)

skirt (*n.*) **gonna**

sky (*n.*) **cielo**

sky blue (*adj.*) **celeste**

skyscraper (*n.*) **grattacielo**

to sleep (*v.*) **dormire** (*intr.*)

sleeping car (*n.*) **vagone letto** (*m.*)

sleeveless jacket (short) (*n.*) **giubbetto**

slender (*adj.*) **esile**

slice (*n.*) **fetta**
to slice (*v.*) **affettare** (*tr.*)
slipper (*n.*) **pantofola** (*f.*)
to slow down (*v.*) **rallentare** (*tr.*)
slowly (*adv.*) **lentamente**
small (*adj.*) **piccolo**
small dessert fork (*n.*) **forchettina**
small house (*n.*) **villetta**
small table (*n.*) **tavolino**
to smile (*v.*) **sorridere** (*intr.*)
smiling (*adj.*) **sorridente**
smoke (*n.*) **fumo**
snack (*n.*) **merenda**
snake (*n.*) **serpente** (*m.*)
snow (*n.*) **neve** (*f.*)
snowman (*n.*) **pupazzo di neve** (*m.*)
so (*adv.*) **così**
social worker (*n.*) **assistente sociale**
  (*m./f.*)
socialism (*n.*) **socialismo**
sociology (*n.*) **sociologia**
sock (short, sport) (*n.*) **calzino**
sofa (*n.*) **divano**
sofa bed (*n.*) **divano-letto**
soft (*adj.*) **morbido**
soft drink (*n.*) **bibita**
soldier (*n.*) **soldato/donna soldato**
  (*m./f.*)
Somali (*adj.*) **somalo**
some, a few (*adj.*) **un po' di**
some more (*adv.*) **un altro po'**
something (*n.*) **qualcosa**
sometimes (*adv.*) **qualche volta**
son (*n.*) **figlio**
song (*n.*) **canzone** (*f.*)
son-in-law (*n.*) **genero**
soon (*adv.*) **presto**
sore throat (*n.*) **mal di gola** (*m. inv.*)
sorority house (*n.*) **residenza**
  studentesca
sorrow (*n.*) **pena**
sorry (*adj.*) **dispiaciato**
soul (*n.*) **anima**
soundtrack (*n.*) **colonna sonora**
soup bowl (*n.*) **piatto fondo**

south (*n.*) **sud** (*m.*)
South African (*adj.*) **sudafricano**
space (*n.*) **spazio**
spacious, roomy (*adj.*) **spazioso**
Spanish (*adj.*) **spagnolo**
specialization (*n.*) **specializzazione**
speech (*n.*) **discorso**
speech communication (*n.*) **scienze**
  della comunicazione (*f. pl.*)
to spend (*v.*) **spendere, trascorrere**
  (*tr.*)
spinach (*n.*) **spinaci** (*m. pl.*)
sport (*n.*) ***sport*** (*m. inv. for.*)
sportscar (*n.*) **macchina sportiva**
sports-minded (*adj.*) **sportivo**
spring (*n.*) **primavera**
spring (of) (*adj.*) **primaverile**
stadium (*n.*) **stadio**
to stand in line (*v.*) **fare la fila** (*tr.*)
start (*v.*) **cominciare, iniziare**
statement (*n.*) **affermazione** (*f.*)
station wagon (*n.*) **familiare** (*f.*)
statistics (*n.*) **statistica**
to stay (*v.*) **rimanere, restare** (*intr.*)
steak (*n.*) **bistecca**
steering wheel (*n.*) **volante** (*m.*)
stepfather (*n.*) **patrigno/padrigno**
stepmother (*n.*)
  matrigna/madrigna
stereo (*n. inv.*) **stereo**
stiff neck (*n.*) **torcicollo**
still (*adv.*) **ancora**
stomach (*n.*) **stomaco**
stomach ache (*n.*) **mal di stomaco**
  (*m. inv.*)
stop (*n.*) **fermata**
to stop (*v.*) **smettere** (*tr.*)
to stop over (*v.*) **fare scalo** (*tr.*)
stopover (*n.*) **scalo**
store (*n.*) **negozio**
storm (*n.*) **temporale** (*m.*)
strange (*adj.*) **strano**
stratosphere (*n.*) **stratosfera**
strawberry (*n.*) **fragola**
streetcar (*n.*) ***tram*** (*m. inv. for.*)

to stretch (*v.*) **stirarsi** (*refl.*)
to stretch out (*v.*) **allungare** (*tr.*)
stroll, turn (*n.*) **giro**
student (female) (*n.*) **studentessa**
student (male) (*n.*) **studente** (*m.*)
student's desk (*n.*) **banco**
studio apartment (*n.*) **monolocale**
  (*m.*)
study (*n.*) **studio**
to study (*v.*) **studiare** (*tr.*)
stupid (*adj.*) **stupido**
style (*n.*) **stile** (*m.*)
subject (*n.*) **materia**
to substitute (*v.*) **sostituire** (*tr.*)
suburb (*n.*) **sobborgo**
subway (*n.*) **metropolitana**
success (*n.*) **successo**
suede (*n.*) **camoscio**
to suffer (*v.*) **soffrire** (*tr.*)
sugar (*n.*) **zucchero**
to suggest (*v.*) **suggerire** (*tr.*)
suit (*n.*) **abito**, ***tailleur*** (for women)
  (*m. inv. for.*)
suitcase (*n.*) **valigia**
summer (*n.*) **estate** (*f.*)
summer (of) (*adj.*) **estivo**
sun (*n.*) **sole** (*m.*)
Sunday (*n.*) **domenica**
sunflower (*n.*) **girasole** (*m.*)
supermarket (*n.*) **supermercato**
to support (*v.*) **sostenere** (*tr.*)
sure, safe (*adj.*) **sicuro**
surely (*adv.*) **sicuramente**
to surf the Internet (*v.*) **navigare in**
  Internet (*intr.*)
surprise (*n.*) **sorpresa**
surprisingly (*adv.*)
  sorprendentemente
survey (*n.*) **inchiesta**
to swallow (*v.*) **inghiottire** (*tr.*)
sweater (*n.*) **maglione** (*m.*)
sweatshirt (*n.*) **felpa;** sweatshirt
  and pants, jogging suit **tuta**
Swedish (*adj.*) **svedese**
to sweep (the floor) (*v.*) **spazzare** (*tr.*)

sweet (*adj.*) **dolce**

sweetener (*n.*) **dolcificante** (*m.*)

to swim (*v.*) **nuotare** (*intr.*)

swimming pool (*n.*) **piscina**

Swiss (*adj.*) **svizzero**

swollen (*adj.*) **gonfio**

symptom (*n.*) **sintomo**

synagogue (*n.*) **sinagoga**

table (*n.*) **tavolo**

tablespoon (*n.*) **cucchiaio**

to take (*v.*) **prendere** (*tr.*)

to take, to bring, to wear (*inf.*) (*v.*) **portare** (*tr.*)

to take a bath (*v.*) **farsi il bagno** (*refl.*)

to take a break (*v.*) **fare una pausa** (*tr.*)

to take a course (*v.*) **seguire** (*tr.*)

to take a sauna (*v.*) **fare la sauna** (*tr.*)

to take a shower (*v.*) **farsi la doccia** (*refl.*)

to take a stroll (*v.*) **fare una passeggiata** (*tr.*)

to take a whirlpool bath (*v.*) **fare l'idromassaggio** (*tr.*)

to take again (*v.*) **riprendere** (*tr.*)

to take back (*v.*) **riprendersi** (*refl.*)

to take back, to get back (*v.*) **recuperare** (*tr.*)

to take care of (*v.*) **occuparsi** (*refl.*)

to take off one's clothes, to get undressed (*v.*) **spogliarsi** (*refl.*)

to take out the garbage (*v.*) **buttare l'immondizia** (*tr.*)

to take photographs (*v.*) **fare fotografie** (*tr.*)

take-off (*n.*) **decollo**

to talk (*v.*) **parlare** (*tr.*)

talkative (*adj.*) **loquace**

tall (*adj.*) **alto**

tank top (*n.*) **canotta**

tart, cake (*n.*) **torta**

taxi-driver (*n.*) **tassista** (*m./f.*)

tea cup, mug (*n.*) **tazza da tè**

to teach (*v.*) **insegnare** (*tr.*)

teacher (*n.*) **insegnante** (*m./f.*)

teacher's desk (*n.*) **cattedra**

team (*n.*) **squadra**

teaspoon (*n.*) **cucchiaino**

teddy bear (*n.*) **orsacchiotto**

teething (*n.*) **mettendo i denti**

telephone (*n.*) **telefono**

to telephone (*v.*) **telefonare** (*intr.*)

telescope (*n.*) **telescopio**

television (*n.*) **televisione** (*f.*)

to tell about (*v.*) **raccontare** (*tr.*)

temperature (*n.*) **temperatura**

temple (part of body) (*n.*) **tempia**

tendency (*n.*) **tendenza**

tennis shoes, sneakers (*n.*) **scarpe da ginnastica** (*f. pl.*)

terracotta flowerpot (*n.*) **vaso di terracotta**

terrible (*adj.*) **terribile**

terrific (*adv.*) **benone**

territory (*n.*) **territorio**

Thai (*adj.*) **tailandese**

to thank (*v.*) **ringraziare** (*tr.*)

thank you (*interj.*) **grazie**

that (*conj.*) **che**

that is (*adv.*) **cioè**

theater (*n.*) **teatro**

then (*adv.*) **poi**

then, at that moment (*adv.*) **allora**

theory (*n.*) **teoria**

therefore (*conj.*) **dunque, quindi**

thickness (*n.*) **spessore** (*m.*)

thief (*n.*) **ladro**

thigh (*n.*) **coscia**

thin (*adj.*) **magro**

thing (*n.*) **cosa**

to think (*v.*) **pensare** (*tr.*)

third (*adj.*) **terzo**

thoughtful (*adj.*) **riflessivo**

three-ring folder (*n.*) **raccoglitore** (*m.*)

thriller (novel) (*adj.*) **giallo**

thumb (*n.*) **pollice** (*m.*)

thunder (*n.*) **tuono**

Thursday (*n.*) **giovedì** (*m.*)

ticket (*n.*) **biglietto; multa** (parking)

ticket office (*n.*) **biglietteria**

ticket window (*n.*) **sportello**

tidy (*inv.*) **in ordine**

to tidy up (*v.*) **mettere in ordine** (*tr.*)

tie (*n.*) **cravatta**

to tie, to fasten (*v.*) **allacciare** (*tr.*)

tile (ceramic) (*n.*) **piastrella**

to tilt (*v.*) **inclinare** (*tr.*)

time (*n.*) **tempo; volta** (occasion)

tip (*n.*) **mancia**

tire (*n.*) **pneumatico**

tire repairman (*n.*) **gommista** (*m.*)

tired (*adj.*) **stanco**

to (*prep.*) **a**

to the (*prep.*) **al, alla, allo, alle, agli, ai**

to be outside (*v.*) **stare all'aria aperta** (*intr.*)

to detest (*v.*) **detestare** (*tr.*)

toaster (*n.*) **tostapane** (*m.*)

tobacco shop (*n.*) **tabaccaio**

today (*adv.*) **oggi**

toe (*n.*) **dito del piede**

toenail (*n.*) **unghia del piede**

together (*adv.*) **insieme**

toilet (*n.*) **water** (*m. inv. for.*)

tomato (*n.*) **pomodoro**

tomorrow (*adv.*) **domani**

tongue (*n.*) **lingua**

too much (*adj.*) **troppo**

tool (*n.*) **strumento**

tooth (*n.*) **dente** (*m.*)

torch, flashlight (*n.*) **torcia**

to touch (*v.*) **toccare** (*tr.*)

toward, about (*prep.*) **verso**

towel rack (*n.*) **portasciugamani** (*m. inv.*)

tower (*n.*) **torre** (*f.*)

town house (*n.*) **villa bifamiliare**

toy (*n.*) **giocattolo**

track, trail (*n.*) **pista**

traffic (*n.*) **traffico**

train (n.) **treno**

to train (v.) **allenare** (tr.)

train station (n.) **stazione (ferroviaria)** (f.)

trainer, coach (n.) **allenatore** (m.)

to transfer (v.) **trasferire** (tr.)

to translate (v.) **tradurre** (tr.)

translator (n.) **traduttore** (male) (m.) **traduttrice** (female) (f.)

trapezius (n.) **trapezio**

to travel (v.) **viaggiare** (intr.)

travel agent (n.) **agente di viaggi** (m./f.)

tree (n.) **albero**

triceps (n.) **tricipiti** (m. pl.)

trip, journey (n.) **viaggio**

truck (n.) **camion** (m. inv.)

trunk (n.) **bagagliaio**

trunk, torso (n.) **tronco**

truth (n.) **verità**

to try (v.) **cercare, tentare** (tr.)

T-shirt (n.) **maglietta a maniche corte**

Tuesday (n.) **martedì**

tulip (n.) **tulipano**

tuna (n.) **tonno**

Tunisian (adj.) **tunisino**

tunnel (n.) **galleria**

turkey (n.) **tacchino**

turn (n.) **turno**

to turn on (the radio, lights) (v.) **accendere** (tr.)

to turn, to complete (v.) **compiere** (tr.)

turtleneck sweater (n.) **maglione a collo alto** (m.)

TV news (n.) **telegiornale** (m.)

TV set (n.) **televisore** (m.)

twin (n.) **gemello**

twin brother (n.) **fratello gemello**

twin sister (n.) **sorella gemella**

two-piece suit (n.) **completo**

ugly (adj.) **brutto**

umbrella (n.) **ombrello**

to unbutton (v.) **sbottonare** (tr.)

uncle (n.) **zio**

uncovered, bare (adj.) **scoperto**

uncreative (adj.) **non creativo**

under (prep.) **sotto**

undergraduate degree (n.) **laurea**

underground (adj.) **sotterraneo**

to underline (v.) **sottolineare** (tr.)

undershirt, camisole (n.) **canottiera**

to understand (v.) **capire** (tr.)

underwear (n.) **biancheria intima**

underweight (adj.) **sottopeso**

undone (adj.) **disfatto**

unemployment (n.) **disoccupazione** (f.)

unforgettable (adj.) **indimenticabile**

unfortunately (adv.) **purtroppo**

unhappiness (n.) **infelicità**

to unite (v.) **unire** (tr.)

unknown (adj.) **sconosciuto**

unlikely (adj.) **improbabile**

unpleasant (adj.) **antipatico, sgradevole, spiacevole**

untidy (inv.) **in disordine**

until (prep.) **fino**

up (adv.) **su**

upper limbs (n.) **arti superiori** (m. pl.)

to use (v.) **usare** (tr.)

usually (adv.) **di solito**

utility room (n.) **stanzino**

vacation (n.) **vacanza**

to vacuum (v.) **passare l'aspirapolvere** (tr.)

vacuum cleaner (n.) **aspirapolvere** (m. inv.)

van (n.) **camioncino**

vanilla (n.) **vaniglia**

VCR (n.) **videoregistratore** (m.)

vegetable (n.) **ortaggio**

vegetable oil (n.) **olio di semi**

vegetables (n.) **verdura**

vehicle (n.) **veicolo**

vein (n.) **vena**

vendor (n.) **venditore** (m.)

Venezuelan (adj.) **venezuelano**

vent hood (n.) **cappa aspirante** (f.)

to verify (v.) **verificare** (tr.)

very, a lot (adj., adv.) **molto**

Vespa scooter (n.) **vespa**

veterinarian (n.) **veterinario**

veterinary medicine/science (n.) **veterinaria**

video games (n.) **videogiochi** (pl.)

Vietnamese (adj.) **vietnamita** (m./f.)

vinegar (n.) **aceto**

vineyard (n.) **vigneto**

violet (adj.) **viola** (inv.)

to visit (a museum, a city, a patient) (v.) **visitare** (tr.)

to visit (somebody at his/her house) (v.) **andare a trovare** (tr.)

voice (training) (n.) **canto**

voice (n.) **voce**

volcano (n.) **vulcano**

waist (n.) **vita**

waiter, waitress (n.) **cameriere/a**

waiting list (n.) **lista d'attesa**

waiting room (n.) **sala d'attesa**

to wake up (v.) **svegliarsi** (refl.)

to walk (v.) **camminare** (tr.)

wall (n.) **parete** (f.), **muro** (f.)

wall-to-wall carpet (n.) **moquette** (f. inv. for)

walnut (n.) **noce** (f.)

to want (v.) **volere** (tr.)

war (n.) **guerra**

warm (adj.) **caldo**

to wash (v.) **lavare** (tr.)

to wash the dishes (v.) **lavare i piatti** (tr.)

to wash up (v.) **lavarsi** (refl.)

washing machine (n.) **lavatrice** (f.)

to waste (v.) **perdere, sprecare** (tr.)

watch (n.) **orologio**

to watch (v. tr) **guardare** (tr.)

water (*n.*) **acqua**

to water the plants (*v.*) **innaffiare**
   (or **annaffiare**) **le piante** (*tr.*)

water-bus (*n.*) **vaporetto**

watermelon (*n.*) **anguria, cocomero**

to water-ski (*v.*) **fare sci nautico** (*tr.*)

wave (*n.*) **onda**

way (*n.*) **modo**

to wear (*v.*) **indossare, portare** (*tr.*)

weather, time (*n.*) **tempo**

Wednesday (*n.*) **mercoledì**

week (*n.*) **settimana**

weekend (*n.*) **fine settimana** (*m.*)

weekly (*adj.*) **settimanale**

weight (*n.*) **peso**

welcome (*adj., n.*) **benvenuto**

west (*n.*) **ovest** (*m.*)

to wet, to moisten (*v.*) **bagnare** (*tr.*)

whale (*n.*) **balena**

what (*adj. inv.*) **che**

what? (*conj.*) **cosa?**

wheel (*n.*) **ruota**

when (*adv.*) **quando**

where (*adv.*) **dove**

which . . . ? (*adj., pron.*) **quale... ?**

while (*conj.*) **mentre**

whipping cream (*n.*) **panna**

white (*adj.*) **bianco**

white board (or blackboard) (*n.*)
   lavagna

white bread (*n.*) **pane bianco** (*m.*)

who, whom (*pron.*) **chi** (*inv.*)

who, which (*pron.*) **che** (*inv.*)

whole-grain bread (*n.*) **pane**
   integrale (*m.*)

whom (*i. o. pron*) **cui**

whose (*pron. inv.*) **di chi**

why (*adv.*) **perché**

wicked (*adj.*) **cattivo**

widow, widower (*n.*) **vedovo/a**

wife (*n.*) **moglie** (*f.*) (*plur.:*
   le mogli)

to win (*v.*) **vincere** (*tr.*)

wind (*n.*) **vento**

windbreaker (*n.*) **giacca a vento**

window (*n.*) **finestra; finestrino**
   (of a train, car)

windshield (*n.*) **parabrezza**
   (*m. inv.*)

windshield wipers (*n.*)
   tergicristalli (*m. pl.*)

wine (*n.*) **vino**

wine glass (*n.*) **bicchiere per il vino**
   (*m.*)

wine shop (*n.*) **enoteca**

wing (*n.*) **ala**

winter (*n.*) **inverno**

winter (*of*) (*adj.*) **invernale**

to wish, to desire (*v.*) **desiderare**
   (*tr.*)

with (*prep.*) **con**

without (*prep.*) **senza**

woman (*n.*) **donna**

wonderful (*adj.*) **meraviglioso**

wood (*n.*) **legno**

woods, forest (*n.*) **bosco**

word (*n.*) **parola**

wording, words (*n.*) **dicitura**

work (*n.*) **lavoro**

to work (*v.*) **lavorare, funzionare**
   (*intr.*)

to work out (*v.*) **fare ginnastica** (*tr.*)

world (*n.*) **mondo;** (*adj.*) **mondiale**

worse (*adj.*) **peggiore**

wrist (*n.*) **polso**

to write (*v.*) **scrivere** (*tr.*)

written test (*n.*) **prova scritta**

to yawn (*v.*) **sbadigliare** (*intr.*)

year (*n.*) **anno; annata** (whole
   year)

to yell (*v.*) **urlare** (*intr.*)

yellow (*adj.*) **giallo**

yes (*adv.*) **sì**

yesterday (*adv.*) **ieri**

yet (*conj.*) **tuttavia, però**

yogurt (*n.*) ***yogurt*** (*m. inv. for.*)

yolk (*n.*) **tuorlo**

you (*sub. pron.*) **Lei** (*pol.*); **tu** (*inf.*)

you're welcome! (*interj.*) **prego!**

zest (of lemon) (*n.*) **scorza**

zippered or buttoned jacket (short)
   (*n.*) **giubbotto**

zucchini (*n.*) **zucchine** (*f. pl.*)

Index

Photo Credits